Écologie générale

Structure et fonctionnement de la biosphère

Robert Barbault

Professeur à l'université Pierre-et-Marie-Curie (Paris VI)

5e édition

Document de couverture : Continent américain. Vue satellite.
© et crédit : DERA-STILL Pictures, *North and South America. Satellite image*/Agence Bios.

ISBN 2 10 004687 X

Table des matières

PARTIE 2

LA POPULATION, PIÈCE ÉLÉMENTAIRE DES SYSTÈMES ÉCOLOGIQUES

PARTIE 3

LES INTERACTIONS ENTRE ESPÈCES

PARTIE 5

L'HOMME DANS LA BIOSPHÈRE

PARTIE 6

GÉRER LA BIOSPHÈRE

Avant-propos

Ce livre a d'abord été conçu à l'intention d'étudiants en biologie, géologie ou géographie. Il s'adresse cependant à un plus vaste public, de l'homme curieux de l'état actuel d'une science qui le concerne au premier chef au chercheur spécialisé soucieux de se situer dans un cadre de pensée plus général.

Présenter, en moins de 330 pages, une discipline multiple et en plein développement comme l'écologie imposait un choix. Parce que je souhaitais en donner une vue d'ensemble, parce que je tenais à en faire apparaître la logique interne et l'unité, parce que je crois que l'essentiel d'une science, au plan pédagogique, se vit d'abord à travers ses élaborations théoriques, dans le cadre de grands concepts, j'ai choisi d'en donner ici une image très construite, au risque de simplifications ou de généralisations abusives. D'abondantes références bibliographiques donnent au lecteur intéressé la possibilité de s'orienter vers d'autres sources pour plus ample information.

Au cours des éditions successives, j'ai tenu à renouveler substantiellement la matière de l'ouvrage afin de prendre en compte des préoccupations et développements récents tout en conservant le même esprit. Quatre domaines ont été particulièrement concernés : les stratégies biodémographiques, la lutte contre les ravageurs, la biodiversité et la dynamique de la biosphère. Cette cinquième édition s'est enrichie notamment de quatre nouveaux chapitres consacrés, respectivement, aux relations hôtes-parasites, aux interactions de coopération, aux liens entre espèces et processus écosystémiques et enfin à l'écologie industrielle. Le fil conducteur de cette mise à jour et de ces remaniements a été la thématique énoncée en sous-titre : « structure et fonctionnement de la biosphère ». De fait, là se situe l'un des grands défis scientifiques et socioéconomiques du XXIe siècle, qui est de mieux connaître et gérer cette biosphère dont la responsabilité nous incombe.

Cet ouvrage, faut-il le dire, doit à beaucoup, et particulièrement à de nombreux collègues : à ceux, souvent inconnus de moi, dont les travaux publiés m'ont énormément appris — tous n'ont pu être cités dans la bibliographie ; à ceux aussi qui, à l'occasion de visites effectuées dans leurs laboratoires, m'ont aidé à découvrir des domaines de l'écologie dont mon expérience personnelle me tenait éloigné ; à ceux enfin qui m'ont soutenu dans cette entreprise. Que tous trouvent ici l'expression de mes plus vifs remerciements.

Chapitre 1

Introduction

L'ÉCOLOGIE DANS LE CHAMP DES SCIENCES DE LA NATURE

Définie comme l'étude des relations des organismes avec leur environnement, ou bien comme l'étude des interactions qui déterminent la distribution et l'abondance des organismes, ou encore comme l'étude des écosystèmes, l'écologie couvre un large champ, de la physiologie à la biogéographie. Sous cet angle, c'est une sorte de biologie générale des organismes, une approche naturaliste du monde vivant. Histoire naturelle, l'écologie l'est par ses origines et le reste par ses objectifs. Mais il s'agit aujourd'hui d'une Histoire naturelle profondément renouvelée, structurée par l'intégration et le développement des concepts et méthodes issus de la théorie des systèmes, d'une part, et fécondée par l'assimilation des progrès de la théorie de l'évolution, d'autre part.

Le statut scientifique de l'écologie est aujourd'hui assez bien établi, au-delà des définitions classiques énoncées ci-dessus. Plusieurs ouvrages en retracent l'histoire, en soulignent l'origine plurielle, sans en remettre en cause l'enracinement parmi les sciences de la nature (voir Deléage, 1991). Mais il est néanmoins clair que, plus qu'une autre, elle touche aussi — indirectement — à l'homme et au social.

Je voudrais souligner ici ce que l'on peut considérer comme la *structure épistémologique* de l'écologie moderne.

Comme toute science, l'écologie doit être caractérisée par les techniques et méthodes qu'elle emploie et *par les grands types de mécanismes ou de phénomènes auxquels elle donne accès* (fig. 1). En simplifiant on peut dire que, au-delà du polymorphisme qui fait sa richesse et de sa large ouverture sur d'autres disciplines, l'écologie moderne se structure autour de deux axes fondamentaux qui s'incarnent l'un dans l'étude de la dynamique et du fonctionnement des populations et des peuplements et l'autre dans celle de la dynamique et du fonctionnement des écosystèmes et des paysages — champs qui se chevauchent d'ailleurs largement.

Dans le cadre du premier champ, celui de l'écologie populationnelle, on s'intéresse à des objets qui sont des populations — animales, végétales ou microbiennes — à leur dynamique et à leurs interactions. Taux de mortalité, taux de fécondité, effectifs par unité de surface ou de volume, régulation dépendante de la densité, structure sociale, structure génétique, traits physiologiques, comportements, relations de compétition ou de prédation, mutualisme — voilà autant de processus ou d'interactions biodémographiques dont l'analyse demande une solide formation spécialisée. Notons au passage que le concept de population, apparemment banal pour l'espèce sociale que nous sommes, nous oblige à un saut épistémologique que les naturalistes n'ont accompli que très tardivement — quand ils l'ont fait !

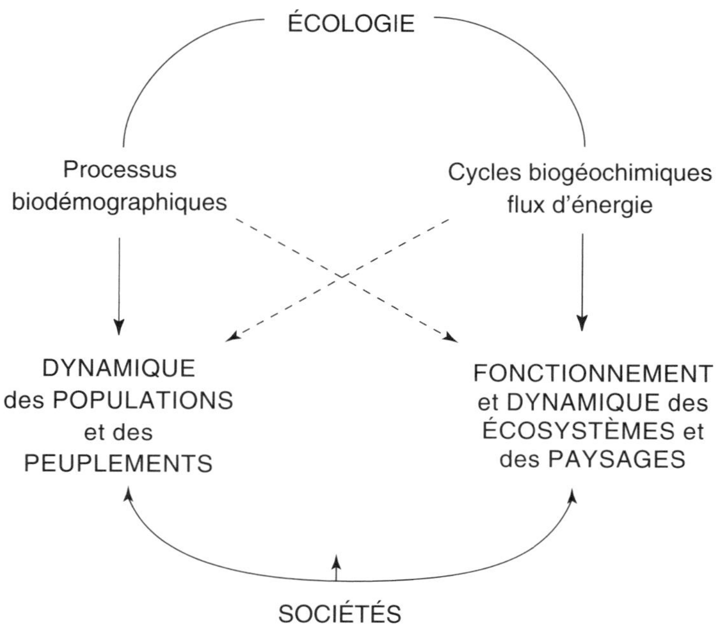

Figure 1 Écologie et sociétés.

L'écologie, en tant que science de la nature, a pour objet, d'une part, l'analyse des processus biodémographiques qui interviennent dans la dynamique des populations et des peuplements et, d'autre part, l'étude des cycles biogéochimiques et des flux d'énergie qui animent écosystèmes et paysages. Parce que les sociétés humaines dépendent de, et affectent ces cycles et processus, l'écologie est appelée à communiquer de plus en plus avec les sciences de l'homme et de la société.

Dans le second champ majeur représenté à droite dans le schéma de la figure 1, celui de l'écologie écosystémique, les objets de recherche, écosystèmes et paysages, ne sont plus exclusivement biologiques. On s'intéresse aux cycles de la matière et aux flux d'énergie qui les structurent : processus et mécanismes de décomposition, de production, de transferts, de recyclage — on parle de cycles *bio*géochimiques car leur moteur est biologique, constitué par les populations évoquées précédemment. C'est bien souligner que nous avons là deux axes de structuration de l'écologie, deux champs de force, mais certainement pas deux écologies étrangères l'une à l'autre.

L'écologie, science de la nature, ai-je souligné en titre. On a beaucoup dit qu'elle avait failli en excluant l'homme de son champ de vision, en se détournant même des espaces qu'il fréquente, des systèmes qu'il gère ou transforme. Il est bien vrai que nombre de naturalistes ont parfois péché en aimant leurs espèces de prédilection davantage que leur prochain. Il est bien vrai que la science écologique a largement privilégié une nature sans hommes (l'homme apportant « l'artificiel » dans une nature que l'écologie voulait « naturelle »).

Il est toutefois utile et juste de préciser que :

1) ici ou là, dès ses premiers développements significatifs à la fin du XIXe siècle et au début du XXe a percé une préoccupation de type social (si Pearl, Lokta, Volterra se sont penchés sur les lois de croissance des populations animales c'est, en partie au moins, dans le contexte de réflexions démographiques et économiques marquées par l'*Essai sur le Principe de Population* de Thomas Malthus, 1798) — et souvenons-nous que l'essai sur la biosphère de Wladimir Vernadsky, qui souligne l'omniprésence de l'homme dans le fonctionnement de la biosphère, date de 1925 ;
2) avec de plus en plus de force depuis les années soixante, l'écologie s'affirme comme une discipline nouvelle, marquée par le néodarwinisme et une pensée systémique qui la distinguent du naturalisme des origines ;
3) elle traverse au cours de cette décennie une mutation profonde, marquée par une capacité d'autocritique qui traduit bien sa maturité (voir Brown, 1995).

Comme science appliquée, l'écologie développe et met en œuvre les connaissances théoriques et pratiques à partir desquelles devraient être posés, puis résolus, la plupart des problèmes liés à la sauvegarde, à l'aménagement ou à l'exploitation des écosystèmes et des ressources renouvelables de la biosphère. Elle est donc appelée à jouer, dans les prochaines décennies, un rôle de plus en plus important, tant par sa contribution au développement de la biologie fondamentale que par ses applications, nécessaires à la solution rationnelle des problèmes posés par l'expansion de l'homme dans la biosphère.

LA NOTION DE SYSTÈME ÉCOLOGIQUE

L'objet immédiatement donné ou accessible au naturaliste est un *individu*. Les individus, que l'on perçoit d'abord comme isolés dans la nature, n'ont de sens, pour l'écologue, qu'au travers du *système de relations* qui les lient, d'une part à d'autres individus, et d'autre part à leur environnement physico-chimique (fig. 2).

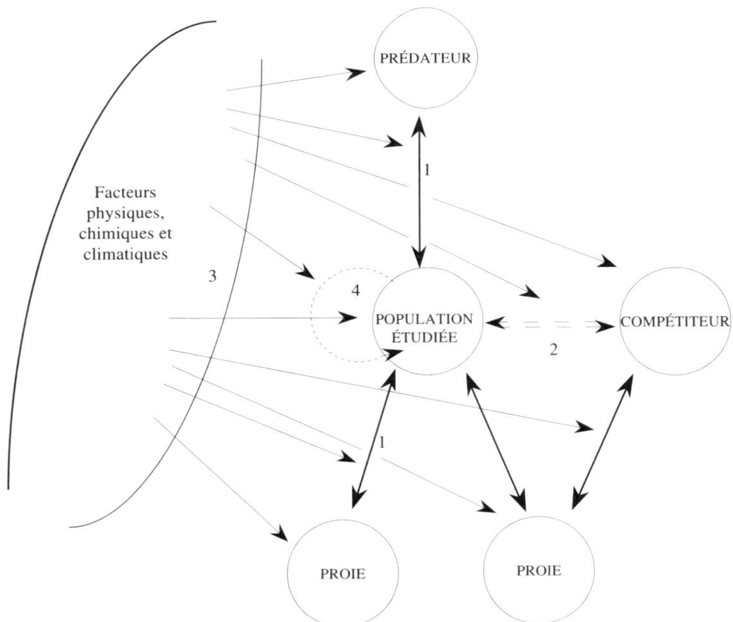

Figure 2 Représentation schématique d'un système écologique.
Les populations naturelles ne sont jamais isolées : elles peuvent présenter entre elles des interactions diverses — de prédation (1), de compétition (2), de coopération (non figurées) — et sont soumises aux facteurs physico-chimiques du milieu (3).

L'unité fondamentale, la pièce élémentaire de ces systèmes écologiques est la *population*, ensemble des individus de même espèce coexistant dans le milieu considéré (en première approximation).

La délimitation concrète des systèmes écologiques dépend de l'objectif de l'étude et de l'état des connaissances dans le domaine. On peut, par exemple, s'intéresser à la dynamique d'une population particulière et définir alors le système à étudier par le réseau des relations, directes ou indirectes, que celle-ci présente avec les autres composantes, biotiques et abiotiques, de son environnement. Dans l'exemple schématique de la figure 2 ces dernières ont été regroupées en quelques grands compartiments fondamentaux selon le type d'interaction qu'elles ont avec la population « centrale » : prédateurs, proies, compétiteurs. Dans d'autres cas, un lac par exemple, le système doit inclure l'ensemble des populations en présence, regroupées là aussi en compartiments définis selon une base fonctionnelle : il s'agit d'un véritable écosystème. En pratique, une telle représentation de la structure de l'écosystème peut négliger, dans un premier temps au moins, les facteurs et processus jugés d'importance secondaire par rapport au problème étudié (qualité de l'eau, productivité en poissons, etc.).

L'écologiste est rarement en présence de phénomènes linéaires simples du type « une cause, un effet ». Cela peut se produire au laboratoire, en conditions constantes fixées par l'expérimentateur et à l'échelle de l'individu. On peut ainsi analyser l'action de la température sur la croissance pondérale d'individus « expérimentaux » ou étudier les effets d'un insecticide sur leur survie ou leur reproduction. En écologie, il s'agit là, toutefois, de situations limites. La dynamique de la plupart, sinon de la totalité des systèmes écologiques, qui met en jeu de multiples relations, avec une interdépendance complexe de nombreux facteurs appartenant éventuellement à des niveaux d'organisation différents, échappe évidemment à l'analyse monofactorielle décrite ci-dessus et requiert une approche systémique. La simulation de modèles sur ordinateurs apparaît de plus en plus ici comme un outil fondamental de recherche.

DYNAMIQUE DES SYSTÈMES ÉCOLOGIQUES ET ÉVOLUTION

Les systèmes écologiques ne sont pas des structures immuables. Ils peuvent changer au cours du temps, se transformer ou disparaître. Cet aspect de la dynamique des systèmes écologiques, bien connu des naturalistes depuis très longtemps, sera développé tout au long de cet ouvrage. Mais il convient dès maintenant de mettre l'accent sur une composante moins évidente et néanmoins essentielle de cette dynamique, je veux parler de sa dimension évolutionniste.

Les populations qui constituent la trame biologique des écosystèmes ne sont pas en effet des entités figées, variables seulement dans leurs effectifs ou leurs structures démographiques. Reflets d'une longue histoire, dont leur pool génétique garde la trace, les populations naturelles restent exposées à des pressions sélectives multiples et sont donc soumises à l'Évolution. L'écologiste peut ainsi avoir à connaître de la génétique des populations, de même que les spécialistes de cette discipline doivent se préoccuper de la dynamique des systèmes écologiques où se développent les populations qu'ils étudient. La variabilité génétique des populations naturelles apparaît ainsi comme une propriété fondamentale des systèmes écologiques. Celle-ci doit être prise en compte tant sur le plan des considérations théoriques que sur celui des applications, qu'il s'agisse de conservation, de gestion ou d'exploitation de populations ou d'écosystèmes.

DYNAMIQUE DES ÉCOSYSTÈMES ET ÉQUILIBRE DE LA BIOSPHÈRE

Parmi toutes les espèces apparues à la surface du globe l'une occupe aujourd'hui une position tout à fait particulière, centrale pourrait-on dire : l'espèce humaine. De fait, par suite de son succès démographique et économique et en raison de ses compétences, elle se trouve confrontée à une responsabilité sans précédent dans l'histoire : gérer la planète Terre, et particulièrement la biosphère dont les équilibres apparaissent menacés. Tel est pour l'homme le grand défi du XXIe siècle. Certes, avec l'agriculture, la sylviculture, la chasse, la pêche ou l'élevage, l'homme fait cela depuis longtemps. Mais il l'a fait jusque-là à une échelle locale, régionale tandis qu'il s'agit aujourd'hui de passer à l'échelle planétaire. De fait, les changements qui se profilent, climatiques et autres (pollutions, déforestations, déprise rurale), liés à l'explosion démographique et économique de notre population, affectent la biosphère dans son ensemble.

Si l'on veut comprendre cette dynamique complexe il est nécessaire de prendre en compte deux grands types de processus qui en constituent la trame :

1) les processus biodémographiques, qui s'expriment, à travers des fluctuations de nombres d'individus au sein des populations animales ou végétales, par des flux d'espèces (extinction, colonisation, spéciation) ;
2) les processus biogéochimiques, qui se traduisent par des cycles d'éléments chimiques (libération ou fixation de gaz, décomposition de la matière organique) et des flux d'énergie.

Ainsi, la dynamique des écosystèmes — pièces élémentaires de la biosphère — apparaît étroitement liée à la dynamique des espèces. Cette approche renouvelle ce qui est devenu aujourd'hui une véritable science, la biologie de la conservation et se traduit par la nécessité d'analyser la diversité biologique à travers ses deux composantes, richesse spécifique et variabilité génétique en relation avec la dynamique des systèmes plurispécifiques qui l'organisent (compétition, prédation, parasitisme, « catastrophes »...).

On connaît assez bien la plupart des processus élémentaires évoqués ci-dessus. Le problème est de comprendre comment ils opèrent à l'échelle de systèmes écologiques hétérogènes dans l'espace, variables dans le temps et hiérarchisés, du microsite à la parcelle, de l'écosystème à la biosphère. Les difficultés sont énormes, car ces processus, plus ou moins interdépendants, peuvent se dérouler à des échelles de temps et d'espace très différentes. Le défi qui nous est posé est donc de développer des approches intégrées qui permettent de modéliser la dynamique d'ensemble avec un bon degré de prévisibilité.

ÉCOLOGIE, ENVIRONNEMENT ET SOCIÉTÉ

Ainsi, nous avons quitté progressivement le cadre de la biologie pour nous plonger dans un univers beaucoup plus interdisciplinaire. D'abord focalisée sur des populations et leurs interactions, l'approche s'élargit à la dynamique de systèmes écologiques complets où le contexte géologique, chimique et climatique devient déterminant. En outre, si une espèce s'impose ici, c'est l'espèce humaine. On parle souvent d'envahisseurs à propos d'espèces introduites, telle la caulerpe en Méditerranée, le lapin en Australie, qui viennent perturber les milieux auxquels l'homme est habitué. Mais le plus bel exemple d'envahisseur, celui qui a le mieux réussi, qui a colonisé toute la planète, qui est en train de la transformer, qui affecte la distribution et l'abondance des autres espèces, qui a largement modifié certaines d'entre elles, bref qui a imprimé sa marque sur l'ensemble de la biosphère, c'est l'espèce humaine. Ainsi, par son succès écologique, relayé par une expansion technologique et industrielle qui démultiplie ses impacts, l'homme est en train de faire de la biosphère un véritable système en tant que tel. Il y a trois siècles encore, le concept de biosphère pouvait apparaître inutile d'un point de vue scientifique. Il s'est imposé aujourd'hui comme un concept opérationnel parce que l'homme a donné à « sa » planète une véritable *continuité écologique*. L'une des critiques que l'on peut faire à l'écologie scientifique est d'avoir sous-estimé cette vision large, d'avoir mis l'homme à l'écart. Pour être rigoureuse, elle a évidemment été réductionniste ; pour faire de l'expérimental et du quantitatif, elle a restreint son champ à la fois temporel et spatial d'analyse ; elle a défini et *isolé* des écosystèmes, plus ou moins arbitrairement, donnant lieu à des travaux réalisés ici sur un hectare, là sur un mètre carré, de façon à permettre de mesurer précisément tel ou tel processus, la compétition entre espèces, le flux d'azote, la décomposition de la litière, etc. Évidemment, cela a conduit à perdre de vue une structuration et un fonctionnement à plus large échelle, à la fois de temps et d'espace, qui est celle où toute cette dynamique du vivant s'est mise en place et continue à fonctionner depuis l'apparition de la vie (Brown, 1995). De ce point de vue, dans sa composante « fonctionnement des écosystèmes », l'écologie moderne apparaît encore un peu faible. Mais c'est en même temps la plus intéressante par rapport aux défis qui sont posés aux sociétés humaines. L'écologie est ici confrontée à ce que l'on appelle des problèmes d'environnement. On change complètement de cadre. De fait, ces problèmes d'environnement, que l'on songe aux changements climatiques, à la pollution, à l'érosion de la biodiversité, sont clairement des *problèmes de sociétés*, liés au fonctionnement et au développement de ces dernières. Nous pénétrons là dans un univers de problèmes où se mêlent beaucoup d'autres choses que les simples variations de la structure physique et chimique du milieu ou la distribution des espèces : on touche au politique, au sens noble du mot, de gestion des affaires de la cité. Dans la mesure où l'écologie s'est construite au sein des sciences de la nature, même si son émergence a été suscitée par des interrogations liées à des problèmes d'environnement (Deléage, 1991), elle n'est qu'une des composantes des sciences de l'environnement.

Dans sa phase moderne, l'écologie a en effet oublié l'homme — et peut-être fut-ce finalement plus favorable pour sa reconnaissance en tant que discipline scientifique. Pour aborder les problèmes d'environnement, il est plus sain de savoir qu'elle s'enracine dans une tradition « sciences de la nature », et non dans une culture « sciences de l'homme », et qu'elle a donc des échanges à avoir, qu'elle essaie d'avoir, avec d'autres spécialités, tant du côté des sciences de l'homme, que des sciences de la terre (fig. 3). Il est clair que l'écologie, quand elle s'intéresse à la dynamique des écosystèmes et des paysages, n'est pas une spécialité de la biologie : c'est une spécialité qui couvre l'ensemble des sciences de la nature et qui touche aux sciences de la société. C'est là un statut difficile à « vivre » pour l'écologue, parce qu'une forte pression s'exerce sur lui à propos de problèmes d'environnement : il faut les résoudre dans l'urgence, répondre dans l'instant. Expliquer qu'il faut

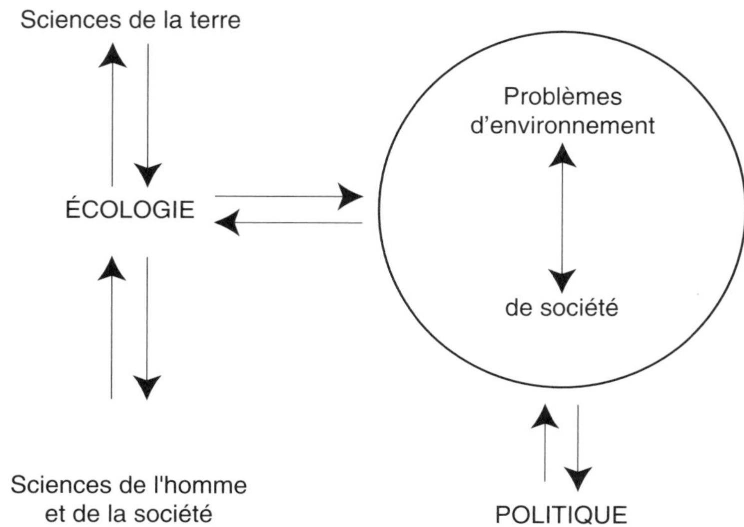

Figure 3 La rencontre entre écologie scientifique et politique.
Elle se fait à l'occasion de problèmes d'environnement, autour de questions de société. Mais sur ce terrain, l'écologie n'est pas mobilisée seule : elle est aussi confrontée aux sciences de l'homme et de la société et doit s'appuyer sur des compétences apportées par les sciences de la terre (d'après Barbault, 1996).

mesurer ceci et cela, qu'il y faut dix ou vingt ans, est mal accepté. Souligner qu'il faudrait peut-être préciser auparavant quels sont les objectifs politiques visés, poser les enjeux de société sous-jacents, n'est pas de nature à améliorer le dialogue ! Pour l'écologue ainsi interpellé comme expert, paralysé entre les limites de son savoir et l'urgence des décisions, on ne peut que recommander la lecture de Roqueplo (1993, 1997). De fait, comme l'écrit cet auteur : « *D'une certaine façon, l'artificialisation de la Nature par les techniques a produit une Technonature dont la société doit désormais assurer la maintenance, et c'est là une situation nouvelle.* »

PARTIE 1

ORGANISATION GÉNÉRALE DE LA BIOSPHÈRE

Introduction

La vie est apparue à la surface de la Terre il y a 3,8 milliards d'années. Elle s'y est développée sous la forme d'une multitude d'organismes très divers, micro-organismes, plantes, animaux, qui constituent la biosphère. En fait, le terme est d'un emploi plus large et s'applique à l'espace de la planète occupé par les êtres vivants. En ce sens, la *biosphère* recouvre partiellement les trois grands compartiments qui composent la Terre, la lithosphère, l'hydrosphère et l'atmosphère. Dans la perspective systémique évoquée en introduction, certains écologues préfèrent utiliser dans ce cas le terme d'*écosphère* qui désignerait alors le système où se déploient les phénomènes biologiques, système composé de la Terre (lithosphère, hydrosphère, atmosphère), des organismes vivants (biosphère *stricto sensu*) et du Soleil, source d'énergie nécessaire à la vie (photosphère).

Que l'on parle d'écosphère ou de biosphère, il est clair que les processus écologiques lient étroitement les organismes vivants à leur environnement physico-chimique. Dissocier les êtres vivants de leur milieu est, pour l'écologue, dénué de sens. En écologie, le terme de biosphère est toujours utilisé dans un sens fonctionnel (et non descriptif) ; sa signification est bien celle donnée au concept d'écosphère. Aussi nous conformerons-nous ici à l'usage le plus répandu en n'employant que le terme de biosphère, déjà largement connu.

Chapitre 2

Dynamique de l'environnement physique

LA TERRE TOURNE

L'organisation générale de la biosphère est, dans ses grandes lignes, commandée d'abord par la structure et les mouvements de la planète où elle s'est constituée.

La Terre tourne : cela a d'importantes conséquences pour la biosphère, dont l'activité se trouve rythmée par la double rotation du globe, autour de son axe et autour du Soleil. Le monde vivant évolue, s'organise et fonctionne selon deux périodicités fondamentales, le cycle de 24 heures avec l'alternance jour-nuit, et le cycle annuel avec l'alternance des saisons. Les climats qui règnent à la surface de la Terre et qui influent si fortement sur la distribution et le fonctionnement des êtres vivants sont aussi la conséquence de cette dynamique astronomique.

PERSPECTIVE GÉOGRAPHIQUE SUR LE CLIMAT

Du pôle Nord au pôle Sud la surface de la Terre n'offre pas la même inclinaison au rayonnement solaire incident. Il s'établit donc des gradients thermiques, caractérisés par des températures décroissant des pôles vers l'équateur, qui provoquent de vastes mouvements atmosphériques. La distribution géographique des climats est, dans ses grandes lignes, la résultante des différences latitudinales d'échauffement solaire et de la dynamique des masses d'air qu'elles provoquent. Les tropiques, perpendiculaires aux rayons du soleil la majeure partie de l'année et bénéficiant ainsi d'un échauffement important, constituent une zone d'air ascendant. Tandis que l'air s'élève, il refroidit. Quand, en se refroidissant, il atteint le point de rosée, l'eau se condense. Ainsi, du fait de ces processus de convection, les tropiques sont nuageux et pluvieux. Aux pôles, en raison de la faible intensité de la radiation incidente, l'air refroidit, descend et glisse vers l'équateur. Ces grands phénomènes de circulation atmosphérique, très schématisés ici, se subdivisent à une échelle moins vaste en « cellules » plus petites (fig. 4) : vers 30° de latitude l'air descend et s'écoule à la fois en direction du pôle d'un côté et en direction de l'équateur de l'autre. Cet air descendant s'échauffe et devient asséchant : ces latitudes sont occupées par des déserts — régions à ciel clair, radiation solaire et température élevées, humidité faible.

Les zones de réchauffement et de refroidissement changent naturellement au cours de l'année, tandis que change la position de l'axe terrestre par rapport au Soleil.

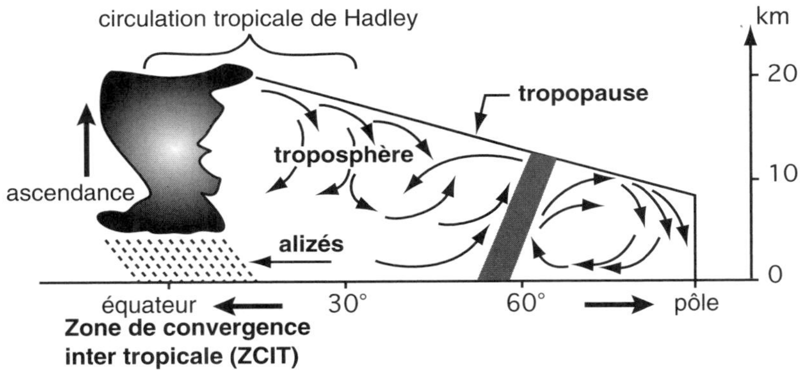

Figure 4 Schéma de la circulation atmosphérique « cellulaire » à la surface de la Terre montrant les principales zones de courants ascendants.

Ces considérations générales permettent de définir de grandes *zones climatiques*, à l'échelle du globe. A l'intérieur de ces grandes zones, la répartition des terres et des mers, les caractères particuliers du relief, amènent à reconnaître des climats régionaux. À une échelle plus réduite encore, selon le problème écologique en question, on s'intéressera à des climats locaux voire à des microclimats : conditions de température et d'humidité à l'intérieur d'une forêt, dans la frondaison d'un arbre ou au niveau d'une feuille.

Outre ce problème d'échelle qui vient d'être brièvement évoqué la définition et la classification des types de climats dépend des critères utilisés. On donnera, à titre d'information générale, deux cartes présentant la variation géographique des principales composantes du climat — température et pluies — à l'échelle mondiale (fig. 5 et 6).

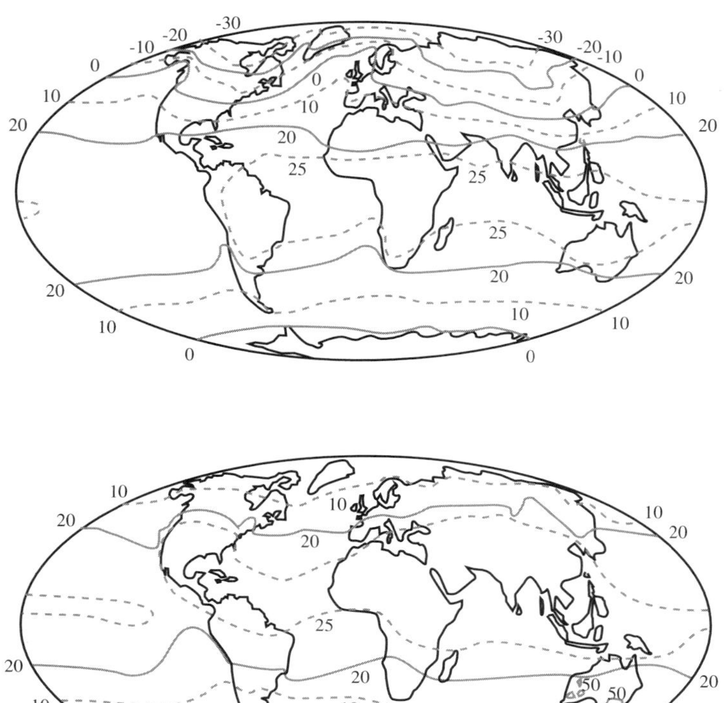

Figure 5 Cartes mondiales des isothermes de janvier (en haut) et de juillet (en bas). Températures réduites au niveau de la mer.

ACTION DES GRANDS FACTEURS ABIOTIQUES SUR LES ÊTRES VIVANTS

Quelle est l'action des facteurs du climat sur la répartition et le fonctionnement des éléments vivants de la biosphère ? C'est là le domaine de la biogéographie et de l'écophysiologie, dans lequel il n'est pas possible de s'engager sérieusement ici : on se bornera à rappeler quelques généralités sur l'action des grands facteurs écologiques que sont la lumière, la température et l'eau (humidité).

L'humidité

Les êtres vivants renferment en moyenne 70 % d'eau nécessaires à leur bon fonctionnement. La disponibilité en eau du milieu et l'hygrométrie atmosphérique jouent donc un rôle essentiel dans l'écologie des organismes terrestres, en conjonction avec la température dont dépendent les pertes en eau des organismes.

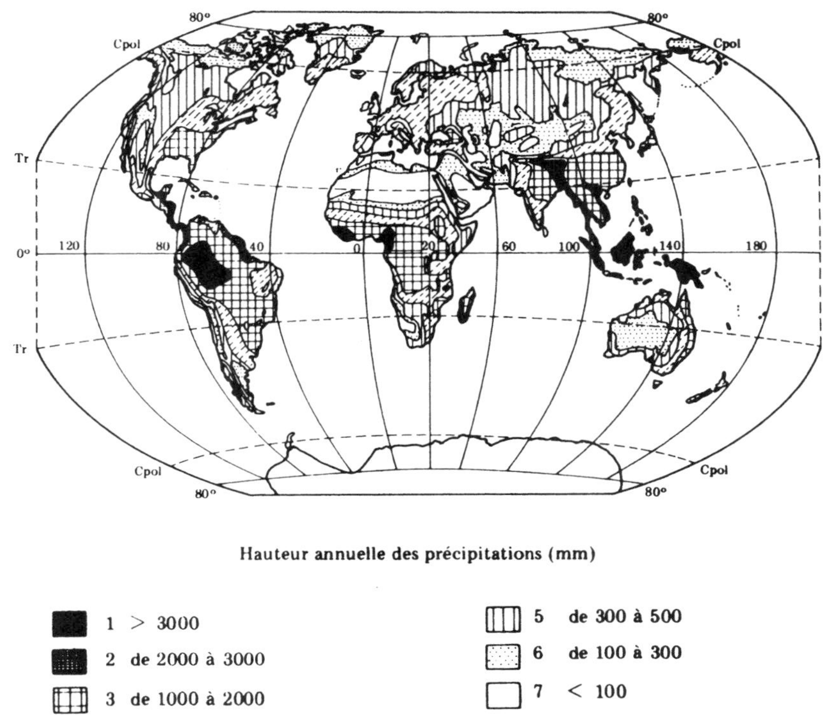

Figure 6 Distribution géographique des précipitations à la surface des continents.

Dans le cas des espèces aquatiques le problème est soit de limiter l'entrée excessive d'eau — chez les formes dulçaquicoles dont les tissus ont une pression osmotique supérieure à celle du milieu extérieur —, soit d'en empêcher la fuite chez les formes d'eaux salées.

Pour conserver l'eau ou l'acquérir, c'est-à-dire pour maintenir l'équilibre de leur balance hydrominérale, les animaux et les plantes ont développé de nombreuses adaptations, aux plans morphologique, physiologique ou comportemental.

La lumière

La lumière a principalement une action énergétique dans la biosphère. On l'examinera à propos de la température, au niveau des organismes, puis avec le bilan de l'énergie dans la biosphère.

Mais c'est aussi un stimulus essentiel qui déclenche ou règle de nombreux comportements ou niveaux d'activité chez les animaux et les plantes. À côté de son intensité et de sa longueur d'onde, le facteur lumière intervient notamment, en écologie, par sa période. La photopériode (longueur du jour) est, de tous les facteurs

saisonniers de l'environnement, le plus régulier, c'est-à-dire le plus prévisible : dans une localité donnée, la longueur du jour est la même à date fixe. Ce n'est le cas ni de la température ni des précipitations. La photopériode est donc un excellent synchroniseur pour les activités des organismes qui obéissent à un rythme saisonnier (cycle de la reproduction ou de la floraison, migration, par exemple).

La température

En règle générale, la température devient contraire à la vie vers les valeurs supérieures à 60 °C et celles inférieures à 0 °C. La première limite correspond au seuil critique d'altération de la structure des protéines ; la seconde au seuil de détérioration par gel des structures cellulaires.

En fait, la plupart des organismes ont des tolérances à la température bien plus réduites, notamment les plantes et les animaux poïkilothermes qui n'ont pas la capacité de réguler leur température interne comme le font les vertébrés homéothermes (oiseaux et mammifères).

Bien avant d'altérer la structure des protéines, les températures élevées peuvent provoquer une dessication fatale des organismes. C'est dire que l'action de la température sur les êtres vivants dépend de l'humidité ambiante.

Dans la gamme des valeurs tolérées, l'accroissement de la température interne des organismes a pour effet d'accélérer les réactions biochimiques, conformément à la loi de Van't Hoff : pour tout écart de 10 °C la vitesse des réactions varie généralement d'un facteur 2 ou 3 (loi du Q_{10}).

Lorsque la température ambiante s'écarte durablement des valeurs tolérables les organismes ne peuvent survivre. Toutefois, dans les régions régulièrement soumises à des hivers froids ou à des périodes de sécheresse, beaucoup d'espèces ont développé des comportements et des adaptations physiologiques qui leur permettent de franchir la saison défavorable en « s'extrayant » du milieu : migration ; enfouissement qui permet d'éviter les températures extrêmes, accompagné ou non de ralentissement physiologique (hibernation vraie) ; stades de résistance (œufs ou graines, kystes en état de diapause ou de dormance). Les plantes, qui ne peuvent se déplacer, résistent au froid en abaissant leur point de congélation par déshydratation et concentration des substances dissoutes (loi de Raoult). Dans nombre de cas le repos hivernal est devenu une étape nécessaire au bon déroulement du cycle biologique de l'espèce. Ainsi faut-il une certaine « quantité de jours froids » pour déclencher l'induction florale ou lever la dormance des bourgeons ou des graines de certaines plantes.

Parce que la température a une action majeure sur le fonctionnement des êtres vivants, et finalement sur leur taux de multiplication, et parce que la température varie selon un schéma géographique net, les espèces animales et végétales se distribuent selon des aires de répartition souvent définissables à partir des isothermes. Ainsi, les biogéographes utilisent-ils généralement, pour repérer les limites de répartition des espèces (fig. 7), les isothermes de janvier et de juillet qui correspondent aux températures mensuelles moyennes extrêmes — respectivement, les plus froides et les plus chaudes dans l'hémisphère nord et l'inverse dans l'hémisphère sud.

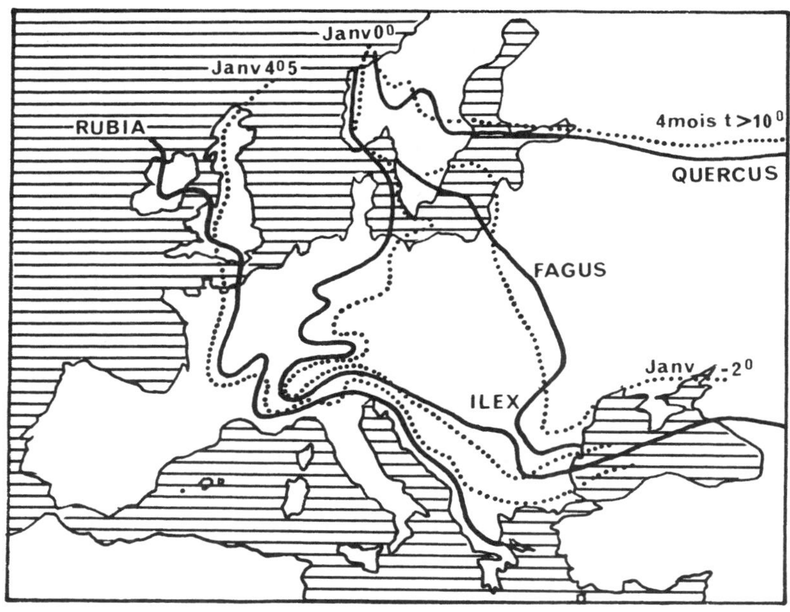

Figure 7

Relations : 1) entre l'isotherme moyen de janvier et les limites géographiques septentrionales et orientales de la garance sauvage *(Rubia peregrina)* et du houx *(Ilex aquifolium)* ; 2) entre l'isotherme « 4 mois à plus de 10 °C » et la limite nord du chêne pédonculé *(Quercus pedunculata)* ; 3) entre l'isotherme de janvier « 2 °C » et la limite orientale du hêtre *(Fagus sylvatica)* (d'après Lemée, 1978).

S'il est vrai que les températures supérieures à 60 °C sont défavorables à la vie, il convient toutefois d'évoquer un cas particulier remarquable : celui de peuplements bactériens et animaux liés aux émissions hydrothermales dans les profondeurs sous-marines à l'axe des dorsales océaniques. Par 2 à 3 000 mètres de profondeur, groupés autour des sorties de fluides riches en sulfures à haute température (150 à 350 °C), des animaux de grande taille vivent en symbiose avec des bactéries chimiosynthétiques abritées dans leurs propres cellules. En l'absence de toute lumière ces bactéries tirent l'énergie nécessaire à la fixation de CO_2 et à la synthèse de matière organique de l'oxydation de l'hydrogène sulfuré produit en profondeur par réduction des sulfates de l'eau de mer circulant dans le basalte fissuré. On a montré que dans les fluides hydrothermaux eux-mêmes, un milieu totalement anoxique, des archaebactéries pouvaient subsister à des températures supérieures à 100 °C.

BILAN D'ÉNERGIE DE LA PLANÈTE

L'énergie est à l'origine de toute vie. Chaque phénomène biologique a une composante énergétique. Parce que la source première d'énergie pour les êtres vivants est le Soleil il est essentiel de présenter brièvement ici le bilan énergétique du flux solaire dans la biosphère (fig. 8).

La radiation solaire totale entrant dans l'atmosphère représente un flux annuel d'énergie de 13.10^{20} (= $54{,}5.10^{20}$ kJ). Près d'un tiers de ce flux, ultraviolets et infrarouges courts notamment, est réfléchi par un écran de nuages, poussières, molécules et par les surfaces terrestres elles-mêmes. C'est l'albédo de la Terre. Quelque 5 % — rayons ultraviolets courts, X et gamma — sont absorbés dans la stratosphère. Environ 13 % du flux solaire sont interceptés par les nuages et autres particules de l'atmosphère qu'ils contribuent à échauffer. Les 50 % restants atteignent la surface terrestre où ils ont pour effet premier de chauffer l'air, le sol et les eaux. Cette action calorifique se répartit comme suit :

- 24 % interviennent dans la vaporisation de l'eau (évaporation et transpiration des végétaux, V) ;
- 5 % se dissipent vers l'atmosphère (mouvements ascendants et turbulents d'air chaud, K) ;
- 21 % servent à compenser les pertes de radiation thermique des surfaces terrestres (13 % sont absorbés dans l'atmosphère, mais 8 % sont perdus dans l'espace).

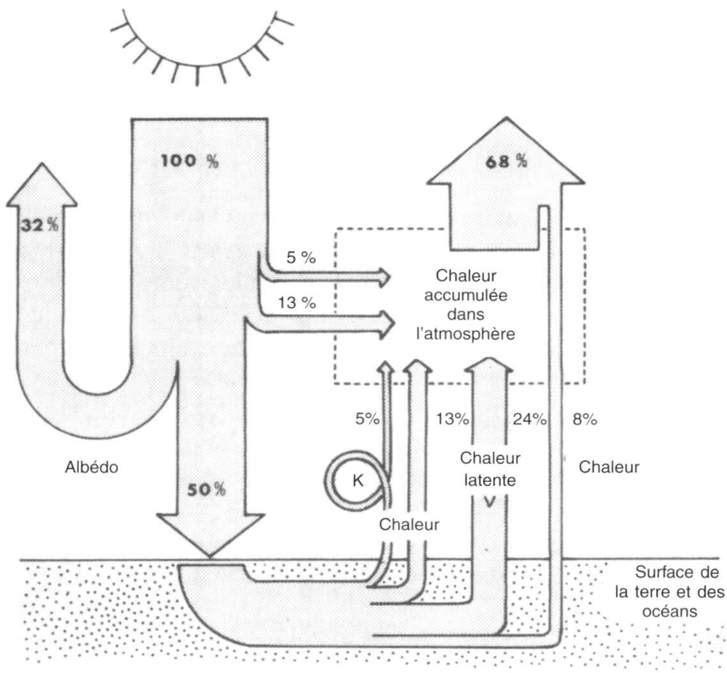

Figure 8 Flux de l'énergie solaire dans la biosphère.

L'énergie géothermique, l'énergie des marées et l'énergie cinétique du vent interviennent également dans la biosphère mais restent d'importance négligeable comparées au flux solaire. Quant à l'énergie chimique potentielle fixée par la photosynthèse, elle ne représente que 1 % de la lumière reçue.

DES CONTRAINTES GÉOPHYSIQUES DÉTERMINANTES

La vision géologique du monde a radicalement changé au cours de ces dernières décennies, grâce à une théorie révolutionnaire : la dérive des continents et la tectonique des plaques.

La tectonique des plaques

Si le premier énoncé de cette théorie, dû à Alfred Wegner, date du 6 janvier 1912, il faudra à cette dernière plusieurs décennies et les travaux de Holmes, Wilson, Morgan et Le Pichon avant d'être acceptée (voir Duplessy, 1996). Le concept de tectonique des plaques développé au cours des années soixante a bouleversé tous les aspects de la recherche en géologie : volcanisme, séismes, relief du fond des océans et des continents sont aujourd'hui appréhendés dans ce nouveau schéma d'explication globale.

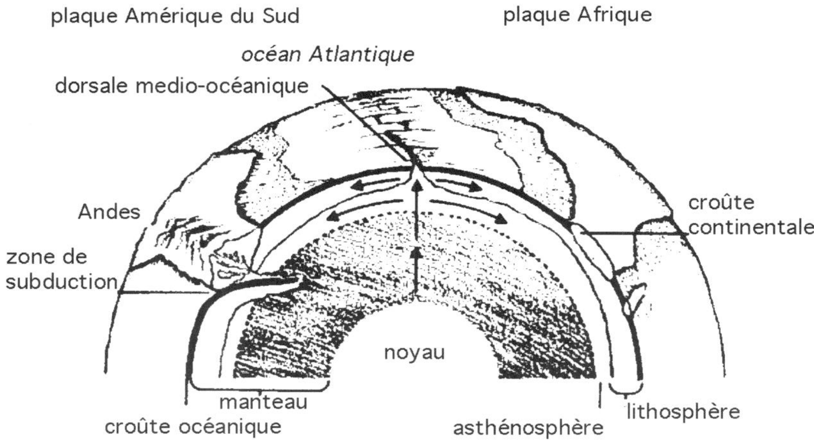

Figure 9 Principe de la tectonique des plaques (D'après Westbroek, 1998).

La surface de la Terre, contrairement aux apparences, n'est pas une enveloppe continue : elle est constituée d'une douzaine de plaques qui glissent et se déplacent. Six de ces plaques représentent l'essentiel de la surface de la planète. La plaque Pacifique est uniquement formée de croûte océanique tandis que les autres, qui portent respectivement l'Afrique, l'Amérique, l'Eurasie, l'Australie et l'Antarctique, comprennent à la fois de la croûte océanique et de la croûte continentale. Dans leur partie inférieure, les plaques sont couplées au reste du manteau sous-jacent et se trouvent entraînées par les courants de convection à des vitesses de quelques centimètres par an. À l'échelle de millions d'années, cela explique les observations rassemblées par Alfred Wegner qui le conduisirent à formuler sa théorie de la dérive des continents.

La figure 9 en résume le principe. Elle montre l'atlantique au centre, avec les plaques africaine et américaine de part et d'autre. L'atlantique est une zone d'extension, dont s'éloignent les plaques portant l'Afrique et l'Amérique du Sud. Leur jonction est marquée par la dorsale medio-atlantique, où des roches fondues provenant de l'athénosphère viennent affleurer en surface et combler l'espace laissé par l'écartement des plaques. Au contraire de l'atlantique, le pacifique est un océan qui rétrécit : il est entouré de zones de subduction, où la croûte océanique plonge et disparaît dans le manteau. On peut voir sur la figure 9 la zone de subduction qui borde les Andes, où se rencontrent la plaque Pacifique et celle portant l'Amérique du Sud. La première s'enfonce sous la seconde, plus légère, et une profonde fosse sous-marine se forme le long de la jonction. C'est une zone de frottements, donc de tremblements de terre. L'énergie nécessaire au mouvement des plaques est la chaleur libérée à grande profondeur par la désintégration radioactive.

La tectonique des plaques a des conséquences majeures non seulement sur la compréhension de la géodynamique planétaire mais aussi sur celle des climats anciens et sur l'histoire et la géographie de la vie et de son évolution. Bref, sur l'écologie de la biosphère.

La dérive des continents

Ainsi, la tectonique des plaques nous apprend que les continents sont mobiles à l'échelle des temps géologiques et qu'ils peuvent passer d'une zone climatique à une autre, même si le climat général de la planète n'a, lui, pas réellement changé (Duplessy, 1996).

Lors de l'enfantement primitif de notre planète, il n'y avait pas de continents. L'océan recouvrait le globe. Les continents ont pris naissance au cours de l'Archéen, période qui s'étend depuis la formation de la terre (il y a 4,6 milliards d'années) jusqu'à – 2,6 milliards d'années. C'est aussi pendant cette période qu'est apparu ce phénomène majeur pour l'histoire et la *physiologie* de notre planète qu'est la vie. Nous y reviendrons.

Accélérons le temps : il y a six cents millions d'années, les continents étaient essentiellement localisés dans l'hémisphère Sud. L'Amérique du Nord, la Sibérie et l'Europe du Nord constituaient un ensemble de continents proches et séparés par des mers peu profondes, tempérées ou chaudes. Tous les autres continents étaient rassemblés en une masse unique (fig. 10). Mais la dérive se poursuit, à travers des péripéties variées que l'on trouvera décrites par ailleurs (Duplessy, 1996) et qui conduisent, il y a deux cents millions d'années, à la constitution d'un gigantesque bloc continental unique, la Pangée, s'étalant des hautes latitudes de l'hémisphère

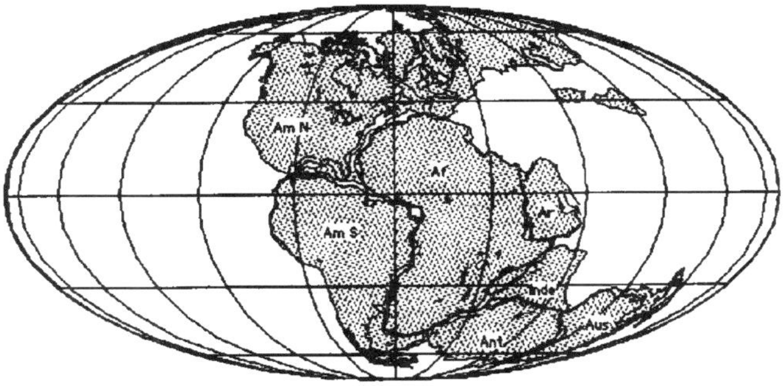

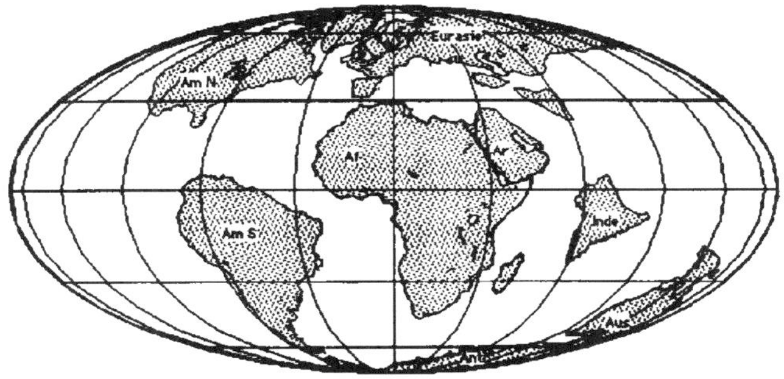

Figure 10 Le monde il y a 200 millions d'années (en haut) et 65 millions d'années (en bas).

Nord jusqu'à celles de l'hémisphère Sud. Puis la Pangée se disjoint, une première zone de fracture séparant l'Amérique du Nord des blocs voisins, une seconde scindant le bloc austral par l'individualisation de l'Antarctique et de l'Australie d'une part, de l'Afrique et de l'Amérique du Sud d'autre part. Ainsi, lorsque s'achève l'ère secondaire, il y a 65 millions d'années, les grands traits de la géographie actuelle apparaissent à peu près établis.

Chapitre 3

Structure de la biosphère

Par suite de la dynamique générale du globe terrestre et de la diversité des climats qui en résulte, par suite de l'histoire géologique et de l'hétérogénéité de la Terre, par suite enfin de l'action humaine, la biosphère ne présente pas une structure uniforme : on y reconnaît de vastes ensembles, eux d'apparence uniforme à cette large échelle de perception, les biomes. La diversité de ces biomes et leur distribution à la surface du globe définissent ce que l'on appellera la *structure spatiale* de la biosphère. On examinera ensuite, au-delà de cette représentation géographique de la biosphère, son *organisation fonctionnelle*.

STRUCTURE SPATIALE : LES BIOMES

Du pôle à l'équateur se succèdent en bandes parallèles de grands types de formations végétales, caractéristiques des grandes zones climatiques de la biosphère. Ces phytocénoses constituent, avec la faune qui leur est associée, les biomes (fig. 11). On distingue, selon les formes végétales dominantes (arbres à feuilles caduques ; arbres sempervirents, à feuilles ou à aiguilles ; graminées...) et l'importance globale de la végétation :

– des forêts sempervirentes tropicales ;
– des forêts tropicales caducifoliées, forêts claires et savanes boisées qui perdent leurs feuilles en saison sèche ;
– des forêts xérophiles, riches en arbres et arbustes épineux ;
– des forêts tempérées de feuillus caducifoliés, qui perdent leurs feuilles pendant la saison froide ;

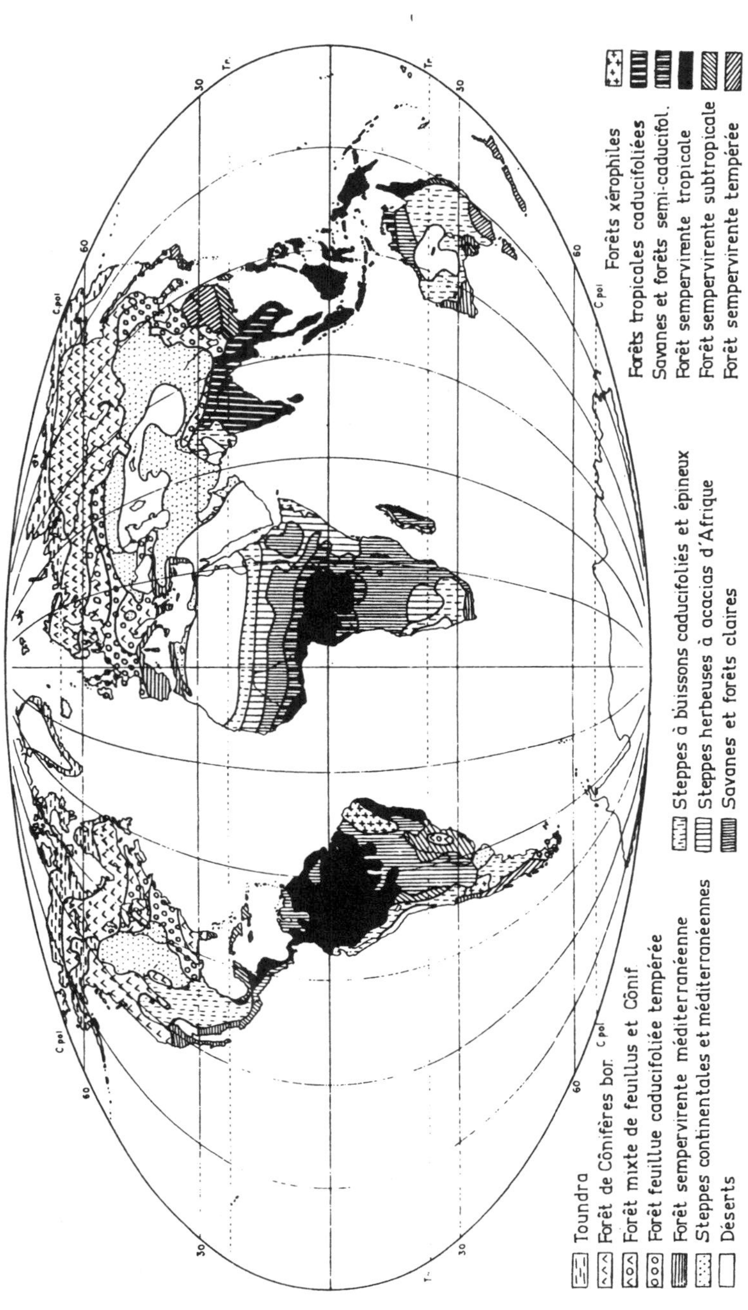

Figure 11 Carte des grands biomes du globe (d'après Lemée, 1978).

– des forêts sempervirentes méditerranéennes ;
– des forêts boréales de conifères ;
– des steppes, constituées de graminées xéromorphes distribuées par taches et laissant des espaces dénudés ;
– des savanes, à strate herbacée continue et parsemées d'arbres ou d'arbustes ;
– des déserts.

La distribution de ces grandes formations végétales est largement gouvernée par les caractéristiques des variables climatiques majeures que sont la température et la pluviosité. Ceci apparaît nettement, par exemple, dans la figure 12 qui donne la « distribution climatique » des grands types de forêts. Naturellement, l'extension actuelle de ces formations végétales est fortement modifiée par l'homme.

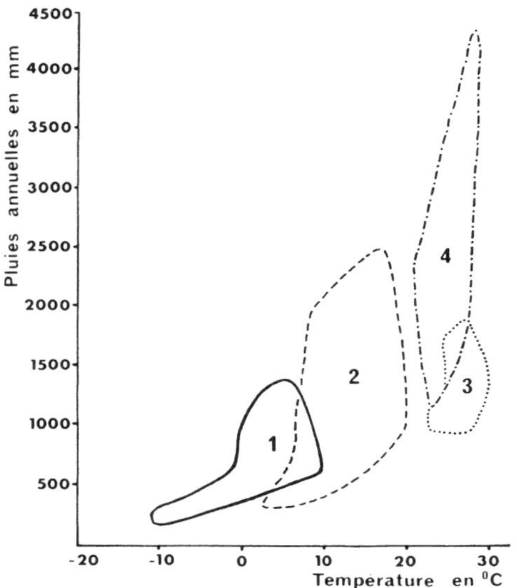

Figure 12 Relations entre la température annuelle moyenne, les précipitations annuelles et quelques grands types de forêts (d'après Lieth, 1975).

1. forêts boréales ; 2. forêts décidues ; 3. forêts sempervirentes ; 4. pluviisylves.

Les formes sont les enveloppes des points expérimentaux.

Là encore il convient de retenir que, à une échelle plus réduite, apparaissent d'autres structures, d'autres subdivisions : une carte de végétation, à l'échelle d'une parcelle d'un hectare, en donne une bonne image (fig. 13).

On débouche là sur le vaste domaine de la représentation spatiale des systèmes écologiques et de son analyse. C'est l'objet d'une véritable science, la cartographie écologique (voir Ozenda, 1986), que la télédétection satellitaire et la cartographie automatique ont revalorisée.

Mers et océans sont une part importante de la biosphère. Il est possible, là aussi, de reconnaître de vastes régions, bien que la continuité paraisse plus évidente que sur terre. L'écologiste ne doit pas perdre de vue que chaque ensemble délimité par lui est, à un degré ou à un autre, lié au reste de la biosphère, et particulièrement aux ensembles limitrophes : l'air et l'eau circulent dans toute la biosphère — et l'homme contribue, lui aussi, à rompre toutes frontières.

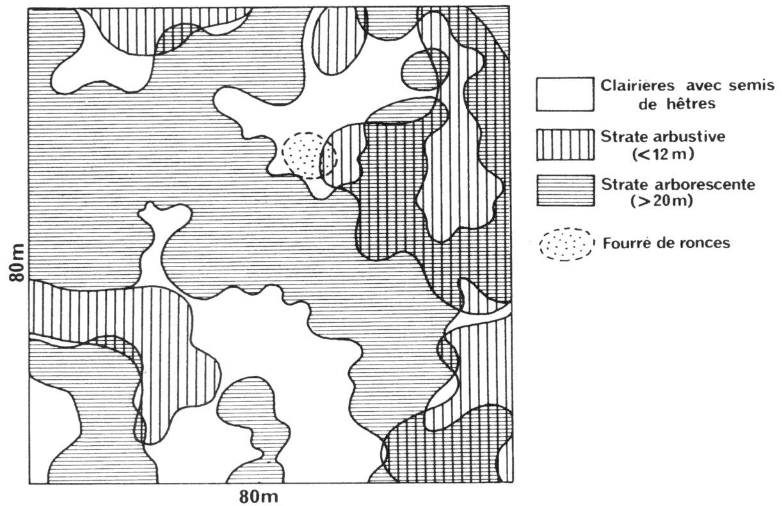

Figure 13 Structure spatiale d'un peuplement naturel de hêtres de la forêt de Fontainebleau (d'après Lemée, 1978).

STRUCTURE FONCTIONNELLE : ORGANISATION TROPHIQUE

Afin de donner une première idée générale de l'organisation de la biosphère, au-delà de l'image pré-écologique d'une pullulation désordonnée d'êtres vivants de toutes sortes, il est possible de définir une structure fonctionnelle fondamentale, reconnaissable à quelque endroit de la biosphère que l'on se trouve (fig. 14).

La biosphère comprend des éléments vivants et des éléments non vivants.

D'un point de vue fonctionnel la multitude des espèces qui peuplent la terre et les mers peuvent être réparties en quatre principaux ensembles constituant autant de compartiments fondamentaux du système biosphère : les producteurs primaires, les consommateurs primaires, les consommateurs secondaires et de rang supérieur, les décomposeurs.

Sont producteurs primaires les végétaux autotrophes, plantes vertes sur terre, algues et phytoplancton dans les eaux, qui utilisent l'énergie solaire pour la photosynthèse de substances organiques complexes à partir de substances inorganiques simples. L'opération fondamentale de la photosynthèse, rappelons-le, est la production de molécules de glucose et d'oxygène à partir de gaz carbonique et d'eau :

$$\searrow \qquad\qquad\qquad\qquad \nearrow$$

$$6\ CO_2 + 6\ H_2O \rightarrow C_6H_{12}O_{16} + 6\ O_2 + Q$$

$$\uparrow$$

Chlorophylle

$$\downarrow$$

gaz carbonique + eau → glucose + oxygène + chaleur

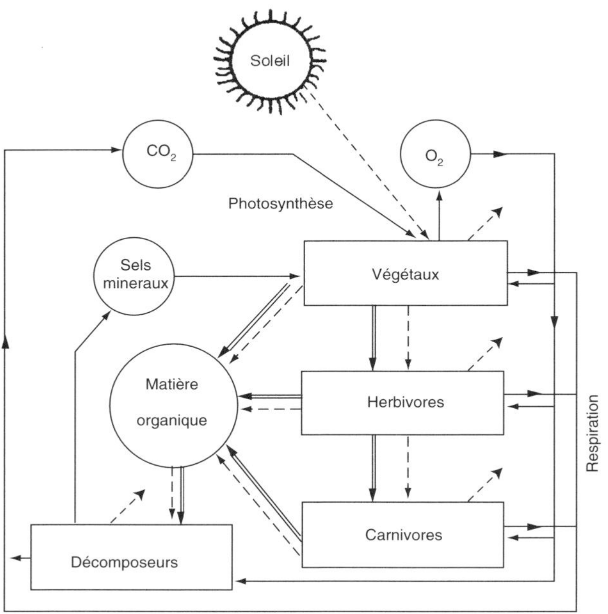

Figure 14 Représentation schématique des principaux compartiments de la biosphère, vivants (rectangles) ou non (cercles) et des principaux flux d'énergie (tireté) et de matière, minérale (trait simple) ou organique (trait double), qui en constituent la trame fonctionnelle.

L'énergie nécessaire à la réalisation de cette synthèse est fournie par les photons solaires que capturent la chlorophylle et d'autres pigments végétaux.

Sont qualifiés de consommateurs primaires les animaux qui se nourrissent aux dépens des producteurs primaires. Ces herbivores produisent, eux aussi, de la matière organique (croissance, reproduction) mais ils dépendent totalement pour cela de la matière organique synthétisée par les plantes ou le phytoplancton dont ils se nourrissent. Les consommateurs primaires sont donc des producteurs de second niveau ou producteurs secondaires.

Sont consommateurs secondaires les carnivores *sensu lato*, c'est-à-dire tous les organismes qui se nourrissent aux dépens d'autres animaux vivants. Pour une analyse plus précise on verra qu'il convient de subdiviser cet ensemble en consommateurs secondaires *sensu stricto* (mangeurs d'herbivores), en consommateurs tertiaires (qui se nourrissent des précédents), etc. En fait, beaucoup d'espèces ne se plient pas facilement à cette classification par niveaux trophiques et peuvent appartenir à plusieurs compartiments — consommateurs primaires et secondaires (espèces omnivores), consommateurs secondaires et tertiaires (prédateurs ou parasites d'herbivores et de carnivores), etc.

Sont décomposeurs les invertébrés, champignons et bactéries qui se nourrissent de la matière organique morte — cadavres, litière, excreta, fèces.

Les éléments non vivants de la biosphère peuvent être rassemblés en deux compartiments différents, « matière organique morte » et « éléments minéraux » (fig. 14). L'oxygène et le gaz carbonique, qui interviennent dans la respiration de tous les êtres vivants (à l'exception des micro-organismes anaérobies) et dans la photosynthèse des organismes autotrophes, figurent séparément.

Les divers compartiments du système biosphère sont liés par des transferts de matière et d'énergie. Trois processus fondamentaux en résument le fonctionnement :

– le processus de consommation, ingestion de matière organique ;
– le processus de production, synthèse de matière organique ;
– le processus de décomposition ou de minéralisation, recyclage de la matière.

La dynamique de ces processus sera étudiée dans les trois parties suivantes de cet ouvrage.

Il est clair que les compartiments schématisés dans la figure 14 ne sont pas repérables en tant que tels dans la réalité : ils rassemblent des éléments (types d'organismes, espèces, individus) différents et dispersés, mais homologues au plan fonctionnel. Un même organisme peut appartenir simultanément ou à différentes périodes de son existence, à plusieurs compartiments. Ainsi le renard est-il à la fois consommateur primaire, quand il se nourrit de baies ou de fruits, consommateur secondaire, quand il mange des campagnols et consommateur tertiaire quand il capture des oiseaux insectivores. Beaucoup d'insectes peuvent être phytophages pendant leur vie larvaire puis carnivores sous la forme d'imagos.

La biosphère n'est donc pas tout à fait un superorganisme dont les compartiments figurés sur le schéma seraient les organes. Ce n'est toutefois pas non plus une masse incoordonnée d'organismes indépendants. Il est essentiel de mesurer ici, dès maintenant, que les écosystèmes, qui matérialisent localement l'organisation fonctionnelle de la biosphère, ne sont pas indépendants les uns des autres — c'est-à-dire que le concept d'écosystème ne rend pas inutile celui de biosphère. Les différentes régions de celle-ci sont en effet unies : par l'air et par l'eau qui y circulent largement ; par l'homme, qui y fait partout sentir ses effets. Ainsi la biosphère est bien réelle au plan fonctionnel et non une simple représentation des écologues.

STRUCTURE FONCTIONNELLE : LES CYCLES BIOGÉOCHIMIQUES

L'unité de la biosphère apparaît particulièrement lorsque l'on considère le cycle des divers éléments nécessaires à la manifestation et au déploiement de la vie. Pour l'illustrer on présentera le cycle de l'eau puis les cycles du carbone et de l'azote.

Le cycle de l'eau

L'eau est un constituant essentiel de la biosphère : la vie apparut dans l'océan ; les êtres vivants sont constitués d'eau pour 70 % de leur poids en moyenne ; l'eau est le substrat fondamental des activités biologiques.

La biosphère renferme environ 1 390 millions de km^3 d'eau dont la majeure partie (97 %) constitue les océans et est salée. L'eau douce ne représente donc que 41,7 millions de km^3 dont 33 immobilisés dans les glaciers. L'atmosphère en renferme 13 000 km^3 sous forme de vapeur et la biomasse animale et végétale seulement 400 km^3. Ainsi, la part des réserves d'eau de la biosphère présente dans les êtres vivants est absolument infime (0,00005 % !): le cycle de l'eau resterait ce qu'il est en absence d'êtres vivants. Ce n'est pas à proprement parler un cycle *bio*géochimique.

Les principaux flux qui constituent le cycle de l'eau sont schématisés dans la figure 15. L'énergie solaire provoque une évaporation annuelle de 425 000 km^3 au-dessus des océans et une évapotranspiration à la surface des continents de l'ordre de 111 000 km^3 par an. Cette eau retombe sous forme de précipitations mais le bilan est

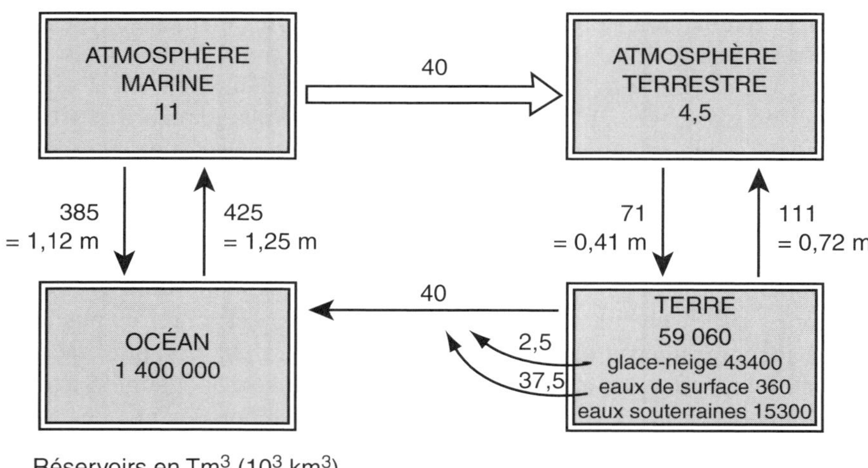

Figure 15 Cycle de l'eau.

Le cycle de l'eau comporte deux parties principales :

- la partie atmosphérique : transport d'eau par les vents, essentiellement sous forme de vapeur. Le flux dominant va des océans vers les terres, car 86 % de l'évaporation, donc de l'alimentation en eau de l'atmosphère, s'effectue au-dessus de la mer.
- la partie terrestre du cycle, représentée par l'écoulement superficiel ou souterrain des eaux. En fonction du stockage plus ou moins long dans des réservoirs comme les lacs et plaines d'inondation, et dans des nappes souterraines, la durée entre les précipitations et le retour à la mer varie fortement (d'après Jacques, 1996).

négatif pour les océans (385 000 km^3/an), positif pour les continents (71 000 km^3/an). Le surplus terrestre revient aux océans par les fleuves (28 000 km^3/an) et, plus lentement, par infiltration (12 000 km^3/an).

Le cycle du carbone

Le carbone *C* représente 49 % du poids sec des organismes et 24,9 % de la composition par atomes de la biosphère *sensu stricto*. C'est, à égalité avec l'oxygène, le second élément constitutif de la biosphère, après l'hydrogène (49,8 % de la composition atomique de la biosphère).

Les voies et mécanismes fondamentaux du cycle du carbone faisant intervenir des êtres vivants sont rappelés dans la figure 16 et l'ensemble du cycle est schématisé par la figure 17.

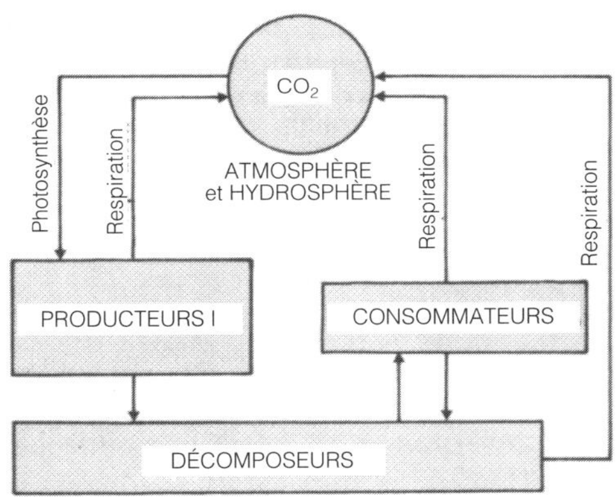

Figure 16 Voies et mécanismes fondamentaux du cycle du carbone impliquant les êtres vivants.

Le cycle de l'oxygène peut être donné par le même type de schéma en subsituant O_2 à la place de CO_2 et en inversant le sens des flêches « respiration » et « photosynthèse ».

Le principal réservoir du carbone impliqué dans le fonctionnement de la biosphère est constitué par le CO_2 dissous (ions carbonates) dans les mers et les océans (38 000 milliards de tonnes de carbone) mais le réservoir atmosphérique (750 milliards de tonnes) est évidemment essentiel à l'existence des organismes terrestres. Ces réservoirs sont régulièrement alimentés par le gaz carbonique produit par la respiration des êtres vivants (combustion biologique) mais également par la combustion industrielle de quantités croissantes de charbon puis de pétrole. Parce que le flux sortant (photosynthèse) ne croît pas dans les mêmes proportions on enregistre depuis le milieu du siècle dernier une augmentation progressive de la teneur en CO_2 de l'air (de 280 p.p.m. à 360 p.p.m. aujourd'hui). On reviendra sur ce point dans la dernière partie de l'ouvrage, mais il est important de souligner dès maintenant le rôle déterminant de l'homme dans la dynamique des cycles biogéochimiques, c'est-à-dire dans le fonctionnement et le devenir de la biosphère.

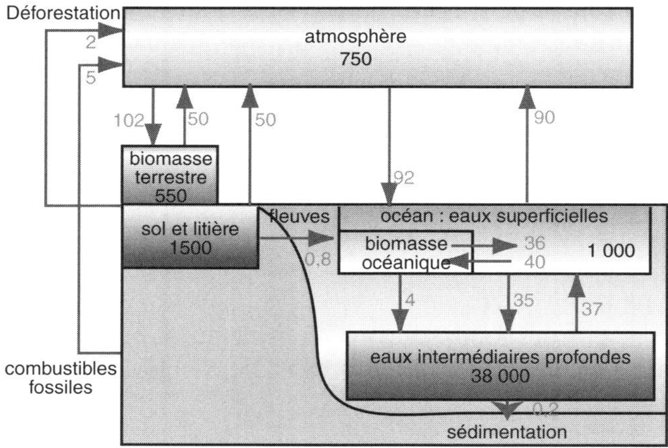

Figure 17 Échanges de carbone entre les principaux réservoirs de la planète.
Les chiffres des stocks de carbone sont exprimés en milliards de tonnes (Gt_c), les échanges (flèches) en milliards de tonnes par an (Gt_c/an). Source : d'après IPCC, Cambridge University Press, 1990.

Le cycle de l'azote

À la différence du carbone l'atmosphère est riche en azote (79 %), mais peu d'organismes sont capables de l'utiliser sous cette forme (N_2). Du point de vue biologique le principal réservoir d'azote est constitué par l'azote organique (urée, protéines, acides nucléiques) et minéral (ammoniac, nitrite, nitrate). Le cycle de l'azote (fig. 18) implique une série de transformations chimiques qui sont l'œuvre d'un petit nombre d'organismes spécialisés. Ces mécanismes biologiques peuvent être brièvement résumés comme suit (fig. 19).

Fixation de l'azote

Pour devenir biologiquement utilisable l'azote N_2 doit être fixé sous la forme de molécules inorganiques telles que l'ammoniac (NH_3) et les nitrates (NO_3). Cette fixation peut résulter de processus physico-chimiques (grâce à l'énergie lumineuse ou aux décharges électriques des orages). La quantité de nitrates ainsi produite annuellement s'élève à quelque 7,5 millions de tonnes. Bien plus importante est la fixation biologique qui est estimée à 44 millions de tonnes par an. Enfin il ne faut pas oublier la synthèse industrielle d'engrais qui atteignait déjà 30 millions de tonnes par an à la fin des années soixante et qui n'a cessé de croître depuis.

La fixation biologique d'azote est le fait de bactéries, d'algues bleues et de certains champignons. La majeure partie fait intervenir des formes symbiotiques, telles que les bactéries du genre *Rhizobium* qui forment des nodules dans les racines de légumineuses. Il existe aussi des formes libres capables d'effectuer cette opération, soit en condition d'aérobiose (*Azotobacter*), soit en condition d'anaérobiose (*Clostridium*).

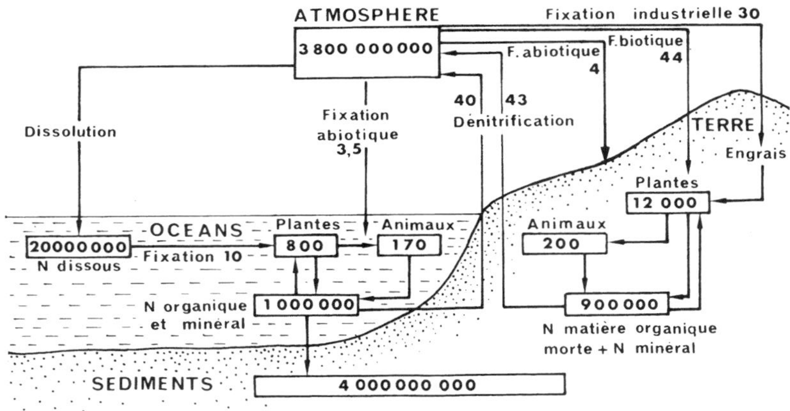

Figure 18 Cycle de l'azote dans la biosphère.

Les biomasses et réservoirs figurent dans les rectangles et les échanges annuels en azote sont donnés à côté des flèches correspondantes. Les chiffres, d'après Delwiche (1970), sont en millions de tonnes de N.

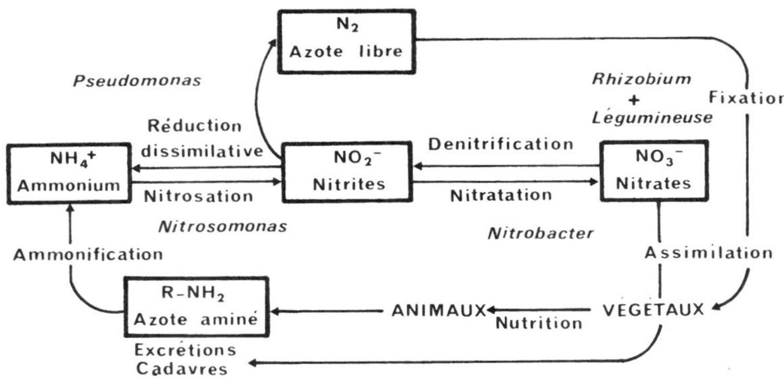

Figure 19 Voies et mécanismes fondamentaux du cycle de l'azote impliquant les êtres vivants.

L'ammonification

Le métabolisme des êtres vivants implique l'élimination de déchets azotés. Les cadavres constituent aussi partiellement une source de matière azotée organique. De nombreux organismes hétérotrophes, bactéries, actinomycètes et champignons, vivent de ces substrats organiques en libérant de l'azote inorganique (NH_4^+). C'est un processus de minéralisation appelée ammonification. L'énergie est utilisée par les bactéries.

La nitrification

La plupart des organismes ne peuvent utiliser l'azote sous forme d'ammonium et celui-ci doit être transformé en nitrate. Cette nitrification se déroule en deux étapes, la nitrosation — conversion de l'ammonium en nitrite ($NH_4^+ \rightarrow NO_2^-$) — et la nitratation — conversion du nitrite en nitrate ($NO_2^- \rightarrow NO_3^-$). Chacune est contrôlée par des micro-organismes spécifiques, tels que les *Nitrosomonas* dans le premier cas et les *Nitrobacter* dans le second.

La dénitrification

La nitrification rend l'azote utilisable pour le métabolisme des êtres vivants. Cependant, certains organismes sont capables de couper le cycle en convertissant les nitrates en nitrites (bactéries telles que *Pseudomonas* et champignons) puis les nitrites en ammonium.

Interaction des cycles

Les cycles qui viennent d'être brièvement esquissés mettent en relief la réalité structurelle de la biosphère (ou de l'écosphère). Ils ne sont pas les seuls à considérer. Ils ne sont pas non plus indépendants les uns des autres. Ainsi, il est clair que les cycles du carbone et de l'oxygène sont étroitement liés à travers les fonctions de respiration (combustion) et de photosynthèse. Il est évident aussi que le déroulement d'étapes telles que celles que nous avons vues à propos du cycle de l'azote dépend dans une large mesure des conditions offertes, c'est-à-dire de nombreux autres cycles (eau, oxygène, carbone... sans oublier les oligoéléments).

DU CONCEPT DE BIOSPHÈRE À L'HYPOTHÈSE GAÏA

Le vieux mythe de la Terre-Mère, ou Gaïa, a été repris, il y a vingt ans, sous la forme d'une hypothèse scientifique qui fait de notre planète un être vivant. On parle de l'hypothèse Gaïa (Lovelock, 1990).

Cherchant à comprendre comment les conditions terrestres ont pu rester suffisamment stables pour permettre à la vie de persister depuis plus de 3,5 milliards d'années, James Lovelock en est venu à concevoir la planète Terre comme un superorganisme, un être vivant capable d'autorégulation. Une telle formulation heurtait trop violemment les principes de l'évolution par sélection naturelle pour s'imposer d'emblée en biologie ou en écologie. Qui plus est, son adoption par le mouvement « New Age » ne fût pas de nature à en faciliter la reconnaissance.

Il faut cependant souligner que cette théorie a beaucoup évolué depuis sa première formulation en 1979 et qu'elle suscite aujourd'hui, notamment dans la communauté scientifique des géosciences, un intérêt justifié – *en ce qu'elle fait de la vie une force géologique*, au même titre que la tectonique des plaques, le volcanisme et l'érosion (Westbroek, 1998).

Premier constat souligné par James Lovelock, la composition chimique de l'atmosphère de la Terre est très différente de celle de Mars ou de Vénus. Les sondes *Venera* et *Pioneer* ont montré que l'atmosphère de Vénus était composée de 95 % de gaz carbonique et de 4 % d'azote — la vapeur d'eau, l'oxygène, l'oxyde de carbone et les gaz rares n'y étant présents qu'à l'état de traces. Sur Mars, la composition chimique de l'atmosphère est à peu près identique. Si la Terre se distingue de ce point de vue, avec une atmosphère dominée par l'azote (79 %) et l'oxygène (21 %) — le gaz carbonique ne s'y rencontrant plus qu'à l'état de traces — c'est parce que la vie en a profondément modifié la composition initiale : la photosynthèse des végétaux a contribué à relâcher des quantités massives d'oxygène, tandis que les coquilles en carbonate de calcium fabriquées par certaines algues et beaucoup d'animaux s'accumulaient au fond des mers, y piégeant ainsi l'essentiel du gaz carbonique.

Ainsi, la vie a transformé la Terre, créant progressivement des couches profondes du sol à la haute atmosphère un système complexe, la biosphère. Cela, les écologues le savaient depuis longtemps, même s'ils ont tardé à tirer toutes les leçons de l'essai magistral de Wladimir Vernadsky consacré à la biosphère.

Écoutons Westbroek (1998) :

« C'est la vie elle-même qui a créé la pile électrique dont elle dépend pour sa subsistance. Un des pôles est l'oxygène, qui constitue 21 % de l'atmosphère. C'est un gaz hautement toxique et extrêmement réactif. Il change le fer en rouille, les matières organiques en gaz carbonique et en eau, et décompose les gaz nauséabonds. L'oxygène est le principal agent purificateur de la planète. Il assainit l'environnement et nous donne un ciel débarrassé de ses brouillards toxiques. L'autre pôle de la pile se trouve dans le sol sous la forme du gigantesque réservoir de matière organique avec laquelle l'oxygène réagit si bien. À l'interface entre la terre et l'atmosphère, une très fine couche d'organismes vivants ne cesse de contribuer à ce stock d'énergie, rechargeant la pile et utilisant sa puissance pour se reproduire. »

« Le couplage de la photosynthèse et de la respiration montré dans la moitié gauche de la figure 20 constitue la grande roue de la vie. Elle convertit le gaz carbonique et l'eau en matière organique et en oxygène, puis provoque la conversion inverse. Ce schéma n'est cependant pas complet, car il suggère que l'oxygène libéré par la photosynthèse peut immédiatement être utilisé pour la respiration. En fait, la respiration utilise le réservoir d'oxygène atmosphérique, réservoir conférant au système son échelle planétaire. L'oxygène s'accumule dans l'atmosphère parce que la roue biologique tourne très vite, et que les cycles géochimiques qui ont lieu au sein des roches et des sédiments sont extrêmement lents. »

Ainsi, au cours des temps géologiques, la dynamique interne de la planète et la photosynthèse se sont unies pour construire une pile géochimique planétaire indispensable à l'activité biologique.

C'est cette vision planétaire du « système vie » qui mérite toute notre attention dans le développement de l'hypothèse Gaïa. Mais peut-on affirmer que les êtres vivants jouent un rôle majeur dans la régulation de la composition atmosphérique, certes restée constante dans ses grands compartiments (oxygène et azote) depuis des centaines de millions d'années ?

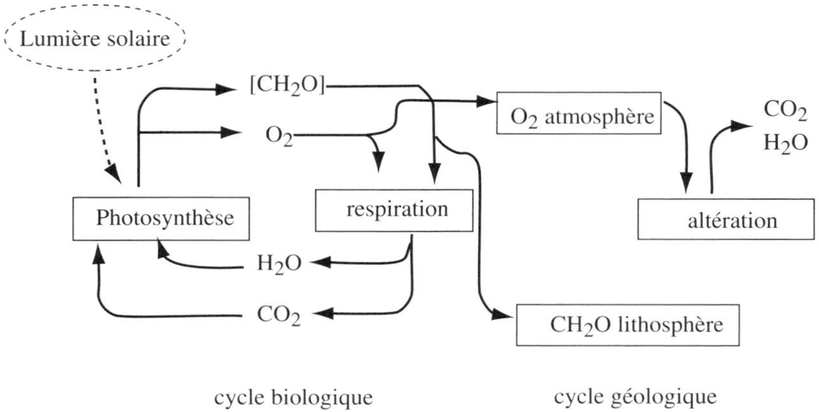

Figure 20 Le couplage des cycles biologiques et géologiques du carbone organique et de l'oxygène : une explication de l'origine de l'oxygène dans l'atmosphère (d'après Westbroeck, 1998).

La principale critique des biologistes vis-à-vis de l'hypothèse Gaïa portait sur la capacité d'autorégulation attribuée à cette dernière : comment la sélection naturelle pourrait-elle produire un tel altruisme planétaire ? L'énoncé même selon lequel la vie pourrait réguler l'atmosphère et le climat *pour* s'assurer ainsi les conditions favorables à son développement ne pouvait qu'être rejeté par des évolutionnistes.

James Lovelock reconnut les maladresses de la première formulation de sa théorie et approfondit son analyse. Il répondit d'abord à ses détracteurs en concevant une gaïa simplifiée, la planète Floréale ou le « petit monde des pâquerettes ». Avec son collègue Andrew Watson, il imagine une planète de la taille de la Terre, en rotation sur son axe et tournant autour d'une étoile ayant les principales caractéristiques de notre soleil (masse, luminosité, même production croissante de chaleur en « vieillissant »). Cette planète est bien arrosée et plusieurs espèces de pâquerettes de couleurs variées, claires, sombres et intermédiaires, y poussent partout si le climat est favorable. Cette planète simplifiée, accessible à la modélisation, est Floréale. La seule variable environnementale prise en compte est la température. On postule que Floréale possède une réserve constante de gaz carbonique, assez pour permettre la croissance des populations de pâquerettes mais pas trop, afin de ne pas compliquer l'évolution du climat. La température moyenne de Floréale est simplement déterminée par la teinte moyenne de cette dernière, c'est-à-dire par son albédo. Si la planète est sombre, son albédo est faible, elle absorbe plus de chaleur solaire et sa surface se réchauffe. Si elle est claire, une grande partie du rayonnement est renvoyée dans l'espace et elle se refroidit. Les diverses espèces de pâquerettes ne répondront pas de la même manière aux éventuelles radiations du rayonnement, compte tenu de la diversité de leur pigmentation. C'est cette dynamique que va traduire le modèle numérique conçu pour simuler l'évolution de Floréale. Il montre que le peuplement de pâquerettes peut réagir par la croissance compétitive des espèces sombres et des espèces claires et réguler ainsi la température de la planète sur une gamme étendue de luminosités solaires (fig. 21). Bref, le système « Floréale », représentation très simplifiée de Gaïa, montre une réelle capacité d'homéostasie.

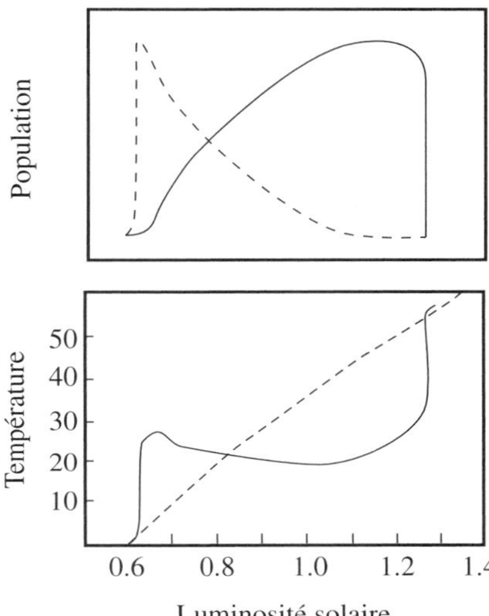

Figure 21 Modèle de l'évolution de Floréale selon l'approche géophysiologique de James Lovelock.

Le graphique du haut représente les populations de pâquerettes exprimées en unités arbitraires ; le graphique du bas donne la température en degrés Celsius. En allant de gauche à droite sur l'axe horizontal, la luminosité de l'étoile passe de 60 à 140 % de celle de notre propre Soleil. Dans la Floréale Gaïenne, l'écosystème peut réagir par la croissance compétitive des pâquerettes sombres (pointillés) et claires (les premières dominant les secondes en basse luminosité, la relation s'inversant avec l'accroissement de celle-ci), et réguler la température sur une gamme étendue de luminosités solaires. La ligne pointillée dans le rectangle inférieur montre comment la température s'élèverait sur une Floréale sans vie (modifié d'après Lovelock, 1990).

Peut-on pour autant considérer la biosphère comme un objet de recherche ? La biosphère est-elle autre chose que la somme des systèmes écologiques qui la composent ? En d'autres termes, gagne-t-on de la pertinence scientifique en faisant de la Terre un organisme vivant ? Les entités biologiques clairement identifiées que sont les populations animales, végétales, microbiennes, ont-elles des relations assez étroites entre elles — comme les organes d'un organisme — pour qu'il soit opérationnel d'analyser la biosphère comme un être vivant ?

Cette réflexion doit d'abord être conduite à l'échelle locale, régionale : on identifie alors des écosystèmes — lacs, forêts, savanes, bassins versants. On voit bien qu'en élargissant le champ d'analyse, on globalise l'étude des mécanismes. Très rapidement, on rassemble en grands compartiments les espèces qui assument des fonctions biologiques identiques dans le système. Cela pourrait se faire aussi à l'échelle de la biosphère. Dans ce cas, qu'est-ce qui ferait l'unité de la biosphère ? C'est d'abord le flux des eaux et des gaz — les cycles biogéochimiques que l'on sait analyser à l'échelle de la planète. Mais aussi les flux de particules, de molécules, d'êtres vivants que cela entraîne. Enfin, l'homme, par son omniprésence, par la puissance de ses effets sur la planète (dispersion d'espèces, émission et propagation de polluants, gaz et produits divers), fait de la Terre une entité qui mérite d'être appréhendée en tant que telle. Une entité vivante dont il menace les équilibres et dont il dépend.

Chapitre 4

La biosphère a une histoire

Dire que la biosphère a une histoire c'est, au-delà de l'évidence de l'énoncé, souligner le fait que son passé retentit sur l'organisation et la dynamique actuelles des systèmes écologiques. Cela n'est pas toujours suffisamment pris en considération par certains spécialistes qui s'exposent ainsi à avoir une conception parfois erronée de certains aspects de la structure et du fonctionnement de ceux-ci.

L'histoire de la biosphère c'est d'abord l'Évolution et la diversification des espèces : les organismes contemporains tiennent leurs caractéristiques d'une longue histoire d'interactions entre le pool génétique des populations et leurs environnements successifs. Mais c'est aussi la transformation physique de la planète, de son relief, de ses milieux, de ses climats : dérive des continents, bouleversements géologiques, glaciations...

Il n'est guère possible de dissocier histoire des faunes et des flores et histoire de la Terre et de son climat. C'est le domaine de disciplines telles que la paléogéographie ou la paléoécologie, et je ne m'y engagerai pas ici. Mon propos sera seulement de sensibiliser le lecteur à un aspect de l'écologie d'autant plus important qu'il est peu évident de prime abord, c'est-à-dire de faire percevoir que certaines caractéristiques des systèmes écologiques (composition spécifique, richesse spécifique, nature des relations interspécifiques, adaptabilité, etc.) peuvent être partiellement déterminées par leur passé et celui de leur environnement général.

Afin de donner plus de relief à ces brèves considérations générales j'évoquerai successivement l'histoire de la vie sur terre, celle des fluctuations du climat et de la végétation en Europe au cours des dix derniers millénaires et enfin les grandes crises d'extinction après une brève esquisse des variations de l'atmosphère et de la température au cours du dernier cycle climatique.

LES GRANDES ÉTAPES DE LA VIE SUR TERRE

Les enregistrements fossiles permettent une reconstitution grossière de l'histoire de la vie.

On en retiendra ici les principales étapes :

- Les premières traces de vie à l'état de simple cellule, de bactéries, sont signalées il y a environ 3,8 milliards d'années.
- Les eucaryotes apparaissent il y a quelque 2 milliards d'années.
- La richesse spécifique a dû rester basse durant les deux premiers milliards de l'aventure de la vie, quoique les paléontologues manquent d'information pour apprécier la diversité des microorganismes de ces temps lointains.
- À la fin du Précambrien (– 700 millions d'années), se met en place et évolue la riche faune *édiacarienne*[1], composée d'animaux à corps mou, en forme de disques et de frondes, en même temps qu'apparaissent les premiers arthropodes et échinodermes.
- Durant le Cambrien, il y a 570 millions d'années, jusqu'à 100 phylums d'organismes sont reconnus, dont 32 seulement survivent aujourd'hui. En d'autres termes, mesurée par le nombre de phylums animaux, c'est-à-dire de grands types d'organisation (diversité structurelle), la vie a été plus diverse au Cambrien qu'à n'importe quelle autre époque depuis. Les paléontologues parlent de *l'explosion cambrienne*.
- Les plantes vasculaires terrestres apparaissent à la fin de l'Ordovicien (505 millions d'années) ou au début du Silurien (438 millions d'années) et se multiplient au Dévonien (408 millions d'années), quand évoluent les plantes à graines. Les flores terrestres sont successivement dominées par les ptéridophytes, par les gymnospermes puis par les angiospermes qui font leur apparition au Crétacé, il y a 144 millions d'années, et prédominent en termes de richesse spécifique à la fin du tertiaire (2 millions d'années).

On peut caractériser l'évolution de la diversité des êtres vivants depuis l'explosion cambrienne, directement par le nombre d'espèces locales pour la flore, indirectement par le nombre de familles pour les animaux marins (fig. 22).

L'observation majeure qui s'en dégage est le caractère discontinu de cette diversification, conclusion qu'il n'était pas possible d'avancer à partir de seuls principes évolutionnistes.

1. D'après le nom du site le plus riche et le mieux connu, celui d'Ediacara, en Australie.

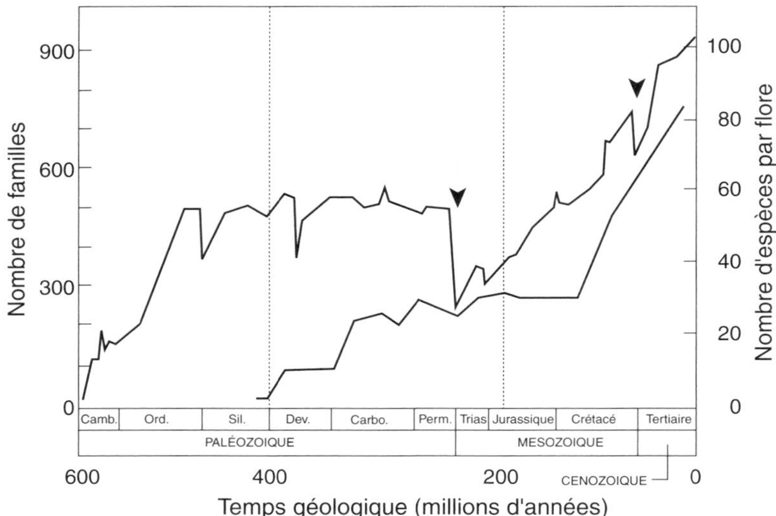

Figure 22 Changements dans le nombre total de familles d'animaux marins depuis le commencement de l'ère Paléozoïque (courbe du haut), et changements dans la moyenne des espèces représentées dans les flores fossiles locales de plantes terrestres depuis le Paléozoïque moyen (courbe du bas).

Noter la diversité plus ou moins constante des familles d'animaux marins au cours de la dernière partie de l'ère Paléozoïque, l'extinction en masse à la fin du Permien (↓), et l'augmentation continue de la diversité depuis, avec la prolifération de taxons marins moderne (poissons, mollusques et crustacés). Noter aussi la diversité locale plutôt constante des plantes au travers des ères Paléozoïque et Mésozoïque, l'absence d'extinction en masse à la fin du Permien, et l'augmentation rapide de la diversité locale qui commence avec l'apparition des plantes à fleurs à la fin du Jurassique. Les flèches verticales marquent deux des crises d'extinction en masse : celle du Permien, il y a 250 millions d'années et celle du Crétacé/Tertiaire, il y a 65 millions d'années (d'après Sepkoski, 1984 et Knoll, 1986).

OSCILLATIONS CLIMATIQUES DU QUATERNAIRE ET VÉGÉTATION EN EUROPE

L'ère quaternaire a été marquée en Europe par l'alternance de périodes froides et tempérées (fig. 23). Les quatre grandes périodes froides que l'on reconnaît généralement ont correspondu à une extension importante des glaciers. Ces grandes glaciations — dont la dernière, dite du Würm, s'est achevée il y a quelque 11 000 ans — ont bouleversé localement la composition des flores et des faunes et ont dû modifier l'évolution des espèces.

Au maximum des avancées glaciaires l'Europe moyenne était couverte de toundras à saules et bouleaux nains et de steppes à armoises. La végétation forestière tempérée se trouvait reléguée jusque sur les côtes méditerranéennes tandis que la flore et la faune méditerranéennes ne se maintenaient qu'en Afrique du Nord et au Proche-Orient. Pendant les réchauffements interglaciaires le mouvement est

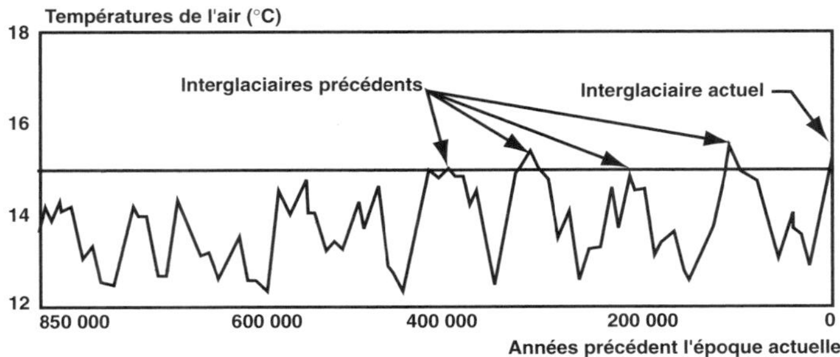

Figure 23 Fluctuations des températures moyennes de la surface terrestre au cours du dernier million d'années.

On note une quinzaine d'épisodes glaciaires. Quatre interglaciaires comparables à la période actuelle l'ont précédée au cours des 500 000 dernières années.

inverse : ce sont les espèces de climat tempéré et chaud qui s'étendent, repoussant vers le pôle et les sommets montagneux les flores « froides » qui dominaient auparavant les plaines d'Europe.

Les analyses polliniques permettent de préciser la dynamique des végétations qui se sont succédé en Europe depuis la dernière glaciation. Le réchauffement post-glaciaire commence avec la réinstallation de la forêt de bouleaux et de pins puis la venue du noisetier, de l'orme et du chêne. Puis, il y a 8 000 ans environ, prolifère le noisetier, devant lequel régressent les essences héliophiles auparavant dominantes (pins et bouleaux). Mais rapidement, en relation probable avec un accroissement de la pluviosité, s'étend la « chênaie mixte » de chênes, ormes et tilleuls, éliminant à son tour les peuplements de noisetiers. Puis vers 5 000 ans avant nos jours, apparaissent en montagne le hêtre et le sapin, auxquels s'ajoute à plus haute altitude un étage d'épicéas.

VARIATIONS DE L'ENVIRONNEMENT ET DU CLIMAT AU COURS DU DERNIER CYCLE CLIMATIQUE (150 000 ANS) : MODES D'APPROCHE

À l'heure où l'on se préoccupe de plus en plus des conséquences possibles des changements climatiques qui pourraient résulter de l'accroissement dans l'atmosphère des gaz à effet de serre — CO_2, CH_4 — il est utile de donner un aperçu des fluctuations climatiques et atmosphériques passées et des moyens que nous avons pour les reconstituer.

On dispose pour cela des sédiments continentaux et marins ainsi que des archives glaciaires.

Les fossiles animaux et végétaux que renferment les premiers permettent en effet de reconstituer les environnements passés parce que la répartition géographique des flores et des faunes est sous l'étroite dépendance du climat. J'en donnerai ici un exemple, emprunté à Duplessy *et al.* (1989), qui montre bien comment il est possible de reconstituer celui-ci à partir de celle-là.

Les foraminifères, protozoaires marins à test calcaire, sont parmi les plus abondants fossiles rencontrés dans les sédiments océaniques. Par l'analyse des variations de la composition isotopique de l'oxygène qu'ils contiennent il est possible d'accéder à une variable climatique globale, le volume des glaces continentales. « En effet, les glaces polaires sont constituées de l'accumulation de neiges très pauvres en ^{18}O. Aussi, lorsque de gigantesques calottes glaciaires se développent sur les hautes latitudes de l'Europe et de l'Amérique, une fraction importante de l'eau océanique est transférée sur les continents. Le niveau de la mer baisse et le rapport $^{18}O/^{16}O$ de l'eau restée dans l'océan augmente. Cette augmentation est intégralement enregistrée dans la composition isotopique de l'oxygène des foraminifères ». Parce que la distribution des diverses espèces de foraminifères dépend de la température de l'eau de mer il est possible, après un étalonnage évidemment décisif, d'estimer les variations de celle-ci à partir des changements de la composition spécifique des peuplements fossiles (fig. 24).

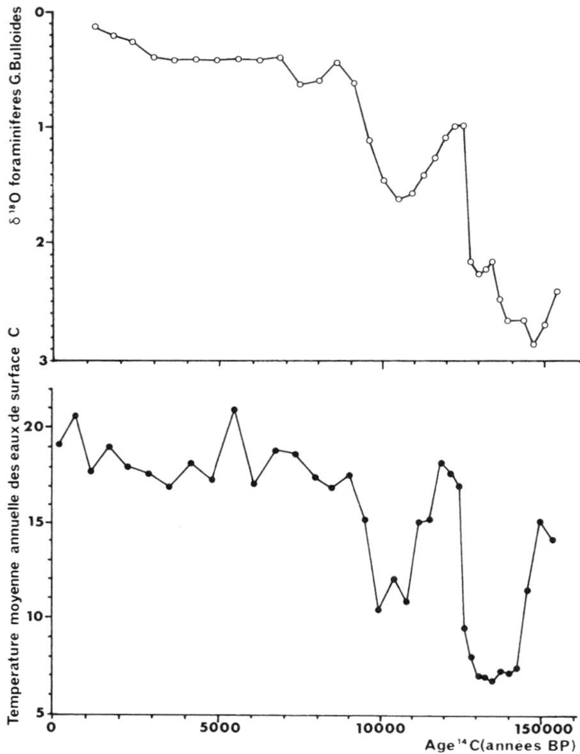

Figure 24 Variations de la composition isotopique des foraminifères planctoniques (en haut) et de la température des eaux de surface (en bas) au large du Portugal durant la dernière glaciation (d'après Duplessy *et al.*, 1989).

Ce type de reconstitution du climat passé est chose délicate. Différentes techniques d'analyse multivariée ont été utilisées pour en accroître la précision et la fiabilité. Dans le cas des sédiments continentaux, l'analyse quantitative des spectres polliniques constitue la meilleure source d'information. Jusqu'ici les reconstitutions paléoclimatiques qui en ont été tirées ne couvraient que des périodes relativement récentes. Récemment, grâce à un renouvellement méthodologique et l'accès à des séquences sédimentaires exceptionnelles (carottages réalisés à la Grande Pile et les Échets, dans l'est de la France), Guiot *et al.* (1989) ont pu remonter jusqu'à 140 000 ans. Leurs résultats s'accordent avec les informations paléoclimatiques tirées des enregistrements marins et précisent la signification des épisodes forestiers pré-glaciaires (forêts à *Picca, Pinus* et *Betula*).

Enfin, il convient de dire quelques mots des archives glaciaires. Elles présentent en effet un intérêt particulier parce qu'elles donnent accès simultanément à des variables physiques du climat et à des données chimiques propres à l'atmosphère. « Ainsi, l'abondance relative des isotopes lourds (deuterium et oxygène 18) dans les molécules H_2O constitutives de la glace est un indicateur de température de l'atmosphère au moment où s'est formée la précipitation, alors que l'analyse des différentes impuretés présentes dans les couches de neige permet de caractériser la charge de l'atmosphère en aérosols d'origine naturelle ou liée à l'activité humaine. De plus des échantillons d'air sont directement emprisonnés dans la glace sous forme de bulles » (Lorius, 1989).

Le carottage réalisé dans l'Antarctique à la station de Vostok, sur plus de 2 200 m de profondeur, a permis de décrire les variations de l'environnement atmosphérique au cours du dernier cycle climatique (150 000 ans). De cette prodigieuse source d'informations on retiendra ici la très bonne corrélation observée entre variations de températures et concentration de l'atmosphère en gaz à effet de serre, CO_2 et CH_4 (fig. 25).

LES GRANDES CRISES D'EXTINCTION

La mort des espèces, comme celle des individus, est un phénomène naturel — leur destinée inexorable. La préoccupation actuelle vis-à-vis de la biodiversité ne provient pas de ce constat ; il résulte de la prise de conscience d'une accélération sans précédent des phénomènes d'extinction.

Le tableau 1 rassemble les estimations de durée de vie moyenne des espèces pour différents groupes de fossiles, de leur origine à leur disparition. Dans l'ensemble la durée de vie moyenne des espèces est de l'ordre de 5 à 10 millions d'années.

Au-delà de cette vision d'ensemble, les données fossiles suggèrent que la diversité des formes marines — mesurée à des niveaux taxonomiques allant de l'ordre à l'espèce — s'élève fortement pendant le Cambrien pour atteindre un plateau qui s'est maintenu, avec des fluctuations significatives, jusqu'à la grande vague d'extinction du Permien qui a marqué la fin de l'ère secondaire. Les paléontologues s'accordent aujourd'hui pour reconnaître cinq grandes crises d'extinction, qui élimi-

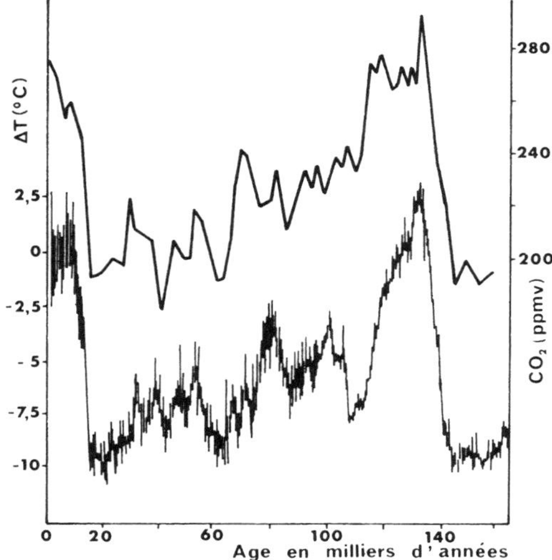

Figure 25 Variations du climat (en bas) et de la concentration de l'atmosphère en gaz carbonique au cours des 150 000 dernières années établies à partir d'une carotte de glace de l'Antarctique (d'après Lorius, 1989).

La courbe du bas retrace les variations de la composition isotopique de la glace, base à partir de laquelle sont déduites les variations de température par rapport à la température actuelle.

TABLEAU 1 DURÉE DE VIE ESTIMÉE DES ESPÈCES AU SEIN DE DIVERS GROUPES FOSSILES, DE L'APPARITION À L'EXTINCTION (D'APRÈS LAWTON ET MAY, 1995).

Taxons	Durée de vie moyenne (millions d'années)	Source
Tous invertébrés	11	Raup 1978
Invertébrés marins	5-10	Valentine 1970
Animaux marins	4	Raup 1991
Animaux marins	5	Sepkoski 1992
Tous groupes fossiles	0,5-5	Simpson 1952
Mammifères	1	Martin 1993
Mammifères cénozoïques	1-2	Raup & Stanley 1978
Diatomées	8	Van Valen 1973
Dinoflagellés	13	Van Valen 1973
Foraminifères planctoniques	7	Van Valen 1973
Bivalves cénozoïques	10	Raup & Stanley 1978
Echinodermes	6	Durham 1970
Graptolites du Silurien	2	Richards 1977

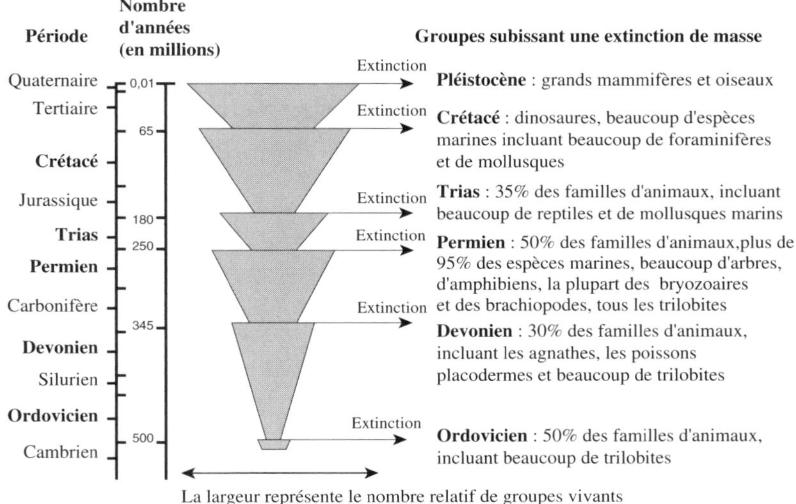

Figure 26 Quoique le nombre total de familles et d'espèces ait augmenté au cours du temps géologique, une proportion importante de ces taxons ont disparu lors de cinq périodes d'extinction de masse. Un sixième épisode, au Pléistocène, est marqué par les effets des populations humaines qui se répandent à travers les continents.

nèrent entre 65 et 85 % des espèces animales marines (Ordovicien, Dévonien, Trias et Crétacé) et jusqu'à 95 % et plus au Permien (fig. 26). À l'origine de ces extinctions de masse on enregistre des cataclysmes géologiques (éruptions volcaniques, régressions marines) ou la chute de météores — avec des changements climatiques de grande ampleur.

Partie 2

LA POPULATION, PIÈCE ÉLÉMENTAIRE DES SYSTÈMES ÉCOLOGIQUES

Introduction

Les systèmes écologiques sont composés, sur une toile de fond constituée par l'environnement physico-chimique, de populations interconnectées. La réalité de ces systèmes est matérialisée par la permanence, plus ou moins grande, des populations et de leurs interrelations. La clé de cette permanence, au-delà de l'existence éphémère des individus, réside d'une part dans la transmission héréditaire de leurs caractères, et d'autre part, paradoxalement, dans la variabilité génétique et phénotypique des populations grâce à laquelle elles peuvent s'adapter aux changements de leur environnement physico-chimique et biotique. En ce sens, c'est la population et non l'individu qui constitue la pièce élémentaire des édifices écologiques.

Chapitre 5

Le système population-environnement

LA POPULATION

Pour l'écologiste une population est un ensemble d'individus de même espèce. On peut parler aussi bien de la population de mésanges charbonnières de la forêt de Fontainebleau que de la population française de charbonnières. Les limites dépendent de l'objectif ou/et des moyens de l'étude — mais il n'est pas indifférent de les fixer telles ou telles.

Les individus d'une population peuvent communiquer entre eux. Ils peuvent aussi interagir : s'apparier pour se reproduire, entrer en concurrence pour l'utilisation de ressources communes (nourriture, sites de ponte ou de nidification, abris, partenaires de reproduction), coopérer pour une meilleure exploitation de ces ressources ou pour se défendre contre les prédateurs, se transmettre des parasites ou des maladies. En ce sens la population peut être considérée comme un système et caractérisée par diverses variables d'état dont les principales sont :

- l'effectif (ou la densité),
- le type de distribution spatiale des individus,
- la structure d'âge,
- la structure génétique (fréquences alléliques),
- l'organisation sociale.

Les variables d'état sont affectées par les processus démographiques qui impriment à la population une certaine cinétique (fig. 27).

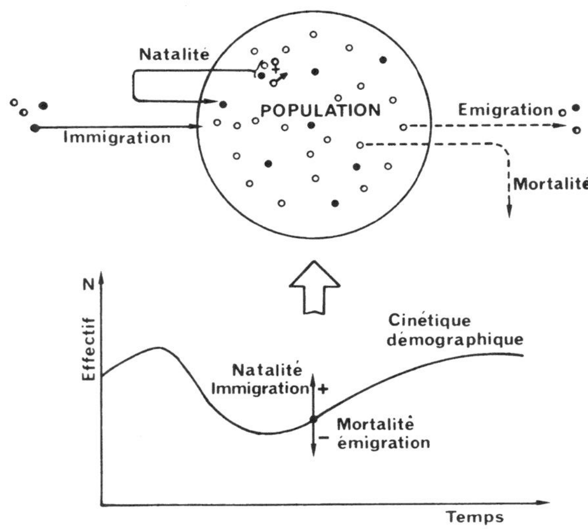

Figure 27 Représentation schématique des processus démographiques et de leur action positive (traits pleins, +) ou négatives (tiretés, –) sur la cinétique des populations.

Ces processus démographiques — la natalité, la mortalité, l'émigration et l'immigration —, dépendent à la fois des propriétés des individus qui composent la population et des propriétés de l'environnement. De plus, les unes et les autres peuvent être modifiées par l'effet des caractéristiques globales de la population, c'est-à-dire des variables d'état. Le fonctionnement de la population et sa cinétique ne peuvent être compris sans référence à son environnement. C'est pourquoi l'écologiste parle volontiers du système population-environnement (fig. 28) plutôt que du système population.

On appelle *métapopulation* un ensemble de populations de même espèce séparées dans l'espace mais interconnectées par des flux d'individus ou de propagules (pollen, graines, spores…) qui en maintiennent l'unité génétique. La dynamique de tels ensembles est caractérisée par des processus d'extinction et de recolonisation locales. Ce concept rejoint et se confond parfois avec celui de *population fragmentée,* bien que dans ce dernier cas on fasse implicitement référence à un état antérieur continu : la population est *devenue* fragmentée, par suite du morcellement de son milieu ou d'un effondrement de ses effectifs. Les échanges entre *sous-populations* ainsi interconnectées peuvent être dissymétriques, certaines fonctionnant comme *sources* et d'autres comme *puits*.

La biologie des métapopulations s'est particulièrement développée à partir des années 80, avec la prise de conscience croissante, d'une part de l'importance de l'hétérogénéité spatiale dans la dynamique des systèmes écologiques et, d'autre part, des risques accrus d'extinction de populations ou d'espèces. L'étude de la *dispersion* est devenue un champ de recherche particulièrement actif de la biologie et de la génétique des populations.

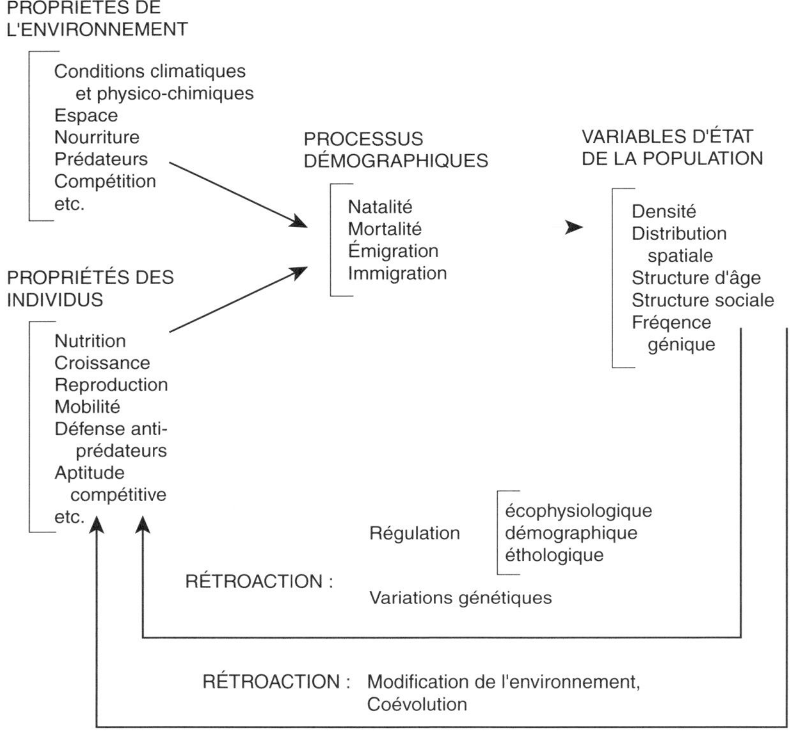

Figure 28 Le système population-environnement.

L'ENVIRONNEMENT DU POINT DE VUE DE LA POPULATION

Définir et caractériser l'environnement pertinent pour une espèce ou un ensemble d'espèces étudiées n'est pas toujours évident : il est nécessaire, pour cela, de bien connaître la biologie de l'organisme en cause — ses capacités sensorielles, ses exigences écophysiologiques, son comportement. L'écologiste doit donc approfondir simultanément sa connaissance de la population et celle de son environnement, et non considérer celui-ci comme connu *a priori* ou comme défini une fois pour toutes.

Les composantes de l'environnement

L'environnement comprend, d'une manière très générale, le cadre climatique et physico-chimique où évolue la population, des sources de nourriture (espèces-proies, éléments minéraux ou matière organique morte selon les cas), des ennemis (prédateurs ou parasites, herbivores dans le cas des plantes) et de nombreuses autres populations qui peuvent interagir avec l'espèce étudiée soit négativement (compétiteurs qui entrent en concurrence avec elle pour l'exploitation de la nourriture ou l'utilisation de l'espace) soit positivement (mutualistes ou symbiontes qui coopèrent avec elle pour assurer ou améliorer telle ou telle fonction). Il faut ajouter à cela toutes les espèces dont l'action sur le milieu modifie celui-ci dans un sens favorable ou défavorable à la population analysée. Enfin, pour chaque individu de celle-ci ses congénères constituent aussi une composante de l'environnement dont les effets doivent être pris en compte. Naturellement, en pratique, il suffit de ne retenir dans chaque cas que les facteurs ou espèces qui ont une action sensible sur la population étudiée et interviennent effectivement dans sa dynamique. On en verra des exemples dans les prochains chapitres.

Généralités relatives aux facteurs de l'environnement

Les différentes caractéristiques de l'environnement doivent être définies non seulement par leurs valeurs *moyennes* mais aussi par leur *variabilité* dans l'espace et dans le temps : amplitude des variations, fréquence des variations, prévisibilité des variations.

La notion d'hétérogénéité

Les milieux naturels ne sont uniformes ni dans l'espace ni dans le temps : ils ont une certaine hétérogénéité, ressentie d'ailleurs très différemment par les organismes considérés.

Soit un espace composé d'une multitude d'éléments a, b, c, d, distribués au hasard. Ces éléments peuvent différer par des caractères physiques (température, éclairement, nature du sol...) ou par des caractères biotiques (densité de proies ou de prédateurs...). Certains organismes peuvent éventuellement développer toutes leurs activités, leur vie durant, dans la même unité de la mosaïque. D'autres, au contraire, utilisent ces diverses unités, a, b, c, d à proportion même de leur fréquence dans le milieu. À la suite de Levins (1962) et de MacArthur et Levins (1964) on oppose ainsi, *du point de vue de l'organisme considéré*, des environnements à gros grain (premier cas) à des environnements à grain fin (second cas). Si l'on se place au niveau de la population et non plus de l'individu on distingue trois types extrêmes d'utilisation du milieu (fig. 29) :

- une utilisation indifférenciée, opportuniste, par l'ensemble des individus de la population (espèce généraliste composée d'individus tous généralistes, cas A) ;
- une utilisation globale indifférenciée de la population, mais avec spécialisation de fait des individus qui n'exploitent durant toute leur vie qu'un seul type d'élément (espèce généraliste composée d'individus spécialisés, cas B) ;
- une utilisation totalement sélective du milieu par l'ensemble de la population (espèce spécialisée vis-à-vis de l'élément a, b, c ou d, cas C).

Il est important de souligner ici que l'hétérogénéité et la variabilité des diverses caractéristiques des environnements naturels ne sont utilement définissables que *par rapport* au type d'organisme étudié. C'est un problème d'échelle. Pratiquement on peut utiliser comme unité de temps la durée moyenne qui sépare deux générations

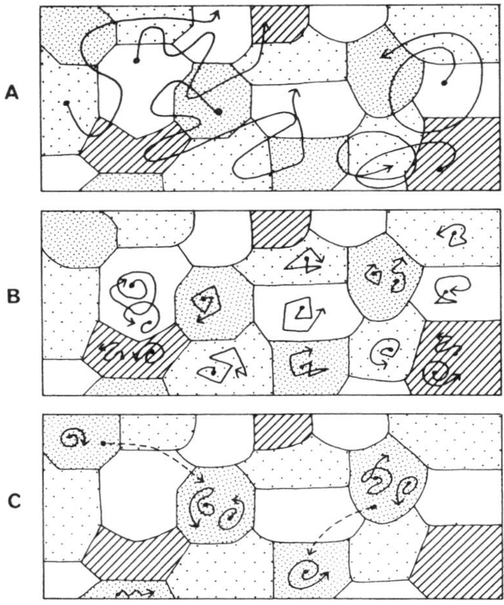

Figure 29 Types schématiques d'utilisation d'un milieu hétérogène par une population.

A) Utilisation indifférenciée, opportuniste par l'ensemble des individus ;

B) Utilisation globale indifférenciée de la population mais par le biais d'individus spécialisés ;

C) Utilisation totalement sélective par l'ensemble de la population.

Les points représentent des individus de même espèce. Tous les intermédiaires sont possibles.

successives (« temps de génération » T) dans l'espèce considérée et comme unité d'espace la superficie moyenne du domaine vital (espace où s'inscrivent toutes les activités d'un même individu). Sur cette base, dans le but d'étayer une théorie générale de l'évolution des stratégies adaptatives (voir chap. 7) — étroitement liées aux conditions du milieu — Southwood (1977) a proposé une classification des types d'habitat que résume la figure 30.

La notion de prévisibilité

Quand on parle de variabilité il est essentiel de distinguer ce qui est régulier, rythmé (variabilité nycthémérale, saisonnière) et ce qui est irrégulier, donc *imprévisible*. La vulnérabilité et les réponses et adaptations des organismes à ces deux types de variabilité sont évidemment très différentes.

Les types sont définis : dans le temps, par les relations entre T d'une part, et d'autre part, la durée où le milieu est habitable (H) et la variabilité de L (période

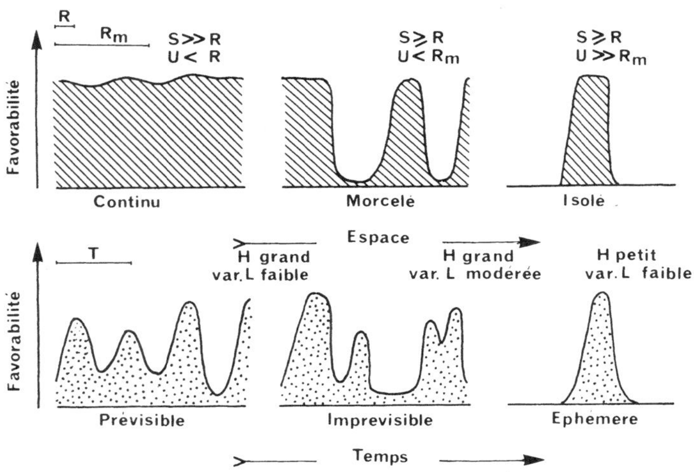

Figure 30 Classification des types de milieu en fonction de leur hétérogénéité spatiale et temporelle par rapport aux caractéristiques fondamentales des organismes concernés (R = diamètre moyen du domaine vital ; R_m : longueur moyenne des déplacements de migration ou de dispersion des propagules ; T : temps de génération).

défavorable permettant la survie) ; dans l'espace, par les relations entre, d'une part, R et R_m, et d'autre part, la taille des parcelles favorables (S) et défavorables (U). La combinaison deux à deux des trois cas de figures obtenus dans chaque cas permet de définir neuf types d'habitats.

La distinction « facteurs immédiats »/« facteurs ultimes »

Parmi les facteurs de l'environnement qui interviennent dans la dynamique des populations il convient de distinguer ceux qui ont valeur de « facteur immédiat » (« proximate factors » des auteurs de langue anglaise) de ceux qui ont valeur de « facteur ultime » (« ultimate factors »). Les premiers sont ceux qui déclenchent, règlent ou perturbent *actuellement* le déroulement de tel ou tel processus biologique tandis que les seconds sont ceux qui, *au cours de l'évolution*, ont déterminé et maintiennent les modalités dudit processus. Ainsi, par exemple, telle longueur de jour ou tel seuil thermique peuvent être les facteurs immédiats responsables du déclenchement puis du bon déroulement des activités reproductrices tandis que le facteur ultime, qui explique l'évolution du type de cycle observé, pourra être l'afflux printanier de nourriture avec lequel « il faut » faire coïncider la naissance des jeunes.

En fait la distinction n'est pas toujours évidente. Rappelons qu'il s'agit surtout de deux points de vue différents et complémentaires plutôt que deux ensembles de facteurs distincts. Dans un cas on s'intéresse aux mécanismes écophysiologiques du phénomène (le *comment*), dans l'autre aux pressions sélectives qui en ont déterminé les caractéristiques (le *pourquoi évolutif*).

Effets des facteurs écologiques

Les facteurs de l'environnement peuvent agir sur les populations à différents niveaux, directement ou indirectement. La cible fondamentale est toujours l'individu et les premiers effets sont soit d'ordre physiologique soit d'ordre comportemental[1]. Dans un second temps les effets peuvent aussi être d'ordre démographique par suite d'une répercussion sur les processus démographiques — natalité, mortalité, émigration, immigration. Enfin, il reste à mentionner un dernier type d'effet, et non des moindres, celui qui affecte la composition et la structure génétiques de la population (on retrouve ici, sur le plan des effets, le point de vue évolutionniste qui a permis de mettre en relief, ci-dessus, la notion de facteur *ultime* — c'est-à-dire à action ultime).

L'ensemble de ces réflexions introductives peut être résumé sous la forme d'un diagramme qui schématise ce qui constitue la *problématique* de la biologie des populations (fig. 31). La population y apparaît soumise au « crible » de l'environnement (physique, chimique, biotique) auquel elle s'adapte. Douée de diversité génétique et capable d'une certaine plasticité phénotypique (morphologique, physiologique, éthologique, démographique), elle présente une structure et une dynamique, liées aux caractéristiques de son environnement, qu'il convient de considérer à la fois du point de vue du généticien et du point de vue de l'écologiste (*sensu lato :* approches écophysiologique, démographique, éthologique).

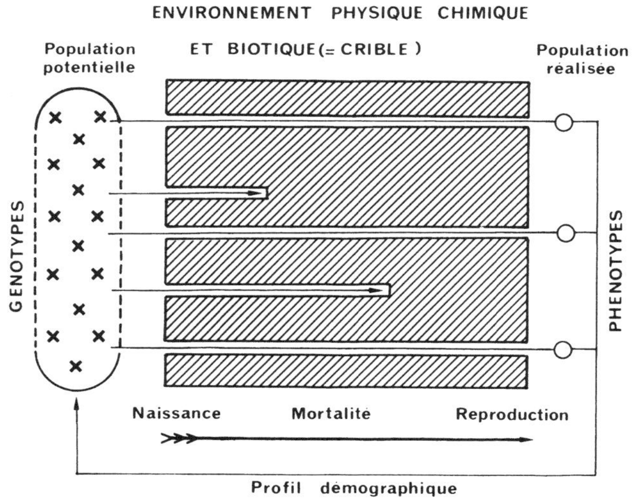

Figure 31 La population soumise au crible de l'environnement.

1. À ce niveau, il est clair que l'écophysiologie, comme l'écoéthologie, sont deux branches essentielles de l'écologie générale.

La notion de ressource

De toutes les composantes de l'environnement d'un individu ou d'une population, celles que l'on peut regrouper sous le terme de *ressources* constituent une catégorie majeure et il convenait d'en dire quelques mots. La définition la plus opérationnelle qui en a été donnée est probablement celle de Tilman (1982). Il qualifie de ressource « *toute substance ou facteur qui peut conduire à l'accroissement des taux de croissance (des populations) lorsque sa disponibilité dans le milieu augmente et qui est consommé par le type d'organismes considéré* ».

Ainsi, les sources de nourriture et leurs constituants essentiels — nutriments, énergie — sont évidemment des ressources. Mais on peut considérer aussi que les partenaires sexuels sont des ressources pour un organisme donné, dès lors qu'ils sont « consommés » pendant l'accouplement et qu'ils accroissent sa valeur sélective. De la même manière certains éléments de l'espace peuvent être des ressources pour des organismes sessiles dont les taux d'accroissement peuvent augmenter avec la disponibilité en sites vacants : ceux-ci sont « consommés » par le biais de leur colonisation.

D'autres facteurs en revanche, tels que la température, qui peuvent néanmoins accroître la croissance des organismes ou des populations, ne sont pas des ressources parce qu'ils ne sont pas consommés.

Diverses classifications des types de ressources ont été proposées ces dernières années. Ainsi Tilman distingue des ressources *substituables* et des ressources *essentielles* (fig. 32). Deux ressources a et b sont considérées comme substituables ou interchangeables si la population qui les utilise peut maintenir sa croissance en remplaçant l'une par l'autre tandis qu'elles sont qualifiées d'essentielles si la carence de l'une ne peut être compensée par l'autre. Dans le premier cas la substitution peut être parfaite et Tilman parle de ressources *parfaitement interchangeables*. Mais il peut y avoir aussi effet synergique ou au contraire effet antagoniste entre deux ressources et Tilman distingue sur cette base des ressources *complémentaires* et des ressources *antagonistes* (fig. 32).

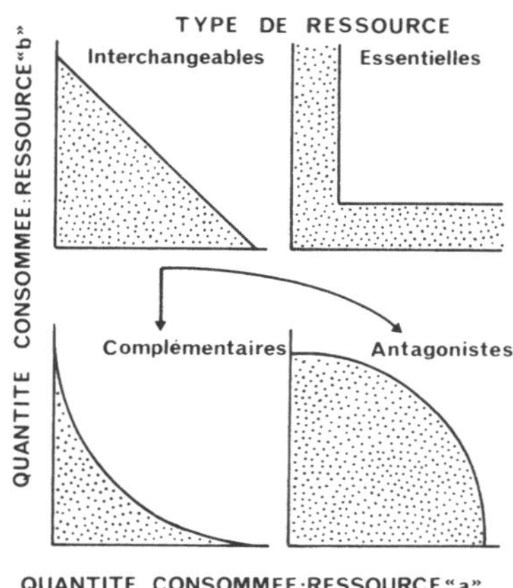

Figure 32 Principaux types de ressources définis en fonction des effets de leur consommation relative (« ressource a » par rapport à « ressource b »).

La ligne pleine représente les niveaux de ressource qui correspondent à une croissance zéro. En dessous de ces isoclines « zero » (zones ponctuées) la croissance est négative (d'après Tilman, 1982).

D'autres classifications ont été proposées. Rappelons celle de Southwood (1977) exposée à propos des types de milieu (fig. 30) et bien évidemment généralisable à la notion de ressources telle qu'elle a été reprise ici.

ÉLÉMENTS DE GÉNÉTIQUE DES POPULATIONS

S'il n'est évidemment pas question de résumer ici toute la génétique des populations il était toutefois impossible de ne pas en rappeler quelques enseignements, essentiels à la compréhension du fonctionnement des populations (voir Solignac *et al.,* 1995).

Polymorphisme des populations

Les populations naturelles sont caractérisées par leur diversité génétique : pour un locus donné[2] chaque gène peut être représenté par des allèles différents. Les individus qui composent ces populations sont donc génétiquement différents et leurs caractéristiques phénotypiques, qui résultent de l'expression du génotype modulée par les interactions avec l'environnement (fig. 33), sont donc elles-mêmes différentes.

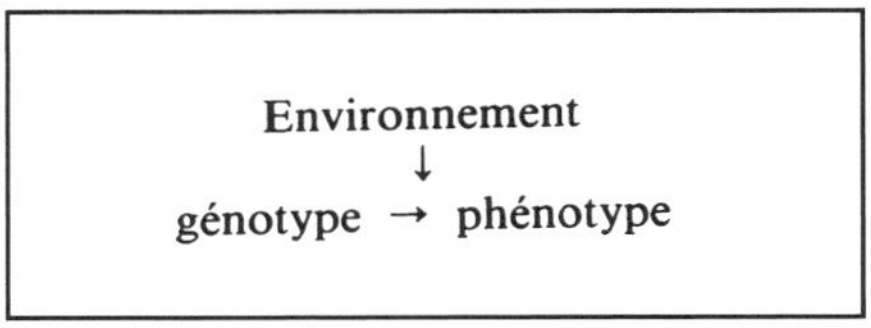

Figure 33 Le phénotype exprime les potentialités du génotype éventuellement modulées par les interactions avec l'environnement.

Environnement
↓
génotype → phénotype

Le polymorphisme génétique des populations naturelles peut être évalué par la fréquence des gènes polymorphes. Selon une revue récente de la question, les valeurs moyennes sont de 0,34 pour les plantes (468 espèces analysées), 0,38 pour les invertébrés (371 espèces analysées) et 0,23 pour les vertébrés (596 espèces étudiées).

Lorsqu'il touche la forme et surtout la coloration des individus le polymorphisme peut être immédiatement visible. On connaît le cas classique de l'escargot des haies *Cepaea nemoralis.* Mais le polymorphisme n'en est pas moins important, écologiquement, lorsque, sans être apparent de prime abord, il affecte la physiologie des individus ou les caractères démographiques de la population. La figure 34 donne un exemple de polymorphisme physiologique relatif à la nutrition minérale chez le mouron, *Anagallis arvensis.* Comparant le contenu ionique de la sève xylémique de plantes cultivées dans les mêmes conditions de milieu, Wacquant *et al.* (1981) montrent notamment que les individus issus des graines produites par des parents à fleurs rouges sur sol calcaire sont de deux types, les uns à physiologie calcicole, les autres à physiologie calcifuge (fig. 34).

2. Emplacement sur le chromosome.

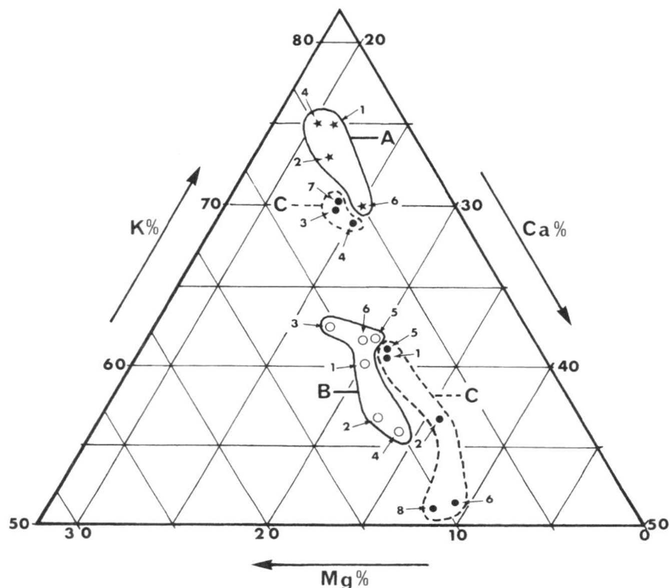

Figure 34 Proportions d'ions K^+, Ca^{++} et Mg^{++} dans les sèves xylémiques d'Anagallis arvensis d'origine différente (A, B, C), cultivés dans les mêmes conditions de milieu (d'après Wacquant et al., 1981).

A : Parents à fleurs rouges issus du sol acide ;
B : Parents à fleurs bleues issus du sol calcaire ;
C : Parents à fleurs rouges issus du sol calcaire.

Mécanismes de la variation génétique

À l'intérieur même des populations la variation génétique peut résulter de mutations ou de recombinaisons.

Les mutations sont des altérations ponctuelles (mutations géniques) ou des remaniements chromosomiques (polyploïdie, inversion, translocation, fusion et fission de chromosomes).

Les recombinaisons se produisent, chez les eucaryotes, à la faveur de deux processus associés : la reproduction sexuée et la formation de gamètes au cours de laquelle il y a ségrégation indépendante des chromosomes non homologues et possibilité de crossing-over entre chromosomes homologues (fig. 35).

La variation génétique peut encore être apportée à une population par des individus provenant d'autres populations génétiquement différentes. Dans certains cas de nouvelles combinaisons géniques peuvent résulter de transferts de matériel génétique d'une espèce à l'autre. On admet que de tels transferts joueraient un rôle important dans l'évolution des bactéries, ou bactériophages et plasmides[3] peuvent transporter des fragments de chromosomes entre individus de genres différents.

3. Chez les bactéries, boucles d'ADN séparées du chromosome.

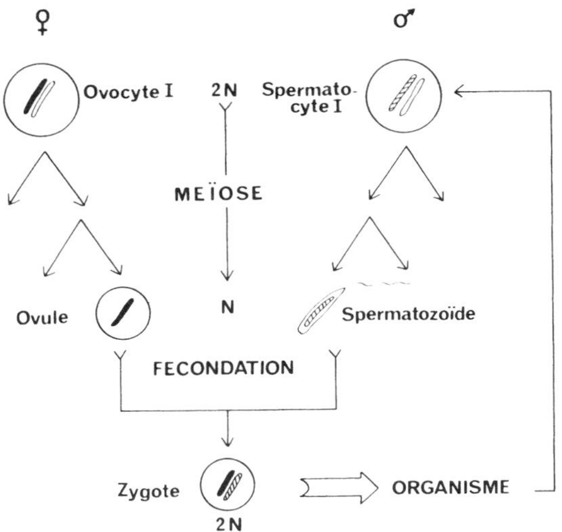

Figure 35 Méïose et fécondation, mécanismes clés du cycle biologique des organismes. Les bâtonnets représentent des chromosomes.

La loi de Hardy-Weinberg

Trouvée simultanément par Hardy et Weinberg en 1908 cette loi est le théorème fondamental à partir duquel s'est développée la génétique des populations.

Elle pose que *dans une population panmictique*[4] *d'effectif élevé ne présentant ni sélection ni mutations ni migrations, la proportion des allèles et des génotypes est constante.*

Soit une population diploïde dans laquelle la fréquence des allèles A et A′ est respectivement, p et q, tels que $p + q = 1$. Si les croisements se font au hasard les fréquences des génotypes AA, A′A′, AA′ dans la descendance seront donnés par le développement du binôme $(p + q)^2$, comme on le voit au tableau 2 :

$AA = p^2$, $A'A' = q^2$ et $AA' = 2pq$.

Le théorème de Hardy-Weinberg repose sur des hypothèses qui doivent être bien présentes à l'esprit : que l'une ou l'autre de celles-ci ne soit pas fondée et fréquences alléliques et/ou fréquences génotypiques peuvent changer d'une génération à l'autre.

Ainsi, dans une population d'effectif limité, la fréquence d'un allèle peut varier par simple hasard (*dérive génétique*). Beaucoup de populations ne sont pas panmictiques : les appariements peuvent obéir à des choix, avec d'importantes conséquences sur la structure génétique et la dynamique de la population.

4. Population dans laquelle les croisements se font au hasard.

Tableau 2 Fréquence des génotypes AA, A′A′ et AA′ dans la descendance d'une population panmictique où les fréquences des allèles A et A′ sont respectivement p et q.

			Gamètes ♂	
			A	A'
Fréquence			P	q
Gamètes ♀	A	p	AA p^2	AA' pq
	A'	q	AA' pq	A'A' q^2

Enfin, les phénomènes de sélection, de mutation, de flux génétique (émigration sélective, immigration à partir d'autres populations génétiquement différentes) affectent évidemment la fréquence des allèles et des génotypes.

Le coefficient de consanguinité

Les populations sont de taille finie et tous les individus qui les composent n'ont pas une chance égale de se croiser entre eux. Les croisements peuvent s'écarter des lois du hasard soit parce que jouent des critères de préférence (ou d'évitement) soit parce que, par suite de capacité de dispersion limitée, la probabilité d'appariemment est plus grande entre « voisins » — génétiquement plus proches —, qu'entre individus éloignés dans l'espace. Dans de tels cas, qui s'écartent des conditions de validité de la loi de Hardy-Weinberg, il est intéressant de mesurer l'ampleur de cette différence : c'est le coefficient de consanguinité F. Soit H_o la fréquence d'hétérozygotes (AA′) attendue dans le cadre du théorème de Hardy-Weinberg ($H_o = 2$ pq), et H_e la fréquence observée, réduite par suite de la consanguinité, on a $F = \dfrac{H_0 - H_e}{H_0}$.

Dans une population de souris *Mus musculus* occupant une grange, on trouve, pour un locus estérase, les fréquences 0,226 (AA), 0,400 (AA′) et 0,374 (A′A′). Parce que p = 0,226 + 0,200 = 0,426 les proportions données par la loi Hardy-Weinberg auraient été 0,181, 0,489 et 0,329. Les hétérozygotes sont plus rares que « prévu » et $F = \dfrac{0{,}489 - 0{,}400}{0{,}489} = 0{,}18$. La population n'est pas panmictique mais apparaît constituée de groupes familiaux. La consanguinité change les proportions des génotypes mais pas, à elle seule, la fréquence des allèles.

Sélection, Adaptation, Évolution

Lorsque les différents génotypes n'ont pas, dans des conditions environnementales données, le même taux de multiplication (fécondité ou taux de mortalité différents) on dit qu'ils n'ont pas la même *valeur sélective* (fitness darwinienne ϖ). Leur fréquence dans la population change au cours des générations successives : il y a sélection.

Variabilité génétique et sélection sont les moteurs de l'Évolution. Celle-ci tend à optimiser l'*adaptation* des populations à leur environnement.

Selon les conditions environnantes la sélection naturelle, qui s'exerce sur les génotypes à travers les phénotypes, peut stabiliser le pool génétique ou au contraire en modifier la structure (fig. 36). Dans le premier cas (environnement stable) on parle de *sélection stabilisante* (ou conservatrice). Dans le second cas on parle soit de *sélection directionnelle* s'il y a simple déplacement du phénotype modal (en environnement changeant), soit de *sélection diversifiante* si apparaissent plusieurs phénotypes modaux distincts (en environnement de type mosaïque).

Au début de cette brève introduction à la génétique des populations on a évoqué l'existence du polymorphisme. Il convient pour conclure d'en souligner l'importance écologique en resituant les populations dans leur environnement, toujours hétérogène (et source de pressions sélectives multiples) à une échelle ou à une autre,

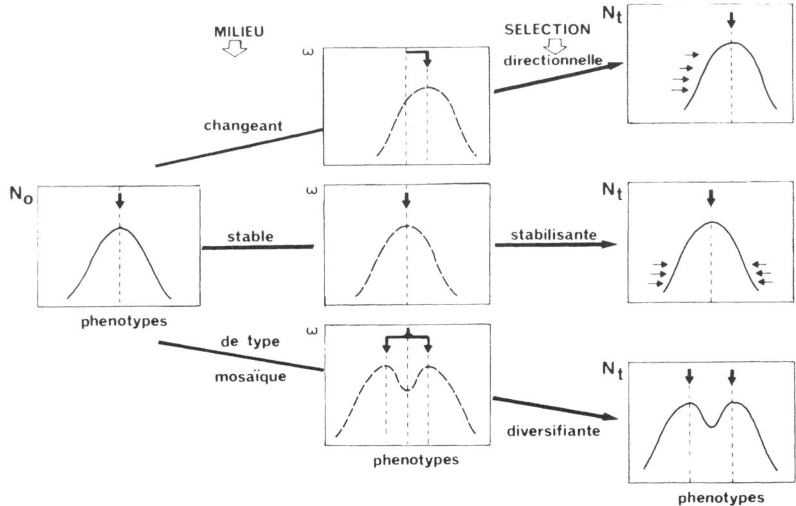

Figure 36 Représentation schématique des trois types de sélection :

1. La sélection directionnelle, qui agit en milieu changeant déplace le phénotype modal ;
2. La sélection stabilisante, qui opère en milieu stable, maintient constamment le phénotype modal ;
3. La sélection diversifiante, qui survient en milieu de type mosaïque, provoque l'apparition de plusieurs phénotypes modaux.

N_o et N_t, effectifs aux temps t_o et t ; ϖ, valeurs sélectives.

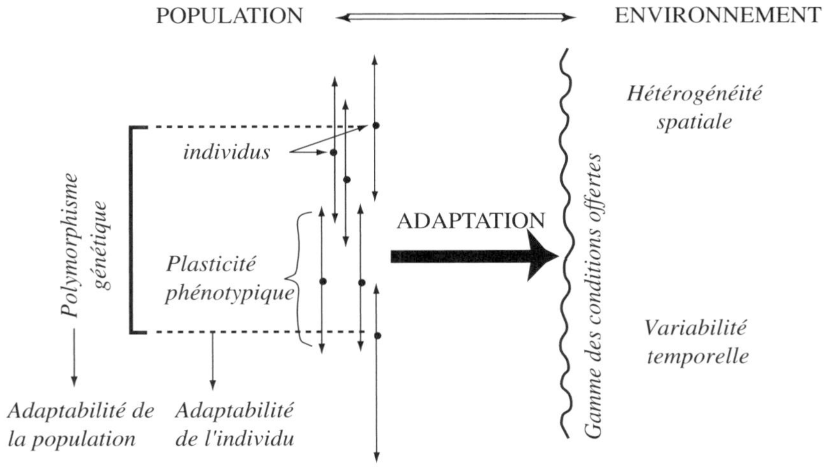

POPULATION ⟷ ENVIRONNEMENT

Hétérogénéité spatiale

individus

Polymorphisme génétique

ADAPTATION

Plasticité phénotypique

Gamme des conditions offertes

Variabilité temporelle

Adaptabilité de la population

Adaptabilité de l'individu

Figure 37 L'adaptabilité des populations à leur environnement dépend à la fois de l'adaptabilité individuelle, déterminée par le génotype de chaque individu et de l'adaptabilité de la population potentielle, déterminée par son pool génétique

toujours variable à un degré ou à un autre (fig. 37). *L'adaptabilité* de chaque individu, déterminée par son génotype et exprimée par une certaine plasticité phénotypique (éthologique, physiologique, voire morphologique dans le cas des plantes), peut ne pas couvrir toute la gamme des conditions écologiques que peut offrir, ici ou là, à telle ou telle saison, son environnement. La persistance des populations et la survie des espèces dépendent donc de l'*adaptabilité globale* des populations, déterminée par leur pool génétique et le polymorphisme qu'il comporte.

Chapitre 6

Dynamique des populations

CROISSANCE ET RÉGULATION DES POPULATIONS

Généralités

Au cours du temps l'effectif des populations naturelles peut croître, rester stationnaire, fluctuer, ou bien encore décroître jusqu'à l'extinction (fig. 38). De telles cinétiques démographiques dépendent à la fois, d'une part des conditions de l'environnement, d'autre part des propriétés de chaque individu *et* de la population[1] dans son ensemble : en analyser les mécanismes c'est étudier la *dynamique* des populations.

Constater que dans la nature les populations ne croissent pas indéfiniment c'est souligner leur *limitation*. On dira, par exemple, que la population de hulottes de telle forêt est limitée par le nombre de cavités d'arbre utilisables pour leur nidification, ou que telle autre population est limitée par la quantité de nourriture disponible.

Constater que la densité de beaucoup de populations fluctue autour d'une valeur moyenne d'équilibre et que ces fluctuations sont d'amplitude modeste relativement aux capacités d'accroissement de la population c'est souligner leur *stabilité*. Les mécanismes de stabilisation doivent être élucidés. Dans le cas où l'intervention et l'intensité d'action de ceux-ci dépendent de la densité de la population, on parle de *régulation*.

Les notions de limitation, de stabilisation et de régulation ne recouvrent pas nécessairement des mécanismes différents. Ce ne sont pas non plus des phénomènes

1. La population n'est pas la simple somme des individus qui la composent : sa structure — spatiale, sociale — lui confère des propriétés spécifiques qui interviennent dans sa dynamique.

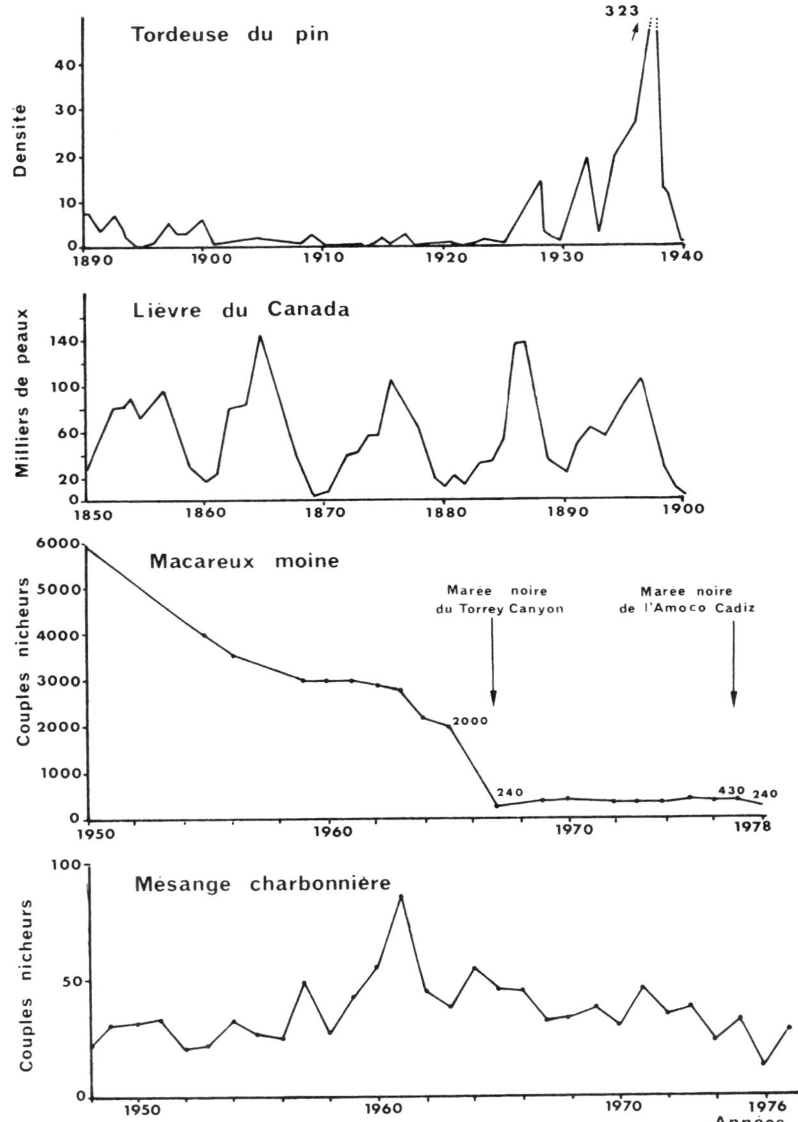

Figure 38 Quelques exemples de variations de populations naturelles.

De haut en bas : tordeuse du pin en Allemagne ; lièvre, d'après les statistiques de pelleteries du North Central District au Canada ; macareux dans l'île de Rouzic ; mésange charbonnière à Marleywood, Angleterre.

indépendants. En fait ces mots traduisent seulement, en première approximation, des degrés différents d'élucidation du fonctionnement de la population ou des points de vue différents.

Pour décrire et expliquer la dynamique des populations les écologistes ont, très tôt, élaboré des modèles de croissance des populations.

Un modèle simple de croissance des populations

L'effectif des populations varie en fonction de l'équilibre entre les processus de recrutement (natalité + immigration) et les processus de disparition (mortalité + émigration) :

$$N_t = N_{t-1} + (n + i - m - e) \qquad (1)$$

N_t *et* N_{t-1} étant les effectifs de la population à la fin et au début de l'intervalle de temps considéré (une année par exemple), n, i, m, e, les nombres, respectivement, de naissances, d'immigrants, de décès et d'émigrants, enregistrés dans l'intervalle.

Pour caractériser la croissance d'une population au cours d'intervalles successifs de même durée il est commode d'établir le *taux de croissance par individu, r :*

$$r = \frac{N_t - N_{t-1}}{N_{t-1}} \qquad (2)$$

La taille de la population au temps t est donnée par la relation :

$$N_t = N_{t-1} + rN_{t-1} \qquad (3)$$

Le taux d'accroissement par tête r dépend à la fois des propriétés des individus qui composent la population et des conditions offertes par l'environnement. Dans les conditions optimales, en dehors de toute limitation spatiale et trophique, ce taux présente une valeur maximale r_m qui traduit tout le potentiel d'accroissement des individus. Cela peut se produire dans la nature lors de la phase de colonisation d'un nouveau milieu. Quand la densité de la population augmente, les ressources peuvent devenir insuffisantes pour chaque individu : r décroît en fonction de la densité de la population. L'hypothèse la plus simple est celle d'une relation linéaire entre r et N (fig. 39) :

$$r = r_m - \alpha N \qquad (4)$$

où r_m est le taux d'accroissement maximum et α l'effet dépresseur exercé par chaque individu sur les autres membres de la population (coefficient d'interaction compétitive).

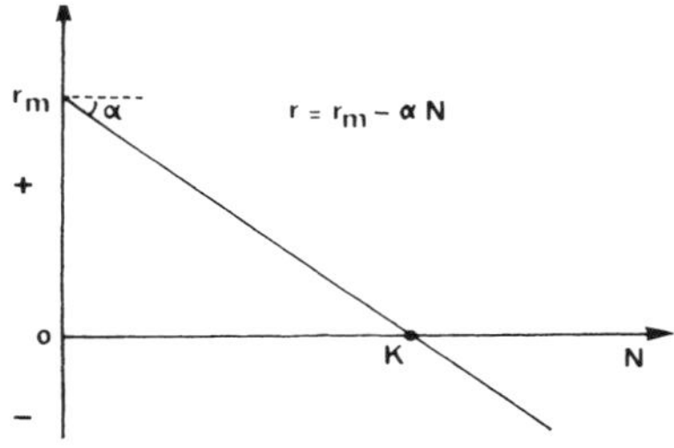

Figure 39 Variation du taux de croissance par tête r en fonction de la densité de la population N, dans l'hypothèse d'une relation de type linéaire.

Le taux d'accroissement moyen r devient nul lorsque l'effectif de la population atteint la densité d'équilibre ou capacité limite du milieu K (fig. 39). Par définition, la croissance de la population est ici *régulée* par sa propre densité (boucle de rétroaction négative).

L'équation (3) s'écrit alors[2] :

$$N = N_{t-1} + (r_m - \alpha N_{t-1})N_{t-1} \quad (5)$$

La figure 40 illustre, par quelques exemples, la dynamique de ce système. Elle montre notamment :

1 – que K dépend non seulement de α mais aussi de $r_m\left(K = \frac{r_m}{\alpha}\right)$;

2 – que les taux de croissance élevés (supérieurs à 2) déstabilisent le système.

Il apparaît, en effet, que lorsque ce dernier est écarté de sa position d'équilibre K, il oscille autour d'elle en un cycle limite quand $r_m = 2$. Un tel cycle limite est *neutralement stable*, c'est-à-dire que la suroscillation y consécutive à un écart initial x imposé au système est toujours d'amplitude constante et égale à x : $y_1 = y_2 = ... = y_i = x$. Pour des valeurs de r_m inférieures à 2, les y_i successifs ne sont pas égaux et diminuent : le système retourne progressivement à sa valeur d'équilibre K (fig. 40 D). Pour des valeurs de r_m supérieures à 2, les y_i croissent avec i : le système s'écarte de plus en plus de l'état d'équilibre et peut, en particulier, donner lieu au phénomène d'extinction lorsque N devient ≤ 0[3].

Si la croissance de la population au temps t dépend de la densité atteinte plusieurs intervalles de temps auparavant il convient d'introduire dans l'équation (6) un paramètre T traduisant l'existence de ce délai de réaction :

$$N_t = N_{t-1} + (r_m - \alpha N_{t-1})N_{t-1} \quad (7)$$

$$= N_t + r_m(1 - N_{t-1}/K)N_{t-1}$$

L'étude du comportement dynamique d'un tel système montre que le temps de réaction est susceptible d'induire des fluctuations cycliques dans un système qui, auparavant, s'orientait asymptotiquement vers l'équilibre. On peut démontrer que le critère de stabilité est alors :

$$y/x \approx r_m T - 1$$

2. Sachant que $\alpha = \frac{r_m}{K}$ on retrouve l'équation logistique de Verhulst sous sa forme classique :

$$N_t = N_t + r_m(1 - N_{t-1}/K)N_{t-1} \quad (6)$$

3. Au-delà de $r_m = 2{,}57$ bien d'autres choses seraient à dire (May, 1981).

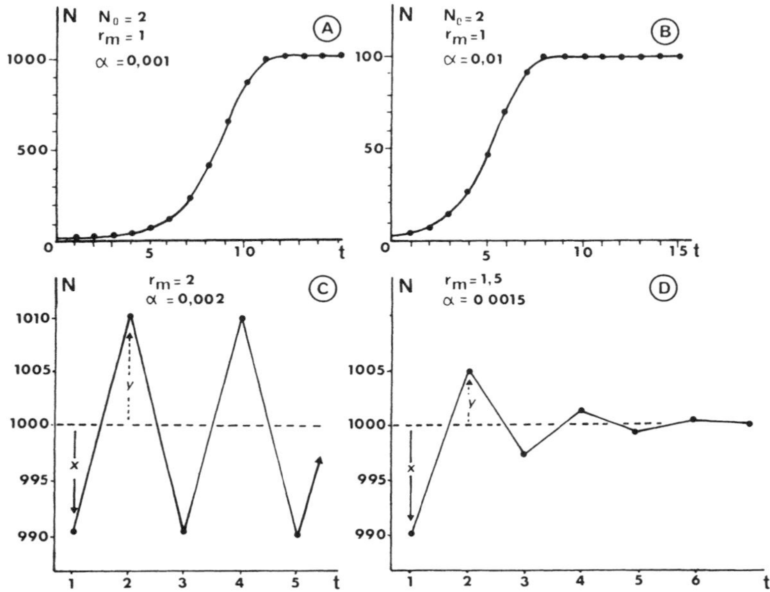

Figure 40 Quelques exemples de simulations numériques de la dynamique de populations répondant au modèle : $N_t = N_{t-1} + (r_m - \alpha N_{t-1})N_{t-1}$.
En haut, courbes de croissance des effectifs dans les conditions indiquées sur la figure ; en bas, comportement de la population après déplacement de la position d'équilibre de x = – 10 lorsque $r_m = 2$ (C), puis 1,5 (D) — voir texte.

Les effets du délai de réaction dans les processus de rétroaction densité-dépendants peuvent être résumés comme suit :

1 – quand il n'y a pas de délai[4], $T = 0$ et $y/x = -1$, le système atteint asymptotiquement l'équilibre quel que soit r_m ;

2 – quand $T > 0$, la stabilité est déterminée par le produit r_mT. Il y a instabilité quand $r_mT < 1$.

La dynamique du système peut naturellement être affectée par des changements de l'environnement ou des variations dans la composition génétique de la population. Il est important de souligner qu'un accroissement de r_m dû à une amélioration des conditions de l'environnement peut, paradoxalement, déstabiliser le système !

La faiblesse majeure de ce modèle réside dans l'hypothèse de linéarité avancée pour rendre compte de la rétroaction densité-dépendante (fig. 39). Outre qu'elle traduit mal l'idée que l'on peut se faire des mécanismes de régulation des popula-

4. Cette éventualité est exclue dans le modèle à temps discret analysé ici mais elle prévaut dans la plupart des formulations en temps continu de l'équation logistique : $\frac{dN}{dt} = r_mN\left(\frac{K-N}{K}\right)$.

tions (on a plutôt tendance à imaginer que l'effet dépresseur apparaît, non pas progressivement, mais à partir d'un seuil au-delà duquel il peut devenir d'intensité croissante ; on peut supposer encore qu'aux très basses densités le taux de croissance n'est pas maximal, fig. 41), elle n'est pas vérifiée par les données dont on dispose.

Pour bien comprendre, au-delà de la simple description des variations numériques, le fonctionnement des populations, il convient d'étudier les mécanismes de la régulation.

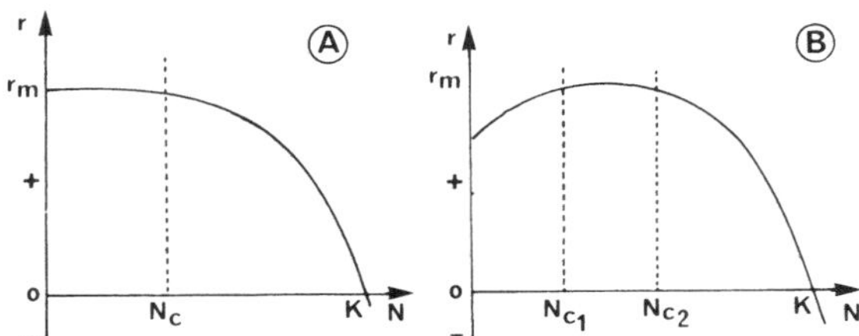

Figure 41 Autres hypothèses de relations entre r et N plus vraisemblables que la simple linéarité retenue par le modèle logistique de Verhulst (fig. 39).

A) En deçà d'une densité critique N_c il n'y a pas d'effet de la densité. Au-delà, l'effet dépresseur de la densité est d'intensité croissante en fonction de N.

B) En deçà d'une densité critique N_{c1} l'accroissement de densité a un effet facilitateur sur la croissance de la population ; le taux de croissance maximal r_m est atteint lorsque $N = N_{c1}$ et se maintient jusqu'à une valeur critique N_{c2} au-delà de laquelle tout accroissement de densité exerce un effet inhibiteur d'intensité.

LA COMPÉTITION INTRASPÉCIFIQUE

Définitions

Il y a compétition quand deux ou plusieurs organismes ou populations utilisent des ressources communes présentes en quantité limitée ou, si ces ressources ne sont pas limitantes, quand, en les recherchant, les organismes en concurrence se nuisent. On parle de compétition intraspécifique quand les organismes ou populations en présence sont de même espèce.

Les ressources évoquées dans cette définition sont principalement d'ordre trophique (eau, aliments, éléments minéraux), d'ordre spatial (sites de ponte ou de nidification, abris) ou d'ordre « reproductif » (partenaires sexuels).

On reconnaît deux types différents de compétition selon qu'il y a ou qu'il n'y a pas action directe entre les individus ou les populations en concurrence. Dans le premier cas on parle de compétition par *interférence*. Celle-ci peut être active, lorsqu'un comportement de type agressif oppose les concurrents (défense du territoire, d'une proie, d'un partenaire sexuel), ou passive, lorsque, les compétiteurs s'ignorant, elle se fait par l'intermédiaire de substances chimiques sécrétées ou excrétées (phénomène signalé notamment chez des organismes aquatiques et divers micro-organismes et végétaux). Lorsqu'il n'y a pas action directe entre les organismes en concurrence on parle de compétition par *exploitation :* la compétition résulte du fait que l'utilisation des ressources communes par l'un des concurrents diminue leur disponibilité pour l'autre.

Analyse des effets de la compétition intraspécifique : la densité-dépendance

Quoi qu'il en soit de ses modalités précises, l'effet ultime de la compétition est toujours une diminution de la contribution des individus qu'elle affecte à la génération suivante (baisse de fécondité et/ou de survie). On admet habituellement que l'intensité de cet effet dépend de la densité. Là réside la tendance régulatrice de la compétition, c'est-à-dire sa capacité à réduire la densité des populations lorsque celles-ci dépassent un certain seuil (la capacité biotique, K) et au contraire à l'accroître quand elles se situent en-dessous.

Parler de « tendance » c'est souligner que la régulation peut ne pas être effective, soit par suite de phénomènes de seuils, soit du fait de délais de réaction. May (1973, 1981) a bien montré que la densité-dépendance à effets différés pouvait au contraire être déstabilisatrice.

Les effets de la surdensité sur la qualité et les performances des individus sont multiples (fig. 42) : affaiblissement physiologique, ralentissement de la croissance individuelle, diminution de la fécondité et de la longévité, modifications du comportement. De tous ces effets il résulte non seulement une diminution de la densité mais aussi, éventuellement, une modification de la composition génétique de la population (par suite de phénomènes de mortalité sélective ou d'émigration sélective) et de sa structure sociale.

Lorsque la compétition intraspécifique résulte de la raréfaction progressive des ressources et qu'elle se traduit soit par des ajustements comportementaux (accroissement du territoire, émigration) soit par une baisse de la fécondité, la rétroaction qu'elle instaure peut opérer avec des délais courts ou relativement courts et stabiliser la population à une densité d'équilibre fixée par la quantité des ressources disponibles.

Lorsque la surpopulation entraîne une dégradation de la qualité de l'environnement (réduction de la production alimentaire ou du couvert végétal ; accroissement de la pression de prédation ou de la charge parasitaire), ou une modification de la structure génétique de la population (fig. 43), les effets peuvent s'en faire sentir encore sur les générations suivantes. De tels délais de réaction peuvent être à l'origine de cycles comme ceux du lièvre et du lynx au Canada (fig. 38) et de la plupart des microtinés.

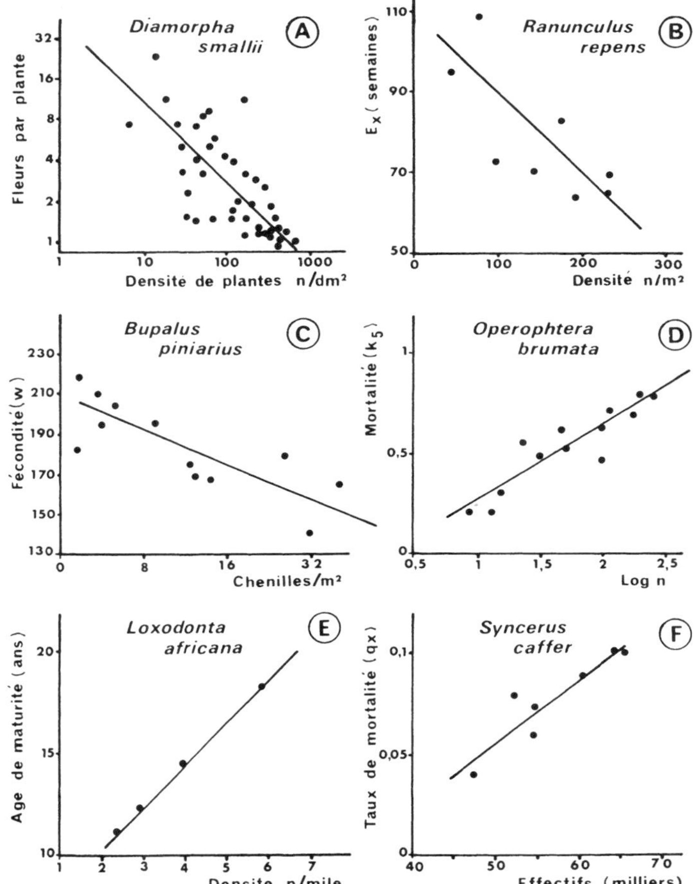

Figure 42 Quelques exemples d'effets de la densité sur les variables démographiques dans diverses populations naturelles.

A) Baisse de la production de fleurs chez une crassulacée annuelle ;

B) Baisse de l'espérance de vie des propagules végétatives chez un bouton d'or ;

C) Baisse de la fécondité chez un papillon du pin ;

D) Accroissement de la mortalité au stade chrysalide (due à la prédation) chez la cheimatobie hiémale ;

E) Élévation de l'âge à la maturité chez l'éléphant d'Afrique ;

F) Accroissement du taux de mortalité des adultes chez le buffle africain.

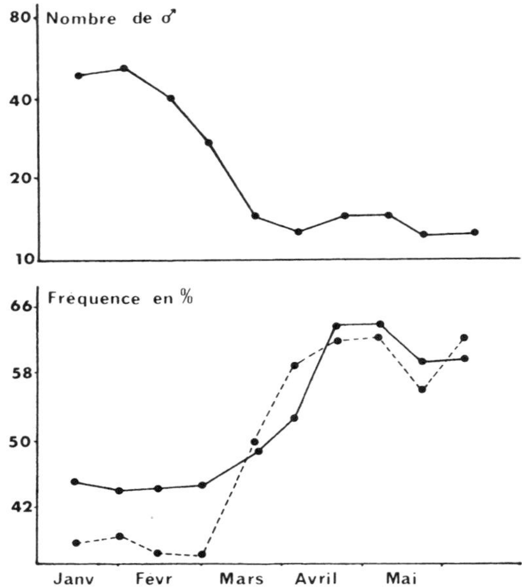

Figure 43 Variations, en fonction de la densité (en haut), de la fréquence (en bas), de l'allèle E d'un gène transferine et de l'allèle F d'un gène LAP chez les mâles d'une population de campagnols *Microtus pennsylvanicus* (d'après Gaines et Krebs, 1971).

Effets quantitatifs et effets qualificatifs : étude de quelques exemples

Les études réalisées avec des plantes sont particulièrement exemplaires. Palmblad (1968) a ainsi étudié deux espèces annuelles — *Capsella bursapastoris* et *Conyza canadensis* — et une espèce pérenne, *Plantago major*. Chaque espèce était semée en conditions contrôlées sur une large gamme de densités : 1, 5, 50, 100 et 200 graines par pot. Chez les trois espèces, la compétition a exercé ses effets dépendant de la densité sur la proportion des individus qui germent, qui survivent et qui se reproduisent (tableau 3).

Au niveau de la reproduction on relève une très grande plasticité de réponse, très commune chez les plantes mais aussi chez beaucoup d'animaux. Ainsi, dans le cas présent, le nombre de graines produites a varié sur une gamme de 1 à 200 chez le plantain et de 1 à 100 chez les deux autres espèces.

Mais la compétition intraspécifique ne conduit pas seulement à des changements quantitatifs, tels que le nombre des individus qui survivent, mais aussi à des changements qualitatifs qui affectent ces survivants et leurs performances. Dans les expériences de Palmblad, ces changements qualitatifs ne se limitent pas à la production moyenne de graines par plante. De fait, en dépit de la variation considérable de la

TABLEAU 3 EFFETS DE LA COMPÉTITION INTRASPÉCIFIQUE CHEZ TROIS ESPÈCES DE PLANTES (D'APRÈS PALMBLAD, 1968).

Capsella bursa-pastoris					
Densité au semis	1	5	50	100	200
Pourcentage de germination	100	100	83	86	83
Pourcentage de mortalité	0	0	1	3	8
Pourcentage de reproduction	100	100	82	83	73
Poids sec (g)	2,01	3,44	4,83	4,51	4,16
Nombre de graines/indiv.	23 741	6 102	990	451	210
Nombre total de graines	23 741	30 509	40 311	37 196	30 074
Plantago major					
Densité au semis	1	5	50	100	200
Pourcentage de germination	100	100	93	91	90
Pourcentage de mortalité	0	7	6	10	24
Pourcentage de reproduction	100	93	72	52	34
Poids sec (g)	8,05	11,09	13,06	13,74	12,57
Nombre de graines/indiv.	11 980	2 733	228	126	65
Nombre total de graines	11 980	12 670	8 208	6 552	4 420
Conyza canadensis					
Densité au semis	1	5	50	100	200
Pourcentage de germination	100	87	56	54	52
Pourcentage de mortalité	0	0	1	4	8
Pourcentage de reproduction	100	87	51	42	36
Poids sec (g)	12,7	17,24	17,75	16,66	18,32
Nombre de graines/indiv.	55 596	13 710	1 602	836	534
Nombre total de graines	55 596	59 625	40 845	35 264	38 376

densité des plantes survivantes, le poids sec total pour chaque espèce, après une augmentation initiale aux basses densités, reste remarquablement constant. En d'autres termes, les individus plantes sont plus petits et plus minces aux densités élevées. Cette plasticité de la réponse de croissance des plantes à la compétition intraspécifique, qui compense les différences de densité de sorte que la production finale est inchangée, est si commune que, pour la décrire, on parle en agronomie de

« loi de la récolte finale constante ». Ainsi, les tendances régulatrices de la compétition intraspécifique sont clairement démontrées : en dépit d'un accroissement de 200 fois des densités de semis, la gamme des productions de graines a varié seulement de 1,4 fois chez *Capsella bursa-pastoris*, de 2,9 fois chez *Plantago major* et de 1,7 fois chez *Coniza canadensis* (tableau 3).

Comme beaucoup d'autres auteurs, Palmblad a choisi d'ignorer les différences interindividuelles au sein de chaque lot expérimental, caractérisant chacun par un « individu moyen ». Pourtant, les variations entre individus peuvent être considérables et méritent autant d'attention que la valeur moyenne des performances observées. Ainsi, considérant la distribution des poids individuels, on a montré, dans le cas du lin, que plus la compétition est intense (= plus la densité est élevée) plus l'écart par rapport à une distribution normale des poids est marqué (fig. 44). De fait, les plantules qui germent les premières n'ont pratiquement pas de compétiteurs : elles ont un plein accès aux ressources qui leur sont nécessaires (lumière, eau, nutriments) et croissent rapidement. Celles qui germent tardivement, au contraire, ont à entrer en compétition avec de nombreux individus, plus grands. Elles sont donc très désavantagées. Ainsi la compétition intraspécifique accentuerait les différences initiales de taille : les individus précoces, plus grands, seraient moins affectés, croîtraient davantage et survivraient mieux que les individus tardifs.

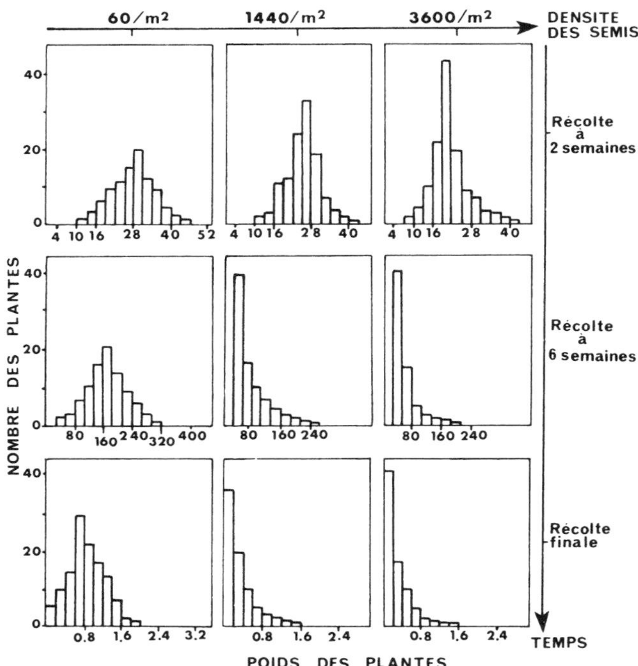

Figure 44 Variation des spectres des poids individuels au cours de la saison dans des populations de lin issues de semis réalisés à différentes densités de graines.

Des résultats similaires ont été obtenus chez des animaux ; ainsi le cas des patelles étudiées par Branch (fig. 45).

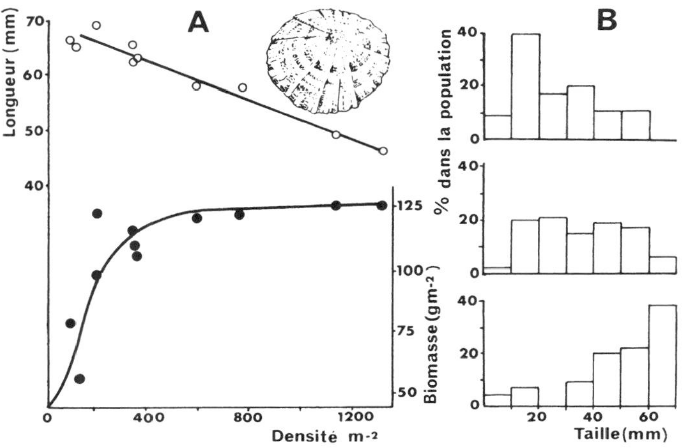

Figure 45 Effets de la densité sur la composition par tailles et la biomasse dans une population de patelles, *Patella cochlear.*

A : variation de la longueur maximale (ronds blancs) et de la biomasse par m_2 (ronds noirs) en fonction de la densité ;

B : spectres des tailles individuelles à trois niveaux de densité.

LA POPULATION DANS L'ÉCOSYSTÈME

De la population au système population-environnement

La compétition intraspécifique n'est pas le seul processus régulateur envisageable : des prédateurs, des parasites et nombre d'agents pathogènes peuvent aussi avoir une action dépendant de la densité et, donc, exercer une fonction régulatrice. Une telle action peut d'ailleurs être liée aux effets de la compétition intraspécifique : en condition de surpopulation beaucoup d'organismes, affaiblis par des carences alimentaires, deviennent plus vulnérables aux prédateurs, parasites et maladies. Elle peut aussi se développer lorsque les conditions climatiques deviennent particulièrement défavorables. Ainsi, d'une manière générale, le problème de la régulation des populations naturelles doit-il être posé compte tenu de la situation de la population dans l'écosystème auquel elle appartient, c'est-à-dire de l'ensemble des interactions qui constituent la trame du système population-environnement.

Longtemps le problème de la régulation des populations a suscité des polémiques. Depuis les années 60 cependant, les auteurs se sont efforcés de concilier les opinions en soulignant l'existence, par suite de modalités différentes dans le jeu de la sélection, de populations de deux types distincts, les unes soumises à une régulation densité-dépendante, les autres exposées aux aléas d'environnements instables et victimes d'une forte mortalité indépendante de la densité. On a parfois voulu opposer les insectes, dont les fluctuations d'abondance seraient déterminées par les variations climatiques, et les vertébrés, dont les populations pourraient être régulées. En fait, ce clivage est sans valeur. D'une manière générale il paraît raisonnable d'admettre qu'au cours de l'évolution des espèces se sont développés des processus complexes qui maintiennent leurs populations en état d'équilibre avec leur milieu. Les violentes fluctuations qui se produisent épisodiquement chez certains insectes résulteraient d'une rupture des mécanismes régulateurs, soit « naturelle » (événements climatiques extrêmes par rapport aux conditions habituelles) soit « artificielle » (milieux dégradés ou transformés par l'homme). Ainsi a-t-on montré que parmi douze populations d'insectes étudiées pendant plusieurs années dans des forêts et des plantations du Canada, neuf obéissaient à un facteur dépendant de la densité (maladie, parasitisme, prédation, nourriture). La littérature consacrée à la lutte biologique donne de nombreux exemples de populations d'insectes régulées par des prédateurs ou des parasites.

En 1980, Price, dans un ouvrage certes controversé mais très stimulant intellectuellement, attirait l'attention sur le cas des parasites, dont les populations se maintiendraient en situation de déséquilibre. En raison de l'intérêt théorique général de l'argumentation de Price, mais aussi parce que les parasites (au sens où l'entend Price, voir ci-dessous), au rôle si important dans l'économie de beaucoup de populations et d'écosystèmes, sont habituellement négligés dans les ouvrages d'écologie, j'en dirai quelques mots.

Des populations non équilibrées : les parasites

Pour Price l'une des caractéristiques essentielles de la condition de parasite est qu'un même individu obtient généralement la totalité de sa nourriture d'un seul[5] être vivant, bien que ceux d'espèces à cycle complexe puissent dépendre successivement et dans un ordre prévisible de deux ou trois hôtes d'espèces différentes.

Quantité d'organismes appartiennent à cette catégorie écologique définie par Price : les nombreux insectes qui s'alimentent dans ou sur un même individu-plante (la majorité des homoptères, chenilles, thysanoptères, hétéroptères, coléoptères) ; beaucoup d'acariens, de nématodes, de platodes, de protozoaires, de bactéries ; nombre de champignons, de diptères et d'hyménoptères et les virus.

Un tel ensemble, très hétérogène à bien des égards mais qui regroupe des organismes de petite taille et à mœurs spécialisées, s'oppose assez nettement, d'une part aux « macroherbivores » et aux prédateurs qui se nourrissent de beaucoup d'organismes et sont moins ou non spécialisés, et d'autre part aux saprophages qui vivent de matière organique morte.

La thèse défendue par Price est que les populations *ponctuelles* de parasites sont habituellement dans des conditions de non-équilibre et que l'origine principale de

5. Cette définition exclut donc les animaux hématophages qui, tels les moustiques, exploitent au cours de leur vie plusieurs individus différents — ce qui est discutable et discuté.

celles-ci réside dans la *complexité des associations biotiques* qui caractérisent le mode de vie parasitaire :

– relation obligatoire avec un autre être vivant, qui a sa propre dynamique dans l'espace et le temps, ses propres relations, directes et indirectes, avec d'autres espèces ;

– nombre de parasites sont hétéroéciques, exigeant deux ou trois hôtes particuliers pour accomplir leur cycle, lesquels ont chacun des besoins et des propriétés spécifiques ;

– il y a fréquemment mutualisme obligatoire entre le parasite et d'autres espèces — micro-organismes associés aux arthropodes hématophages, champignons associés à beaucoup d'insectes xylophages ;

– toutes ces relations, qui impliquent des êtres vivants, sont sujettes à des changements coévolutifs qui peuvent se produire rapidement et indépendamment en différents points (« patches »).

Une telle complexité des relations biotiques donne aux ressources réellement exploitables ou accessibles une distribution très morcelée dans l'espace et dans le temps. Par suite de l'extension réduite de ces parcelles favorables et de leur caractère éphémère les parasites ont une faible probabilité de colonisation et une haute probabilité d'extinction : la plupart vivent en populations non équilibrées (fig. 46).

Le cas des schistosomes, bien étudié, permettra d'illustrer ces considérations générales (qui ne sont d'ailleurs probablement pas applicables à tous les types d'organismes baptisés « parasites » par Price).

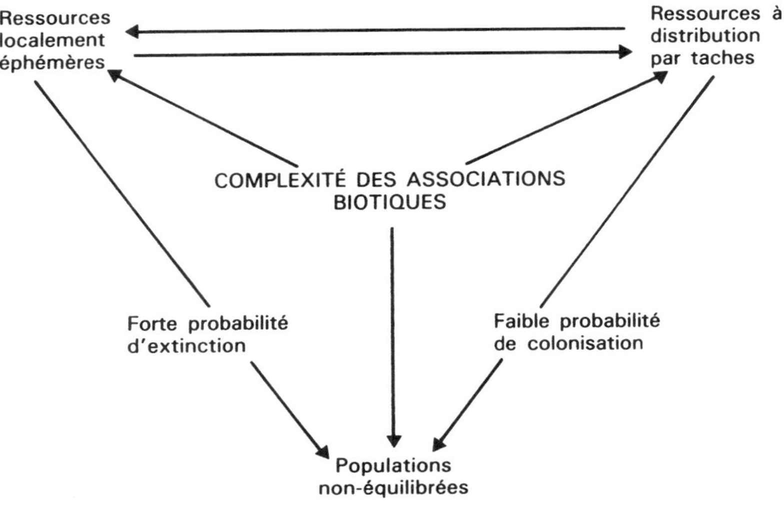

Figure 46 Caractéristiques de la dynamique « locale » de populations ponctuelles de parasites (d'après Price, 1980).

Les trématodes du genre *Schistosoma* sont des vers parasites des vaisseaux sanguins des mammifères et des oiseaux chez lesquels ils provoquent des schistosomiases ou bilharzioses. Des gastéropodes constituent l'hôte intermédiaire obligatoire (la figure 47 rappelle le cycle biologique de ce parasite). Ont été particulièrement étudiés *S. mansoni*, responsable chez l'homme de la bilharziose intestinale et dont l'hôte intermédiaire est un gastéropode du genre *Biomphalaria*, et *S. haematobium*, cause de la bilharziose urinaire de l'homme et dont le principal hôte intermédiaire est le mollusque *Bulinus troncatus*. Ces maladies sont, après le paludisme et les infections respiratoires aiguës, le problème de santé publique le plus important dans le monde, avec 200 millions de cas enregistrés en 1993 (Brown, 1996)

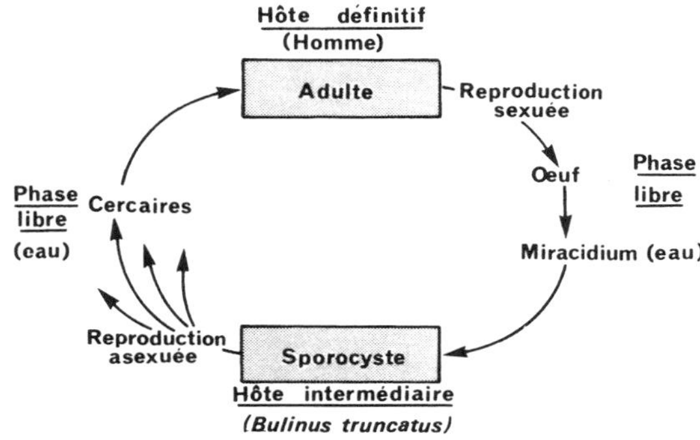

Figure 47 Cycle du parasite *Schistosoma haematobium* responsable chez l'homme de la bilharziose urinaire.

L'escargot-hôte est largement aquatique. À la distribution très morcelée du milieu aquatique s'ajoute la médiocre aptitude à la dispersion des escargots en question. Ceux-ci sont hermaphrodites et autocompatibles de sorte qu'un seul individu peut fonder une nouvelle population. Ces conditions favorisent une grande diversification de l'espèce. En réponse à cette diversité les schistosomes ont développé des lignées spécialisées, à infectivité variable selon les populations d'escargots rencontrées — et inversement celles-ci présentent des vulnérabilités très différentes selon les souches de schistosomes en cause.

L'ensemble des caractéristiques de ce complexe d'espèces est résumé sur la figure 48.

Théorie de la niche écologique

Proposé par Grinnell en 1917 le terme de *niche* désigne, depuis Elton (1927), le rôle et la place de l'organisme dans son écosystème. Cette définition fonctionnelle de la niche écologique reste valable aujourd'hui quoique sa formulation et son utilisation aient été sensiblement renouvelées par Hutchinson (1957) qui définit la niche comme *l'ensemble des conditions dans lesquelles vit et se perpétue la population.*

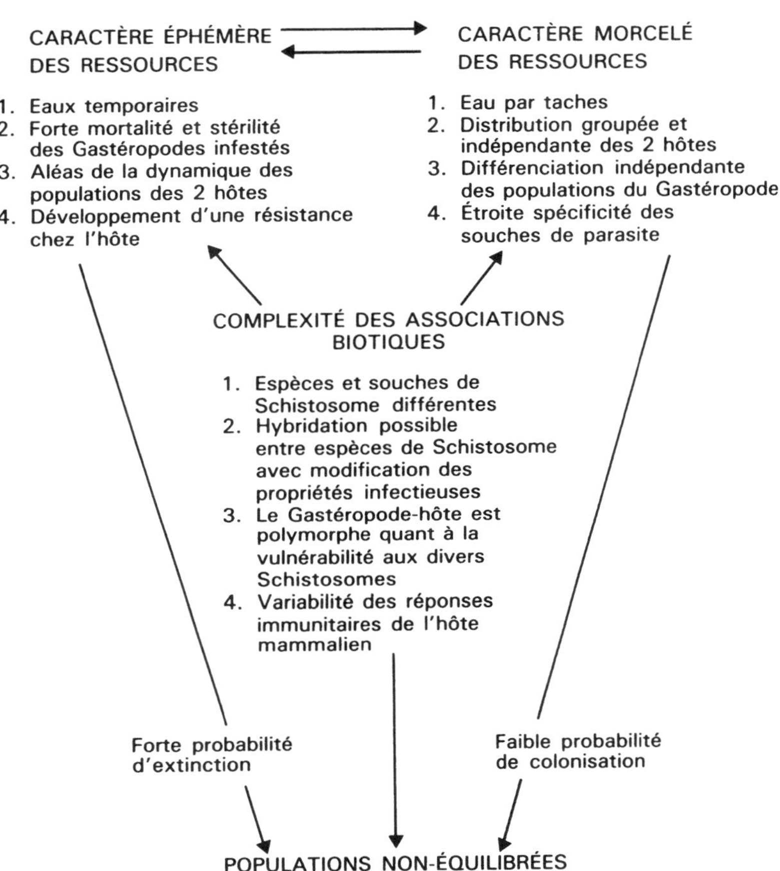

Figure 48 Caractéristiques de la dynamique « locale » des populations de *Schistosoma* (d'après Price, 1980).

Pratiquement, cet espace écologique à *n* dimensions peut être appréhendé et représenté soit de façon partielle, en considérant seulement un aspect particulier de la niche totale, soit de façon synthétique, en regroupant la multitude de facteurs évoquée par Hutchinson en un petit nombre d'ensembles fondamentaux.

L'approche partielle, largement utilisée par la majorité des auteurs, revient à distinguer les différentes dimensions de la niche. On parle de *niche alimentaire*, de *niche spatiale*, de *niche pluviothermique*, etc. Ces espaces écologiques, repérés par rapport à un, deux ou trois axes (= variables du milieu), sont représentables graphiquement (fig. 49). On peut les mesurer, c'est-à-dire évaluer leur amplitude, et les comparer, c'est-à-dire estimer leur similitude ou leur chevauchement par rapport aux niches occupées par d'autres espèces (fig. 50). Cette atomisation apparente de la niche écologique a conduit certains auteurs à déclarer stérile le concept de niche.

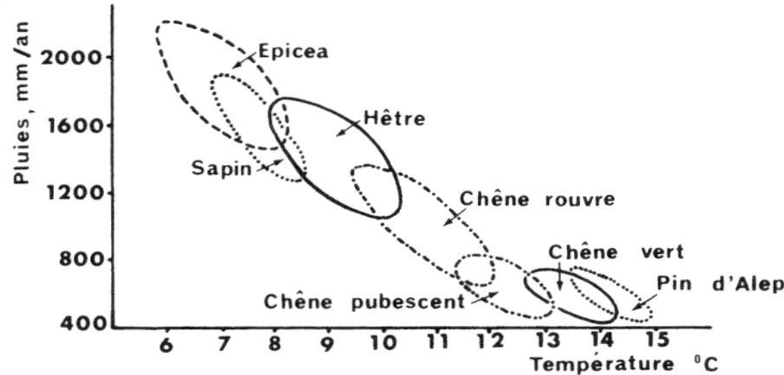

Figure 49 Niche pluviothermique de quelques essences arborées en France d'après leur distribution observée (d'après Lebreton, 1978). La température utilisée est la moyenne annuelle.

Cette position est excessive... et stérile : le mot *niche* rassemble en effet dans une théorie cohérente des phénomènes *apparemment* très différents mais qui peuvent néanmoins traduire une *fonction* similaire. Ainsi une différence de régime alimentaire, une différence dans la distribution spatiale ou une différence de comportement peuvent aboutir *également* à une *séparation écologique* d'espèces potentiellement concurrentes. La théorie de la niche écologique permet de poser clairement le problème de l'organisation et du fonctionnement des *peuplements*.

L'approche synthétique consiste à caractériser la niche écologique des espèces par rapport à trois axes fondamentaux qui regroupent la plupart des variables pertinentes du milieu : un axe *spatial*, résumant les variables climatiques et physicochimiques ; un axe *trophique*, représentant les types de proies potentielles ; un axe *temporel*, traduisent le mode d'utilisation dans le temps (cycle nycthéméral, cycle saisonnier) de l'espace et de la nourriture.

On peut naturellement parler de niche écologique pour un type d'individu déterminé (génotype ou phénotype), pour une population donnée, ou pour l'espèce tout entière.

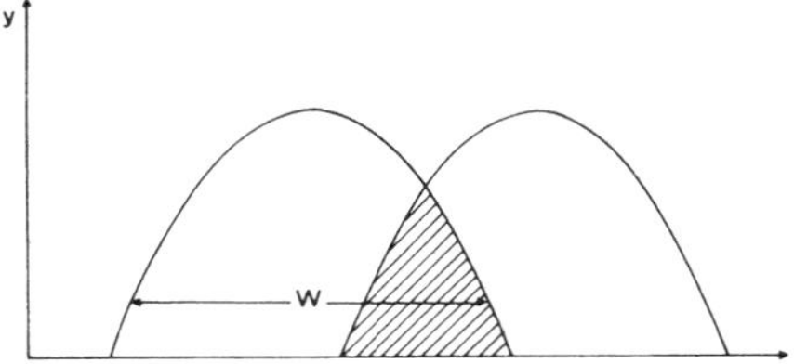

Figure 50 Amplitude (w) et chevauchement de niches (hachuré) de deux espèces mesurés sur un gradient de ressource, x. En ordonnées : quantité de ressources utilisées, y.

LA SÉLECTION NATURELLE

La profusion des espèces, la diversité des formes ou des styles de vie, trouvent leur sens, dans une perspective évolutionniste et écologique, comme expression d'une pluralité de fonctions, d'une organisation de rôles. Pour comprendre ce point de vue, il faut parler de ce processus majeur apparu avec la vie sur terre : la sélection naturelle.

La mécanique de la sélection naturelle

La sélection naturelle est un processus qui s'exerce sur des individus, à l'échelle de la population qu'ils constituent, et qui implique nécessairement trois conditions :

1) la population doit présenter une *variation interindividuelle* de quelque trait ou performance : taux de croissance, agressivité, pigmentation, longueur de tel ou tel organe, rapidité de course, de vol ou de nage, etc. ;
2) ce trait doit être relié au succès de reproduction ou à la survie, c'est-à-dire affecter le taux de multiplication ou *valeur sélective* de l'individu ;
3) il faut qu'il y ait *transmission héréditaire* de ce caractère.

Si ces trois conditions sont remplies, pour une population déterminée dans un contexte écologique donné :

– on observera un effet intra-génération, c'est-à-dire que des individus de même âge différeront entre eux de *manière prévisible* selon qu'ils ont survécu ou non à cet âge ;
– on relèvera également un effet inter-génération, c'est-à-dire que la population des descendants différera de *manière prévisible* de la population parentale.

La sélection en action

Contrairement à une idée encore trop répandue, selon laquelle la mécanique de l'Évolution est tellement lente qu'on ne saurait l'observer directement, il est possible d'étudier la sélection naturelle à l'œuvre dans les systèmes écologiques actuels. John Endler, de l'Université de Santa Barbara en Californie, a pu recenser plus d'une centaine de travaux qui décrivent les mécanismes de la sélection naturelle en action.

L'une des histoires les plus remarquables dans ce domaine est celle des pinsons de Darwin *(Geospiza)*.

Treize espèces de pinsons vivent sur les îles Galapagos, au large de la côte ouest de l'Équateur. Toutes dérivent d'un ancêtre commun qui aurait colonisé l'archipel il y a quelques millions d'années : c'est un exemple typique de ce que l'on appelle une *radiation adaptative* (fig. 51). La dispersion de la population colonisatrice entre des îles offrant des habitats et des ressources différents a favorisé une spéciation intense, c'est-à-dire, au-delà des nouvelles espèces ainsi produites, la création d'une diver-

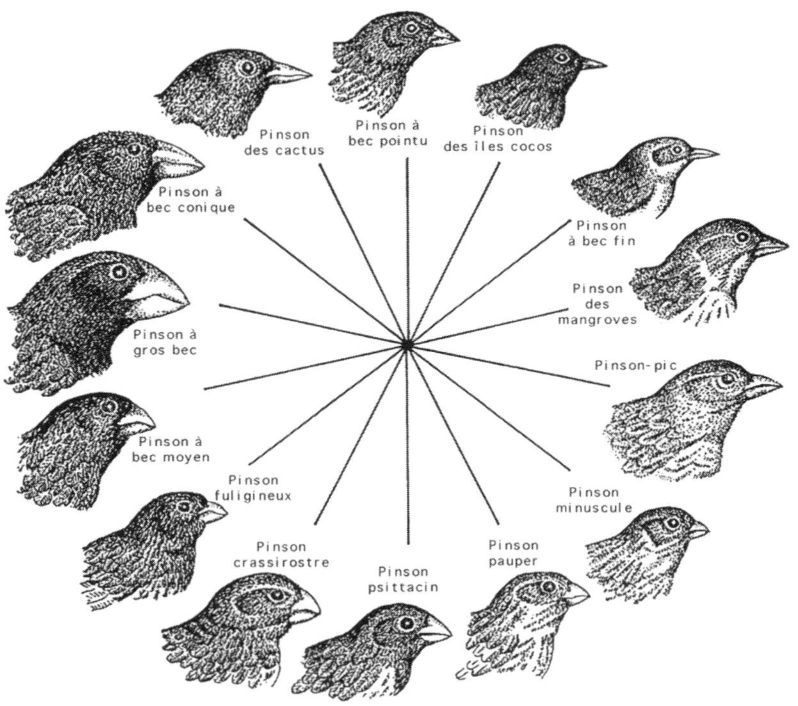

Figure 51 La radiation adaptative des pinsons de Darwin aux Galapagos (d'après Grant, 1991).

La dispersion de la population colonisatrice il y a 1 à 5 millions d'années entre des îles offrant des habitats et des ressources différents a favorisé une spéciation intense qui a donné naissance à treize espèces morphologiquement et écologiquement différentes.

sité biologique qui affecte la couleur, la taille et surtout la forme du bec, reliée au régime alimentaire des oiseaux.

Peter et Rose-Mary Grant ont étudié les pinsons qui vivent sur la Grande Daphné, un îlot d'environ 40 hectares. On y trouve deux espèces, le pinson à bec moyen et le pinson des cactus. A la suite des sécheresses de 1977 et de 1982, qui affectèrent les ressources alimentaires des oiseaux, beaucoup disparurent. En particulier, la population de pinsons à bec moyen fut réduite à 15 % de ses effectifs. Ces chercheurs ont montré que la sélection favorisa les oiseaux de grande taille. Les individus plus petits périrent et les oiseaux qui survécurent avaient un bec plus grand. Au cours des années normalement pluvieuses, de nombreuses plantes produisent une quantité de petites graines, tandis que d'autres donnent des graines plus grosses mais en moindre quantité. Les oiseaux consomment les grosses graines quand ils ont épuisé les petites. Un gros bec solide est alors avantageux parce qu'il permet d'ouvrir les grosses graines pour en retirer l'amande. Cet avantage est décisif en cas de sécheresse car la survie des oiseaux repose sur la consommation prolongée de grosses graines.

Une analyse statistique montre une corrélation entre la survie et la taille du corps et entre la survie et l'épaisseur du bec. Par ailleurs, il a été prouvé que ces caractères étaient héritables, condition nécessaire pour parler de sélection naturelle et d'évolution : 74 % de la variation de l'épaisseur du bec et 91 % de celle de la taille corporelle étaient imputables aux effets conjugués des gènes concernés. Aussi peut-on conclure que la population de pinsons évolue parce que les modifications de ces caractères, imposées par la sélection, sont transmises génétiquement à la génération suivante.

La sélection observée à la Grande Daphné est de type oscillant : les effets des sécheresses de 1977 et 1982 furent à peu près compensés par une sélection en direction opposée — vers une plus petite taille corporelle — en 1984, 1985 : la relative rareté des grosses graines et la surabondance des petites favorisèrent alors les petits individus, plus efficaces que les gros dans ces conditions. Comme, sur cette île, la composition et la taille de la nourriture changent d'une année sur l'autre, la taille optimale du bec pour un pinson change sans cesse et la population soumise à la sélection naturelle oscille en fonction des changements successifs. Mais la tendance à l'accroissement des tailles pourrait s'affirmer si les sécheresses se multipliaient en raison du réchauffement global de la Terre. La sélection oscillante est universellement répandue et n'est pas l'apanage des pinsons de Darwin mais ceux-ci constituent un bon modèle d'intérêt général pour expliquer les mécanismes de maintien de la biodiversité et sa signification adaptative.

Une autre histoire exemplaire de sélection naturelle qui s'est déroulée sous nos yeux — et où l'impact des activités humaines dans ce type de processus est indirectement mis en relief — est celle des papillons noirs qui apparaissent avec l'ère industrielle.... dans le pays de Darwin ! Rares au siècle dernier, les exemplaires mélaniques (variété *carbonaria* des collectionneurs) de la phalène du bouleau sont devenus de plus en plus fréquents, jusqu'à représenter, dans certaines régions de Grande-Bretagne, la totalité des individus. La base génétique du mélanisme était connue. Partant de là et frappé de constater que les populations mélaniques apparaissaient dans les zones fortement industrialisées, Kettlewell imagina diverses expériences qui lui permirent d'expliquer ce phénomène, fréquent chez d'autres insectes.

Les papillons reposent durant le jour sur les troncs d'arbres. L'hypothèse la plus simple était que les variants mélaniques, mieux camouflés sur les troncs sombres privés de lichens par les polluants industriels que sur les troncs clairs qui en sont revêtus, échappaient mieux aux prédateurs (oiseaux chassant à vue) que les individus clairs (fig. 52). Kettlewell démontra expérimentalement la réalité de cette sélection par les prédateurs. Libérant des individus marqués de phénotype typique ou mélanique dans une forêt polluée de Birmingham, il observe un taux de recapture (assimilé à un taux de survie) de 34 % chez les seconds contre 17 % chez les premiers. La même opération, réalisée dans une forêt non polluée du Dorset conduit à un résultat inverse : 6,3 % de recaptures de *carbonaria*, 12,5 % de recaptures d'individus typiques. À disponibilité égale de chaque type de papillons, les oiseaux

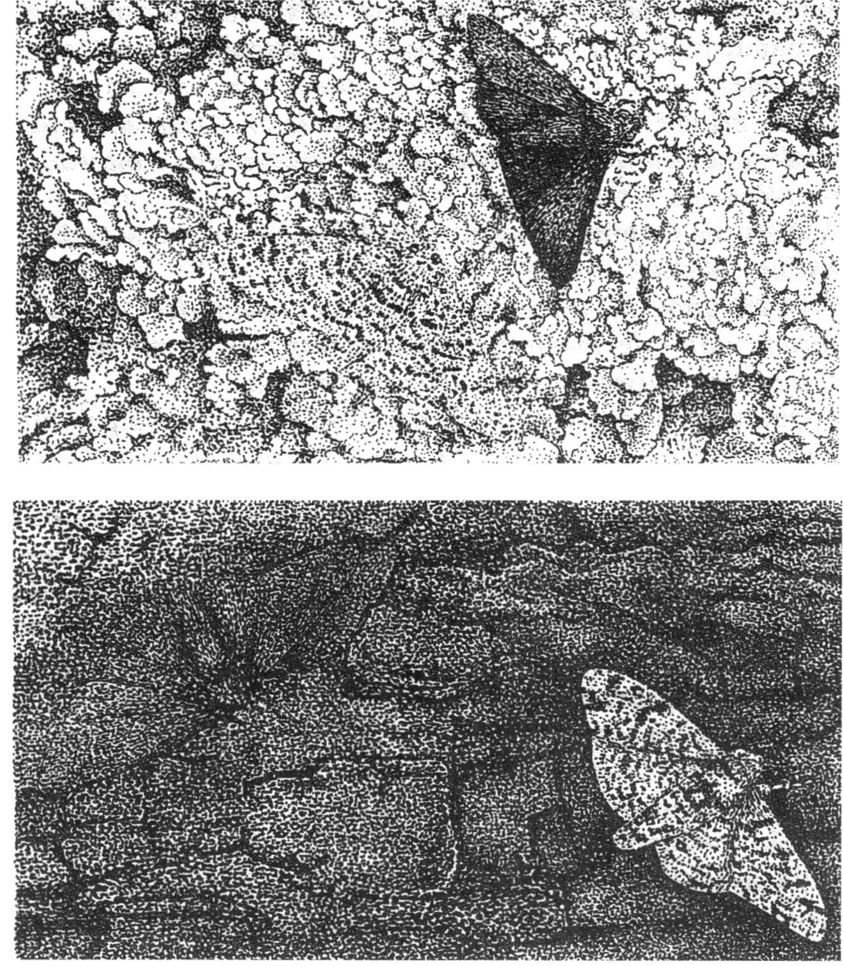

Figure 52 La phalène du bouleau.

Le phénotype typique, très mimétique avec les lichens qui recouvrent l'écorce des bouleaux non pollués, cède la place au phénotype mélanique dans les régions industrielles où les troncs, privés de lichens, apparaissent noircis.

capturent beaucoup plus d'individus noirs en bois non pollué et d'individus clairs en bois pollué, à troncs noirs.

L'existence d'un processus de sélection est donc bien établi et le rôle de la prédation dans celui-ci est démontré. On retrouve respectées les trois conditions énoncées au début :

1) il y avait au départ, dans les populations de phalènes du bouleau, une *variabilité inter-individuelle*, ici pour le caractère « pigmentation » : des individus mélaniques existaient avant l'apparition du phénomène étudié ;

2) ce caractère est *relié à la survie* de manière régulière, par le biais d'une prédation différentielle qui dépend du contraste couleur du papillon/couleur du support ;
3) la pigmentation obéit à un déterminisme génétique bien connu et est donc un caractère *transmissible.*

Les mécanismes fins de la réponse évolutive à un facteur sélectif donné peuvent parfois être analysés dans le détail. C'est ce qu'ont fait des chercheurs dans le cas de la résistance des moustiques aux insecticides organophosphorés. Après quelques années de traitement par ces substances neurotoxiques, il est apparu nécessaire d'augmenter progressivement les doses et la fréquence des pulvérisations pour obtenir les mêmes résultats qu'au début. Ainsi, au bout de dix-sept ans de traitement, la résistance des moustiques du Languedoc-Roussillon aux organophosphorés était multipliée par 200 — et le même phénomène était observé en Californie. Les chercheurs ont montré que cette résistance provenait de la surproduction d'une enzyme de détoxification, une estérase qui a la propriété de détruire les molécules organophosphorées et que cette surproduction d'estérase résultait de l'amplification du gène de structure correspondant.

Chapitre 7

Les stratégies biodémographiques

LE CONCEPT DE STRATÉGIE EN ÉCOLOGIE

Cycles de vie et adaptation

Le cycle de vie des organismes résulte d'un ensemble de traits qui contribuent à leur survie et leur reproduction, donc à la valeur sélective (*fitness* darwinienne). Aussi l'analyse de tels assemblages de caractères — morphologiques, physiologiques, éthologiques, écologiques et démographiques — est-elle de première importance en écologie évolutive. Ces combinaisons complexes de caractères ont été appelées, dans une perspective évolutionniste, « *stratégies* » « *tactiques* » : réunissant des traits qui fonctionnent ensemble et coévoluent entre eux, elles traduisent l'adaptation des populations à leur environnement.

D'une manière très générale on peut dire qu'une stratégie, pour un être vivant, est, dans une situation donnée, un type de réponse ou de performance *parmi une série d'alternatives possibles*. Implicitement on admet l'existence de contraintes, externes et internes, ainsi que celle de choix, de compromis. En effet, pour survivre et se reproduire, tout être vivant a besoin de matière et d'énergie qu'il lui faut répartir entre ses différentes fonctions essentielles (fig. 53). Par suite de contraintes diverses (abondance et capturabilité des proies, temps nécessaire à la recherche et l'ingestion de celles-ci, etc.), la quantité d'énergie disponible est limitée. Par conséquent, accroître l'allocation d'énergie à la reproduction, par exemple, équivaut à réduire l'énergie disponible pour la croissance ou les dépenses d'entretien. Il y a donc nécessité de « choix ».

Considérons le cas d'une plante annuelle en croissance dans des conditions écologiques déterminées et identiques d'année en année. Elle dispose pour se développer

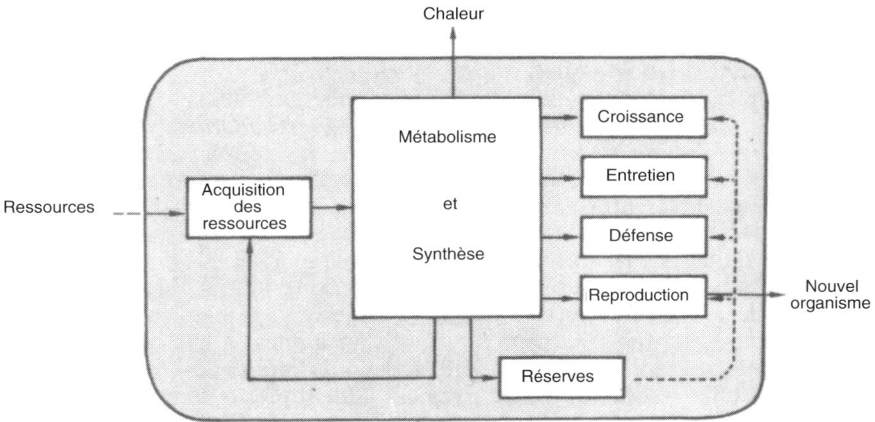

Figure 53 L'organisme en tant que système d'acquisition, de transformation et d'allocation des ressources entre ces différents besoins fondamentaux.

et se reproduire d'une quantité donnée de ressources R (eau, azote...). Le génotype qui investirait la totalité de ces ressources dans la croissance somatique produirait certes une plante vigoureuse et de belle taille, mais incapable de se reproduire : sa valeur sélective serait nulle et la sélection naturelle l'aurait éliminé depuis longtemps. La valeur sélective W des divers génotypes de cette plante croîtra avec l'augmentation progressive de la proportion de ressources allouée à la production de graines, jusqu'à un maximum qui définira la stratégie optimale, dans les conditions écologiques données, pour l'espèce considérée. En effet, au-delà de la proportion R_r* correspondante (fig. 54), la valeur sélective décroîtra parce que la plante ne sera pas suffisamment grande ou vigoureuse pour produire des graines efficaces (qui permettent la germination de nouvelles plantes).

D'un point de vue évolutionniste on considère que la sélection naturelle devrait favoriser les génotypes qui, entre les *multiples compromis (= stratégies) possibles*, adoptent ceux qui leur confèrent de génération en génération le taux de multiplication (*valeur sélective*) le plus élevé possible. La solution optimale dépend des contraintes qui s'exercent au sein du système population-environnement en question, c'est-à-dire de la nature des pressions sélectives qui pèsent sur la dynamique de la population considérée : imprévisibilité des conditions climatiques ou des ressources, prédation affectant ou non tous les stades de développement, compétition intra- ou interspécifique, etc. Quoi qu'il en soit, le résultat d'une telle allocation optimale des ressources entre les diverses fonctions vitales de l'organisme se traduit par un profil biologique et démographique caractéristique, défini par un ensemble de traits tels que l'âge et la taille à la première reproduction, les taux de fécondité et de mortalité spécifiques de chaque classe d'âge, le type d'organisation sociale, etc. Ce profil biodémographique est donc l'expression globale de l'adaptation de l'organisme à son environnement. On parlera de stratégie adaptative, ou de stratégie démographique pour souligner la dimension démographique des caractères en

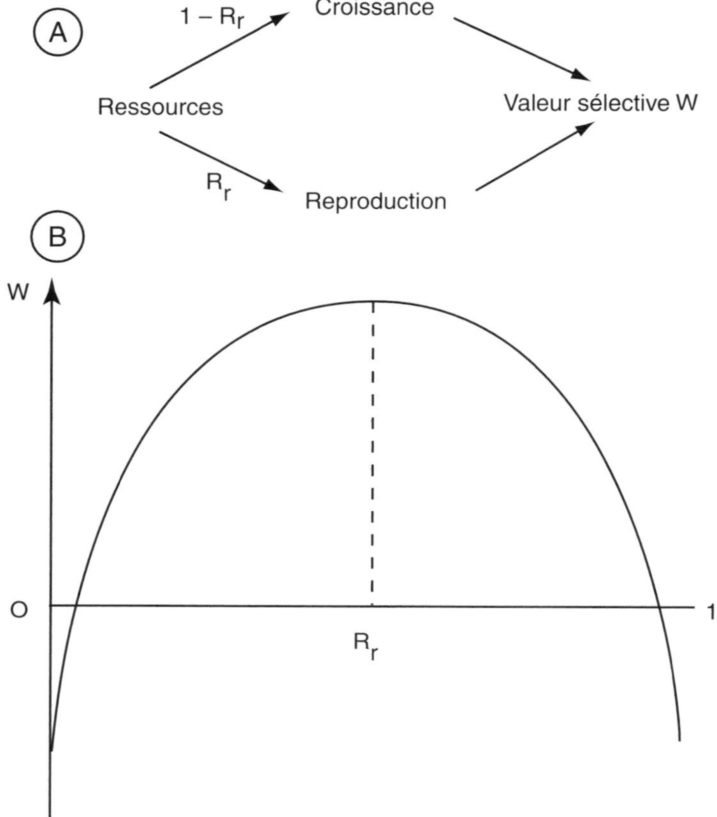

Figure 54 Relation entre l'allocation des ressources à la croissance et à la reproduction et la valeur sélective.

A) Chaque stratégie, définie par R_r, la proportion des ressources (R = 1) allouées à la reproduction, se traduit par une valeur particulière de W.

B) Variation de la valeur sélective W en fonction de la stratégie d'allocation des ressources adoptée, R_r. La sélection naturelle retiendra la stratégie optimale R_r*.

cause, voire de stratégie biodémographique pour rappeler la signification globale de celle-ci (traits démographiques mais aussi éthologiques, morphologiques).

Ainsi, pour reprendre une définition donnée par Stearns, « *les stratégies démographiques sont des ensembles de traits coadaptés, modelés par le jeu de la sélection naturelle, pour résoudre des problèmes écologiques particuliers* ». Ce concept associe donc deux idées essentielles :

1) que les différentes variables qui composent les profils biodémographiques sont ou peuvent être interdépendantes ;
2) que l'ajustement entre le profil biodémographique et l'environnement résulte du jeu de la sélection naturelle et implique une tendance à l'optimisation de la valeur sélective des organismes.

En d'autres termes cela veut dire que l'on admet, d'une part, que les profils biodémographiques répondent à des *contraintes* internes et externes telles qu'ils traduisent nécessairement une solution d'*équilibre et de compromis* et, d'autre part, que ces solutions d'équilibre, ou les conditions d'expression de ces solutions, sont *déterminées génétiquement*.

Contraintes et compromis

L'idée de contrainte rappelle ici que tout n'est pas possible pour un type d'organisme donné, compte tenu des pressions qui s'exercent sur lui et de sa structure propre (morphologie, taille, inertie phylétique). Chez les espèces ovipares (poissons, amphibiens, etc.) qui, à chaque ponte produisent leurs œufs simultanément, la biomasse reproductive sera limitée, contrainte, par la capacité abdominale. Cela explique probablement que l'on puisse observer, entre diverses espèces d'anoures tropicaux de familles très différentes, une même relation générale entre le volume des pontes et la longueur moyenne des femelles (fig. 55). Cependant, au-delà de cette contrainte générale, diverses solutions sont possibles, puisque la même biomasse peut être répartie entre un nombre variable d'œufs, d'autant plus élevé qu'ils seront petits. Il peut être avantageux de produire de gros œufs si ceux-ci donnent naissance à des jeunes plus viables (ayant un avantage compétitif pour

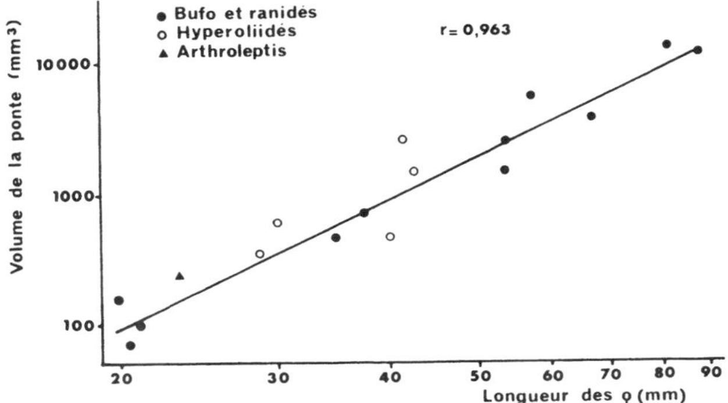

Figure 55 Relation entre le volume moyen des pontes et la longueur moyenne des femelles chez 17 espèces d'anoures de Côte-d'Ivoire à stratégies de ponte variées.

(1) pontes déposées dans l'eau (Bufo et ranidés ; ronds noirs) ; (2) pontes dans la végétation au-dessus de l'eau où tombent de gros têtards (hyperoliidès ; ronds blancs) ; (3) ponte à développement direct (Arthroleptis poecilonotus, triangle).

l'exploitation de ressources en évitant mieux les prédateurs), la valeur sélective dépendant en définitive du nombre de descendants susceptibles de se reproduire à leur tour. Il y a donc nécessité de compromis entre le nombre et la taille des œufs. Les choix retenus par la sélection naturelle dépendront des pressions qui s'exercent dans le cadre de chaque système population-environnement considéré et compte tenu des contraintes propres à chaque type d'organisme. Ainsi, grâce à leur aptitude à s'affranchir du milieu aquatique, les femelles du petit crapaud africain *Arthroleptis poecilonotus* pourront coloniser des espaces privés d'eau libre et produiront des œufs relativement gros mais en moins grand nombre que les espèces de *Phrynobatrachus* de taille similaire qui pondent dans les flaques d'eau et autres bassins temporaires (fig. 56).

Les aspects les plus étudiés de la problématique ainsi brièvement illustrée concernent :

1) les stratégies d'acquisition des ressources ;

2) les stratégies de reproduction.

Dans le premier cas, se mettant si je puis dire à la place des organismes considérés, les auteurs se posent des questions telles que « quelle nourriture choisir ? Comment se procurer cette nourriture ? Où la rechercher ? Quand ? » et tentent d'y

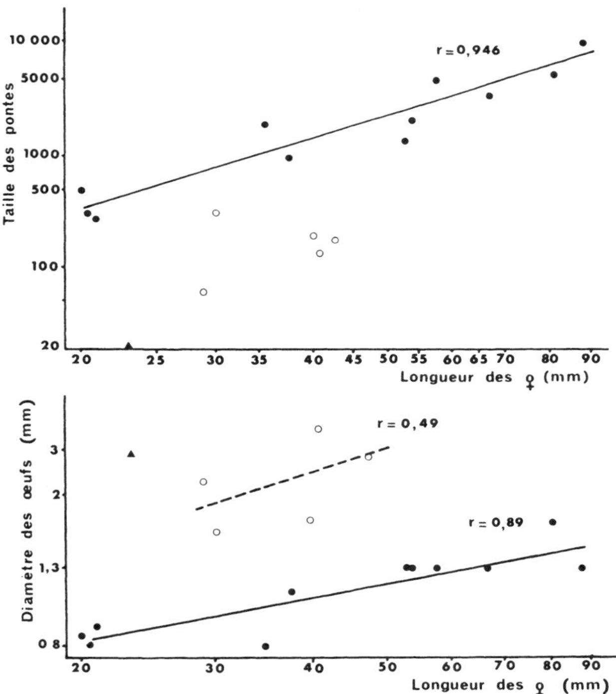

Figure 56 Relations entre, d'une part, le nombre d'œufs par ponte (en haut) et la taille des œufs (en bas) et, d'autre part, la longueur des femelles chez le même ensemble d'espèces que dans la figure 55.

répondre dans une perspective évolutionniste par une analyse des coûts et des bénéfices (voir Stephens et Krebs, 1986).

Dans le second cas, étant donné l'importance de la reproduction pour la valeur sélective des organismes, une grande attention a été portée à l'effort relatif consenti par ceux-ci pour les activités de reproduction. Williams (1966) a énoncé le concept d'*effort de reproduction,* qu'il propose de mesurer par la fraction de son budget énergétique que l'organisme alloue à la reproduction. Ce concept débouche sur la notion de *coût de reproduction,* qui relie l'effort de reproduction aux autres performances de l'organisme, croissance et survie notamment.

LES COMPORTEMENTS ALIMENTAIRES COMME STRATÉGIES

Comment se nourrir, c'est-à-dire quelles proies choisir ? Où se nourrir ? Quand se nourrir ? Voilà des questions complexes que tout organisme doit résoudre ... avec l'« aide » de la sélection naturelle, et que les éthologistes, spécialistes du comportement animal, ont pris plaisir à étudier minutieusement. Naturellement, comme toujours lorsque l'on parle de stratégie, il existe des contraintes internes (d'ordre morphologique ou physiologique) et externes (risques de prédation, caractéristiques des proies potentielles, compétiteurs...) qui limitent ou orientent les choix. C'est par ce biais que les stratégies peuvent être analysées.

Mais intéressons-nous tout d'abord aux conditions économiques du choix, c'est-à-dire à l'optimisation des gains d'énergie, représentés par la proie, en regard des dépenses entraînées par la recherche et la capture de celle-ci. Pour simplifier, on admettra que le coût de la capture peut être estimé indirectement (et bien plus facilement que le coût énergétique réel) par le temps que recherche et absorption des proies auront nécessité. Ainsi, chaque type de proie ou chaque situation (choix de la parcelle explorée, choix de la période de la journée...) peut être caractérisé par un indice de profit, rapport de l'énergie gagnée (contenu énergétique des proies collectées) au temps dépensé pour l'acquérir.

Beaucoup d'animaux choisissent, parmi des proies de même nature mais de tailles différentes, celles qui sont les plus profitables, au sens indiqué ci-dessus. On peut penser, en effet, qu'il est vital pour beaucoup d'espèces d'acquérir le maximum d'énergie dans le minimum de temps — ne serait-ce que parce que l'animal en train de se nourrir est exposé à des risques de prédation.

Avec des crabes verts pour modèles, Elner et Hugues ont établi expérimentalement l'indice de profit, en joules par seconde, de moules de différentes tailles qui leur étaient proposées. La courbe de profit augmente logiquement avec la taille des moules puis diminue, parce que les coquilles des grandes moules sont longues à briser. La *profitabilité* culmine autour de la valeur moyenne de 2,7 cm. Dans une deuxième série d'expériences, ces auteurs montrent que des crabes choisissent plus fréquemment les moules de 2 à 3 cm — donc celles qui leur apportent le maximum d'énergie dans le minimum de temps.

Évidemment, l'histoire est plus complexe, puisque les crabes consomment *aussi* des proies moins profitables. C'est d'ailleurs ce que l'on observe généralement dans ce type d'expérience. Machines imparfaites ou stratégies plus raffinées ? Parmi les hypothèses avancées, la plus commune, qui a fait l'objet de nombreux contrôles, est que le temps mis à rechercher les tailles les plus profitables influence les choix.

Naturellement, l'aspect énergétique n'est qu'un volet du problème : il y a aussi des contraintes nutritives plus spécifiques qui peuvent déterminer les choix. L'exemple le plus classique est le cas d'un herbivore, l'élan, remarquablement étudié par Gary Belovsky. Le régime alimentaire de l'élan dans la région du Lac Supérieur au Michigan, est fortement influencé par ses besoins en sodium. L'élan se nourrit dans deux types de milieux, en forêt, où il broute les feuilles, et dans les petits lacs, où il recherche des plantes aquatiques. Ces dernières sont riches en sodium mais peu énergétiques, tandis que les plantes terrestres, pauvres en sodium, ont un contenu relativement plus élevé en énergie. L'élan a besoin à la fois de sodium et d'énergie pour survivre et se reproduire, et son régime est donc mixte. Pour prédire la stratégie qui devrait être adoptée, c'est-à-dire la proportion de plantes aquatiques qui confère le meilleur bilan nutritionnel, il faut élaborer un modèle d'optimisation (fig. 57). Trois contraintes y sont introduites : la quantité minimale de sodium que l'élan doit consommer pour satisfaire ses besoins journa-

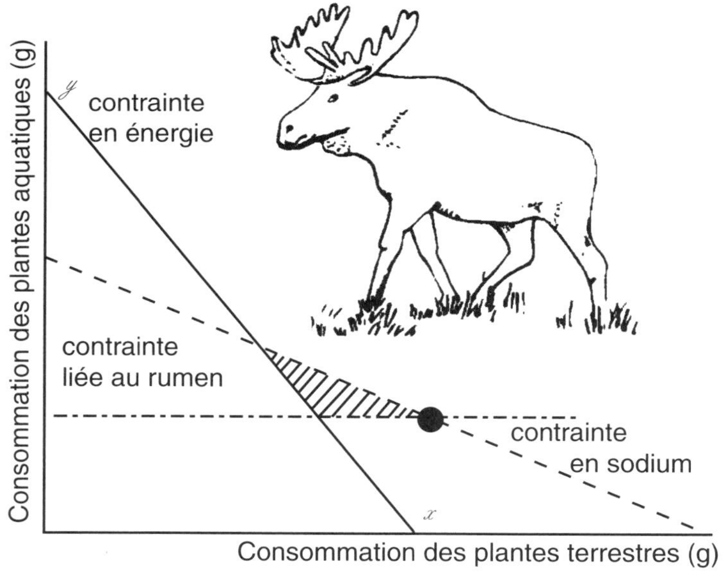

Figure 57 Le régime alimentaire de l'élan est fixé par trois contraintes : les besoins journaliers en sodium et en énergie et la capacité de l'estomac (rumen).

Celles-ci sont représentées sur le graphique par trois droites qui sont fonctions des quantités respectives de plantes aquatiques et de plantes terrestres consommées. Le régime adopté par l'élan, symbolisé par un point noir, se situe à la pointe du triangle qui maximise l'apport énergétique journalier (d'après Belovsky, 1978).

liers (représentée par la ligne horizontale en pointillés sur le graphique) ; la quantité d'énergie nécessaire et la capacité maximale de l'estomac de l'élan. Évidemment, la ration énergétique journalière peut être apportée, en régime spécialisé, aussi bien par *y* grammes de plantes aquatiques que par *x* grammes de plantes terrestres ; ou, en régime mixte, par une combinaison de plantes des deux provenances. Cette contrainte énergétique est représentée sur la figure par la droite en trait plein *y-x* : au-dessus, la ration énergétique est suffisante ; en dessous, il y a carence d'énergie.

Enfin, il faut préciser que la ration journalière de plantes est limitée par la capacité de la poche stomacale, le rumen, où les tissus végétaux fermentent lentement sous l'action de microorganismes avant d'être effectivement digérés : cette contrainte est schématisée par la droite horizontale en hachuré sur la figure.

L'effet global de ces contraintes peut maintenant être précisé : seuls les régimes inscrits dans le triangle hachuré conviennent à l'élan. Peut-on être plus précis ? Oui, si l'on connaît le critère d'optimisation. Ainsi, si l'élan gagne à maximiser sa prise journalière de sodium, la ration alimentaire devrait inclure autant de plantes aquatiques que possible et se situer dans l'angle supérieur gauche du triangle de la figure. En revanche, si l'élan trouve avantage à minimiser le temps passé dans l'eau, son régime sera près de la base droite du triangle. À partir d'une étude très détaillée du régime de l'élan, Gary Belovsky a montré que le mélange de plantes consommées correspondait au point du triangle prédit dans l'hypothèse où l'élan maximise sa prise journalière d'énergie, dans le cadre des contraintes imposées par les besoins minimum en sodium et la taille du rumen.

Les stratégies alimentaires (quoi manger, quand manger) sont affectées par la prise en compte des risques de prédation et par le degré de faim.

Manfred Milinski et Rolf Heller ont étudié ce problème avec des épinoches. Ils mettent des poissons affamés dans une petite cuve et leur offrent un choix simultané de différentes densités de puces d'eau, une proie appréciée. Quand les poissons sont très affamés, ils vont vers les densités les plus élevées où le taux de capture des proies est supérieur, tandis qu'ils préfèrent les zones les plus pauvres en proies quand ils ont moins faim. Milinski et Heller font l'hypothèse que lorsque les poissons s'alimentent dans une zone à haute densité, il leur faut se concentrer davantage pour saisir avec succès des puces d'eau parmi l'essaim qui s'agite dans leur champ visuel, de sorte qu'il est difficile de rester vigilants vis-à-vis des prédateurs.

Un poisson très affamé est donc prêt à sacrifier de la vigilance de façon à réduire rapidement son déficit alimentaire. Quand l'épinoche n'est pas si affamée, elle privilégie la vigilance sur l'obtention rapide de nourriture et elle préfère les sites à basse densité de proies. La balance entre coûts et bénéfices se déplace de la prise de nourriture vers la vigilance quand l'épinoche a moins faim. En accord avec cette hypothèse, Milinski et Heller ont montré que les risques de prédation influencent les choix de taux de prise de nourriture. Ils construisent un leurre qui simule un martin-pêcheur, l'un des prédateurs que redoutent les épinoches. Quand ils font voler le leurre au-dessus d'un bassin contenant des poissons affamés, ils notent que les épinoches préfèrent se nourrir dans les zones à basses densités de proies. C'est ce que l'on pouvait attendre si les poissons affamés, en dépit des risques d'inanition, privilégient la vigilance quand un prédateur a été repéré dans le voisinage (fig. 58).

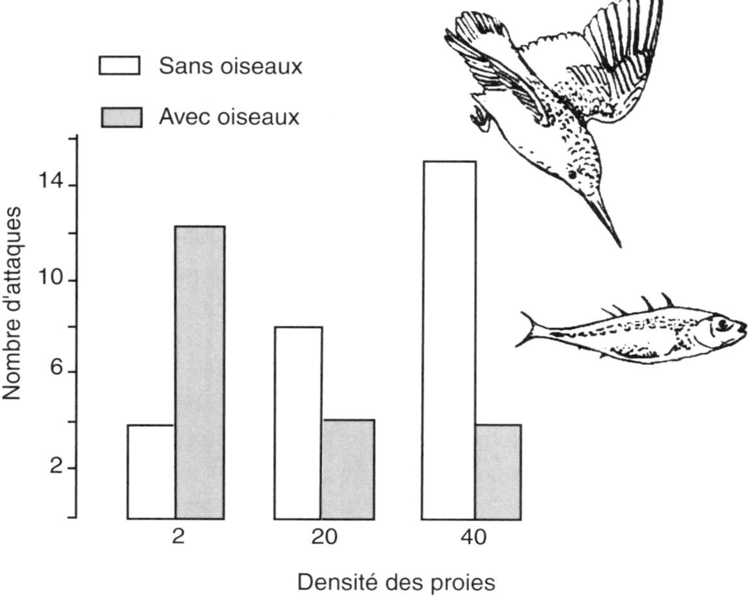

Figure 58 Les épinoches affamées préfèrent chasser dans les zones riches en proies (en blanc), sauf lorsque la présence d'un prédateur a été détectée (ici, survol de l'aquarium par une simulation de martin-pêcheur, en grisé). (D'après M. Milinski et R. Heller, 1978).

LE COÛT DE LA REPRODUCTION

La nécessité d'un coût, du point de vue théorique, est la conséquence logique et nécessaire du fait que l'organisme est un système *contraint*. Si deux (ou plusieurs) attributs biodémographiques sont en compétition pour se partager une même quantité limitée de ressources il sera impossible en effet de les maximiser simultanément, les gains accordés à l'un se traduisant par une perte pour l'autre. On distingue habituellement deux sortes de coût de reproduction.

Tout d'abord, la reproduction peut drainer de l'énergie et des nutriments de telle sorte que ceux-ci ne peuvent être complètement restaurés avant la tentative de reproduction suivante : c'est le *coût en fécondité,* qui se traduit par une corrélation négative entre la fécondité actuelle et la fécondité future. Ce phénomène est vraisemblable chez les organismes dont la reproduction est limitée par la quantité de nourriture disponible. En outre, il a été montré chez beaucoup d'espèces, animales et végétales, que la reproduction inhibait la croissance. Aussi, parce qu'il existe, chez de très nombreuses espèces, une relation étroite entre la fécondité (nombre d'œufs par ponte) et la taille des femelles, cela peut se traduire par une diminution de la reproduction future. Cela a été décrit chez des bivalves, des crustacés, des poissons et des plantes herbacées pérennes. Ainsi, chez le cloporte *Armadillidium vulgare,* Lawlor a montré que l'engagement de dépenses reproductives se traduisait essentiellement par une forte diminution de l'énergie allouée à la croissance (tableau 4).

Tableau 4 Énergie allouée à la croissance et à la reproduction chez Armadillidium vulgare. Les valeurs données correspondent aux dépenses exprimées en calories par cycle complet de mue (Lawlor, 1976).

	♀ reproductives		♀ non reproductives	
	25-55 mg	60-100 mg	20-59 mg	60-100 mg
Croissance	10,0	11,9	24,1	30,5
Reproduction	16,0	26,4	0	0
Total	26,0	38,3	24,1	30,5

La seconde source de coût est le *risque* associé aux activités de reproduction, conduisant à une corrélation négative entre reproduction et survie : c'est le *coût en survie*. Divers exemples étayent cette hypothèse (fig. 59), même s'il est vrai que dans l'ensemble l'information actuellement disponible sur ce point reste largement anecdotique. On conçoit bien sûr que des activités telles que la garde du nid chez les poissons ou les parades de distraction chez les oiseaux comportent des risques mais le recours à l'expérimentation a apporté des résultats contradictoires. En comparant la longévité d'individus ayant eu la possibilité de se reproduire à celle d'individus témoins privés de cette possibilité, il a été montré que les premiers souffraient généralement d'une réduction de longévité chez les invertébrés étudiés, mais pas chez les vertébrés. Particulièrement probants dans ce domaine sont les travaux réalisés chez des petits crustacés, qui mettent bien en évidence le rôle et le mode d'action des prédateurs dans le coût en survie de la reproduction. Dans une étude sur la prédation de poissons sur des cyclopes ovigères et non-ovigères, on a montré qu'un prédateur efficace comme la brême capturait aussi bien les deux types de copépodes, mais un prédateur moins doué, comme le gardon, apprenait à capturer plus fréquemment les femelles ovigères. Une analyse comportementale a montré que les gardons avaient plus de chance de capturer une femelle ovigère qu'une femelle non-ovigère à leur première tentative, ou de la pourchasser avec succès après un premier échec. Le temps nécessaire à la capture d'un cyclope non-ovigère était nettement supérieur à celui demandé pour une femelle ovigère (27 s contre 10 s) ; les femelles ovigères sont aussi détectées à une plus grande distance (2,9 cm contre 2,0 cm). Des résultats similaires ont été obtenus avec des femelles ovigères et non-ovigères de *Daphnia* de tailles équivalentes. Un grand prédateur efficace (poisson-lune) ne discriminait pas entre les deux catégories, mais de petites espèces moins efficaces (guppy, épinoche)

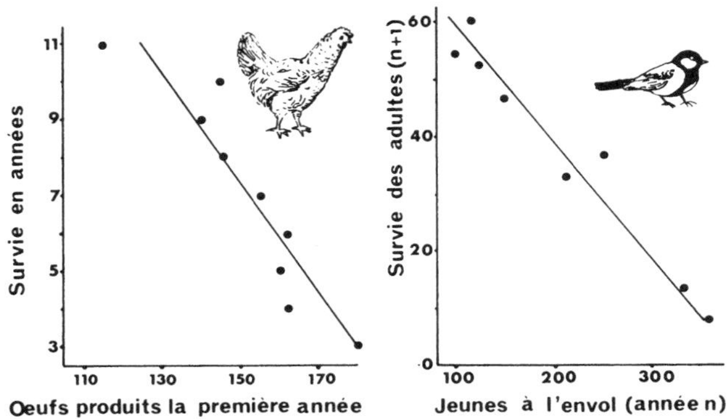

Figure 59 Exemples de coût de la reproduction : variations de la survie en fonction de l'effort de reproduction chez les poules de race leghorn (à gauche) et dans une population naturelle de mésanges charbonnières où l'effectif des nichées a été manipulé (d'après Bell et Koupofanou, 1986 et Kluijver, 1970).

montraient une nette préférence pour les femelles ovigères. Des nombres identiques de femelles ovigères et non-ovigères étaient exposées aux prédateurs jusqu'à ce que la moitié des proies aient été consommées. En 35 essais impliquant 1 780 femelles, le taux de survie des femelles non-ovigères était de 0,590 tandis que celui des femelles ovigères était de 0,446 ; le fait de porter des œufs a donc entraîné un accroissement de mortalité d'environ 35 % (Bell et Koufopanou, 1986).

UNE APPROCHE INTÉGRÉE DES CYCLES DE VIE

Stratégie *r* et stratégie *K*

Au-delà de la prodigieuse diversité des cycles de vie des espèces animales et végétales, divers auteurs ont tenté de distinguer quelques grands types, de définir quelques modèles généraux. L'initiative la plus marquante dans ce domaine a été celle de l'écologiste américain Robert MacArthur.

Partant de l'hypothèse que l'équation logistique de Verhulst rend correctement compte de la croissance numérique des populations naturelles, Mac Arthur (1962) et Mac Arthur et Wilson (1967) ont distingué, sur la base d'un modèle de compétition entre génotypes, deux types de sélection :

- la sélection *r*, qui s'exerce dans les populations à basse densité et promeut un taux de multiplication aussi élevé que possible (maximisation de *r*) ;
- la sélection *K*, qui prévaut en conditions de densités élevées et favorise une meilleure conversion des ressources trophiques en descendants (maximisation de *K*).

Ce sens premier de la terminologie $r - K$ a été clairement résumé graphiquement par Mac Arthur, qui souligne ainsi l'idée que les génotypes K ont, à basse densité, une capacité d'accroissement moindre que les génotypes r mais que l'inverse est vrai à haute densité (fig. 60).

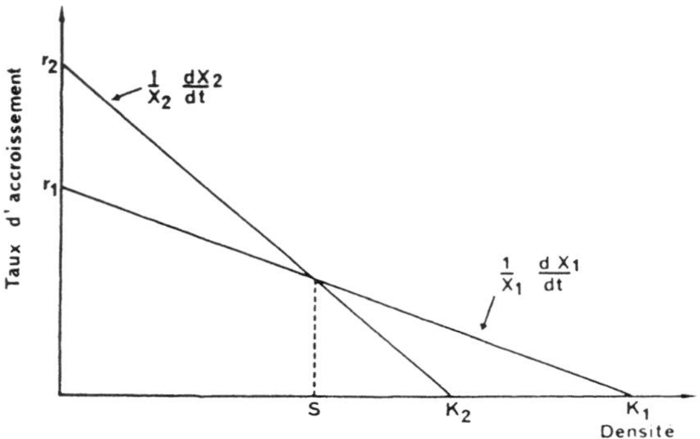

Figure 60 Variations du taux de multiplication de deux allèles X_1 et X_2 en fonction de la densité de la population (d'après Mac Arthur, 1972).

X_1 augmente plus vite que X_2 à densité élevée (> 5) et c'est l'inverse à densité faible (< 5).

Cette première version du modèle de Mac Arthur et Wilson a été doublée parallèlement par deux autres types de définitions, qui correspondent déjà à un élargissement d'emploi mais dont la légitimité n'a pas été contestée par Mac Arthur, probablement parce qu'elles mettent l'accent sur deux idées sous-jacentes au contexte écologique qui a présidé à la formalisation du modèle : l'idée de densité-dépendance d'une part, et celle de stabilité *versus* instabilité du milieu comme régime sélectif d'autre part. Cette problématique élargie est brièvement résumée dans le graphique de la figure 61. Il aboutit à l'identification de deux types opposés de stratégies, la stratégie r et la stratégie K. Sont ainsi distingués le cas de populations en expansion, dont la valeur sélective est mesurée par rm et celui des populations stationnaires de milieux saturés, dont la valeur sélective est représentée par K. Dans le premier cas l'emportent les génotypes les plus productifs, même gaspilleurs, par le jeu d'une sélection indépendante de la densité (maximisation de rm). Dans le second cas au contraire, où opère une sélection dépendant de la densité (la sélection K), sont favorisés les génotypes les plus efficients, c'est-à-dire ceux qui convertissent la nourriture en nouveaux reproducteurs avec le meilleur rendement (maximisation de K). Un exemple illustrera la pertinence de cette analyse.

Law et ses collaborateurs (1977) ont étudié, dans des conditions identiques de culture, les caractéristiques démographiques d'échantillons issus de graines provenant de 28 populations anglaises de pâturins *Poa annua*, les unes de parcelles perturbées soumises à une sélection indépendante de la densité (on parlera de popu-

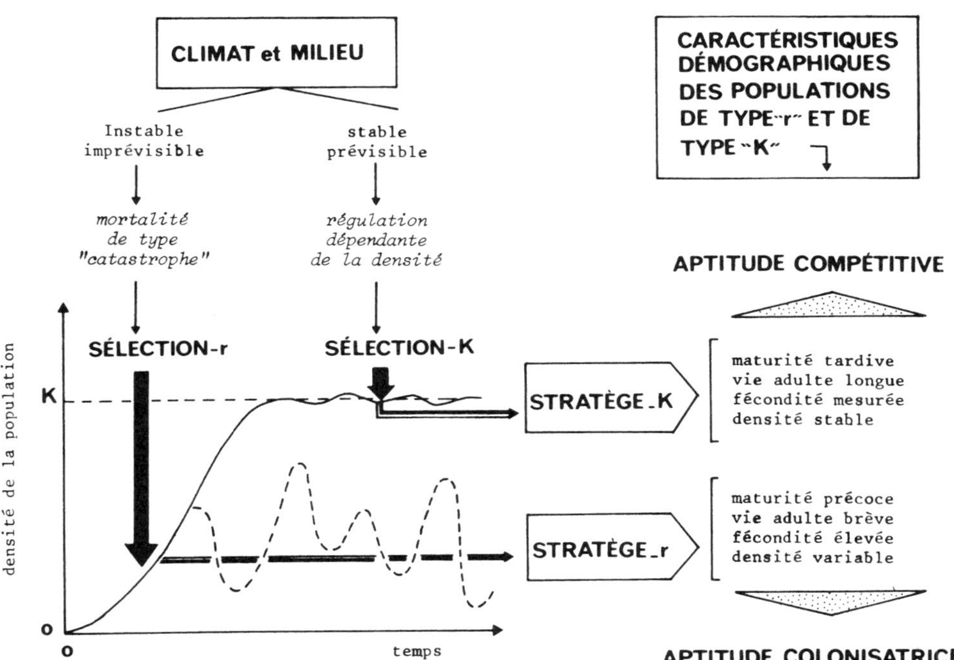

Figure 61 Représentation schématique des conditions d'intervention, des modes d'action et des effets de la sélection -r et de la sélection-K sur les caractéristiques démographiques des populations naturelles d'après la théorie classique de MacArthur et Wilson.

lations opportunistes), les autres de prairies permanentes soumises à une sélection dépendante de la densité.

Les principaux résultats sont résumés dans la figure 62 :

1) concentrée sur le premier printemps dans le cas des plantes opportunistes, la période de reproduction est étalée sur deux saisons dans le cas des plantes de prairies permanentes (A) ;
2) ces dernières bénéficient d'une croissance végétative plus importante et ont des tiges plus hautes et plus épaisses que les plantes opportunistes (B) ;
3) bien que la distribution des taux finis d'accroissement couvre la même gamme dans les deux cas, les plantes opportunistes ont en moyenne des taux finis d'accroissement plus élevés que celles de prairie permanente (C).

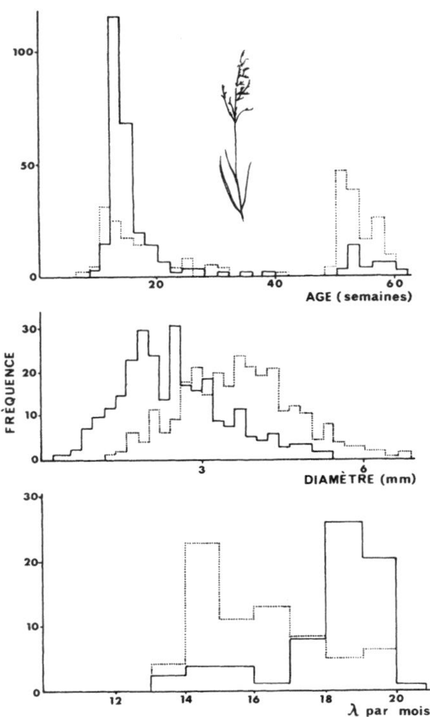

Figure 62 Comparaison de quelques caractéristiques démographiques de populations opportunistes (traits pleins) et de populations saturées (pointillés) du pâturin annuel (D'après Law *et al.*, 1977).

A : distribution des âges à la reproduction ;
B : distribution des diamètres de tiges à 7 mois
C : distribution des taux finis d'accroissement (λ).

Les auteurs soulignent que la différence principale dans le régime sélectif entre les deux lots réside dans le fait que les risques de mortalité sont indépendants de l'âge dans les parcelles perturbées tandis qu'ils sont plus élevés au début de la vie dans les prairies permanentes. Ainsi, il apparaît que le premier type de risque sélectionne les génotypes à reproduction précoce, ce qui confère un taux de croissance élevé, tandis que le second favorise les génotypes à reproduction différée — ce qui permet une croissance végétative plus importante mais contribue à diminuer le taux fini d'accroissement. Les différences observées dans cette étude, qui s'accordent avec les prévisions de la théorie *r/K*, peuvent être imputées à des différences génétiques puisque les conditions environnementales sont identiques.

Vers une diversification de la théorie

Vingt ans après l'apport essentiel de la théorie *r/K*, outre le fait d'avoir ouvert à l'interface de la génétique des populations et de l'écologie un champ de recherche particulièrement fécond, reste le concept de la sélection *K*, à condition d'être précis sur l'emploi de l'expression : « La sélection *K* est une sélection qui se produit à densité élevée et qui provoque un accroissement de la taille de la population à l'équilibre » (Boyce, 1984). Son insuffisance principale réside d'une part dans sa nature essentiellement bipolaire, d'autre part dans le caractère écologiquement vague du concept de sélection *r* (n'y a-t-il pas lieu de distinguer ici, par exemple, entre les effets de la prédation et ceux de l'imprévisibilité des conditions climatiques ?). En d'autres termes, la typologie *r/K* ne permet pas de rendre pleinement compte de la complexité de la dynamique évolutive des systèmes population-environnement en cause. Pour suppléer à ces insuffisances, Grime (1977) a proposé un autre modèle. En considérant les effets sélectifs de deux types d'actions de l'environnement, la *contrainte* — toute forme externe limitant la production de matière sèche — et la *perturbation* — toute cause de destruction de biomasse — Grime distingue, chez les plantes vasculaires, trois types de stratégies impliquant l'intervention de trois modes de sélection ;

- la sélection C pour une aptitude à la concurrence, qui favorise les caractéristiques qui maximisent la croissance en condition de haute productivité ;
- la sélection S qui entraîne des réductions à la fois de la vigueur végétative et de la vigueur reproductive ;
- la sélection R qui, en environnements perturbés mais partiellement productifs, confère durée de vie courte et production de graines élevée.

D'autres schémas d'ensemble ont été proposés qui ouvrent de nouvelles perspectives (voir Southwood, 1988).

D'une manière générale, l'élargissement de la théorie dans ce domaine de l'écologie évolutive passe par un retour à une double démarche, qui s'articule autour de deux types de questions et d'approches complémentaires :

1) À partir de corrélations observées entre des profils démographiques ou tel ou tel sous-ensemble de ceux-ci (modalités de la reproduction, comportement de

chasse...) et des environnements donnés, il s'agit de dégager les pressions sélectives impliquées dans le façonnement de ces profils, c'est-à-dire d'établir par rapport à quels facteurs écologiques les ensembles de caractères observés sont mieux adaptés que d'autres et pourquoi.

À cette approche *a posteriori,* qui procède d'une attitude naturaliste profondément inscrite dans les origines et la tradition de cette science, répond une approche *a priori,* qui s'appuie sur la théorie de l'optimisation et qui se veut prédictive.

2) Pour un environnement écologique donné, caractérisé par tel ou tel système de facteurs écologiques (forte pression de prédation, imprévisibilité climatique, etc.), il s'agit de dégager des hypothèses quant aux caractères démographiques ou biologiques qu'il est susceptible de favoriser.

Pour illustrer la démarche suivie dans la première approche (extrapolable à la seconde), je décrirai brièvement le cas des petites grenouilles (12 à 25 mm de longueur museau-anus à l'état adulte) du genre *Phrynobatracus* étudiées dans les savanes et galeries forestières de moyenne Côte-d'Ivoire. Elles présentent les principaux traits reproductifs et démographiques suivants :

1) maturité sexuelle précoce (4 mois après la métamorphose) ;
2) opportunisme de la reproduction ;
3) effort de reproduction aussi élevé que possible (pontes importantes et répétées) ;
4) œufs petits, à éclosion et développement rapide (moins de 4 semaines) ;
5) faible durée de vie (quelques mois de vie adulte).

L'environnement de ces petites espèces terricoles (mais à reproduction aquatique), tel qu'il est vécu par elles et non défini dans l'absolu, se caractérise par trois traits essentiels :

1) l'existence de conditions climatiques favorables à la survie et à l'activité durant la majeure partie de l'année, avec possibilité de trouver de l'eau pour pondre généralement 10 mois sur 12 ;
2) l'imprévisibilité de la venue des pluies et de l'alimentation en eau des bassins temporaires propices à la reproduction, qui leur confère une faible durée en eau ;
3) la présence, à terre et dans les mares et étendues d'eau durables, de nombreux prédateurs.

Les relations probables entre ces contraintes écologiques et les principaux caractères démographiques des populations de *Phrynobatrachus* sont présentées d'une manière synthétique dans la figure 63. On voit comment, à travers divers effets sur le comportement, le succès de reproduction et la survie des larves, des jeunes et des adultes, la prédation et l'imprévisibilité des bassins de reproduction exercent une pression sélective convergente en faveur de caractères définissant tous une stratégie *r*.

L'intérêt de ce modèle est double, au-delà de la mise en relief de contraintes qui déterminent le profil démographique de ces espèces :

1) il permet d'approfondir l'analyse de l'écologie des espèces considérées en obligeant à expliquer les différences de détail ;

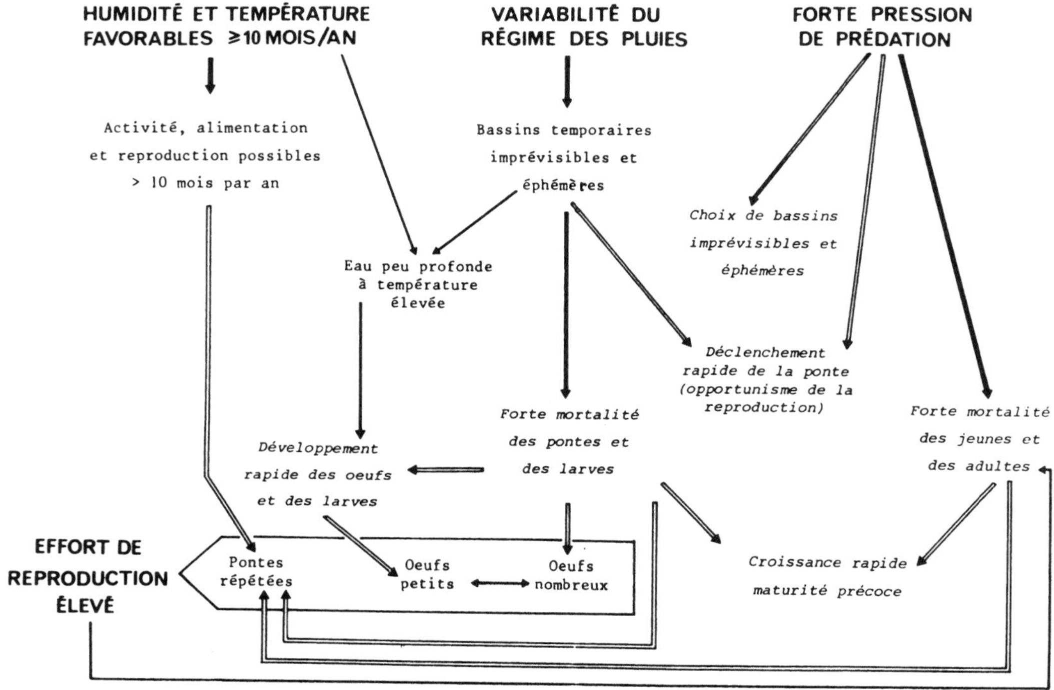

Figure 63 Déterminisme écologique des stratégies démographiques présentées par les petites grenouilles tropicales du genre Phrynobatrachus.

Les relations probables entre les principales caractéristiques écologiques du milieu et les principaux traits biodémographiques des populations sont représentées par des flèches : en traits simples figurent des relations immédiates de cause à effet ; en traits doubles apparaissent les pressions sélectives supposées.

2) il suscite des questions ou permet de comprendre les différences observées par rapport à d'autres espèces différant soit par un caractère intrinsèque (taille, mode de reproduction...), soit par un trait de l'environnement.

Pour résoudre les questions ci-dessus, l'écologiste s'appuie volontiers sur une approche *comparative,* véritable substitut à une expérimentation *in natura :* il s'agit en effet de rechercher des systèmes populations-environnement différant de manière connue par un petit nombre de variables — que l'on assimile ainsi à des variables contrôlées. On comparera, par exemple, deux populations de la même espèce, l'une exposée à une forte pression de prédation et l'autre non — dans des écosystèmes supposés par ailleurs identiques au moins en ce qui concerne leurs interactions avec les populations en cause.

Naturellement, cette dernière condition est rarement parfaitement remplie — l'essentiel étant de pouvoir reconnaître les autres différences et d'établir leur interférence sur les variables étudiées.

Ainsi, à Trinidad, les populations naturelles du guppy *Poecilia reticula* sont exposées à des régimes de prédation très différents selon les rivières considérées. Certains subissent une prédation intense, de la part du cichlidé *Crenicichla alta,* qui s'exerce principalement sur les adultes, tandis que d'autres sont soumises à une prédation d'intensité modérée, due à un autre poisson *Rivulus hartii*, et qui frappe surtout les jeunes. Reznick et Endler ont montré que ces deux groupes de populations (entre autres) avaient des profils démographiques significativement différents du point de vue de la théorie des stratégies démographiques. Par rapport aux secondes les premières, à régime « Crenicichla », présentaient en effet les particularités suivantes :

1) un effort de reproduction plus soutenu, avec allocation d'énergie plus élevée par portée et portées plus fréquentes tout au long de l'année ;
2) une taille plus petite à la première reproduction ;
3) une production plus nombreuse de jeunes, ceux-ci étant en contrepartie plus petits.

L'ensemble des résultats présentés par Reznick et Endler (1982) démontre le rôle décisif joué par la prédation dans le façonnement des profils démographiques observés chez cette espèce. Restait à préciser que les différences démographiques observées entre les populations soumises à des régimes de prédation différents avaient bien une signification évolutive et possédaient une base génétique. Pour cela Reznick a élevé, en conditions contrôlées de laboratoire, des poissons provenant de 4 populations naturelles, 2 à prédation par *Rivulus hartii*, 2 à prédation par *Crenicichla alta*. Les individus de seconde génération issus de parents du deuxième lot se reproduisaient plus tôt et à une taille plus petite que ceux issus du lot « Rivulus ». Ils produisaient des jeunes plus petits mais plus nombreux, et avec une fréquence plus grande que leurs homologues « Rivulus » — consacrant au total une plus large proportion de leur énergie à la reproduction. Ces différences génétiquement inscrites, relevées entre le lot « Rivulus » et le lot « Crenicichla », traduisent des stratégies adaptatives distinctes, associées à deux régimes de prédation bien différents, une prédation qui frappe presque exclusivement les jeunes dans le premier cas et une prédation préférentielle des adultes dans le second cas.

Enfin, de nouvelles perspectives sont ouvertes par l'introduction du concept de *stratégie évolutivement stable* ou ESS.

Les stratégies évolutivement stables

Sous l'effet de pressions externes — et dans le cadre des contraintes internes, génétiques, physiologiques ou morphologiques, propres au type d'organisme considéré — les êtres vivants tendent à développer des stratégies optimales. Mais dans certains cas, le succès des solutions adoptées par un individu donné dépend des solutions pratiquées par les autres individus de la même population : on trouve là l'idée de jeu, de pari.

De fait, toute stratégie est un jeu contre la Nature ; l'idée nouvelle ici est qu'il puisse y avoir aussi jeu entre individus. Comment la sélection naturelle gère-t-elle, par exemple, les conflits, réels ou potentiels, entre individus de même espèce ? Quelles stratégies peut-on promouvoir, puisque le succès de la décision prise par un individu donné dépend de l'attitude qu'adopteront les divers congénères auxquels il se confrontera.

Pour résoudre ce type de problème, John Maynard Smith a introduit dans les sciences de l'évolution, il y a vingt ans, les premières applications d'une branche particulière des mathématiques : la théorie des jeux. Depuis 1973, cette approche s'est développée avec succès, aussi bien dans l'analyse évolutionniste des comportements animaux que dans l'étude des stratégies biodémographiques. Pour en faire saisir l'originalité et la pertinence, on s'en tiendra ici au cas simple et caricatural du modèle « Colombe-Faucon » qui ébauche une logique des conflits animaux sans nécessiter de développements mathématiques.

Soit deux animaux qui se disputent une même ressource — territoire, proie ou partenaire sexuel. Admettons qu'ils peuvent adopter deux attitudes, deux stratégies et celles-là seulement :

- celle que l'on qualifiera de *Faucon*, qui consiste à attaquer jusqu'à la retraite de l'adversaire ou la défaite par blessure ;
- celle que l'on baptisera de *Colombe*, par laquelle on évite le combat, se bornant à des parades de menaces pour dissuader l'autre de s'emparer de la ressource convoitée.

S'approprier la ressource en question, par exemple un territoire riche en proies, c'est accroître sa valeur sélective. Mais le combat, qui peut entraîner *et* l'échec de la tentative d'acquisition dudit territoire *et* un risque de blessure, présente un coût. Selon les valeurs respectives du gain et des coûts, la stratégie *Faucon* pourra ou non être sélectionnée. Mais surtout, la valeur sélective *moyenne* de cette stratégie *pourra dépendre* de la fréquence avec laquelle la stratégie opposée est pratiquée dans la population considérée.

Faisons une simulation de ce jeu Faucon/Colombe en posant *a priori* le montant des gains et des pertes. Supposons que tout vainqueur d'un conflit gagne 50 points, tandis que le perdant, battu et blessé, en perd 100. La Colombe qui, face à un Faucon, renonce immédiatement au combat, voit sa valeur sélective inchangée (gain = 0), tandis que la Colombe qui « roule les mécaniques » paye un coût (en temps perdu) de 10 points, qu'elle s'efface finalement ou qu'elle l'emporte, mais dans ce dernier cas, elle compense cette perte par un gain de 50 (bénéfice apporté par le territoire dont elle s'est emparée). On admet que les bénéfices calculés sur cette base dans le tableau 2 sont des estimations des variations de la valeur sélective des individus des deux types et, pour raison de simplicité, que ceux-ci se reproduisent identiques à eux-mêmes[1] en proportion des bénéfices obtenus.

Si tous les individus de la population adoptent la stratégie Colombe, le bénéfice moyen est égal à 15 (une fois sur deux on est crédité de 50 – 10 = 40, l'autre fois de – 10, d'où la moyenne de 15). Mais que survienne un mutant Faucon, dont la valeur sélective est supérieure puisqu'il gagne à tous les coups, et que le gain est plus élevé (50), alors cette stratégie se répandra dans la population : on dit que la stratégie Colombe n'est pas une stratégie évolutivement stable, une ESS (= *Evolutionary Stable Strategy*). Selon John Maynard Smith, une stratégie est une ESS si, une fois adoptée par la plupart des membres d'une population, elle ne peut être refoulée par l'expansion d'une nouvelle stratégie. Les ESS sont des stratégies robustes vis-à-vis de mutants adoptant des stratégies alternatives.

Cependant, la stratégie Faucon ne peut envahir complètement la population : dans une population composée exclusivement de Faucons le bilan moyen est égal à – 25, si l'on admet que la probabilité de vaincre est de 50 % — d'où un gain moyen de 1/2 (50 – 100) ; c'est inférieur aux performances des mutants Colombe, qui « marquent » 0 — et la stratégie Colombe tendra à se propager si la population est essentiellement composée de Faucons : la stratégie Faucon n'est pas non plus une stratégie évolutivement stable !

En revanche, il peut y avoir un équilibre stable pour une certaine fréquence de la stratégie Faucon, et l'on peut calculer cette fréquence puisque c'est celle qui se traduira par des bénéfices moyens identiques pour les deux types de stratégies : F = C.

Dans l'exemple choisi (Tableau 5), le mélange stable peut être calculé comme suit :

Soit f la fréquence de Faucons dans la population. Celle des Colombes est évidemment $1 - f$. Pour chaque type d'individus, le bénéfice moyen est le produit du bénéfice de chaque combat par la probabilité de rencontre de chaque type d'opposant. Ainsi, $F = -25f + 50(1-f)$ et $C = 0f + 15(1-f)$. Il y a équilibre stable quand F = C, soit pour $f = 7/12$.

L'ESS peut être accomplie de deux façons distinctes :

1) La population comprend des individus qui jouent des *stratégies pures*, c'est-à-dire qui sont soit Faucon, soit Colombe ; il y aura alors 7 Faucons pour 5 Colombes dans la population à l'équilibre.

2) Les individus pratiquent des *stratégies mixtes* et jouent 7 fois sur 12 le Faucon et 5 fois sur 12 la Colombe.

1. En d'autres termes, il n'y a pas reproduction sexuée, avec les problèmes que posent les brassages génétiques que cette dernière entraîne.

TABLEAU 5 LE JEU ENTRE FAUCON ET COLOMBE (D'APRÈS MAYNARD-SMITH) : BILANS MOYENS DES COMBATS POUR L'ATTAQUANT DANS CHAQUE TYPE DE RENCONTRE.
RÈGLES DU JEU : + 50 QUAND ON GAGNE ; 0 QUAND ON PERD ; – 10 QUAND ON DÉPLOIE DES PARADES DE MENACE ; 100 QUAND ON EST BLESSÉ.

		Attaqué	
		Faucon	Colombe
Attaquant	Faucon	(a) 0,5 (50) + 0,5 (-100) = – 25	(b) + 50
	Colombe	(c) 0	(d) 0,5 (50 – 10) + 0,5 (– 10) = + 15

(a) Dans les contacts Faucon/Faucon la probabilité de succès est de 0,5
(b) Les Faucons gagnent toujours contre les Colombes
(c) Les Colombes battent en retraite immédiatement devant des Faucons
(d) Il y a toujours des parades de menaces entre Colombes et la probabilité de succès est de 0,5.

Mais la leçon la plus importante à tirer de ce jeu de l'Évolution est que l'ESS n'est pas nécessairement celle qui confère le bénéfice maximum, c'est-à-dire la valeur sélective la plus élevée : ici, le bénéfice moyen à l'équilibre est de 6,25 par conflit ; c'est moins que ce qui pourrait être obtenu si seulement tous les individus s'accordaient pour se comporter tous en Colombes, puisque celui-ci serait de 15. Ainsi, la stratégie optimale pour maximiser la valeur sélective de chacun serait de s'entendre pour jouer Colombe. Mais comment éviter l'irruption d'un tricheur ? Cette stratégie n'est pas évolutivement stable, on l'a vu, puisque le mutant qui adopte la stratégie Faucon a une valeur sélective supérieure. Seules les stratégies évolutivement stables restent hermétiques aux tricheurs et autres mauvais joueurs !

Ce concept d'ESS, rappelons-le, rend très opérationnelle la théorie des jeux pour l'approche évolutionniste des comportements. Il a donné lieu à une littérature très riche que le caractère simpliste de l'exemple adopté à des fins pédagogiques ne doit pas faire sous-estimer.

La taille corporelle, trait biodémographique central

Dès le début, la taille corporelle a été prise en compte dans les profils biodémographiques, mais comme une variable parmi d'autres. Au début des années 1980 plusieurs ouvrages ont relancé l'intérêt pour une approche exhaustive du facteur « taille » et une analyse critique, dans une perspective évolutionniste, de sa signification écologique, en rassemblant et discutant les relations allométriques entre taille corporelle d'une part et de multiples variables fonctionnelles d'autre part — taux métaboliques, surface du domaine vital, paramètres démographiques, etc. (voir, par exemple, Peters, 1983). De fait, la taille corporelle impose diverses contraintes, à différents niveaux du fonctionnement de l'organisme, telles que ses besoins énergétiques quotidiens, la gamme de taille des proies accessibles, l'effectif ou le volume des pontes ou des portées, la vulnérabilité à une gamme de prédateurs, etc. La taille corporelle apparaît donc plus ou moins étroitement liée à des caractères associés à la valeur sélective des organismes : fécondité, probabilité de survie, âge à la maturité. En d'autres termes, la taille corporelle apparaît de ce point de vue, non comme un caractère parmi d'autres, mais bien comme un caractère intégrateur central, voie d'accès privilégiée à ces réseaux complexes des relations que sont les stratégies biodémographiques.

Pour illustrer les perspectives offertes je me bornerai à aborder deux points, l'un montrant l'intérêt d'approches globales, de type naturaliste, l'autre soulignant l'importance de l'analyse des covariations entre caractères liés à la taille corporelle.

Appréhendant dans la perspective esquissée ci-dessus la biologie et l'écologie d'espèces déterminées, divers auteurs ont été amenés à faire ressortir la signification adaptative de la taille corporelle et sa valeur de réponse intégrée à de multiples contraintes internes et pressions externes. Ainsi Jouventin (1982) fait bien apparaître la stratégie adaptative du manchot empereur comme la résultante d'interactions qui touchent autant à la morphologie et la physiologie de l'espèce qu'à son comportement et son écologie (fig. 64). De la même façon, à propos des lézards américains du genre *Phrynosoma,* On peut mettre en relief le système d'interdépendance qui lie à leur étonnante morphologie tout un ensemble de particularités écologiques et éthologiques (fig. 65).

Dans la cascade des interactions qui aboutissent à façonner la stratégie biodémographique d'une espèce, de tels exemples mettent en relief le caractère décisif de la taille du corps mais aussi de sa forme. Aussi n'est-il pas exagéré de considérer taille et forme du corps comme des caractères intégrateurs centraux, sources et résultantes de réponses adaptatives variées. En tant que tels ils contribuent largement à définir, orienter et moduler les pressions sélectives qui interviennent dans la biologie des individus et des populations.

Par son caractère synthétique, le type d'intégration évoqué dans les exemples ci-dessus préserve dans une large mesure des abus « adaptationnistes » auxquels exposent les explications *a posteriori* plaquées sur des traits isolés. Il a en outre le grand mérite de mettre en relief des contraintes que les approches comparatives très larges, telles que les recherches de corrélations trait à trait à l'échelle d'ensembles taxonomiques plus ou moins cohérents, ont pour inconvénient d'ignorer. Enfin, il est généralisable à des groupes d'espèces écologiquement et taxonomiquement comparables, le plus bel exemple étant à ma connaissance l'étude du déterminisme de l'organisation sociale des ongulés d'Afrique. Dès lors qu'il est établi que la plupart des traits biologiques et démographiques varient en fonction du poids du corps des organismes et que l'évolution de celui-ci peut être appréhendée comme une réponse intégrée il devient primordial d'engager des recherches comparatives exploratoires sur les patrons de covariation que l'on observe dans la nature entre traits biodémographiques et taille corporelle. Cependant ces analyses ne sont dénuées ni de difficultés, ni de risques. En effet, beaucoup, de

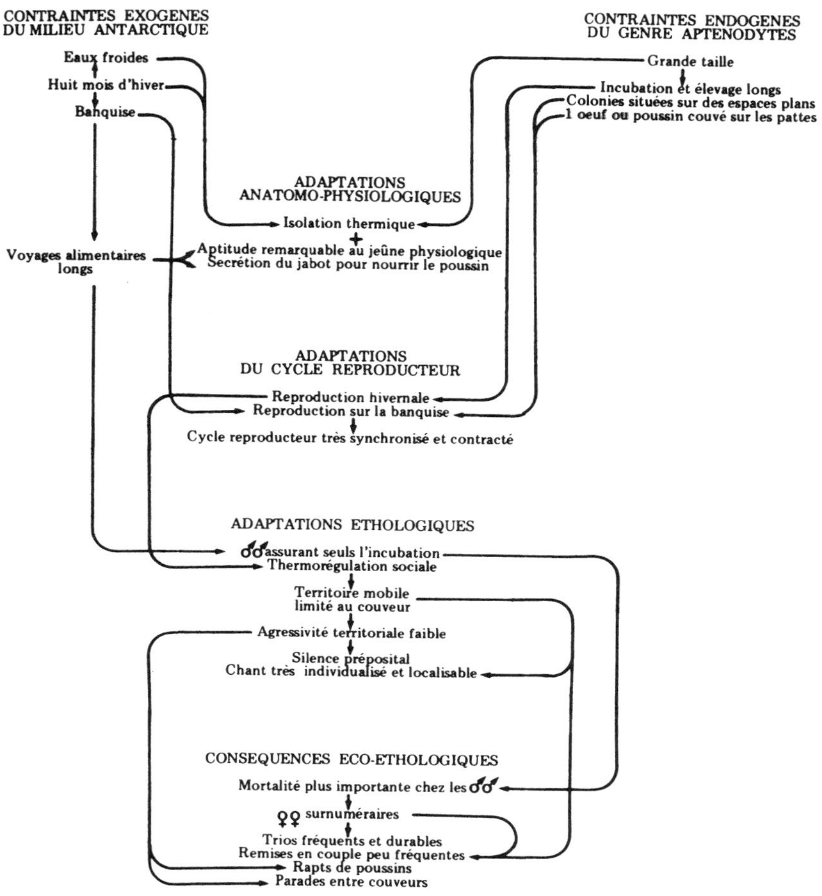

Figure 64 La stratégie adaptative du manchot empereur est la résultante de multiples interactions et contraintes, d'origine aussi bien externes qu'internes, qui touchent à la morphologie, à la physiologie, au comportement et à l'écologie de l'espèce (d'après Jouventin, 1982).

traits peuvent être canalisés ou contraints par des tendances propres à toute une lignée, de sorte que les corrélations observées pourront varier selon les niveaux taxonomiques pris en considération : ordres, familles, genres ou espèces (voir Stearns, 1992). D'autre part, les approches comparatives larges, conduites sur des données parfois hétérogènes et imprécises, le plus souvent distribuées très inégalement selon les groupes (taxonomiques et/ou écologiques), exposent à des biais qu'il faut savoir contrôler. Elles gagnent à être complétées par des analyses susceptibles de prendre en compte la dimension écologique du problème, sans laquelle on ne saurait parler d'adaptation.

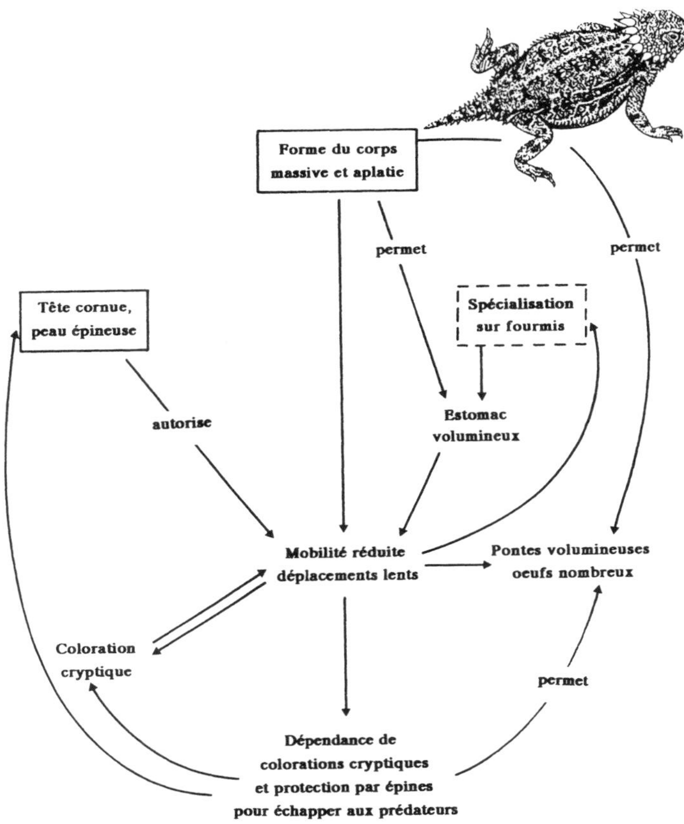

Figure 65 Relations, chez les lézards du genre Phrynosoma, entre les principaux caractères écologiques et phénotypiques liés à leur morphologie particulière et leur régime myrmécophage.

PARTIE 3

LES INTERACTIONS ENTRE ESPÈCES

Introduction

De même qu'il existe au sein de chaque population des interactions (de compétition ou de coopération) entre les individus qui la composent, les différentes populations qui se côtoient dans un même écosystème ont entre elles, ou peuvent avoir, des interactions susceptibles de modifier leur dynamique et d'orienter leur évolution. De telles interactions joueraient ainsi un rôle important dans l'organisation, la dynamique et l'évolution des systèmes plurispécifiques, peuplements ou écosystèmes.

Les interactions s'exercent d'abord entre des individus mais elles impliquent aussi les populations dans leur ensemble, soit par leurs effets, soit par leurs modes d'actions.

Ainsi, la compétition interspécifique entre deux populations, qui peut mettre en jeu des phénomènes d'exclusion spatiale ou d'interaction chimique entre individus, consiste plus largement en une coaction entre les deux populations : ses effets dépendent non seulement des propriétés des individus en tant que tels mais aussi de la densité et de la structure des populations en présence ainsi que des caractéristiques de l'environnement.

Les coactions interspécifiques sont traditionnellement classées, d'un point de vue théorique, selon que leurs effets sur les individus et populations concernés sont négatifs, neutres ou positifs.

On étudiera ici quatre grands types d'interactions :

- la compétition interspécifique (coactions potentiellement négatives dans les deux sens) ;
- la prédation *sensu lato* (coactions « mangeur-mangé », positives pour le premier, négatives pour le second) ;
- les relations hôtes-parasites ;
- la coopération (coactions positives dans les deux sens).

Chapitre 8

La compétition interspécifique

L'étude des phénomènes de compétition interspécifique s'est développée selon trois voies complémentaires.

La première, qui a largement dominé l'histoire de l'écologie, procède de l'analyse mathématique des effets de la croissance d'une population A sur la croissance d'une population B et réciproquement. Partant de ce modèle mathématique de la compétition les chercheurs ont analysé en laboratoire ou sur le terrain, d'une manière expérimentale, ce qui se passait : l'expérience vérifie-t-elle le modèle théorique ? Comment faut-il modifier celui-ci pour que les faits observés s'y ajustent ?

La seconde consiste à interpréter les situations qui, dans la nature, mettent aux prises des espèces concurrentes ou paraissent résulter de dynamiques compétitives. Cette approche « naturaliste », qui peut procéder d'un point de vue théorique (théorie de la niche écologique, hypothèse de l'exclusion compétitive), est actuellement de plus en plus fréquemment complétée par des interventions expérimentales sur le terrain.

La troisième, complément tôt ou tard indispensable aux deux précédentes approches, est une approche expérimentale fine qui tente de préciser les mécanismes de l'interaction, les causes de l'effet dépresseur, la nature exacte des composantes de cet effet dépresseur.

Les processus de compétition seront examinés tour à tour sous ces trois angles.

DU MODÈLE MATHÉMATIQUE AU LABORATOIRE

Une théorie mathématique de la compétition interspécifique s'est développée sur la base du modèle logistique de croissance des populations[1].

Soit deux populations « 1 » et « 2 » d'espèces différentes. Leur croissance, chacune se trouvant seule, est donnée par les équations suivantes :

$$\frac{dN_1}{dt} = r_{m1}N_1\left(\frac{K_1 - N_1}{K_1}\right) \text{ et } \frac{dN_2}{dt} = r_{m2}N_2\left(\frac{K_1 - N_2}{K_2}\right)$$

Si les deux populations coexistent et interagissent la croissance de chacune est influencée non seulement par sa propre densité mais aussi par celle de l'espèce concurrente : à la compétition intraspécifique s'ajoute la compétition interspécifique. Dans le terme entre parenthèses des équations ci-dessus, il faut donc introduire l'effectif de l'autre espèce, affectée d'un coefficient de compétition interspécifique (α, β..., etc. selon le nombre d'espèces considérées) parce que l'effet dépresseur exercé par les individus d'une espèce sur la croissance de la population de l'autre espèce n'est pas nécessairement identique à celui dû aux individus de cette population :

$$\frac{dN_1}{dt} = r_{m1}N_1\left(\frac{K_1 - N_1 - \alpha N_2}{K_1}\right)$$

$$\frac{dN_2}{dt} = r_{m2}N_2\left(\frac{K_1 - N_2 - \beta N_1}{K_1}\right)$$

Le traitement graphique de ce système montre que la coexistence stable des deux populations est possible dans le cas où l'on a :

$$\alpha < \frac{K_1}{K_2} \text{ et } \beta < \frac{K_2}{K_1} \text{ (fig. 66).}$$

En d'autres termes, il y a exclusion compétitive d'une espèce par l'autre sauf si la pression exercée par la concurrence intraspécifique est supérieure à la pression exercée par la concurrence interspécifique. Cela a d'autant plus de chances de se présenter que les espèces sont écologiquement différentes l'une de l'autre. Cela veut dire aussi que la compétition interspécifique tend à favoriser la différenciation écologique (séparation des niches écologiques) des espèces en concurrence.

N'oublions pas cependant toutes les conditions qu'implique l'utilisation des équations de Lotka et Volterra :

1. Le modèle de Lokta et Volterra est resté populaire en écologie malgré sa faible portée pour la compréhension des phénomènes de compétition. Tilman (1986) a proposé une approche plus réaliste, mieux connectée aux possibilités de contrôle expérimental *in natura* et qui paraît très prometteuse. Elle prend en compte les taux d'utilisation et de renouvellement des ressources.

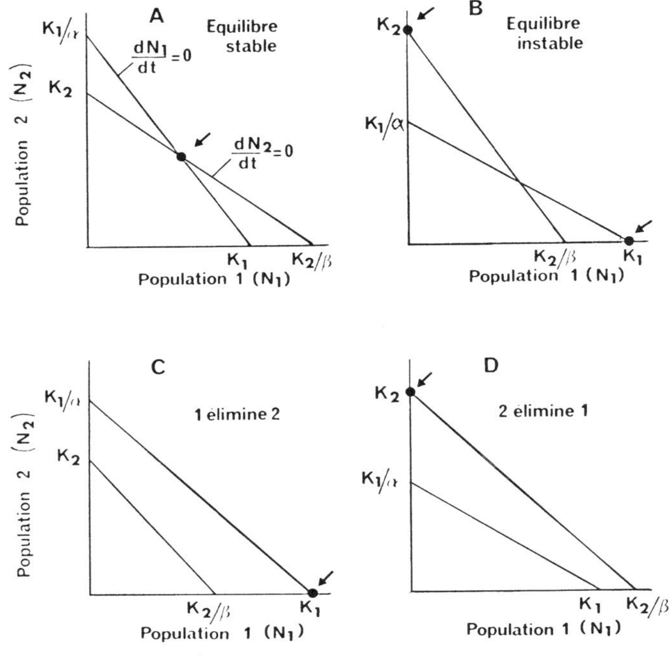

Figure 66 Analyse graphique de la compétition.
Les flèches indiquent les points d'équilibre.

1) constance des taux intrinsèques d'accroissement et des capacités biotiques ;
2) caractère linéaire des interrelations tant intraspécifiques qu'interspécifiques et absence de délais de réaction ;
3) identité des individus composant chaque population et donc identité de leurs coefficients de compétition.

La dynamique de systèmes compétitifs simples impliquant deux espèces écologiquement proches a été étudiée au laboratoire (fig. 67). Les expériences de Gause (1934) avec des paramécies comme celles de Park (1962) avec des *Tribolium* (coléoptères) ont confirmé la principale conclusion du modèle mathématique, à savoir que, dans un environnement stable, deux espèces utilisant le même type de ressource ne peuvent continuer de coexister, la plus apte éliminant l'autre. C'est le *principe d'exclusion compétitive*, ou principe de Gause. Divers résultats suggèrent toutefois que la coexistence est possible lorsque l'environnement est variable, même faiblement mais au niveau de plusieurs facteurs différents, ou lorsque celui-ci est complexe. En outre, la présence de prédateurs communs aux espèces en compétition peut favoriser leur coexistence.

Des expériences plus récentes montrent que l'hypothèse d'un coefficient de compétition constant, indépendant de la densité des espèces en présence, n'est pas toujours vérifiée.

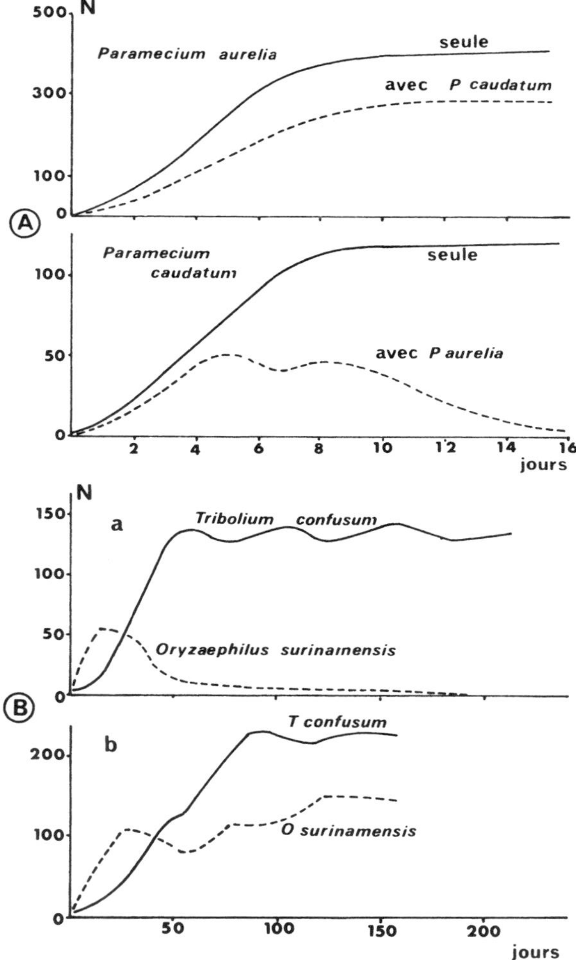

Figure 67

A) Croissance de populations expérimentales des protozoaires *Paramecium aurelia et P. caudatum* en culture pure ou mixte
(d'après Gause, 1934).

B) Compétition entre deux populations de coléoptères élevés dans la farine, *Tribolium confusum* et *Oryzaephilus surinamensis*

En (b), des petits tubes capillaires ménageaient des refuges aux œufs/larves de O.s., leur permettant d'échapper à la *prédation* de T.c., assimilée à de la compétition par interférence (d'après Crombie, 1947).

Enfin, l'aptitude compétitive des populations réunies pour l'expérimentation — qui dépend des caractéristiques génétiques des individus — peut varier au cours de celle-ci du fait d'une variation de la fréquence de certains allèles, soit par suite de phénomènes de dérive génique, soit par suite d'un effet sélectif des conditions expérimentales (la fig. 68 en donne un exemple). Ainsi, l'interprétation des résultats d'expériences apparemment simples est plus délicate qu'il n'y paraît !

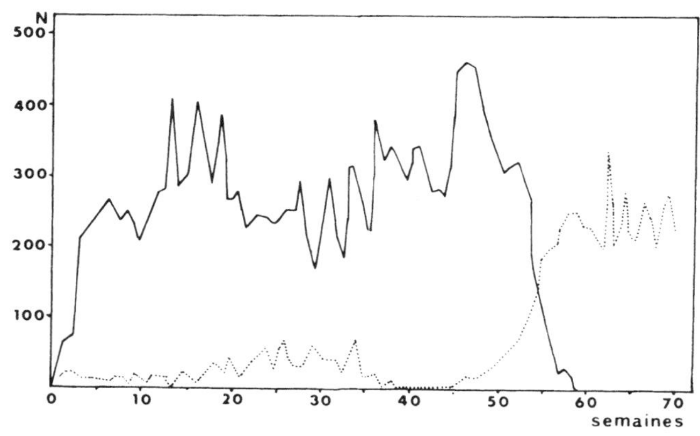

Figure 68 Dynamique du système d'espèces compétitives Musca domestica (trait plein) — Phaenicia sericata (tireté).

Le renversement de dominance qui s'établit après 40-50 semaines traduit l'intervention d'un processus sélectif (d'après Pimentel *et al.*, 1965).

LA COMPÉTITION INTERSPÉCIFIQUE DANS LA NATURE

La théorie de la niche écologique et le principe d'exclusion compétitive prévoient qu'en conditions stables des espèces écologiquement similaires ne peuvent coexister. Si cela est vrai on doit observer, dans la nature, de nombreux exemples de ségrégation écologique.

Le type le plus répandu est celui de la séparation spatiale dont la figure 69 donne quelques exemples, mais la ségrégation écologique peut naturellement se produire aussi sur un autre axe de la niche, le temps, ou les catégories de nourriture utilisées (fig. 70) ou encore se faire partiellement sur chacun de ces axes à la fois.

Constater qu'il y a ségrégation écologique ne permet toutefois pas d'affirmer que celle-ci résulte de la compétition interspécifique actuelle ou passée. D'autres facteurs peuvent en effet contribuer à provoquer ou maintenir la « séparation » d'espèces écologiquement voisines : la pression de prédation, l'abondance de nourriture, la présence de parasites, les conditions microclimatiques ou physico-chimiques.

Dans les cas où il existe, dans des conditions similaires (et cela est bien difficile à démontrer), une situation témoin où manque l'une des espèces supposées en concurrence et que l'autre occupe alors tout l'espace écologique disponible, l'hypothèse d'une exclusion compétitive devient hautement vraisemblable.

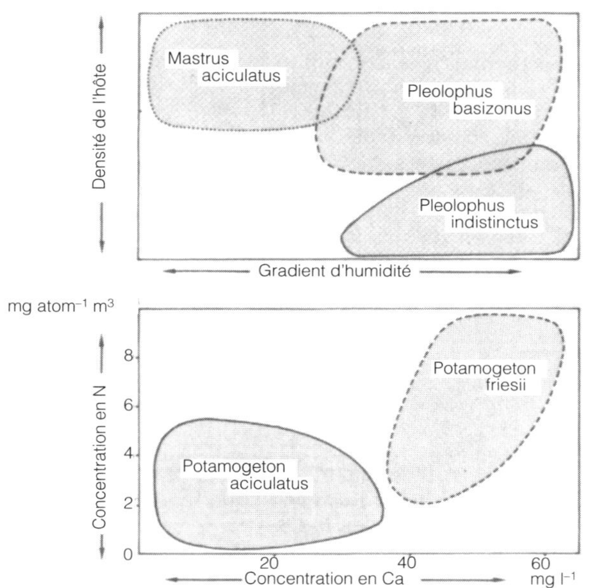

Figure 69 Exemples de ségrégation spatiale d'espèces potentiellement compétitives.

En haut : répartition de trois espèces d'ichneumons parasites de cocons de Neodiprion swainei dans l'espace défini par un gradient d'humidité et un gradient de densité de l'hôte (forêts du Canada, Price, 1971) ; en bas : caractérisation des niches spatiales de deux espèces de Potamogeton dans les mares de Suède selon deux gradients définis par la concentration en Ca et en N dissous (Lahammar in Hutchinson, 1978).

Ainsi le pinson des arbres niche-t-il aussi bien dans les bois de feuillus que dans les forêts de conifères partout dans son aire de répartition, à l'exception des îles Canaries où, en présence du pinson des Canaries, absent ailleurs, il se cantonne dans les feuillus, abandonnant les conifères à l'autre espèce. Un autre exemple est présenté dans la figure 71.

Dans tous les autres cas, seule l'intervention expérimentale consistant à supprimer l'une des espèces en présence permettrait de conclure, mais cela n'est possible que dans des situations particulièrement favorables. Cependant, à partir d'une revue de 164 travaux impliquant une approche expérimentale dans la nature, Schoener a montré que des effets de compétition interspécifique avaient été détectés dans 90 % des cas — mais il s'agit, il est vrai, d'un échantillonnage biaisé (voir Schoener, 1983).

Il existe aussi des exemples d'« expériences naturelles » attestant l'importance des phénomènes de compétition dans la nature : ce sont les cas de déplacement ou d'exclusion compétitifs consécutifs à l'introduction d'espèces, accidentelle ou non, dans des environnements nouveaux pour elles (fig. 72).

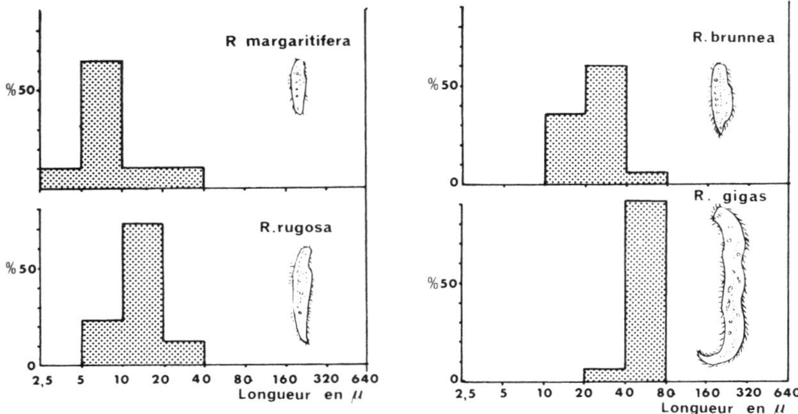

Figure 70 Ségrégation trophique par la taille des proies de quatre espèces de ciliés du genre *Remanella* qui coexistent fréquemment sur des fonds marins sableux (d'après Fenchel, 1968 *in* Christiansen et Fenchel, 1977).

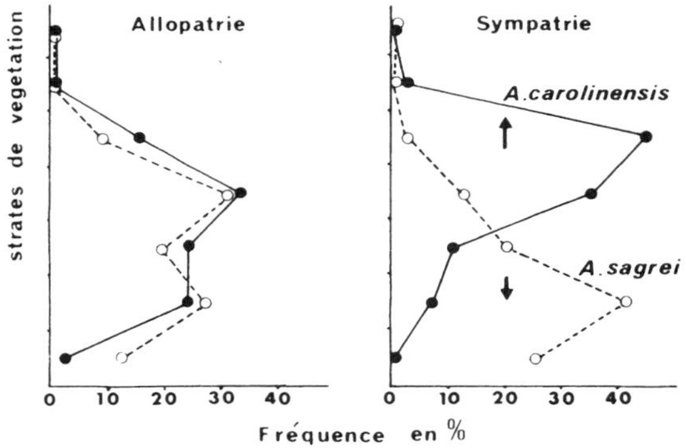

Figure 71 Glissement et resserrement de la niche spatiale, définie par les strates de végétation utilisées, chez deux espèces d'Anolis sympatriques à Bimini. Comparer au profil des niches observées en allopatrie (chaque espèce étant seule sur son île) (d'après données de Schœner, 1975, *in* Barbault, 1981).

Les travaux de Holmes (1961) sur les vers *Hymenolepis diminuta* et *Moniliformis dubius,* parasites intestinaux du rat, constituent une belle démonstration expérimentale des effets de la compétition interspécifique sur l'organisation spatiale de populations potentiellement compétitives. Dans cet exemple l'intestin peut être assimilé à un gradient de ressources caractérisé notamment par une concentration en glucides décroissant en aval de l'estomac. Holmes a étudié la répartition des vers le long de l'intestin de rats après infestation d'individus indemnes par des quantités déterminées de vers, soit d'une seule espèce soit des deux espèces simultanément (fig. 73).

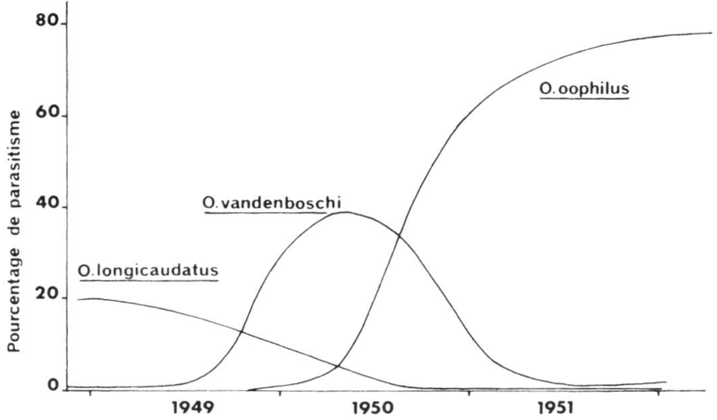

Figure 72 Exemple d'exclusions compétitives produites à l'occasion de l'introduction à Hawaï d'Opius, hyménoptères parasites, pour lutter contre la mouche des fruits, *Dacus dorsalis* (d'après Bess *et al.*, 1961, *in* Barbault, 1981).

Présentes seules, les deux espèces ont des niches amples et largement chevauchantes. La compétition intraspécifique (augmentation de la densité) tend à accroître l'amplitude de niche tandis que la compétition interspécifique resserre et décale les niches des deux espèces de telle façon qu'il n'y a entre elles pratiquement pas de chevauchement.

Dans la nature les phénomènes d'exclusion compétitive sont moins radicaux que dans les conditions exiguës et fermées du laboratoire. L'espèce compétitivement dominée est rarement éliminée totalement. Il y a, plutôt qu'exclusion, partage de l'espace écologique. Aucune espèce, dans les conditions naturelles toujours spatialement hétérogènes et variables dans le temps, n'est compétitivement dominante partout. Ainsi la coexistence est possible bien qu'elle passe par une séparation écologique totale ou partielle. En outre, chaque espèce peut être l'objet de pressions compétitives multiples, faibles ou occasionnelles (*compétition diffuse* de Mac Arthur, 1972), où peuvent intervenir, à un degré ou à un autre, toutes les espèces utilisant le même type d'aliment. Ainsi, il a été démontré expérimentalement qu'il se produisait, pour l'exploitation des graines en milieu désertique, de fortes interférences entre fourmis et rongeurs granivores. De la même façon, dans le cas d'organismes à régime insectivore, on a pu établir l'existence d'une concurrence effective entre oiseaux et lézards.

Dans nombre de cas la compétition interspécifique joue donc un rôle important dans la nature, en réglant la distribution et l'abondance des espèces, en contribuant à l'organisation des peuplements (voir Barbault, 1992).

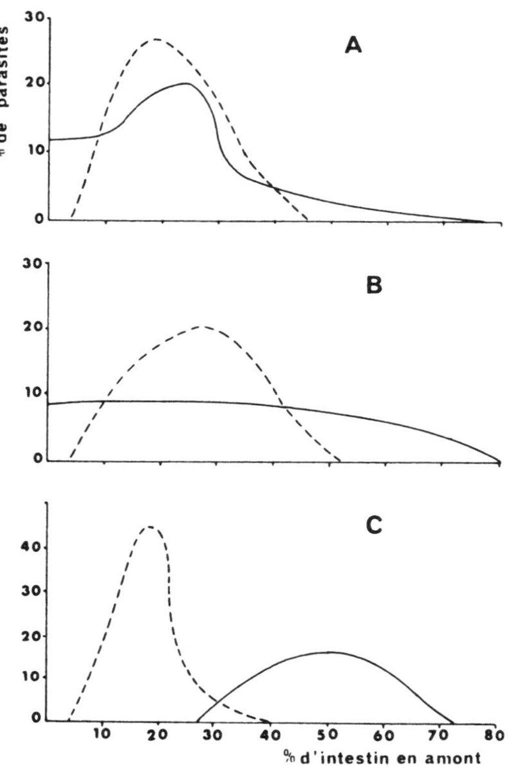

Figure 73 Variations de la distribution intra-intestinale des vers parasites *Moniliformis dubius* (tireté) et *Hymenolepis diminuta* (trait plein) chez le rat en fonction de la compétition intraspécifique (comparer A et B) et de la compétition interspécifique (comparer A et C).

A) Chaque espèce seule à basse densité ;

B) Chaque espèce seule à forte densité ;

C) Les deux espèces ensemble ;

(D'après des données de Holmes, 1961).

MÉCANISMES DE L'INTERACTION COMPÉTITIVE

Dans la compétition par exploitation il n'y a pas, par définition, d'action directe entre les individus en présence. Ses effets se font sentir au niveau des populations par l'intermédiaire de la raréfaction de la ressource commune (nourriture, abris). Il en résulte une sous-alimentation des individus (ou une sur-exposition aux aléas de l'environnement si la concurrence porte sur des abris ou produit une dégradation du couvert) qui provoque ralentissement ou cessation de la croissance, chute de la fécondité, accroissement de la mortalité et, dans le cas des animaux, émigration. Parce qu'en laboratoire cette dernière issue était empêchée on a peut-être sousestimé l'importance des phénomènes d'émigration dans la dynamique des processus compétitifs *in natura*.

Étudiant la compétition entre ray-grass d'Italie et trèfle-violet, Wacquant *et al.* (1979) ont montré que le trèfle est fortement concurrencé par le ray-grass parce qu'il est de moins en moins apte à prélever le potassium au fur et à mesure que le milieu s'appauvrit en cet élément et qu'il favorise le développement de la graminée en enrichissant le milieu en nitrates.

La compétition par interférence implique des mécanismes particuliers d'interaction entre les individus des populations en concurrence, dont la nature, les modalités de mise en œuvre et les effets sont, dans la plupart des cas, insuffisamment connus. D'une manière générale on peut dire que l'interférence est soit d'ordre comportemental, soit d'ordre chimique, soit les deux.

Des exemples d'interférence comportementale (territorialisme interspécifique, phénomènes d'agressivité interspécifique) ont été signalés chez des poissons, des lézards, des oiseaux, des mammifères, mais aussi des invertébrés. On peut classer ici, par analogie, les exemples d'interférence par effet d'ombrage des végétaux et, plus généralement, tous ceux où l'interférence opère par le biais d'une dégradation du milieu.

Menge (1972) et Menge et Menge (1974) ont montré qu'en présence de l'espèce *Pisaster ochraceus,* l'étoile de mer *Leptasterias hexactis,* inhibée par le comportement agressif de la première, réduisait son activité et présentait une croissance ralentie. Composée d'individus plus petits qu'en absence de compétiteurs la population de *L. hexactis* parvenait ainsi à coexister avec la grande espèce en exploitant des proies plus petites que les siennes.

Les populations californiennes de la souris *Mus musculus* n'atteignent jamais des densités élevées en présence du campagnol *Microtus californicus*. Delong (1966) a montré que le taux d'accroissement des populations de souris en était diminué de moitié. Le mécanisme précis de l'interférence est le suivant : les campagnols dérangent au nid des souris femelles qui finissent par abandonner leurs petits.

L'interférence chimique peut consister simplement en systèmes d'identification ou de marquage à effets comportementaux. Connus chez beaucoup de mammifères, ces phénomènes opèrent principalement au sein d'une même espèce mais il n'est pas exclu qu'ils puissent intervenir entre espèces différentes. Ces cas particuliers mis à part, le principal type d'interférence chimique à effets interspécifiques possibles est celui qui met en jeu des substances dites allélopathiques. Signalées à propos de végétaux, connues chez certains micro-organismes (qui fabriquent des antibiotiques), leur fonction et leur importance sont encore discutées (Harper, 1977).

Un cas particulièrement remarquable d'interférence probablement chimique entre espèces a été mis en évidence chez des cyprinodontes (poissons) d'Afrique équatoriale (Brosset, 1982). Dans le bassin de l'Ivindo, au Gabon, coexistent 8 espèces inféodées aux petits cours d'eau et mares peu profonds. Toutes se nourrissent d'invertébrés, principalement des fourmis et des araignées qui tombent de la végétation surplombante. Les bassins temporaires, épisodiquement perturbés par des passages d'éléphants ou des crues du marigot proche, n'hébergent que des peuplements monospécifiques. D'une année à l'autre une même mare peut être occupée par des populations d'espèces différentes : tout se passe comme si la première espèce installée en excluait toute autre. En aquarium Brosset constate, lorsque deux espèces congénériques sont en présence, une inhibition de la ponte de toutes les femelles des espèces en présence. Cette inhibition est levée aussitôt après transport des femelles de même espèce dans un aquarium inhabité. Le mécanisme probablement chimique de cette interférence n'est pas connu. Sa fonction peut être d'ordre compétitif mais il ne faut pas sousestimer son rôle dans le maintien de l'isolement génétique d'espèces proches (il n'a été mis en évidence qu'entre espèces congénériques).

Que la compétition opère par exploitation ou par interférence elle entraîne deux types d'action différents qu'il convient de souligner :

1) elle peut modifier les caractéristiques phénotypiques de l'individu moyen (traits morphologiques, physiologiques, éthologiques) ;
2) elle peut exercer un effet sélectif qui transforme les performances écologiques de l'une ou de chacune des populations en présence par suite de changements de leur structure génétique.

Dans les deux cas, il peut y avoir variation des niches écologiques et des chevauchements de niches, mais dans le premier cas il y a retour rapide à la situation antérieure dès que cesse l'interaction.

Chapitre 9

Les relations mangeur-mangé

Dans l'acception la plus large du terme la prédation est le fait de se nourrir d'autres organismes vivants. En ce sens sont considérés comme prédateurs la totalité des animaux non détritivores : herbivores, carnivores, et parasites.

Capables de modifier directement la productivité des populations dont ils se nourrissent les prédateurs *sensu lato* s'opposent évidemment aux décomposeurs ou saprophages qui n'ont pas cette possibilité, sauf très indirectement, par leur action sur le recyclage des éléments (voir chap. 13). Aussi, quoique les relations entre herbivores, carnivores ou parasites d'une part et leurs nourritures d'autre part puissent être très différentes, il existe néanmoins nombre de points communs dans la dynamique de ces différents types de prédation qui justifient, dans un premier temps, une approche indifférenciée du phénomène prédation *sensu lato*. Dans un second temps, toutefois, les particularités propres au parasitisme puis à la dynamique du système herbivore-plante seront brièvement examinées.

DYNAMIQUE DU SYSTÈME PRÉDATEUR-PROIE EN LABORATOIRE

Le modèle de Lotka-Volterra

Lotka et Volterra (1925, 1926) partent de l'hypothèse d'une croissance exponentielle des populations naturelles.

En l'absence de prédateurs, la croissance de la population de proies est donnée par la formule :

$$\frac{dN_1}{dt} = r_1 N_1$$

En présence de prédateurs, le taux intrinsèque d'accroissement de la population de proies est supposé diminuer d'une quantité k_1N_2 linéairement proportionnelle (constante de capturabilité k_1) au nombre de prédateurs N_2. La croissance de la population de proies est alors :

$$\frac{dN_1}{dt} = (r_1 - k_1 N_2) N_1$$

De la même façon, en admettant qu'en l'absence de proies la population de prédateurs décroît de manière géométrique, ses variations numériques peuvent être décrites par les formules :

$\frac{dN_2}{dt} = r_2 N_2$, en l'absence de proies

$\frac{dN_2}{dt} = (-r_2 + k_2 N_1) N_2$, en présence de proies

k_2 étant une constante de prédation.

La solution de ce système d'équations est un couple d'oscillations périodiques décalées (fig. 74).

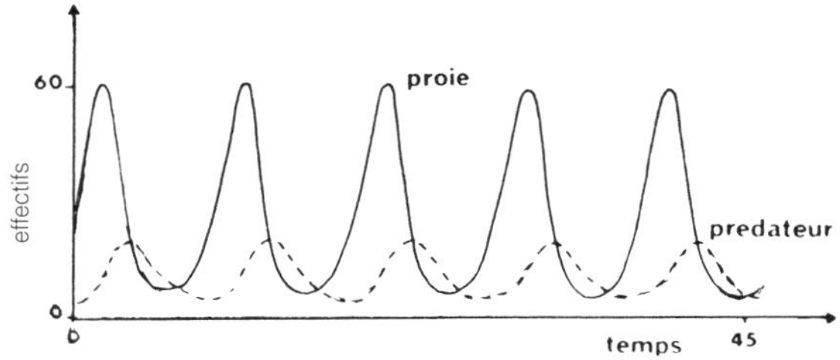

Figure 74 Les oscillations prédateur-proie prédites par les équations de Lotka et Volterra dans le cas où : $r_1 = 1{,}0$, $k_1 = 0{,}1$, N à $t_o = 20$; $r_2 = 0{,}1$, $k_2 = 0{,}02$, P à $t_o = 4$.

Le modèle de Lotka et Volterra, qui implique nombre d'hypothèses biologiquement irréalistes, n'a guère qu'un intérêt historique et pédagogique. Il suppose en effet que la population-proie n'est pas limitée par la quantité de nourriture disponible, que la population prédatrice ne dispose pas de proies de remplacement et que le taux de prédation est linéairement proportionnel à la densité des proies. Aucun type d'effets-retard ou d'effets dépendant de la densité n'est envisagé.

Le modèle de Lotka-Volterra fut à l'origine de nombreux travaux expérimentaux. Ceux-ci permirent à leur tour l'élaboration de modèles plus réalistes.

Quelques résultats expérimentaux

Observe-t-on en laboratoire les oscillations périodiques décalées prévues par le modèle de Lotka et Volterra ?

À l'aide du système simple constitué par les protozoaires *Paramecium caudatum* (proie) et *Didinium nasutum* (prédateur) Gause a montré :

1) qu'en milieu homogène (liquide de culture en boîtes de Petri) les prédateurs finissent toujours par capturer toutes les proies puis meurent d'inanition ;
2) que le maintien de la coexistence n'est possible qu'à condition d'ensemencer régulièrement en proies, simulant une immigration périodique, ou de ménager à la proie un refuge dans lequel une partie de sa population échappe aux prédateurs (fig. 75).

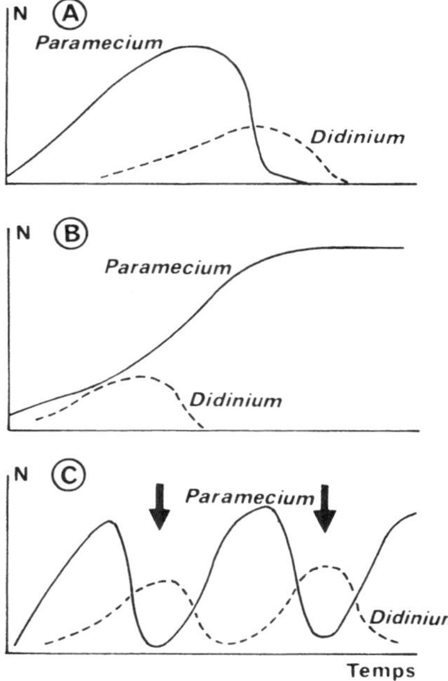

Figure 75 Dynamique du système Didinium (prédateur)/*Paramecium* (proie) en laboratoire (d'après Gause, 1934).

A) En milieu homogène, sans immigration de nouvelles proies, les prédateurs consomment toutes leurs proies puis meurent ;

B) En milieu hétérogène ménageant un refuge pour les proies, les prédateurs meurent d'inanition ;

C) En milieu homogène avec immigration périodique de proies les deux espèces peuvent coexister en présentant des oscillations périodiques décalées de leurs effectifs.

Il concluait que les oscillations périodiques des effectifs de prédateurs et de proies n'étaient pas une propriété intrinsèque du système prédateur-proie mais la conséquence des phénomènes d'immigration répétés.

D'autres chercheurs confirmèrent ces résultats avec des organismes plus complexes, acariens et insectes.

Huffaker (1958) a étudié expérimentalement la dynamique du système prédateur-proie constitué par les acariens *Eotetranychus sexmaculatus* (phytophage élevé sur des oranges) et *Typhlodromus occidentalis* (prédateur du premier). En augmentant l'hétérogénéité spatiale du système (120 oranges réparties de façon espacée sur trois plateaux superposés, et paraffinées de manière à ne laisser que 1/20e de la surface exposé au phytophage) et en altérant la capacité de dispersion des prédateurs et des proies (diminution de celle des premières au moyen de « barrières » de vaseline et augmentation de celle des proies par l'utilisation de courants d'air) Huffaker finit par obtenir la coexistence du prédateur et de sa proie durant 70 semaines (fig. 76). La persistance de ce système apparaît donc liée à l'existence de phénomènes d'immigration locale répétés, rendus possibles par une hétérogénéité spatiale élevée. Il y a stabilité à l'échelle globale du système, mais instabilité à l'échelle de chaque micro-population liée à une orange particulière (voir l'hypothèse de Price sur l'instabilité de la dynamique locale des populations de parasites, qui permet de mesurer la portée beaucoup plus générale et le caractère novateur de l'expérience de Huffaker : elle nous parle en effet de phénomènes qui peuvent se produire dans la nature, où l'hétérogénéité spatiale est la règle).

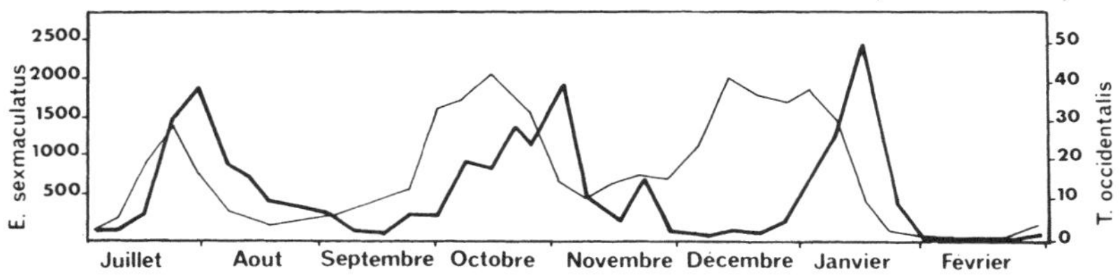

Figure 76 Coexistence et fluctuations des populations des acariens *Typhlodromus occidentalis* (prédateur, trait épais) et *Eotetranychus sexmaculatus* (proie, trait fin) dans le système expérimental « complexe » (voir texte) dû à Huffaker (1958).

La coexistence prédateur-proie est-elle impossible en environnement homogène, sans immigration ? On devrait pouvoir l'obtenir, pense Luckinbill (1973) en réduisant la fréquence des contacts prédateur-proie. Pour atteindre cet objectif sans sortir des dimensions limitées nécessaires aux conditions de travail en laboratoire, Luckinbill ajoute au milieu de culture (inoculé d'*Aerobacter*, nourriture des paramécies) de la methyl-cellulose, laquelle a pour effet de ralentir considérablement les déplacements des protozoaires. L'expérience est réalisée dans des boîtes de Petri de 6cc, avec *Paramecium aurelia* (la proie) et *Didinium nasutum* (le prédateur).

Dans une première série d'expériences, le système évolue vers l'extinction du prédateur, après 2 ou 3 oscillations d'amplitude croissante (fig. 77). Ce type de dynamique, prévu par le modèle mathématique si l'on ajoute simplement un délai de réaction du prédateur, fut observé dans d'autres expériences de laboratoire. Dans les expériences de Luckinbill l'extinction de la population de *Didinium* se produit lorsque les proies deviennent trop rares pour la soutenir. Luckinbill songe alors à limiter la croissance de la population de paramécies en diluant le milieu de culture jusqu'à réduire de moitié la production de bactéries, nourriture des paramécies. Le système présenta alors 7 oscillations stabilisées (fig. 78) et fonctionnait encore après 32 jours, quand l'expérience fut arrêtée (100 générations de paramécies).

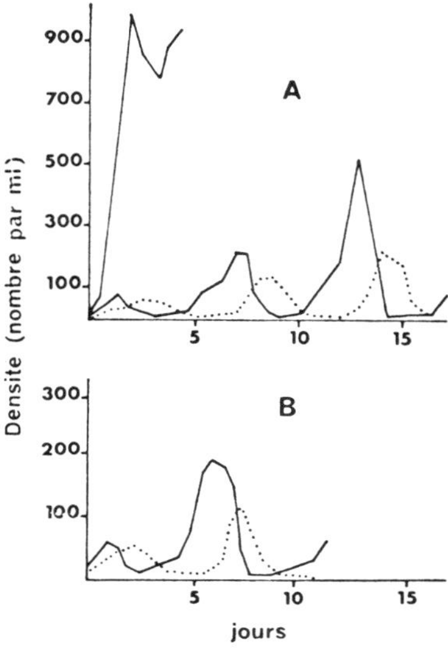

Figure 77 Oscillations croissantes et extinction du prédateur *Didinium nasutum* (tireté) dans le système expérimental de Luckinbill (1973).
Le résultat obtenu en culture témoin avec la proie seule *(Paramecium aurelia)* figure à gauche dans le graphique A.

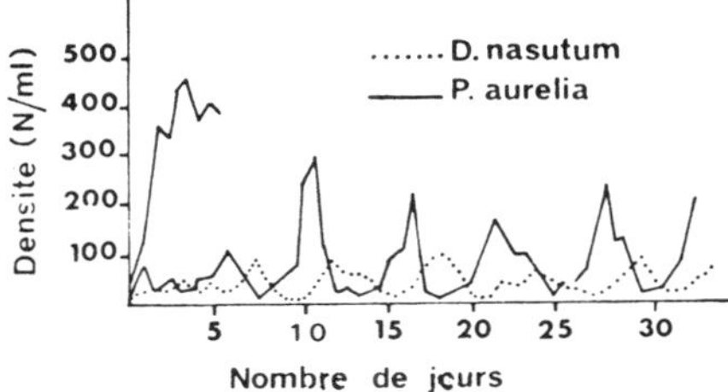

Figure 78 Les oscillations sont stabilisées et l'extinction de la proie est évitée (voir texte). A gauche sur la figure, croissance de la population de paramécies en absence de prédateurs (d'après Luckinbill, 1973).

En conclusion, la coexistence prédateur-proie est obtenue en milieu homogène à la double condition que les prédateurs ne soient pas capables de capturer toutes les proies et que la croissance de la population-proie soit limitée par un autre facteur que la prédation. Dans ces conditions le système présente des oscillations périodiques décalées.

EFFETS DES PRÉDATEURS SUR LA DYNAMIQUE DE LEURS PROIES DANS LA NATURE

Le fait qu'un prédateur prélève, pour se nourrir, un certain nombre d'individus parmi une population, n'implique pas nécessairement qu'il exerce sur elle une action limitante.

Nombre de prédateurs ne feraient en effet qu'éliminer de leurs populations-proies les individus en surnombre : individus privés d'abri ou de territoire, errants, malades ou blessés (fig. 79), de toute façon voués à périr.

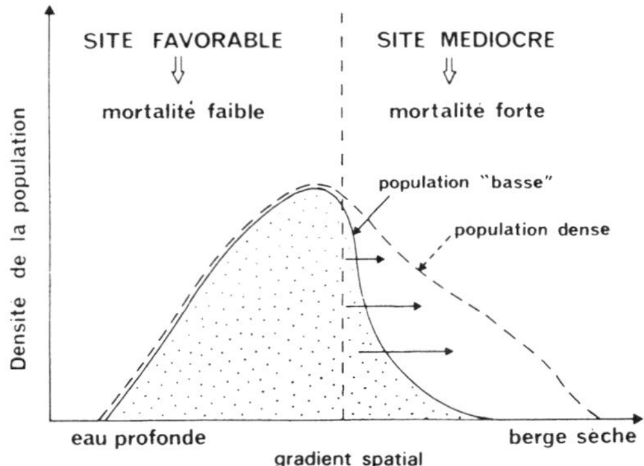

Figure 79 Représentation schématique de l'hypothèse d'Errigton sur la régulation des populations de rats musqués (d'après Price, 1975).

Le trait plein indique la distribution des individus lors des années de faible abondance. Quand la population croît, de nombreux individus occupent la frange défavorable du milieu où ils sont exposés à des risques de mortalité élevés.

Entamant rarement leur capital, les prédateurs « s'assureraient » ainsi une disponibilité continuelle de proies. C'est ce que Slobodkin (1968) appelle, d'un point de vue évolutionniste, la stratégie optimale de prédation.

Forts de constater que « la terre est toujours verte » Hairston *et al.* (1960) affirment que les herbivores n'ont pas, en règle générale, d'effet limitant sur les populations végétales : dans la plupart des cas où des estimations ont été publiées la consommation annuelle des herbivores dépasse rarement 15 % de la production primaire nette.

L'affirmation selon laquelle les prédateurs ne limiteraient pas la taille des populations de proies n'est cependant pas généralisable : il existe des populations limitées par leurs prédateurs (carnivores, herbivores ou parasites). Certaines expériences d'éradication de prédateurs ou de parasites le prouvent amplement. Ainsi au Japon, le traitement des rizières par un insecticide non sélectif entraîna la pullulation de l'hémiptère *Neophotettix cincticeps*. Il a été démontré qu'une telle pullulation résultait de la décimation des prédateurs et particulièrement d'une lycose (araignée).

La littérature sur la lutte biologique abonde en exemples attestant l'action limitante des prédateurs ou des parasites : l'introduction d'insectes parasites a permis dans nombre de cas de réduire de 100 à 600 fois la densité d'insectes qui ravageaient forêts ou plantations (fig. 80). Des résultats semblables ont été obtenus dans le contrôle biologique de « mauvaises herbes ». Un des cas les plus spectaculaires est celui d'*Opuntia stricta*. Introduit en Australie en 1839 ce cactus couvrait, en 1920, 24 millions d'ha. En 1925, le taux de colonisation était de 400 000 ha par an ! La même année furent importés d'Argentine 2 750 œufs du papillon *Cactoblastis cactorum*. L'insecte se propagea et se multiplia rapidement et un contrôle efficace de la population d'*Opuntia* fut ainsi obtenu. Les espaces préalablement recouverts d'impénétrables champs de cactus retournèrent à l'agriculture (fig. 81).

Ces exemples, il est vrai, ne concernent que des populations introduites. Cela ne veut pas dire que des parasites, des prédateurs ou des herbivores ne puissent limiter, dans leurs écosystèmes naturels, la croissance des populations dont ils se nourrissent. Cependant, affiné au cours d'une longue évolution, un tel contrôle serait plus discret et pourrait donc passer inaperçu ou être difficile à démontrer. En fait, il est nécessaire d'étudier en détail les mécanismes de la prédation pour bien en apprécier les possibilités régulatrices : les divers comportements qui interviennent dans la prédation ; les différentes réactions que les prédateurs peuvent avoir vis-à-vis des variations de densité de la population proie.

RÉPONSES DES PRÉDATEURS AUX VARIATIONS DE LA DENSITÉ DES PROIES

Pour bien comprendre le rôle et l'action des prédateurs dans la dynamique et la régulation éventuelle des populations de proies il convient d'analyser dans le détail les réponses des prédateurs aux variations de densité de leurs proies.

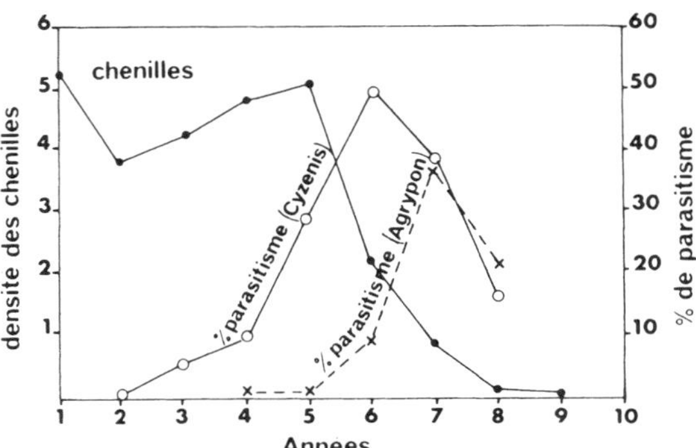

Figure 80 Réduction de l'abondance des chenilles d'Operophtera bumata en Nouvelle Écosse après l'introduction du diptère Cyzenis albicans et de l'hyménoptère *Agrypon flaveolatum* (d'après Embree, 1964, in Barbault, 1981). La densité des chenilles est donnée par bouquet de feuilles.

Figure 81 Parcelle boisée au Queensland envahie par *Opuntia stricta* avant (en haut) et après (en bas) l'introduction du papillon *Cactoblastis cactorum* (d'après photos).

Holling (1959) a proposé de distinguer une réponse « *fonctionnelle* », au niveau de l'individu, et une réponse « *numérique* », au niveau de la population. Cette subdivision est insuffisante et simpliste et l'on examinera ici, à côté de la réponse fonctionnelle de Holling, une réponse agrégative et *des* réponses numériques (c'est-à-dire les différentes composantes de la réponse numérique de Holling).

La réponse « fonctionnelle »

La réponse fonctionnelle d'un prédateur aux variations de la densité de la population de sa proie se mesure par les variations du nombre moyen de proies (ou d'hôtes) consommés (ou parasités) par individu et par jour. Holling distingue trois types de réponses fonctionnelles (fig. 82). La réponse de type 1 est une fonction linéaire de la densité des proies jusqu'à une valeur limite à partir de laquelle le nombre de proies consommées par individu et par jour reste constant. Elle a été observée chez des crustacés.

La réponse de type 2, caractérisée par un taux de consommation décroissant à mesure qu'augmente la densité des proies, est fréquente chez la plupart des arthropodes étudiées.

La réponse de type 3, représentée graphiquement par une courbe en S, est caractéristique des vertébrés mais a été observée aussi chez certains insectes parasitoïdes.

De ces trois types de réponses fonctionnelles seul le dernier, qui implique un taux de prédation croissant avec la densité (jusqu'à une valeur limite), peut exercer un effet régulateur sur la population de proies (fig. 82).

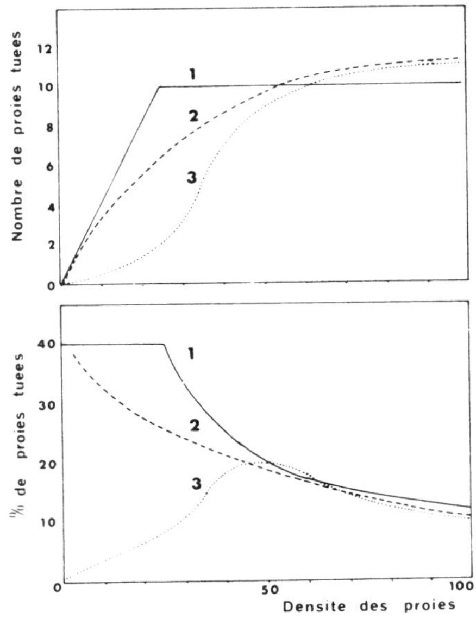

Figure 82 Les trois types de réponses fonctionnelles de Holling.

Le phénomène d'accélération du taux de consommation aux basses et moyennes densités qui caractérise la réponse de type III résulterait d'une modification de comportement du prédateur ; celui-ci, sensibilisé par l'accroissement de densité d'une espèce proie, auparavant rare et seulement consommée aux hasards des rencontres, concentrerait soudain ses efforts de chasse sur cette catégorie de proie, la recherchant là où elle est avec une plus grande efficacité de perception et de capture.

La réponse fonctionnelle d'un prédateur à la densité de sa proie principale peut dépendre aussi de l'abondance des proies secondaires, Holling l'a bien montré en laboratoire avec le rongeur *Peromyscus maniculatus*. Cela revient à dire que la consommation que fait le prédateur d'un certain type de proie dépend non seulement de la densité de celle-ci mais aussi de la fréquence de celle-ci par rapport à d'autres types de proies possibles.

On appelle *effet de bascule* (switching) le phénomène de variation du *taux de préférence* d'un prédateur pour une proie consécutif aux variations de l'occurrence *relative* de cette proie par rapport à une autre proie (Murdoch, 1969). S'il n'y a pas effet de bascule les proies 1 et 2 sont consommées (C_1 et C_2), dans le cas le plus simple, à proportion de leurs abondances respectives (N_1 et N_2) :

$$\frac{C_1}{C_2} = \frac{N_1}{N_2}$$

Quand il existe une préférence, où lorsque l'une des deux proies est plus capturable que l'autre, l'équation est simplement modifiée par l'adjonction d'un coefficient p mesurant la « *préférence* » :

$$\frac{C_1}{C_2} = p\frac{N_1}{N_2}$$

Des effets de bascule, variations de p, ont été observés expérimentalement chez des protozoaires, un odonate, un hémiptère (fig. 83), des poissons et des oiseaux.

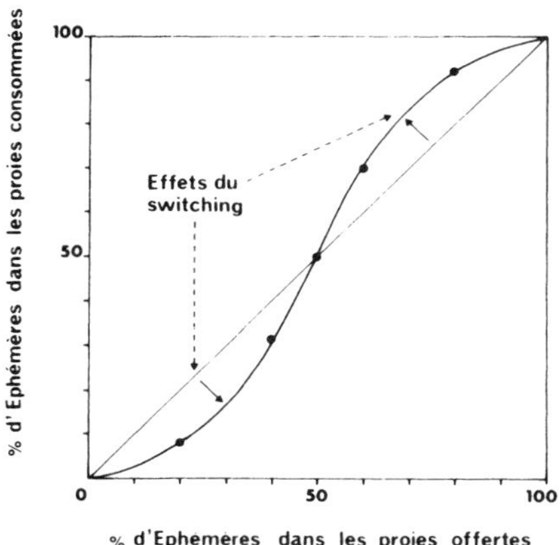

Figure 83 Effet de bascule (« switching ») observé chez la notonecte en présence de larves d'éphémères et d'aselles (d'après Lawton *et al.*, 1974, *in* Barbault, 1981). La droite indique le résultat attendu sans phénomène de switching.

La réponse agrégative

Lorsque les proies ont une distribution groupée les prédateurs peuvent éventuellement exercer un choix entre les parcelles pauvres en proies et les parcelles riches en proies. De nombreux travaux montrent que beaucoup de prédateurs et de parasites se concentrent ou chassent plus fréquemment dans les parcelles les plus profitables (fig. 84). Hassell (1966) parle à ce propos de réponse agrégative du prédateur. Densité-dépendante par définition, elle peut exercer un effet régulateur important sur la croissance de la population-proie.

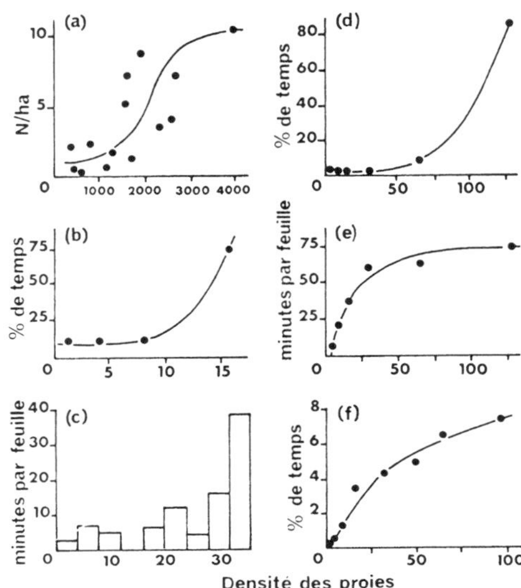

Figure 84 La réponse agrégative des prédateurs et parasites : ceux-ci tendent à se concentrer dans les zones riches en proies :

a) densité par ha du chevalier gambette en relation avec la densité des amphipodes (n/m_2) ;

b) % de temps consacré à la recherche de proies (vers de farine) selon l'abondance de celles-ci dans les récipients chez la mésange charbonnière ;

c) temps consacré à la capture de pucerons en fonction de leur densité (n/feuille) par des larves de coccinelles ;

d) % de temps consacré à la recherche d'hôtes (larves d'*Ephestia*) en fonction de leur nombre par récipient chez l'ichneumon Nemeretis canescens ;

e) temps passé à la recherche de pucerons en fonction de leur nombre par femelle chez le braconide parasite Diaretiella rapae ;

f) % de temps consacré à la recherche de chrysalides d'Acrolepia assectella selon leur densité par l'insecte parasite *Diadromus pulchellus* (d'après Hassell *et al.*, 1976).

La réponse numérique et ses composantes

En réponse aux variations de la densité des proies la population de prédateurs peut varier numériquement : c'est la réponse numérique de Holling.

Si l'on veut vraiment comprendre la dynamique des relations prédateur-proie, il est indispensable de dépasser la simple considération de la réponse numérique du prédateur et d'analyser ses diverses composantes : variations du taux de croissance individuel ou de la durée du développement (qui peuvent affecter la réponse numérique par leurs répercussions sur la fécondité et la mortalité des individus) ; variations des taux de mortalité ; variations des taux d'émigration et d'immigration.

Ces différentes composantes de la réponse numérique ont été soigneusement analysées dans nombre de travaux réalisés avec des arthropodes prédateurs ou parasites mais aussi chez des vertébrés (fig. 85).

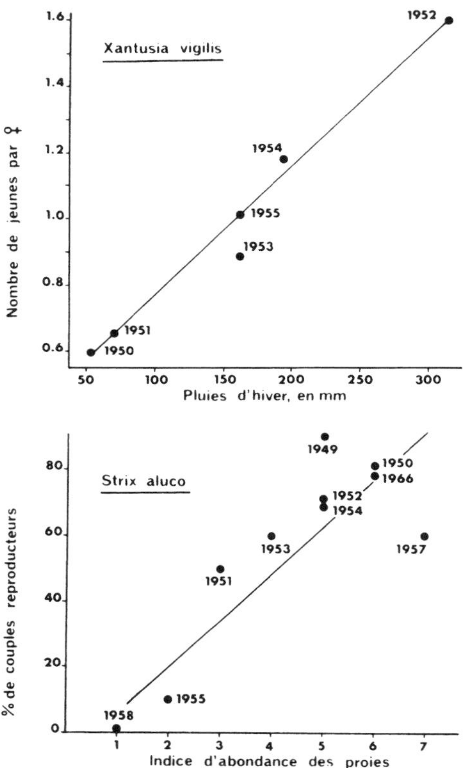

Figure 85 Exemples de « réponses reproductives » à la variation de la densité des proies chez le lézard déserticole *Xantusia vigilis* et la hulotte *Strix aluco* (d'après Zweifel et Lowe, 1966, et Southern, 1970, *in* Barbault, 1981).

Dans le cas du lézard la quantité de pluies règle la croissance des plantes annuelles et, par cet intermédiaire, la densité des insectes qui composent sa nourriture.

PARTICULARITÉS DES RELATIONS HERBIVORE-PLANTE[1]

Les végétaux présentent, en tant que nourriture possible pour des animaux, des caractéristiques telles que les relations phytophage-plante ont des particularités rarement observées dans les relations de prédation (*sensu stricto*).

Le problème

La valeur énergétique des végétaux est généralement inférieure à celle des aliments d'origine animale. De plus les végétaux constituent des aliments pauvres en azote

1. Sous l'angle de la prédation. Les autres aspects (la plante comme habitat ou protection antiprédateur, les relations pollinisateurs-plantes) ne seront pas traités ici.

(moins de 30 % de leur poids sec, contre 40 à 60 % pour les animaux), particulièrement en certains acides aminés indispensables aux animaux. La concentration de ces derniers peut d'ailleurs varier considérablement au cours des saisons et/ou selon l'âge de la plante (fig. 86). Beaucoup d'organismes phytophages doivent donc consacrer la majeure partie de leur existence à se nourrir.

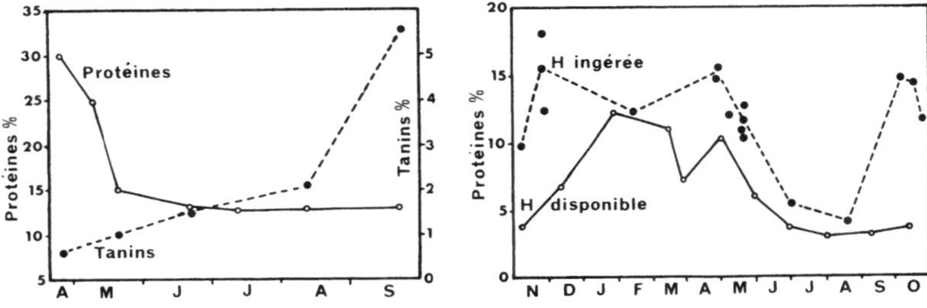

Figure 86 Variations saisonnières de la qualité nutritive des végétaux.
— À gauche : contenu (% du poids sec) en protéines et en tanins des feuilles de chêne Quercus robur en Angleterre (Feeny, 1970). On remarque que la valeur alimentaire des feuilles, résumée par le rapport protéines/tanins, chute rapidement au cours du printemps. La plupart des larves d'insectes qui attaquent les feuilles de chêne éclosent très tôt au début du printemps.
— À droite : contenu en protéines de l'herbe (H) disponible et de l'herbe ingérée (H_i) par les gnous en Tanzanie (Sinclair, 1975). On remarque que le contenu protéinique de l'herbe tombe à partir de juillet au-dessous du seuil de 5 % en deçà duquel sa digestion devient une opération énergétiquement coûteuse, conclue par un bilan d'azote négatif.

Un grand nombre de plantes renferment des substances *secondaires,* c'est-à-dire des composés chimiques non impliqués[2] dans les processus métaboliques fondamentaux de l'organisme végétal (photosynthèse, respiration, croissance). Ces substances allélochimiques constitueraient une barrière défensive contre les animaux. Certaines d'entre elles (alcaloïdes, glucosinolates) ont un effet toxique sur un certain nombre d'animaux phytophages tandis que d'autres (tels que les tanins) ont la propriété de constituer avec d'autres substances végétales des complexes ayant pour effet de réduire la digestibilité de la plante pour l'organisme qui la consomme.

En raison de la double caractéristique constituée par leur faible valeur nutritive et leur toxicité (ou indigestibilité), les végétaux posent à leurs consommateurs éventuels de sérieux problèmes. Il est symptomatique de noter que 9 seulement des 29 ordres d'insectes sont capables d'utiliser des plantes comme source principale de nourriture.

On examinera quelques aspects des relations phytophage-plante dans le cas des insectes, pour lesquels on dispose d'excellentes synthèses.

2. Ce point est actuellement remis en cause.

Le cas des insectes phytophages

Beaucoup de plantes, dans certaines familles, semblent à l'abri des attaques d'insectes. C'est le cas des solanacées, qui renferment généralement des alcaloïdes, ou des crucifères, riches en glucosinolates. Cependant, certaines espèces d'insectes, devenues de ce fait spécialisées, sont capables d'exploiter — voire de ravager — telle ou telle espèces de solanacées ou de crucifères. Le cas du doryphore *Leptinotarsa decemlineata* et de la pomme de terre *Solanum tuberosum,* tous deux originaires d'Amérique, est bien connu. Adapté à la solanine de *S. tuberosum,* le doryphore est incapable en revanche d'attaquer l'espèce sud-américaine voisine *S. demissum,* caractérisée par la présence d'un autre alcaloïde, la démissine.

Le caractère protecteur des substances secondaires (ou allélochimiques) ne s'exprime pas seulement à travers d'éventuels effets toxiques mais aussi par des mécanismes beaucoup plus subtils : elles peuvent, par exemple, intervenir au niveau du système endocrinien de l'insecte, mimant l'action de l'hormone juvénile de celui-ci ou contrariant son action. Ainsi, ont été extraits de la composée *Ageratum houstonianum* deux substances actives qui induisent métamorphose précoce et stérilité chez les hémiptères, diapause chez certains coléoptères.

Une fois acquis l'équipement enzymatique (par mutation ou par association symbiotique avec des micro-organismes possédant cet équipement) lui permettant de franchir l'obstacle biochimique, l'insecte phytophage peut développer avec la plante nourricière des relations si étroites que sa biologie peut en dépendre totalement. La plante doit d'abord être repérée sans erreur : des substances volatiles émises par celle-ci peuvent permettre l'orientation de l'insecte vers elle et faciliter sa reconnaissance. Ainsi les scolytes (coléoptères xylophages) sont sensibles, au moins à courte distance, à la composition chimique des oléorésines des pins qu'ils attaquent. Celles-ci, riches en composés terpéniques très volatils, ont un spectre spécifique (fig. 87), quoique éventuellement dépendant de l'état physiologique de l'arbre. Stockées ou transformées, les substances secondaires peuvent aussi être utilisées par certains aspects, soit à des fins de communication intraspécifique (phéromones[3] jouant un rôle dans la régulation du comportement, de la croissance ou de la reproduction au sein de la propre population de l'insecte), soit à des fins de défense contre les prédateurs.

Les coléoptères scolytidés des genres *Dendroctonus* et *Ips,* ravageurs redoutables de certaines forêts d'Europe et d'Amérique du Nord, produisent des phéromones d'agrégation qui jouent un rôle décisif dans la constitution rapide des populations colonisatrices et dans la régulation locale (à l'échelle de l'arbre) de celles-ci. Ces phéromones sont élaborées par les insectes à partir de monoterpènes qui proviendraient, pour partie au moins, des arbres attaqués. Ainsi, le *trans*-verbénol, principale phéromone d'agrégation des *Dendroctonus,* résulterait de l'oxydation de

3. Ce terme désigne des substances biologiquement actives, sécrétées à l'extérieur de l'organisme et perçues par d'autres individus de la même espèce chez lesquels elles peuvent déclencher une réaction spécifique.

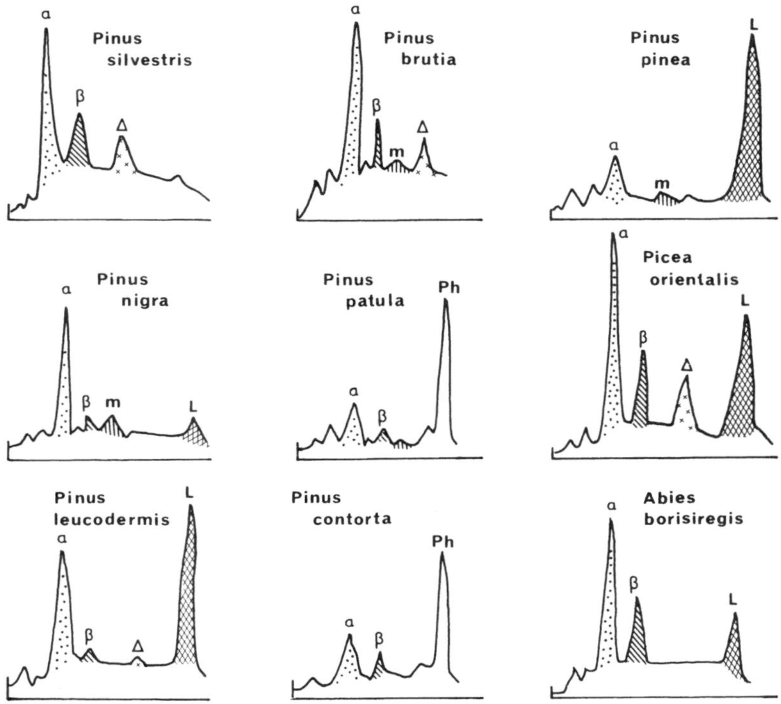

Figure 87 Osmodiagrammes obtenus à partir des exhalaisons de vapeurs émises par différentes espèces de conifères (d'après Chararas, 1977).

Remarquer la spécificité des spectres chimiques émis par chaque essence, α = α-pinène ;
β = β-pinène ; m = myrcène ; Δ = Δ-3 carène ; Ph = phellandrène ; L = limonène.

l'α-pinène fourni par l'arbre. Cette conversion serait réalisée par des *Bacillus cereus* présents dans l'intestin des insectes. Les mécanismes d'invasion des pins et de régulation locale des populations de *Dendroctonus* peuvent être décrits comme suit dans le cas de deux espèces bien étudiées. Chez *D. ponderosae* on distingue :

1) Une phase initiale d'attaque par des femelles pionnières, attirées notamment par l'α-pinène de l'arbre.
2) Les femelles installées émettent du *trans*-verbénol qui, associé à l'α-pinène, attire de nombreux individus des deux sexes. Dès que la résistance de l'arbre cesse et que le flux de résine s'interrompt la colonisation est achevée.

Chez *Dendroctonus brevicomis* les faits sont plus complexes :

1) L'attaque initiale semble due à l'existence du Δ-3 carène qui attire les femelles.
2) Ces femelles libèrent de petites quantités de frontaline qui est hautement attractive en présence des terpènes de l'arbre. Mais ce sont surtout des femelles qui

sont attirées. Une autre phéromone, l'exobrévicomine, est produite par les femelles qui se sont alimentées et le nouveau mélange attire plus de mâles que de femelles.

3) Les mâles qui se sont installés produisent des quantités notables de frontaline et de verbénone. Cette dernière a un effet inhibiteur sur le pouvoir attractif des autres phéromones et la colonisation cesse peu à peu.

Un exemple bien connu d'insecte utilisant des substances d'origine végétale comme protection vis-à-vis des prédateurs est celui du monarque *Danaus plexippus*, papillon dont la chenille se nourrit d'*Asclepias curassarica*, asclépiadacée contenant des toxiques cardiaques (cardénolides) : les prédateurs (oiseaux) apprennent rapidement à éviter ces proies au goût détestable.

La résistance aux ravageurs

Avec l'emploi accru et sur de vastes régions de variétés dites « supérieures » de céréales dans les années 60, les agronomes ont vite réalisé, à des coûts parfois considérables, la vulnérabilité de celles-ci à des agents pathogènes et autres ravageurs à capacité d'évolution rapide. Ainsi, tandis que les pratiques de croisement avaient réduit 85 % du maïs cultivé aux USA à une presque homogénéité génétique, la résistance à la rouille fut surmontée en 1970 et l'épidémie provoqua des dégâts considérables.

Ce type d'accident souligne que les systèmes de défense simples, monogéniques par exemple, sont particulièrement vulnérables à des fléaux à évolution rapide. Pimentel et Belloti (1976) l'ont bien montré expérimentalement. Ils soumettent des mouches domestiques à un poison chimique présenté à une concentration qui provoque 80 % de mortalité. Les survivants sont croisés entre eux et leurs descendants sont exposés au même poison dans les mêmes conditions et ainsi de suite. Après sept générations seulement d'exposition répétée au même poison, la mortalité chuta à 30 % et des résultats similaires ont été obtenus avec 5 répétitions utilisant chacune une molécule chimique différente (fig. 88). Pimentel et Belloti conçoivent alors une nouvelle expérience en utilisant les cinq substances toxiques éprouvées comme ci-dessus, de manière à simuler les effets d'un système de défenses diversifiées comme peuvent en présenter certaines plantes. La population de mouches est subdivisée en cinq lots, chacun exposé à un seul poison et les survivants des différents lots s'entre-croisent. Puis les substances toxiques sont présentées simultanément selon un arrangement spatial qui simule une diversité de défenses offertes par un peuplement d'hôtes à mécanismes de protection chimique dissemblables. Après 32 générations aucun changement notable de résistance (= survie) n'est survenu dans la population de mouches (fig. 88). Ainsi, tandis que ces insectes peuvent développer rapidement des mécanismes de détoxification lorsqu'ils sont exposés à un même type de molécule toxique, ils deviennent incapables de le faire lorsqu'ils sont soumis à des défenses chimiques diversifiées. Comme le soulignent Pimentel et Belloti, des défenses multiples dans la population hôte sont très difficiles à contourner parce que, pour surmonter la résistance de l'hôte, le parasite doit acquérir tous les gènes nécessaires.

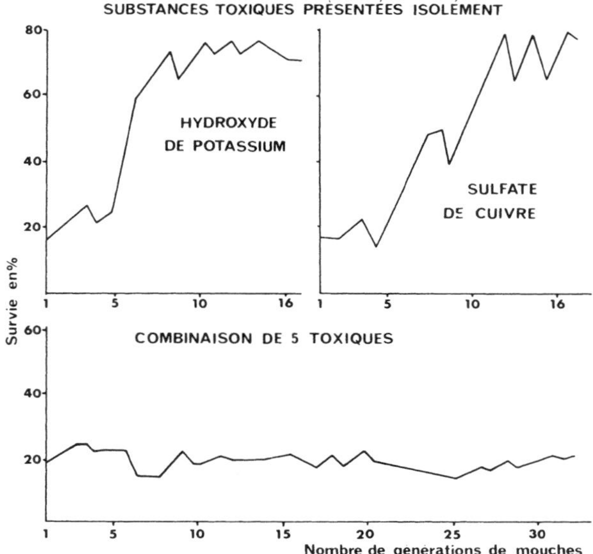

Figure 88 Les systèmes de défenses chimiques diversifiées rendent difficile l'évolution de mécanismes de résistance (d'après Pimentel et Bellotti, 1976).

Les populations de mouches exposées expérimentalement à une combinaison de 5 substances toxiques ne parviennent pas à développer des mécanismes de résistance (en bas), ce qu'elles font rapidement en présence d'une seule de ces substances (en haut).

Whitham (1981) a étendu l'application de cette logique, qui souligne l'importance de la variabilité et des défenses multiples à l'échelle de la population de plantes, en insistant sur la variabilité intra-individu. Ainsi, la variation chimique relevée chez des individus-plantes, particulièrement dans le cas d'espèces de plantes longévives ou à multiplication clonale, pourrait être un trait adaptatif qui efface les avantages évolutifs de ravageurs à temps de génération court et potentiel de recombinaison élevé. En d'autres termes la variation intra-individuelle dans l'espace et dans le temps des mécanismes (différences qualitatives ou quantitatives) de défense ou de la valeur nutritionnelle fait de la plante *un caméléon de résistances différentes ou changeantes aux attaques des ravageurs*.

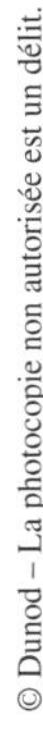

Chapitre 10

Les relations hôtes-parasites

Les interactions mangeurs-mangés ne sont pas impunément réductibles au modèle du prédateur carnivore et de ses nombreuses proies souvent d'espèces différentes. Nous l'avons vu déjà avec les particularités propres aux systèmes herbivores-plantes. C'est tout aussi vrai du parasitisme. L'évolution du mode de vie parasitaire est l'une des constantes les plus frappantes de l'histoire de la vie. Toute espèce est soit un parasite, soit l'hôte de parasites variés. Pourtant, en dépit d'une telle omniprésence, le parasitisme, les systèmes hôtes-parasites, sont longtemps restés à l'écart des préoccupations des écologues et des manuels d'écologie.

UN REGARD ÉVOLUTIF SUR LE MODE DE VIE PARASITAIRE

L'adoption du mode de vie parasitaire, par des organismes libres auparavant, présente trois avantages qui expliquent le succès de son évolution par sélection naturelle, de l'ordre de l'habitat, de la mobilité et de l'accès à l'énergie (Combes, 1995) :

– prendre pour habitat un être vivant c'est accéder à un milieu à la fois plus stable que le milieu extérieur, objet de fluctuations variées, et protégé des prédateurs qui menacent tout être libre ;
– s'associer de façon durable à un organisme mobile revient à sélectionner un mécanisme de dissémination particulièrement efficace : les jeunes sont dispersés tout au long des déplacements de l'hôte ;
– enfin, l'inféodation à un être vivant ajoute le vivre au couvert : les parasites, par définition, obtiennent l'énergie dont ils ont besoin aux dépens de leur hôte — et peuvent réduire toutes les dépenses afférentes à la recherche de l'obtention de nourriture.

Bien sûr, les choses sont plus complexes et les bénéfices esquissés ci-dessus comportent aussi des coûts (voir Combes, 1995, pour une discussion critique). Quoi qu'il en soit, on peut dire avec cet auteur « qu'une grande majorité de parasites tirent profit à la fois de l'habitat, de la mobilité et de la source de nourriture que leur fournissent les hôtes ».

Voilà *pourquoi* on devient parasite. Quant au *comment*, en nous appuyant toujours sur l'« Écologie des Interactions Durables » de Claude Combes, nous résumerons les choses comme suit.

Pour s'adapter au mode de vie parasitaire, l'organisme préalablement libre qui fait ce choix évolutif doit répondre à quatre caractères essentiels des milieux-hôtes :

- leur discontinuité dans l'espace (pour le parasite, ce sont des îles dispersées dans un environnement inhospitalier) ;
- leur discontinuité dans le temps (les hôtes sont mortels) ;
- leur hostilité (défenses immunitaires de l'hôte) ;
- leur capacité d'évolution (êtres vivants, les espèces-hôtes évoluent au cours du temps).

Nous avons là autant de pressions de sélection qui ont modelé les traits biologiques des parasites — morphologiques, physiologiques, comportementaux et démographiques — et contribué à cette prodigieuse diversité du vivant dont les parasites sont d'importants acteurs.

On se reportera à Combes (1995) pour une étude approfondie de cet univers fascinant des interactions durables et nous nous bornerons ici à illustrer quelques traits généraux de cette écologie de la vie parasitaire.

PARTICULARITÉS DES RELATIONS HÔTE-PARASITE

Les parasites se caractérisent notamment par une extrême spécialisation dans l'exploitation des ressources. Beaucoup d'espèces, en effet, dépendent d'une seule espèce-hôte (fig. 89), s'opposant ainsi à la majorité des prédateurs (*sensu stricto*) et des herbivores non parasites qui apparaissent comme des consommateurs généralistes.

La spécialisation n'implique pas seulement, lorsqu'elle est extrême, une dépendance totale du parasite vis-à-vis de son hôte. Elle signifie aussi que l'espèce consommatrice a développé des adaptations morphologiques, biochimiques, physiologiques, éthologiques et démographiques qui interviennent de manière essentielle dans la dynamique et l'évolution de la relation parasite-hôte.

L'action des parasites sur leur « proie » diffère souvent de celle des prédateurs en ce qu'elle n'entraîne pas nécessairement ni directement la mort de celle-ci. Dans nombre de cas l'installation ou le développement des parasites ne peut se produire que si l'hôte présente déjà un état physiologique détérioré. Ainsi voit-on souvent pulluler les ravageurs, en forêt ou plantation, après des années climatiquement extrêmes, ou dans des localités offrant des conditions écologiques (sol, climat) non optimales pour l'essence végétale en case (espèces ou variétés introduites). Chez les animaux, les épidémies peuvent éclater pour les mêmes raisons, mais aussi dans de

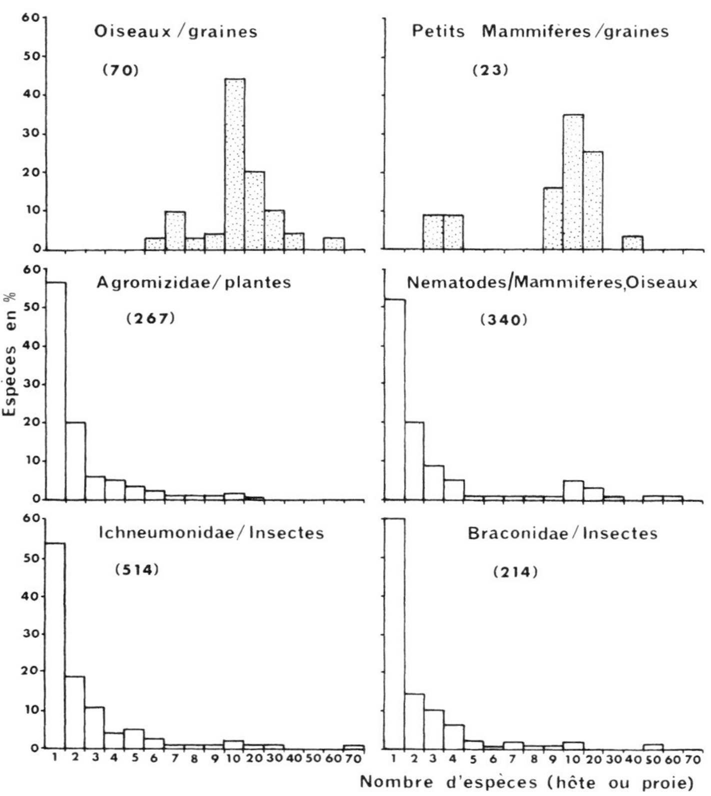

Figure 89 Comparaison du nombre d'espèces proies utilisées par des « prédateurs » (pointillés) et du nombre d'hôtes exploités par divers groupes de parasites (données en % du total des espèces considérées, dont le nombre figure entre parenthèses). La spécialisation trophique de ces derniers apparaît nettement (d'après les données de divers auteurs, rassemblées par Price, 1980).

bonnes conditions écologiques lorsque la population, dépassant la capacité biotique du milieu, renferme une proportion de plus en plus importante d'individus physiologiquement déficients (conséquence de la sous-alimentation, des perturbations dans les relations interindividuelles, ou de la dégradation du milieu).

À propos des différents vers parasites, nombre d'auteurs ont signalé l'existence d'importantes modifications comportementales induites chez l'hôte parasité (voir Combes, 1995). Les mécanismes, les effets et la signification adaptative de ce phénomène ont été bien étudiés chez le crustacé amphipode *Gammarus insensibilis* parasité par les métacercaires du trématode *Microphallus papillorobustus*. Le cycle de ce parasite s'effectue à travers deux hôtes intermédiaires successifs, le mollusque aquatique *Hydrobia acuta* puis l'amphipode *Gammarus insensibilis,* avant de se boucler au stade adulte dans l'hôte définitif, un oiseau d'eau consommateur de gammares (fig. 90). Les gammares observés dans la nature et au laboratoire présentent, en réponse aux perturbations du milieu (agitation de l'eau), deux types de comportement bien tranchés. Les uns, qui se cantonnent au fond de l'eau, ont un comportement « normal », cessant tout mouvement ou gagnant l'abri le plus proche. D'autres, qui se tiennent généralement en surface et près des berges, réagissent au contraire par des mouvements désordonnés qui les rendent très repérables. La dissection montre que tous les individus « fous », et seulement eux, hébergent à l'état enkysté dans les ganglions cérébroïdes des métacercaires de *Microphallus papillorobustus*.

Il était logique de supposer que la visibilité accrue des gammares infestés en mouvement, leur regroupement en surface ainsi que l'altération de leur comportement de fuite devaient favoriser leur prédation par les canards, goélands et autres oiseaux aquatiques et donc le passage du parasite chez l'hôte définitif. Helluy a pu démontrer expérimentalement que tel était bien le cas : des goélands captifs se nourrissant dans un bassin renfermant autant de gammares parasités que de gammares sains capturent 2,4 fois plus souvent les premiers que les seconds. Il est probable que dans les conditions naturelles, où les gammares indemnes de parasites se tiennent fréquemment à plus d'un mètre de profondeur (la profondeur du bassin expérimental n'était que de 20 cm), cette prédation sélective est considérablement plus marquée encore. Ainsi il apparaît que les altérations du comportement de l'hôte intermédiaire induites par le parasite ont pour effet d'accroître pour lui la probabilité

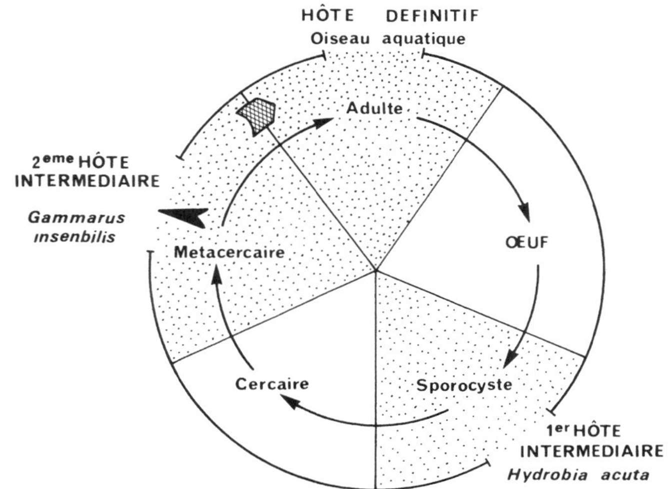

Figure 90 Cycle biologique du trématode *Microphallus papillorobustus* (d'après Helluy, 1980).

— Secteurs en pointillés = stade parasite ; secteurs en blanc = stade libre ;
— flèche noire = modification du comportement ;
— flèche hachurée = recrutement actif par prédation.

de rencontrer l'hôte définitif : c'est un mécanisme de *favorisation* (Combes, 1995). Helluy a souligné que, dans tous les cas connus de perturbations éthologiques, celles-ci se produisaient toujours chez des hôtes intermédiaires de stades parasites préadultes ; dans tous les cas l'hôte suivant est l'hôte définitif et la transmission est directe, par prédation de l'hôte intermédiaire (fig. 91). La valeur adaptative de ces mécanismes de favorisation est évidente.

L'impact des parasites (fig. 92) dépend de leur nombre et la charge parasitaire peut affecter la croissance, la fécondité mais aussi, bien sûr, la longévité des hôtes, directement ou indirectement (vulnérabilité accrue à d'autres parasites, à des maladies, aux prédateurs, aux rigueurs du climat).

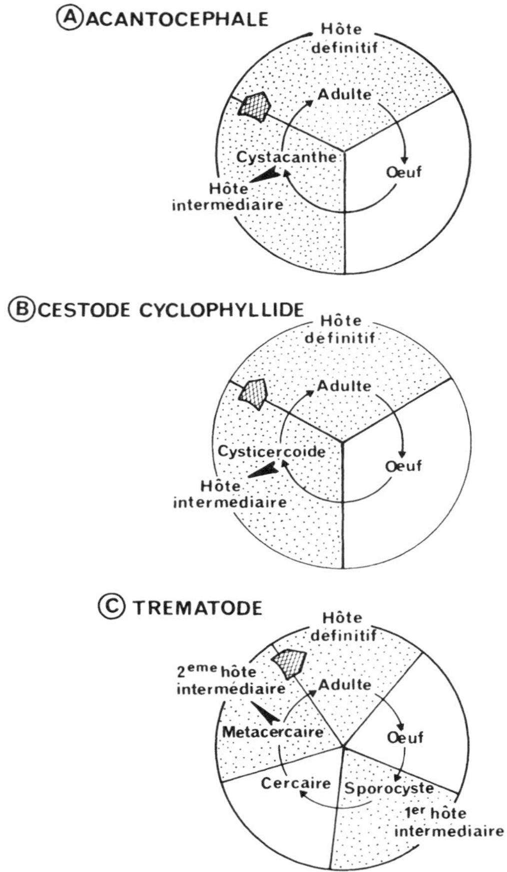

Figure 91 Cycles biologiques types de différents groupes de vers parasites (d'après Helluy, 1980).

Remarquer le lien entre le niveau d'intervention des modifications de comportement induites par le parasite (flèche noire) et le recrutement actif par prédation (flèche hachurée).

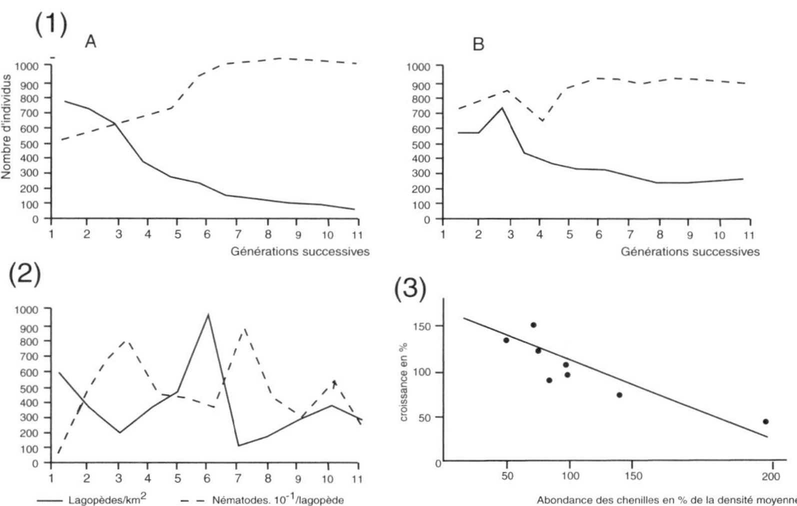

Figure 92 Impact des parasites sur les populations d'hôtes.

1 — coexistence de deux espèces de drosophiles, rendue possible par la présence d'un parasitoïde. (A) En l'absence de Leptopilina boulardi, Drosophila simulans (en tiretés) est rapidement éliminée par Drosophila melanogaster (en trait plein). (B) En présence de Leptopilina boulardi, Drosophila simulans (en tiretés) subsiste aux côté de Drosophila melanogaster (en trait plein) (d'après Boulétreau, modifié).

2 — (en bas, à gauche) : corrélation négative entre l'intensité du parasitisme (tiretés) et la densité des populations du lagopède d'Écosse (trait plein), au cours de onze années consécutives (d'après P. Hudson, modifié).

3 — (en bas, à droite) : effets de la densité de chenilles défoliatrices sur la croissance en été (en % de la moyenne observée) des chênes en Grande-Bretagne (d'après Varley et Gradwell, 1962).

Sans doute convient-il de distinguer le cas des microparasites (virus, bactéries, protozoaires) de celui des macroparasites (vers, anthropodes). Les microparasites sont caractérisés par une très petite taille, un temps de génération court et un taux de multiplication directe à l'intérieur de l'hôte extrêmement élevé. Ils tendent à induire une immunité à la réinfection chez les hôtes qui survient à la première attaque. Les infections qu'ils produisent ont une durée courte par rapport à l'espérance moyenne de vie de l'hôte et une occurrence très épisodique. Les macroparasites ont des temps de génération beaucoup plus longs et leur multiplication directe à l'intérieur de l'hôte est soit impossible soit peu importante. Les réponses immunitaires déclenchées par ces métazoaires dépendent généralement du nombre des parasites et l'infection tend à devenir persistante, les hôtes étant perpétuellement réinfectés. Les populations de microparasites présenteraient donc des fluctuations particulièrement chaotiques, les irruptions se produisant lors des phases de pullulation de l'espèce-hôte, tandis que les macroparasites constitueraient des populations relativement stables, au moins à l'échelle de la population globale de l'hôte.

QUELQUES RÉFLEXIONS EN GUISE DE CONCLUSION

L'écologie des interactions durables, c'est-à-dire, pour reprendre l'expression de Claude Combes (1997), l'étude des interactions « parasite-hôte-environnement », a émergé au début des années 80, probablement à la suite de deux constats, novateurs à cette époque :

1. le parasitisme joue un rôle non négligeable et parfois majeur dans le fonctionnement et l'évolution de la biosphère ;
2. lorsque les équilibres établis sont bouleversés, le rôle du parasitisme se trouve amplifié.

L'originalité et le caractère novateur du concept d'interaction durable provient de ce qu'il souligne que « dans un système hôte-parasite constitué, deux génotypes construisent leur phénotype côte à côte, en étroite imbrication. Cette situation donne l'occasion aux gènes du parasite de s'exprimer dans le phénotype de l'hôte et, par conséquent, d'en modifier certains caractères. Cette modification du phénotype de l'hôte par le génome du parasite est une illustration, peut-être la meilleure, du *phénotype étendu* de Richard Dawkins (1982) » (Combes, 1997). Elle inclut trois types de phénomènes :

1) les modifications du comportement de l'hôte qui se traduisent par un accroissement de la transmission du parasite ;
2) l'orientation de la physiologie de l'hôte en vue d'une exploitation optimale ;
3) la dépression du système immunitaire de l'hôte, augmentant ainsi la probabilité de survie du parasite.

En d'autres termes, les systèmes hôtes-parasites apparaissent comme des sortes de super-organismes dotés d'un « super-génome » — à tout le moins de deux génomes interactifs. L'interaction durable qui en résulte a quatre conséquences possibles :

- le génome du parasite, par l'intermédiaire de molécules ou de structures plus complexes, peut modifier le phénotype de l'hôte ;
- il existe une forte probabilité pour que voisinent dans le super-génome ainsi assemblé des gènes (ou combinaison de gènes) en double ;
- le partenaire qualifié de parasite peut apporter dans l'association un gène (ou une combinaison de gènes) que l'hôte ne possède pas et dont le fonctionnement peut profiter à ce dernier ;
- l'association prolongée entre deux organismes aux génomes différents est le lieu le plus privilégié qui puisse se concevoir pour des échanges de gènes entre ces organismes (Combes, 1995).

On est là à la source de mécanismes fondamentaux impliqués dans la dynamique de la biodiversité.

Robert Poulin, dans son livre de 1998, évoquait comme un regret le peu d'échanges, selon lui, entre parasitologie, écologie et biologie évolutive. Ainsi, écrit-il, jusqu'à récemment et en partie sous l'influence dominante de la parasitologie médicale, la plupart des parasitologues croyaient que l'évolution conduisait à une décroissance de la virulence des parasites, tandis que la théorie évolutive moderne laisse prédire une gamme plus étendue de réponses possibles (Ewald, 1994, 1995). Ce genre d'égarement aurait pu être évité avec une meilleure intégration de l'écologie, des études évolutionnistes et des connaissances accumulées par les parasitologues sur la biologie de nombreux parasites. Il y a toute une diversité de connaissances à mieux exploiter, que l'on s'intéresse à l'évolution de la virulence ou à l'évolution de la manipulation des hôtes par les parasites.

De fait, les parasites offrent aux écologues et biologistes de l'évolution une grande diversité de nouveaux modèles pour renouveler et approfondir nos connaissances dans ces domaines — parce que les lignées de parasites ont développé des adaptations complexes liées à leur mode de vie. En particulier, la nature éphémère de l'habitat des parasites — représentée par la durée de vie moyenne de l'hôte — les a contraints à explorer de nouveaux modes de colonisation des hôtes, d'où, en retour, des pressions de sélections sur les hôtes également (Combes, 1995 ; Poulin, 1998).

La dynamique des relations évolutives entre hôtes et parasites peut être éclairée aujourd'hui par le perfectionnement des méthodes de phylogénie comparée. En articulant phylogénie des hôtes et phylogénie des parasites, on peut inférer extinctions ou changements d'hôtes, c'est-à-dire les épisodes ayant favorisé la conquête de nouvelles lignées.

D'immenses champs de recherche s'ouvrent au biologiste évolutionniste, que l'on s'intéresse à l'évolution de la virulence — il est maintenant largement admis que les parasites n'évoluent pas invariablement pour devenir inoffensifs à leurs hôtes —, à l'évolution des stratégies biodémographiques, aux phénomènes de coévolution, aux stratégies optimales de conservation d'espèces menacées d'extinction ou que l'on s'intéresse, plus généralement, aux mécanismes d'organisation des peuplements.

Ainsi, dès lors que l'on considère que toute espèce vivante est concernée par le parasitisme, soit comme parasite soit comme hôte, on ne peut dissocier ce phénomène de cette caractéristique omniprésente du vivant qu'est la biodiversité. Le parasitisme pourrait être un facteur majeur dans la dynamique de la biodiversité :

« L'évolution globale du vivant a certainement été influencé par le parasitisme. Ainsi, chaque fois que le parasite apporte à son hôte des gènes innovants et devient par là même un mutualiste, il peut lui faire franchir des paliers évolutifs décisifs pour la réussite évolutive des organismes. Tel est le cas de la cellule eucaryote, dont l'hypothèse d'une origine mutualiste a pris de plus en plus de consistance au cours des dernières années, sous l'influence notamment de L. Margulis. D'autres hypothèses, qui ne sont en rien des provocations, permettent d'expliquer par le parasitisme l'origine de la sexualité (hypothèse de la "fécondation-parasitisme"), le maintien de la sexualité contre la tentation évolutive de processus asexués (hypothèse de la "Reine Rouge", Ebert et Hamilton, 1996) ou la raison d'être de la sélection sexuelle de "Hamilton et Zuk" (Clayton, 1991). Parmi toutes ces hypothèses encore en discussion, le rôle de la sexualité (et de la recombinaison génétique) comme générateur de diversité génétique, et le rôle de cette diversité comme arme-clé de la coévolution dans les interactions durables, est certainement l'une des plus séduisantes de l'écologie moderne » (Combes, 1997).

Chapitre 11

Les interactions de coopération

GÉNÉRALITÉS

À côté des interactions à tonalité négative que nous venons de voir, il existe aussi des coactions à tonalité positive, soit pour les deux espèces (mutualisme et symbiose), soit pour l'une d'entre elles, l'autre ne souffrant pas (commensalisme). En fait les distinctions ne sont pas toujours très claires, l'application des qualificatifs de positif, neutre, négatif aux effets de l'interaction dépendant largement de la connaissance que l'on a de la biologie des espèces en cause. La plupart des auteurs récents proposent d'employer ces termes dans une perspective évolutionniste : une espèce a un effet positif, négatif ou neutre sur une autre espèce si, respectivement, elle accroît, diminue ou laisse inchangée sa valeur sélective (c'est-à-dire sa contribution à la génération suivante).

On parle de commensalisme lorsqu'une espèce profite de la présence d'une autre pour se protéger, se nourrir ou se déplacer sans nuire à cette dernière (sans réduire sa valeur sélective). Mouches domestiques, souris et rats peuvent ainsi être considérés comme des espèces commensales de l'homme.

Lorsque les bénéfices sont réciproques, on parle de mutualisme ou de symbiose, selon que l'association est facultative ou obligatoire au moins pour l'un des partenaires. La séparation n'est pas toujours possible et il existe tous les intermédiaires entre ces extrêmes.

Il y a mutualisme entre certains oiseaux (*Ardeola, Molothrus, Bufagus*) et de grands herbivores qu'ils débarrassent des parasites dont ils se nourrissent.

Il y a mutualisme entre diverses espèces d'oiseaux, ou entre certaines espèces de singes, lorsqu'elles constituent, dans certaines conditions, des bandes polyspécifiques permettant une meilleure exploitation des ressources alimentaires offertes par le milieu et apportant éventuellement une meilleure protection contre les prédateurs.

Les plantes et leurs pollinisateurs constituent également des exemples d'interactions à bénéfices réciproques. Le nectar des fleurs apporte aux pollinisateurs non seulement divers sucres (sucrose, glucose, fructose) mais également des acides aminés. Le coût de l'opération pour la plante est compensé par le bénéfice décisif apporté par la pollinisation croisée, efficacement assurée par l'insecte ou l'oiseau.

Un exemple remarquable d'interdépendance mutuelle a été décrit par Janzen à propos de l'association entre un arbre et une fourmi (*Acacia cornigera* et *Pseudomyrmex ferruginea*). Nous en dirons quelques mots dans le chapitre suivant consacré à la coévolution.

L'existence des phénomènes symbiotiques n'est pas anecdotique. De nombreux organismes, animaux et végétaux, dépendent d'espèces symbiotiques. Ainsi, pour digérer la cellulose, ruminants et termites possèdent-ils dans leur tractus digestif, les uns des bactéries, les autres des protozoaires, équipés biochimiquement pour briser les chaînes de cellulose. Beaucoup de plantes, et particulièrement les légumineuses, renferment dans leurs racines des bactéries symbiotiques (*Rhizobium* notamment) capables de fixer l'azote atmosphérique, ce qui permet à ces espèces de prospérer sur des substrats pauvres en azote assimilable.

On connaît également l'importance des mycorrhizes, associations étroites entre des champignons et des racines. Tantôt le champignon constitue autour des racines un feutrage d'hyphes (ectomycorrhizes), tantôt il élabore, à l'intérieur des tissus de l'hôte, des formations inter ou intracellulaires (endomycorrhizes). Le champignon, dont les hyphes accroissent la surface d'absorption du système racinaire, enrichit la plante en éléments minéraux (K, N, P, mais aussi rubidium, césium, strontium) et pourrait assurer un rôle régulateur dans la nutrition minérale de l'arbre par stockage et libération progressive des éléments absorbés. La plante apporte au champignon des nutriments organiques nécessaires à son développement. Le succès de l'implantation de beaucoup d'arbres, notamment de conifères, de cupulifères et de bouleaux, dépend de la présence dans le sol du mycélium symbiotique spécifique.

Enfin, il n'est pas possible de ne pas citer le cas des lichens, associations obligatoires d'algues et de champignons.

Naturellement, l'équilibre des systèmes interspécifiques peut être précaire ou se transformer au cours de l'évolution. Ainsi, il peut y avoir passage du commensalisme au mutualisme ou au parasitisme, de même qu'une association de coopération peut dériver d'un parasitisme... ou y conduire. Il faut souligner enfin que la dynamique de ces interactions à tonalité positive, comme celle des autres types de coaction, dépend *aussi* des conditions environnantes (facteurs physico-chimiques et facteurs biotiques).

Examinons quelques grands types de mutualisme.

LA FIXATION DE L'AZOTE ATMOSPHÉRIQUE, UN MUTUALISME PLANTE-BACTÉRIE

L'incapacité de la plupart des plantes et des animaux à fixer l'azote atmosphérique est l'un des grands mystères de l'évolution.

Cette aptitude est largement répandue chez les bactéries et les archaebactéries. Beaucoup d'entre elles se sont trouvées engagées dans d'étroits mutualismes avec divers groupes d'eucaryotes. Il est probable que de telles symbioses ont évolué indépendamment à plusieurs reprises dans l'histoire de l'Évolution. Elles ont une importance écologique considérable, l'azote apparaissant comme une ressource limitante dans de nombreux milieux.

Parmi ces nombreux types de symbiose la plus étudiée est celle qui unit légumineuses et Rhizobiacées, du fait de leur importance en agriculture.

L'établissement de la relation entre la plante et le Rhizobium implique une série d'étapes successives. La bactérie existe à l'état libre dans le sol et voit sa multiplication stimulée par des exsudats et des cellules issus des racines de la plante. Ces exsudats « allument » un complexe de gènes chez le Rhizobium, appelés « gènes nod », qui contrôlent le processus qui induit la nodulation dans les racines de la plante-hôte. Celle-ci répond à la pénétration de ses cellules par le Rhizobium en enveloppant les bactéries en multiplication d'un cordon infectieux qui aboutit à la formation d'un nodule. Une vascularisation particulière se met en place au sein des tissus de l'hôte, qui apporte au nodule les produits de la photosynthèse et emporte des substances azotées (principalement de l'asparagine) à d'autres parties de la plante.

LES MUTUALISMES IMPLIQUÉS DANS LA DISPERSION DES GRAINES ET DES POLLENS

De nombreuses espèces de plantes utilisent des animaux pour disperser leurs graines ou leur pollen. Il s'agit de plantes dont les graines ou les fruits, armés de barbes, crochets ou structures collantes, se fixent dans les plumes, soies ou fourrures des animaux qui les transportent sans en tirer le moindre bénéfice. Il ne s'agit donc pas là de mutualisme.

Bien différent est le cas de certaines associations entre plantes supérieures et oiseaux, chauves-souris ou primates qui se nourrissent de leurs fruits et dispersent les graines.

Le règne végétal a exploité une vaste gamme de différenciations morphologiques dans l'évolution de fruits charnus offrant diverses « récompenses nutritives ». Les espèces à dispersion par des oiseaux ont généralement des fruits plus petits que celles qui dépendent de mammifères pour leur dispersion.

Évidemment, pour qu'il y ait mutualisme entre un oiseau frugivore et une plante, encore faut-il que l'oiseau ne digère que le fruit et pas les graines, lesquelles doivent rester viables après régurgitation ou expulsion dans les fécès. Généralement, le prix à payer par les plantes pour une dispersion par les oiseaux est l'investissement dans des tissus protégeant les plantules embryonnaires.

La plupart des plantes pollinisées par des animaux « offrent » du nectar ou du pollen à leurs visiteurs. Le nectar ne semble pas avoir d'autre fonction pour la plante que l'attraction de ces animaux, ce qui présente un coût, les carbohydrates ainsi utilisés étant perdus pour la croissance de la plante ou quelque autre activité.

Il est probable que l'évolution de fleurs spécialisées impliquant le recours à des animaux mutualistes pour la pollinisation a été favorisée parce que les animaux sont capables de reconnaître et discriminer entre des fleurs différentes, assurant ainsi une reproduction croisée entre individus de même espèce et non d'espèces différentes. La pollinisation par le vent, au contraire, du fait de sa nature passive, ne peut jouer ce rôle et apparaît donc plus gaspilleuse. La plus grosse part du pollen transporté par des vecteurs animaux atteint d'autres fleurs, et lorsque vecteurs et fleurs sont très spécialisés, comme dans le cas de beaucoup d'orchidées, pratiquement tout le pollen n'atteint que des fleurs de la même espèce.

Cette relation intime entre plante et pollinisateur peut avoir des effets pervers, ce dernier pouvant être responsable aussi bien de la transmission d'agents vénériens. Ainsi, le charbon, *Microbotryum violaceum*, est un champignon pathogène qui attaque plusieurs espèces de fleurs de la famille des caryophyllaceae (œillets et silènes). Transmis de fleur en fleur par les insectes pollinisateurs, il sporule dans les anthères, les spores du champignon se substituant au pollen : il s'agit donc bien d'une maladie sexuellement transmissible des plantes (Shykoff *et al.*, 1997).

LA VIE EN GROUPES PLURISPÉCIFIQUES

On connaît de nombreux exemples d'espèces, mammifères, oiseaux, poissons, qui vivent en groupes plurispécifiques.

À titre d'exemple, considérons en détail le cas des cercopithèques des forêts africaines où l'analyse descend jusqu'aux comportements des individus et prend en compte non seulement les relations aux ressources trophiques mais aussi celles qui impliquent les prédateurs de ces petits singes (Gautier-Hion *et al.*, 1983).

Tout part de l'observation que certaines espèces de cercopithèques se rencontraient essentiellement en troupes polyspécifiques : *Cercopithecus cephus, C. nictitans et C. pogonias*. De fait, cela soulevait des questions fondamentales à une période où prévalait, dans le cadre de la théorie de la niche revue par Hutchinson et MacArthur, l'idée que les peuplements étaient structurés par la compétition interspécifique :

– quels étaient les mécanismes de coexistence et de structuration de ces peuplements de primates ?
– quelle était l'importance réelle de la compétition ?

– si les troupes s'avéraient stables, quels en étaient les coûts et bénéfices pour les individus de chaque espèce ?
– comment l'éventuelle coopération entre individus d'espèces différentes et les probables conflits d'intérêts inhérents à un tel mode de vie avaient-ils pu influencer la nature des sociétés et les systèmes de communication ?
– les bénéfices étaient-ils suffisants pour sélectionner des comportements d'attractivité interspécifique ?
– devait-on considérer la vie en association polyspécifique comme un phénomène récent ou comme un processus pouvant avoir joué un rôle dans l'évolution des espèces ?

On mesure l'intérêt du modèle par la portée générale des questions qu'il a permis de poser, puis de résoudre dans une large mesure. Je ne relèverai ici que quelques points-clés, d'une part sur les mécanismes de coexistence, d'autre part en ce qui concerne les aspects écologiques, comportementaux et évolutifs liés à ces associations.

Trois paramètres de la niche ont été étudiés : les modes d'utilisation de l'habitat, les modalités de partage des ressources alimentaires et les comportements antiprédateurs. II apparaît les faits suivants :

– si les types d'habitat et leurs modes d'utilisation séparent bien les espèces riveraines il n'en est pas de même pour les trois espèces arboricoles de terre ferme qui constituent des troupes polyspécifiques, à la différence des précédentes ;
– les différences interspécifiques globales des régimes alimentaires (à dominance de fruits) sont faibles et rendent la compétition *a priori* potentiellement grande ;
– les ressources alimentaires sont plus rares et moins diversifiées en saison sèche, période où le recouvrement des régimes diminue ;
– les différences intersexuelles sont supérieures aux différences interspécifiques, suggérant que la compétition intraspécifique joue un rôle plus important que la compétition interspécifique ;
– la stratégie antiprédatrice des espèces solitaires est l'immobilisation silencieuse tandis que celle des espèces arboricoles consiste a détecter l'approche des prédateurs et prévenir les autres membres du groupe par des cris d'alarme *non spécifiques*.

L'association se réalise entre espèces affines morphologiquement, écologiquement et éthologiquement : la *convergence* de caractères est plus évidente que le déplacement de caractères cher à l'orthodoxie « compétitive ». Ainsi, la comparaison des systèmes à une, deux ou trois espèces de cercopithèques montre que, contrairement à l'hypothèse compétitive classique, l'association polyspécifique réduit les différences interspécifiques des modes d'utilisation de l'habitat et des ressources, notamment en diminuant l'ampleur des strates occupées et en augmentant le chevauchement des régimes.

Par une analyse critique des faits obtenus et notamment des coûts et bénéfices de l'association, Annie et Jean-Pierre Gautier retiennent l'hypothèse que la prédation serait la cause première du regroupement des espèces (la vie en association réduit la pression de prédation[1] en assurant une détection plus précoce des prédateurs — aigle des singes et panthères — et en augmentant l'effet de dissuasion), tandis que l'accroissement de l'efficacité alimentaire en serait un effet secondaire qui favoriserait la permanence de ces associations.

La mise en évidence d'une véritable attraction interspécifique laisse penser que la sélection a contribué à développer ce genre de vie. En outre, le suivi de l'organisation sociale des troupes polyspécifiques a montré que cette attraction interspécifique conduisait à une véritable organisation sociale supraspécifique.

Enfin, l'association serait un phénomène ancien qui aurait contribué à la spéciation des cercopithèques à travers l'hybridation.

Ainsi, on voit sur cet exemple :

– comment interagissent les phénomènes de prédation, de compétition et de coopération ;
– combien les comportements individuels puis sociaux sont une clé pour la compréhension de l'organisation et de l'évolution de ces systèmes polyspécifiques.

LES MUTUALISMES LIÉS AU DÉVELOPPEMENT DE CULTURES OU D'ÉLEVAGES

L'agriculture est certainement l'un des exemples les plus remarquables d'un mutualisme écologique qui touche d'assez nombreuses espèces. L'extension et la distribution géographique des populations de blé, de riz, de maïs, d'orge, de pommes de terre, sans parler de leur statut génétique, ne seraient pas ce qu'ils sont sans les pratiques culturales développées par l'*Homo sapiens*. On peut en dire autant de l'élevage pour des espèces telles que chèvres, moutons, bovins, chevaux, cochons, etc.

Inversement, c'est l'agriculture et l'élevage qui ont permis à l'espèce humaine de connaître la première grande impulsion démographique de son histoire, étape majeure dans ce qu'il faut bien appeler un *succès écologique*, marqué par la conquête de l'ensemble des écosystèmes de la planète.

Mais le mutualisme à base de culture ou d'élevage n'est pas le propre de l'homme : termites et fourmis l'avaient « inventé » bien avant que l'homme n'existe !

On sait que beaucoup de fourmis sont capables d'élever de nombreuses espèces d'homoptères en échange de sécrétions sucrées. Elles défendent leurs « troupeaux » contre prédateurs et parasitoïdes de la même façon que d'autres espèces de fourmis, attirées par des nectaires extrafloraux, défendent les plantes qui les produisent contre leurs herbivores (Strong *et al.* 1984).

Un autre exemple particulièrement remarquable et devenu un classique de la littérature moderne sur la question est celui des papillons du genre *Maculinea* et des

1. L'organisation entre les diverses strates de végétation des troupes polyspécifiques facilite la détection des prédateurs venant d'en haut par l'espèce qui fréquente plutôt les strates élevées et celle des ennemis venant du sol par l'espèce qui se cantonne dans les étages inférieurs des arbres.

fourmis du genre *Myrmica*. Toutes les espèces de *Maculinea* pondent leurs œufs sur une ou deux espèces de plantes spécifiques et les jeunes chenilles se nourrissent des fleurs jusqu'à leur troisième stade larvaire, après quoi elles se laissent tomber à terre, restant à quelques centimètres de la plante nourricière jusqu'à ce qu'une ouvrière de *Myrmica* ne s'en empare et la conduise à son nid. Là, elle séjourne pendant dix mois avant de se chrysalider dans l'une des chambres supérieures du nid. Quoique beaucoup d'espèces de *Myrmica* collectent et transportent des chenilles, chaque espèce de *Maculinea* ne peut être élevée avec succès que par une espèce déterminée de *Myrmica*. Les chenilles miment les larves de la fourmi et les espèces qui trompent le mieux les fourmis sont celles qui induisent chez ces dernières un comportement de nourrissage. Par exemple, *Maculinea rebeli* qui commence son développement sur la gentiane *Gentiana cruciata*, séduit avec succès la fourmi *Myrmica schenkii*. D'autres espèces plus « primitives » de *Maculinea*, telle que *Maculinea arion* qui dépend du thym sauvage, sont prédatrices des larves de fourmis — de sorte que la colonie « nourricière » peut être éliminée par les fourmis « hôtes » (Hochberg *et al.* 1992).

Ainsi, ces interactions montrent que l'on peut avoir tout le continuum de relations interspécifiques, depuis le mutualisme jusqu'au parasitisme et la prédation.

Côté agriculture, on peut évoquer les mutualismes très spécialisés qui se sont développés entre animaux incapables de digérer lignine et cellulose et champignons décomposeurs, pourvus des enzymes nécessaires pour cela.

C'est le cas de coléoptères xylophages du groupe des *Scolytidae* qui creusent des galeries dans les troncs d'arbres morts ou mourants, où leurs larves broutent continuellement des champignons qui leur sont spécifiques. Ces scolytes peuvent transporter des inocula du champignon dans leur tube digestif et certaines espèces présentent même des brosses spécialisées sur leur tête qui en retiennent les spores. Le champignon dépend du coléoptère pour sa dispersion dans de nouvelles galeries, tandis que celui-ci l'utilise comme nourriture. Il s'agit donc bien d'un mutualisme typique.

Mais le cas des fourmis coupeuses de feuilles, des genres *Atta* et *Acromyrmex* est un exemple plus éloquent encore qui mérite ici un développement particulier.

UN SYSTÈME CO-ÉVOLUÉ COMPLEXE : LES FOURMIS CHAMPIGNONNISTES

Il y a 50 millions d'années, raconte Ted Schultz (1999), dans les forêts tropicales d'Amérique du Sud, une lignée de fourmis abandonnait les traditionnelles mœurs de chasseur-cueilleur pour s'engager dans… l'agriculture ! Développant un partenariat avec un champignon à chapeau, ces pionnières de l'agriculture apprirent à cultiver et entretenir des récoltes de champignons, s'assurant ainsi une source durable de nourriture. C'est à partir de cette souche ancestrale innovatrice qu'évoluèrent quelques 210 espèces de fourmis *Attini*, exemple de radiation adaptative particulièrement remarquable !

Ces *Attini* incluent les fameuses fourmis coupeuses de feuilles dont le formidable succès écologique est la conséquence de la symbiose avec les champignons du genre *Leucocoprini*.

Les colonies de certaines espèces d'*Atta* peuvent abriter 8 millions de fourmis, représentant au total une biomasse équivalente à celle d'une vache. Ces fourmis prélèvent en feuillage les besoins journaliers d'une vache, mais ne le consomment pas directement. En le mâchant, elles réduisent ce feuillage à l'état d'une pâte, substrat sur lequel elles cultivent leurs champignons. Ce sont ces champignons qui, produisant des structures particulières appelées *gongylidia*, leur fournissent la nourriture nécessaire. Cette association combine l'aptitude des fourmis à se défaire des défenses antifongiques des plantes (tels que les téguments de cire des feuilles, qu'elles déchiquettent) et celle des champignons à contourner les défenses anti-insectes des plantes (telles que les substances insecticides qu'ils digèrent et qui sont ainsi absentes des tissus fongiques que consomment les fourmis).

La signification de cette association, connue, elle, des anciens Mayas, est découverte par Thomas Belt qui écrit en 1874 : « Je crois que le véritable usage des feuilles par les fourmis réside dans leur fonction de fumier, sur lequel elles cultivent une minuscule espèce de champignons dont elles se nourrissent ; elles sont en réalité des cultivatrices et mangeuses de champignons. » Mais l'ampleur de l'association n'est toutefois que de découverte récente. Ainsi, Currie *et al.* (1999) soulignent que la symbiose des fourmis Attines consiste en fait à une association de trois partenaires appartenant à trois règnes distincts — fourmi, champignon et bactérie produisant un antibiotique —, outre un champignon parasite qui joue « les mauvaises herbes » en infestant les jardins des fourmis.

Les champignons cultivés sont propagés à partir de jardins préexistants. La reine fondatrice emporte dans ses mandibules une petite boulette de mycélium de son nid maternel. C'est à partir de cette boulette qu'elle développe un nouveau jardin pour la colonie qu'elle va initier. Ce type de propagation végétative d'une génération à l'autre incitait à penser à une coévolution très stricte entre souches de champignons et fourmis hôtes. Mais des analyses phylogénétiques et génétiques montrent que l'histoire est plus complexe. Ainsi, chez les *Attini* « inférieures », les colonies de fourmis remplacent occasionnellement leurs plantations clonales par des champignons vivant à l'état libre et collectés à l'extérieur du nid. Les colonies remplacent également leurs souches résidentes de champignons par d'autres souches prélevées chez d'autres espèces de fourmis, de sorte que des espèces de fourmis éloignées phylogénétiquement peuvent partager le même clone cultivé. La meilleure stratégie évolutive à long terme pour la plupart des fourmis champignonnistes semble donc être la culture d'une diversité de variétés, plutôt que la dépendance exclusive vis-à-vis d'une seule.

Une telle stratégie s'explique face aux pressions environnementales qui s'exercent, notamment celles qui procèdent d'un groupe de parasites hautement spécialisés : les champignons du genre *Escovopsis*, qui infectent les jardins de fourmis. Cette association est ancienne car les espèces d'*Escovopsis* n'ont été trouvées jusqu'ici que dans les jardins de fourmis champignonnistes, jamais ailleurs.

Elles se propagent d'une colonie à l'autre probablement par « auto-stop » sur le corps des fourmis. Une fois introduit, l'*Escovopsis* attend son heure à faible densité. Et comme chez de nombreux pathogènes hautement adaptés à leurs hôtes (maladies humaines comprises), quand la santé du jardin est altérée, le parasite devient virulent et détruit la culture en peu de temps.

Dans les jardins sains, *Escovopsis* est tenu en échec par des antibiotiques spécifiques produits par des bactéries du genre *Streptomyces* qui vivent sur le corps des fourmis. L'élucidation de la stratégie d'utilisation par les fourmis de ces antibiotiques pourrait être précieuse pour l'espèce humaine qui utilise les antibiotiques depuis moins de 60 ans (davantage si l'on considère l'utilisation médicinale des moisissures dans la Chine ancienne, ou chez les Grecs et les Romains) et se heurte à l'évolution rapide de résistances chez les pathogènes qui la menacent.

La réponse apportée par les fourmis à ce problème implique probablement une « course aux armements » évolutive, dans laquelle les pathogènes de jardins et les bactéries à antibiotiques (de même que les champignons cultivés et les fourmis) ont évolué en tandem le long de diverses voies évolutives. Les assemblages particuliers de fourmis, champignons et bactéries que nous connaissons aujourd'hui en sont le résultat.

Il y a là un système très précieux, véritable modèle d'évolution symbiotique à méditer pour l'homme.

QUELQUES MOTS DE CONCLUSION

La diversité, la complexité et l'omniprésence des phénomènes de coopération peuvent donner l'impression que toute tentative de généralisation est vaine.

Pourtant, même s'il est vrai que l'on peut trouver toutes les transitions entre mutualisme simple, symbiose, parasitisme et mode de vie libre, il est possible de dégager quelques traits généraux qui permettent de caractériser et de distinguer les espèces mutualistes et symbiotiques des espèces à mode de vie libre ou parasitaire.

On peut en énoncer six :

- les cycles biologiques de la plupart des espèces symbiotiques sont remarquablement simples par rapport à ceux des parasites ;
- la sexualité disparaît chez les mutualistes endosymbiotiques ;
- il n'y a pas de phase de dispersion visible chez les endosymbiotes ;
- on peut s'attendre à une coévolution des mutualistes conduisant à la dispersion des deux partenaires ensemble (reines de fourmis ou scolytes emportant un inoculum du champignon associé pour fonder de nouvelles colonies…) ;
- les populations de mutualistes paraissent très stables comparativement aux parasites qui connaissent des épidémies ;
- les nombres d'endosymbiotes par hôte semblent remarquablement constants et la dynamique de leurs populations doit être très densité-dépendante.

Chapitre 12

Interactions et évolution

Les coactions interspécifiques, nous venons de le voir, peuvent être très étroites : elles sont alors tout spécialement le lieu de pressions sélectives réciproques qui conduisent, par transformation de la structure génétique de chaque population en présence, à une véritable évolution conjointe de celles-ci. On parle de coévolution.

LA NOTION DE COÉVOLUTION

Depuis le travail classique de Ehrlich et Raven (1964) consacré aux interactions entre des papillons et des plantes, l'importance et la diversité des phénomènes de coévolution dans la structure et la dynamique des systèmes écologiques sont de plus en plus soulignées dans la littérature écologique.

La coévolution peut être définie comme « un changement évolutif dans un trait des individus d'une population qui survient en réponse à un trait des individus d'une deuxième population et provoque une réaction évolutive de celle-ci » (Janzen 1980).

Le principe de la dynamique coévolutive évoquée dans cette définition peut être résumé graphiquement par la figure ci-dessous (fig. 93).

Les processus coévolutifs tendent donc à maintenir ou accroître la coadaptation des espèces en interaction (dans le cas des coactions de coopération) ou l'adaptation de l'une d'elles aux caractéristiques écologiques, éthologiques, physiologiques ou anatomiques de l'autre (dans le cas des relations de type mangeur-mangé). Cela dit il ne suffit pas de constater l'existence d'un ajustement étroit entre un consommateur et sa proie ou entre deux espèces associées par des liens de coopération pour parler d'une coévolution de celles-ci. La coexistence actuelle de deux espèces interdépendantes peut résulter en effet d'une rencontre aléatoire, rencontre couronnée de

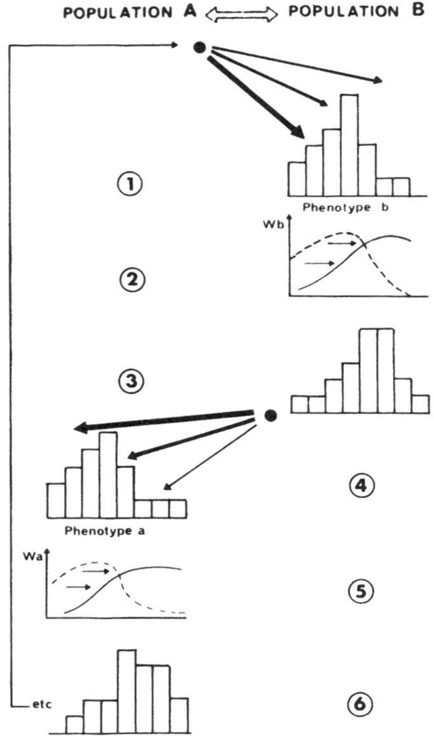

Figure 93 Dynamique coévolutive de deux espèces en interaction étroite.

1) La population A exerce une pression plus forte sur certains phénotypes particuliers de la population B ;

2) La valeur sélective des divers phénotypes de B est ainsi affectée par l'impact de la population A ;

3) La fréquence des divers génotypes puis phénotypes dans la population B est donc modifiée ;

4) L'influence exercée par la population B sur la population A se modifie à son tour ;

5) La valeur sélective des différents phénotypes de A s'en trouve changée ;

6) Leur fréquence dans la population A varie en conséquence, etc.

succès parce que celles-ci étaient « faites pour s'entendre » de par leur histoire personnelle passée. Naturellement, cette coexistence peut *devenir* le lieu d'une coévolution.

Janzen (1966) a décrit le remarquable exemple de mutualisme constitué, en Amérique centrale, par les associations entre certaines légumineuses du genre *Acacia* et des fourmis du genre *Pseudomyrmex*. Ces espèces d'*Acacia* sont dépourvues des défenses chimiques (glucosides à cyanogène) que l'on trouve chez les autres espèces de la région. Elles bénéficient de la protection efficace que leur confèrent les fourmis contre toute une gamme de phytophages. En contrepartie, elles apportent à ces dernières abris et nourriture. Des colonies importantes de fourmis se développent sur ces arbres, creusant des nids à l'intérieur des épines transformées en organes renflés et profitant du nectar produit par les nectaires situés à la base des feuilles. La coopération est nécessaire : ni les fourmis ni l'arbre ne peuvent vivre séparés. Janzen a montré que les jeunes plants d'*Acacia cornigera* , privés expérimentalement de fourmis, avaient une probabilité de croissance et de survie très réduite. Ce mutualisme obligatoire s'est accompagné du développement, de part et d'autre, d'adaptations qui contribuent à accroître l'efficacité de l'association. Ainsi, tandis que la plupart des espèces apparentées perdent leurs feuilles en saison sèche, l'*Acacia cornigera* conserve son feuillage toute l'année, ce qui assure aux *Pseudomyrmex ferruginea* associées un approvisionnement continu. Quant aux fourmis, elles peuvent être actives, à toute heure du jour et de la nuit, ce qui permet une protection permanente de l'arbre.

Des phénomènes de coévolution ont été signalés ou sont supposés avoir joué dans la dynamique de nombreux systèmes « mangeur-mangé », et particulièrement dans le cas de couples d'espèces étroitement interdépendantes comme ceux qui impliquent des phytophages spécialisés et beaucoup de parasites. La dimension évolutive de la dynamique de telles associations a pu être démontrée à la faveur notamment de l'introduction d'espèces « nouvelles », c'est-à-dire étrangères à l'écosystème d'accueil.

Le virus de la myxomatose fut introduit en Australie en 1950 pour arrêter la pullulation du lapin *Oryctolagus cuniculus*, lui-même introduit d'Angleterre en 1859. En quelques années l'expansion du virus réduisit la population de lapins à 1 % des effectifs précédents. Puis, d'année en année, la maladie devint moins virulente. Fenner (1965) a montré que cela résultait à la fois d'un accroissement de la résistance des lapins (sélection d'individus génétiquement résistants, fig. 94) et d'une diminution de la virulence du virus (testée sur des lapins indemnes de Grande-Bretagne). La sélection naturelle, dans ce dernier cas, agit sur la transmissibilité du virus et non directement sur sa virulence. les souches virales favorisées sont celles qui se propagent le plus vite, donc les plus contagieuses. Étant donné que le vecteur principal est, en Australie, le moustique, les souches virales qui sont sélectionnées

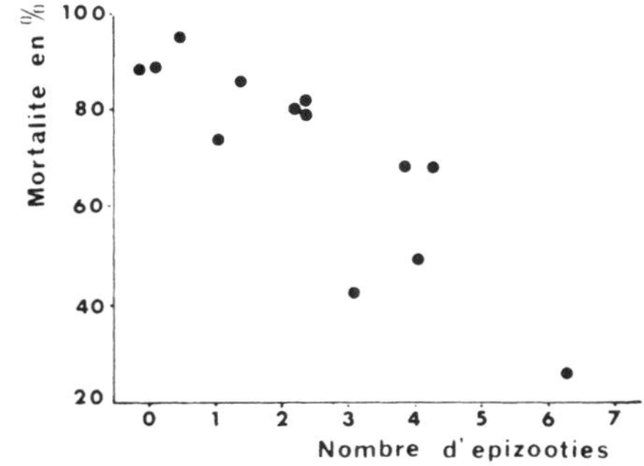

Figure 94 Diminution par sélection naturelle de la vulnérabilité des lapins sauvages d'Australie au virus de la myxomatose (d'après Fenner, 1965).

Le taux de mortalité de lapins sauvages inoculés avec des virus de virulence III décroît au cours des épizooties successives.

sont celles qui provoquent chez le lapin des lésions superficielles (accessibles aux moustiques) et qui n'entraînent pas leur mort rapidement (accessibles aux moustiques plus longtemps).

LE CONCEPT DE DÉPLACEMENT DE CARACTÈRE

Du point de vue évolutionniste on attribue généralement à la pression de compétition une importance considérable dans le façonnement, la diversification et la spécialisation des espèces d'animaux et de plantes. Les effets immédiats de la compétition, tels ceux que nous avons vus au chapitre 8 se prolongent par des effets à long terme, adaptations des populations qui impliquent une transformation de leur structure génétique et non un simple ajustement de leurs spectres d'utilisation des ressources.

Ainsi Lack, à la suite de Darwin, attribue à la compétition interspécifique pour les ressources alimentaires un rôle moteur dans la radiation adaptative qui, aux Galapagos, aboutit à la différenciation, à partir d'un même stock colonisateur, de treize espèces de pinsons *(Geospiza)*. La différenciation porte notamment sur la taille et la forme du bec, spécialisations liées à la réduction des spectres trophiques des espèces.

La notion de déplacement de caractère, due à Brown et Wilson (1956), a été redéfinie par Grant (1972) après une analyse critique des « faits » classiquement avancés pour l'étayer : « Le déplacement de caractère est le processus par lequel l'état d'un caractère morphologique change, chez une espèce, par suite de la sélection naturelle qui résulte de la présence dans le même environnement, d'une ou plusieurs espèces similaires[1]. »

Une représentation schématique en est donnée dans la figure 95. Le mécanisme serait le suivant :

1) en situation allopatrique les populations de deux espèces, soumises à des pressions sélectives stabilisantes, présentent, pour le caractère considéré (taille du corps par exemple), des distributions de fréquences correspondant à l'optimum local ;
2) en situation sympatrique les individus des deux populations sont exposés à une pression sélective nouvelle, due à la compétition interspécifique ;
3) dans les deux populations, les phénotypes « extrêmes » (les grands individus de l'espèce la plus grande, les petits de l'espèce la plus petite), capables d'exploiter des types de proies extrêmes, ont une valeur sélective supérieure à celle des phénotypes « centraux », davantage exposés à la compétition interspécifique ;
4) sous l'effet de la sélection directionnelle produite par la compétition interspécifique, les modes des deux distributions de fréquences tendent à s'écarter ;

1. L'auteur précise « ecologically and/or reproductively similar » soulignant par ce dernier terme la fonction d'isolement sexuel de certains déplacements de caractère.

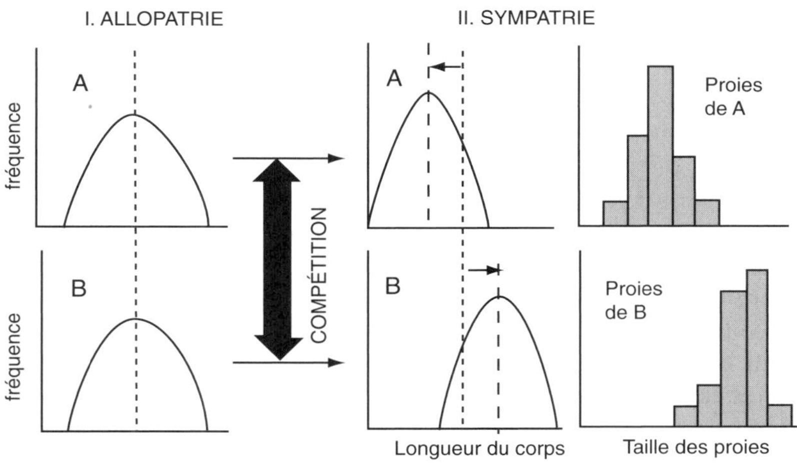

Figure 95 Représentation schématique du processus du déplacement de caractère (voir texte).

5) au terme de l'interaction sélective les deux espèces ont localement des morphologies suffisamment distinctes et utilisent des ressources suffisamment différentes pour se stabiliser autour d'un nouvel optimum.

Le processus de déplacement de caractère s'inscrit au cours du temps : on ne saurait affirmer, en toute rigueur, qu'il y a eu déplacement de caractère si l'on ne connaît pas la situation de « départ ».

C'est, par définition, un phénomène évolutif : on ne devrait pas parler de déplacement de caractère sans être certain qu'il y a eu modification de la composition génétique de l'une au moins des populations en présence. Il existe en effet de nombreux exemples de modification de la taille des individus simplement par suite d'un effet dépresseur de la compétition interspécifique sur la croissance des individus. Holmes l'a bien montré dans son travail sur des vers parasites. L'exemple de l'étoile de mer *Pisaster ochraceus*, qui inhibait la croissance de *Leptasterias hexactis*, va dans le même sens : il s'agit d'une compétition par interférence faisant intervenir un comportement agressif. Composée d'individus plus petits qu'en l'absence de compétiteurs, la population de *L. hexactis* parvient à coexister en exploitant des proies de plus petite taille. Du point de vue fonctionnel, il n'y a pas de différence entre cet exemple et un véritable déplacement de caractère.

LE MODÈLE DE LA REINE ROUGE

Van Valen a suggéré en 1973 que la coévolution, appréhendée dans le cadre de l'écosystème, ressemblait à une sorte de course sur place. De fait, si l'on admet que la composante la plus importante de l'environnement d'une espèce est constituée par les autres espèces qui vivent au même endroit, on peut s'attendre à ce que tout progrès adaptatif acquis par une espèce ait pour conséquence une dégradation de l'environnement des autres et une réaction de celles-ci. En effet, la population la mieux adaptée aura tendance à accroître ses effectifs et donc l'utilisation des ressources du milieu, au détriment des autres espèces. Soumises à une telle pression de sélection, celles-ci répondraient en rétablissant leur valeur adaptative. Van Valen a donné à cette sorte de course coévolutive le nom de « *modèle de la Reine Rouge* », par allusion au personnage du roman de Lewis Caroll, « De l'autre côté du miroir » ; Alice, entraînée par la Reine Rouge, doit courir très vite pour rester sur place. Si ce concept élargit le cadre dans lequel se jouent effectivement les processus évolutifs, il n'implique pas nécessairement que la coévolution soit une propriété de l'écosystème, ce qui la rendrait d'ailleurs à peu près inaccessible à l'analyse. Il est préférable, en effet, de conserver une définition stricte du concept de coévolution et tenter de voir comment celle-ci opère dans des systèmes génétiques simples. En d'autres termes, pour identifier d'authentiques processus coévolutifs il est nécessaire de développer une génétique des relations entre espèces interdépendantes — un hôte et son parasite, par exemple.

LA COÉVOLUTION ENTRE PARASITE ET HÔTE

Une dynamique évolutive complexe

Dans un système parasite-hôte constitué, deux génomes construisent leur phénotype côte à côte, en étroite imbrication. Cette situation donne l'occasion aux gènes du parasite de s'exprimer dans le phénotype de l'hôte et, par conséquent, d'en modifier certains caractères. Les recherches récentes ont montré que la manipulation permet au parasite, soit de modifier le comportement de son hôte en vue d'assurer sa transmission, soit d'orienter la physiologie de son hôte dans une perspective d'exploitation optimale, soit encore de déprimer le système immunitaire de son hôte en vue d'augmenter la probabilité de sa propre survie (Combes, 1995).

Un exemple de manipulation a déjà été donné au chapitre 9 avec le cas des gammares qui transmettent des larves de parasites aux oiseaux lorsque ces derniers les ingèrent. Alors que les gammares sains se réfugient au fond des mares à l'approche d'un oiseau prédateur, les gammares parasités (manipulés par les parasites), s'agitent de façon désordonné à la surface et s'offrent à la gloutonnerie de l'oiseau. Des expériences laissent penser que le parasite pourrait agir en libérant un neuro-médiateur (sérotonine ?) au voisinage des centres nerveux du gammare.

La relation entre une population d'hôtes et une population de parasites peut être abordée, soit en termes de génétique, soit en termes de démographie (voir Combes, 1995).

Quatre processus sensibles à la sélection gouvernent la relation parasite-hôte : (1) rencontrer : il y a sélection, chez le parasite, de gènes favorisant la rencontre avec l'hôte potentiel ; (2) éviter : il y a sélection chez l'hôte, de gènes défavorisant cette même rencontre ; (3) tuer : il y a sélection, chez l'hôte, de gènes attaquant le parasite installé : (4) survivre : il y a sélection, chez le parasite, de gènes lui permettant de résister aux attaques, celles des systèmes immunitaires en particulier.

Des progrès marquants ont accompagné l'étude de ces processus sélectifs, et ont fait prendre conscience de l'importance des comportements dans la transmission parasitaire. L'individu-parasite, sous peine de mourir et donc de ne pas transmettre ses gènes, doit rencontrer un individu-hôte convenable. Aussi, existe-t-il des pressions de sélection considérables pour accroître l'efficacité de tout mécanisme qui favorise la rencontre du stade infestant avec un hôte potentiel. De nombreuses équipes ont analysé ces processus de *favorisation*. André Théron par exemple, a étudié comment la nature de l'hôte influençait la sélection de gènes conditionnant sa rencontre. Il a montré que, en fonction de la présence de rongeurs ou d'humains en tant que réservoirs de *Schistosoma mansoni* (agent de la schistosomose intestinale), il y a sélection, dans les populations du parasite, d'allèles de chronobiologie différents : dans les sites de transmission à prépondérance humaine, la libération des cercaires infestantes par les mollusques vecteurs se produit vers le milieu de la journée (à l'heure où les hommes fréquentent les mares) ; dans les sites à prépondérance murine, cette même libération se fait en fin d'après-midi (en relation avec les mœurs crépusculaires des rongeurs). Des recherches expérimentales ont démontré le déterminisme génétique de l'émergence des parasites, l'existence d'un polymorphisme des gènes de chronobiologie dans les populations naturelles et la réalité de leur valeur adaptative. Chaque espèce de schisotosome possède son propre rythme, en accord avec l'activité de ses hôtes. La chronobiologie n'est que l'un des multiples processus impliqués dans la rencontre.

Même si l'hôte dispose de mécanismes élaborés pour lutter contre ses parasites, la sélection de mécanismes s'opposant à (ou défavorisant) la rencontre est une autre solution, souvent efficace. D'où l'importance de la notion de refuge, particulièrement bien démontrée dans le cas des insectes parasitoïdes : la pression du parasitoïde peut faire évoluer son hôte vers des habitats de plus en plus inaccessibles où différemment dispersés dans l'espace. Le développement des recherches sur` les traits biodémographiques a ouvert d'autres perspectives. Des travaux récents montrent, en effet, que la sélection peut modifier les traits de vie des hôtes, par exemple, l'âge de la maturité sexuelle, dans un sens qui minimise la rencontre avec les hôtes.

De l'affrontement entre le génome du parasite et celui de l'hôte, à travers de nombreuses générations, découle souvent une véritable « course aux armements », expliquant que toute modification des conditions d'équilibre (une augmentation de la promiscuité des individus-hôtes dans les élevages, ou bien une diminution des ressources alimentaires) puisse provoquer un accroissement explosif des effets pathogènes. Même la fragmentation des écosystèmes (due aux activités des hommes) peut être la cause de déséquilibres dans la relation pararasite-hôte, en modifiant les probabilités de rencontre avec les stades infestants. Les gènes impliqués dans certaines « courses aux armements » sont en cours d'identification.

L'association entre telle espèce de pathogène et telle espèce d'hôte peut aussi se modifier au cours du temps. Ainsi, de nouvelles associations peuvent se former, en relation avec les changements d'aire géographique des organismes sur la planète ou avec des modifications de comportement. Les techniques de la biologie moléculaire montrent, par exemple, que de nombreuses maladies parasitaires de l'homme actuel sont le résultat de « transferts » qui se sont produits au cours de l'émergence des hominidés, pendant les deux à trois derniers millions d'années. On doit ajouter que les recherches sur les processus de sélection, à l'intérieur des systèmes parasites-hôtes, ont conduit les parasitologues à modifier leurs idées sur l'évolution de la virulence au cours du temps. Ainsi s'est imposé le concept, capital pour la compréhension des maladies dites émergentes chez l'homme, que l'atténuation de la virulence avec le temps caractérisait certaines associations parasitaires, mais ne pouvait en aucune manière être considérée comme la règle absolue.

Dans la course aux armements que représente la coévolution des hôtes et des parasites, ces derniers semblent être avantagés par rapport à leurs hôtes, car ils se reproduisent généralement plus vite qu'eux ; la sélection naturelle devrait donc favoriser l'apparition plus rapide d'adaptations bénéfiques chez les parasites que de défenses chez les hôtes. Cependant ceux-ci vivent plus longtemps que les parasites et ils possèdent des défenses immunitaires : par exemple les lymphocytes et autres cellules du système immunitaire des mammifères deviennent rapidement capables de reconnaître et d'attaquer les nouveaux parasites, car le système immunitaire modifie constamment les cellules et les molécules auxquels les parasites doivent faire face. C'est une expression non négligeable de la biodiversité.

Inversement les parasites peuvent contre-attaquer, ainsi que le souligne John Rennie. Une de leurs ruses a été découverte dans les années 1970 par plusieurs équipes qui étudiaient les trypanosomes, protozoaires responsables de la maladie du sommeil : les antigènes des trypanosomes changent à chaque génération[2], de sorte que les personnes infestées ne peuvent se débarrasser de leurs parasites. On sait aujourd'hui que les trypanosomes possèdent environ mille gènes codant des antigènes de surface différents, mais un seul de ces gènes est exprimé, au hasard (encore un aspect de la biodiversité individuelle et de sa signification). En outre, les antigènes de surface se détachent des trypanosomes qui sont endommagés, ce qui complique beaucoup la détection du parasite par le système immunitaire de l'hôte.

Certains parasites exploitent leurs hôtes sans les rendre malades. Ainsi le champignon parasite *Ustilago violacea* modifie à son profit le mode de reproduction d'une plante à fleur, le silène : soit il stérilise les plantes mâles, soit il force les plantes femelles à produire des fleurs mâles stériles mais dans les deux cas il transforme les étamines en organes de dissémination de ses propres spores. Les insectes attirés par les fleurs se chargent de ces spores et les propagent vers d'autres silènes.

Entraînés dans la course aux armements, les hôtes ont paré les ruses diaboliques des parasites à l'aide de leurs propres armes secrètes. Certains évolutionnistes pensent que l'une de ces armes pourrait être un phénomène qui les déconcerte

2. Les antigènes sont les molécules que le système immunitaire détecte chez les agents pathogènes et qui provoquent les réponses immunitaires contre ces agents.

depuis longtemps : la reproduction sexuée. Par le brassage génétique qu'elle permet et la biodiversité qu'elle crée ainsi, elle contribuerait à désarmer le parasite.

Le cas des insectes phytophages et de leurs plantes-hôtes

Ehrlich et Raven ont proposé en 1964, puis réajusté ensuite, un modèle résumé dans le tableau 6 qui explique les mécanismes de la course évolutive des insectes phytophages et des plantes qui cherchent à s'en protéger. Parce que ce modèle est plausible il a été largement accepté et appliqué parfois de façon non critique. Ainsi, d'étroites associations entre des groupes particuliers de plantes et certains insectes, *liés* par la chimie de la plante, sont trop vite considérées comme des preuves de coévolution.

Un exemple. Les glucosinolates des crucifères (moutarde, choux...) jouent un rôle majeur dans les interactions entre les insectes et ce groupe de plantes. Toxiques pour beaucoup d'herbivores, ces molécules fournissent des stimulants alimentaires pour d'autres et sont utilisés pour localiser la plante-hôte par nombre d'espèces adaptées aux crucifères, telles que les papillons et pucerons du choux. Ces résultats s'accordent avec le schéma de Ehrlich et Raven (étape 6 du tableau 6) mais peuvent être interprétés plus simplement à partir d'arguments évolutifs classiques, comme dans l'évolution de la résistance à un insecticide et l'acquisition de nouveaux herbivores par une plante introduite. Comme on l'a souligné, le terme de coévolution devrait être limité à des situations où il est montré qu'il y a évolution *réciproque*.

Tableau 6 Modèle de coévolution plante-phytophage (Ehrlich et Raven, 1964 ; Berenbaum, 1983).

1. — Différents taxons végétaux élaborent un prototype phytochimique faiblement toxique pour des phytophages et qui possède une fonction écologique ou physiologique chez la plante.
2. — Certains insectes peuvent se nourrir sur de telles plantes et réduire ainsi la valeur sélective du végétal.
3. — Des mutations et recombinaisons chez la plante entraînent l'apparition de composés phytochimiques plus nocifs.
4. — L'attaque des insectes est réduite du fait des propriétés toxiques ou repoussantes du nouveau « phytochimique ». De ce fait, les plantes pourvues de telles substances se trouvent favorablement sélectionnées.
5. — La plante, ainsi protégée, « entre » dans une nouvelle zone adaptative. Une radiation évolutive peut en résulter.
6. — Des insectes peuvent développer une tolérance ou, même, une attraction vis-à-vis du nouveau composé et de la plante qui le produit. Il en résultera une spécialisation trophique de l'insecte, lequel aura toute liberté pour se diversifier largement en l'absence de compétition (c'est-à-dire d'autres phytophages).
7. — Le cycle peut se répéter, accentuant la production de substances phytochimiques, puis la spécialisation des insectes.

Deux exemples permettent cependant de saisir la portée de l'hypothèse de Ehrlich et Raven : le cas des plantes à coumarine, avec les insectes associés et celui des papillons *Heliconius* et de leurs lianes. Les coumarines sont des molécules très répandues dans le monde végétal : la forme la plus simple, qui se trouve dans environ trente familles de plantes, est l'hydroxycoumarine. Les furanocoumarines linéaires, de structure déjà plus complexe, n'existent que dans huit familles de plantes, et dans la majeure partie des genres et espèces d'ombellifères et de rutacées. Enfin, plus complexes encore, les furanocoumarines angulaires sont connues seulement chez deux genres de légumineuses et onze genres d'ombellifères. En accord avec l'étape 5 du tableau 6, la diversité des ombellifères est corrélée avec les stades de cette séquence de complexification chimique : les genres d'ombellifères à furanocoumarine angulaire sont beaucoup plus riches en espèces que les genres à furanocoumarine linéaire et plus encore que ceux sans furanocoumarine. Considérons maintenant la réponse (étape 6 du scénario de Ehrlich et Raven) de deux groupes d'insectes liés aux ombellifères, les papillons du genre *Papilio* et ceux de la sous-famille des Depressarinés : il y a beaucoup plus d'espèces de papillons capables de se nourrir sur des hôtes à furano-angulaire que sur des hôtes à furanolinéaire, à hydroxycoumarine ou sans coumarine. Le succès évolutif, en termes de richesse spécifique, est corrélé avec la présence des dérivés chimiques de complexité supérieure. Les insectes des plantes à coumarine ont certainement présenté une radiation adaptative en corrélation avec l'élaboration de nouveaux composés : avec la diversification des niches chimiques !

Les rôles joués par les insectes et prédits par les étapes 2, 4 et 6 du scénario théorique de Ehrlich et Raven sont liés à certains aspects de l'histoire des coumarines. Les composés simples ne sont apparemment pas particulièrement toxiques aux insectes. À tout le moins, beaucoup de groupes d'insectes ont des espèces résistantes ou tolérantes vis-à-vis de ces composés : les plantes à hydroxycoumarine sont attaquées par une large gamme d'insectes polyphages. En revanche, les ombellifères à furanocoumarines linéaire et angulaire ont des faunes plus spécialisées

Ces insectes spécialisés présentent des adaptations remarquables aux composés chimiques de leur hôte. Par exemple, certaines chenilles se protègent des propriétés phototoxiques des furanocoumarines linéaires en se mettant elles-mêmes à l'ombre dans un enroulement de feuilles, pour y manger en paix. En plein soleil les furanocoumarines linéaires inactivent l'ADN, or la plupart des plantes présentant ces composés poussent en pleine lumière plutôt qu'à l'ombre.

En bref, tout ce que nous savons des systèmes plantes à coumarine/insectes s'accorde avec le modèle de Ehrlich et Raven et est difficile à expliquer sans invoquer la coévolution.

Dans les forêts tropicales d'Amérique, les chenilles d'*Heliconius* ont une passion ... pour les fleurs de la passion. Dispersées à travers la forêt, les diverses lianes du genre *Passiflora* produisent de nouvelles pousses de façon très irrégulière, imprévisible. Or les chenilles de la plupart des espèces ne peuvent se nourrir que de ce jeune feuillage. Pour pondre la totalité de son stock d'oeufs la femelle papillon doit vivre longtemps (plusieurs mois) et explorer de vastes espaces de forêt. La sélection pour ce style de vie a produit des papillons à grands yeux et à vol énergétiquement efficient (vol plané, glissé), permettant de faire du sur-place devant les plantes pour mieux les « inspecter » et de naviguer avec aisance dans le sous-bois des forêts.

Pour survivre les papillons doivent éviter leurs ennemis naturels ; ils sont plutôt désagréables au goût, avec des colorations d'avertissement qui dissuadent les prédateurs éventuels. Si un papillon dépose un œuf sur la jeune pousse de liane et que la chenille résultante atteint la maturité, la pousse sera détruite. La production dispersée et irrégulière de pousses chez les lianes de la passion pourrait constituer une réponse évolutive à cette herbivorie. Il y a des organes extrafloraux particuliers sur les rameaux, qui attirent par leur nectar les fourmis et les ichneumons parasites d'œufs, réduisant ainsi les chances pour l'œuf de donner une larve « mûre ». En outre, les mâles comme les femelles de ces papillons à longue durée de vie ont besoin d'une nourriture azotée à l'état adulte qu'ils obtiennent de lianes cucurbitacées, appartenant principalement au genre *Anguria*. Certaines espèces de ces lianes dépendent des papillons pour leur pollinisation. On admet que la production régulière et surabondante de fleurs mâles, comparativement au petit nombre de fleurs femelles, est une réponse évolutive au besoin de s'assurer des visites régulières d'*Heliconius* : les fleurs occasionnelles ici ou là pourraient n'être jamais découvertes. Une inflorescence mâle de ces lianes peut produire en succession environ une centaine de fleurs mâles ; puisque chaque fleur dure un à deux jours, une même inflorescence peut ainsi rester attractive durant plusieurs mois et les papillons la visiteront régulièrement.

En conclusion, l'analyse des systèmes insectes/plantes montre que les escalades successives dans la défense des plantes ont été suivies par les contre-adaptations des insectes et cette coévolution explique la diversification réciproque des insectes et des plantes conformément à l'hypothèse de Ehrlich et Raven. Ce dernier exemple montre aussi la complexité des interactions qui, en milieu tropical, relient étroitement entre elles nombre d'espèces — d'où la fragilité de ces systèmes.

PARTIE 4

STRUCTURE ET FONCTIONNEMENT DES ÉCOSYSTÈMES

Introduction

Le tissu de populations qui constitue la biosphère ne s'étend pas, uniforme, à la surface du globe. Y apparaissent des discontinuités, en relation avec la zonation climatique et les accidents du relief, qui permettent de distinguer de grandes formations d'aspects très différents, les biomes (déserts, steppes, forêts tempérées caducifoliées, etc.). Ces biomes couvrent de vastes territoires morcelés par des barrières géographiques ou écologiques qui ont contribué à individualiser localement des sous-ensembles d'espèces associées que l'on appelle des biocénoses. Ces biocénoses constituent, avec l'environnement physicochimique dont elles dépendent, des écosystèmes.

Délimiter un écosystème n'est pas une tâche toujours évidente et il faut bien avoir présent à l'esprit qu'il y a généralement, à un degré ou à un autre, des échanges entre écosystèmes voisins. Quoique topographiquement bien délimité un lac, par exemple, n'est pas pour autant, fonctionnellement, un système fermé : il reçoit des apports, organiques et minéraux, des terres qui l'entourent — sans parler des éventuels ruisseaux ou rivières qui s'y déversent ou qu'il alimente.

L'étude des écosystèmes est un des objectifs majeurs de l'écologie. C'est par la compréhension des mécanismes fondamentaux de leur fonctionnement et de leur équilibre que des bases rationnelles pour la conservation et la gestion du patrimoine naturel peuvent être proposées. C'est par l'intégration des connaissances acquises sur les écosystèmes et leurs interrelations que l'organisation et l'évolution de la biosphère pourront être appréhendées, reconstituées et contrôlées.

Après une brève présentation des caractéristiques générales des écosystèmes (chap. 13), nous examinerons leur organisation et leur fonctionnement sous deux angles différents :

1) d'abord d'une manière globale, en considérant les flux d'énergie et les cycles de matière qui lient entre eux leurs grands compartiments trophiques (chap. 14) ;
2) ensuite selon une approche démographique, en analysant la structure et la dynamique des peuplements qui constituent la trame biologique desdits compartiments (chap. 15).

Enfin, on s'intéressera aux liens entre espèces et processus écosystémiques (chap. 16).

Chapitre 13

Caractéristiques générales des écosystèmes

Les écosystèmes peuvent être décrits, au niveau de leur trame biologique (la biocénose), par la simple énumération de leur composition spécifique. Un tel inventaire, qui doit théoriquement inclure toutes les espèces présentes — micro-organismes, plantes, animaux —, se heurte à de sérieuses difficultés (repérage et détermination de ces espèces) et n'a guère d'intérêt : dès lors que l'on s'intéresse à la structure et au fonctionnement de l'écosystème celui-ci ne saurait être réduit à une collection informe d'espèces.

Dans le cas des écosystèmes terrestres une première description intégrée est généralement donnée à partir de l'analyse de la végétation qui permet de définir la structure spatiale de l'écosystème. Dans le cas des écosystèmes aquatiques la structure spatiale est plus aisément définie à partir des variables physiques du milieu. D'une manière générale, il convient de ne jamais négliger l'étude du cadre physico-chimique, partie intégrante de tout écosystème.

LE CADRE PHYSICO-CHIMIQUE

L'écosystème n'est pas réductible à sa biocénose. Il comporte aussi un milieu physique et chimique qui intervient non seulement dans la biologie de chaque espèce mais aussi dans la structure et la dynamique de la biocénose toute entière. À l'inverse, le fonctionnement et la transformation de la composition et de la structure des biocénoses peuvent modifier les caractères du milieu. Quelques exemples illustreront ces observations générales.

Dans leurs recherches sur l'écologie du Lot, Décamps et ses collaborateurs ont mis en relief les divers phénomènes qui influent sur l'hydrobiologie et la qualité des eaux par l'intermédiaire du débit (fig. 96), caractéristique fondamentale des écosys-

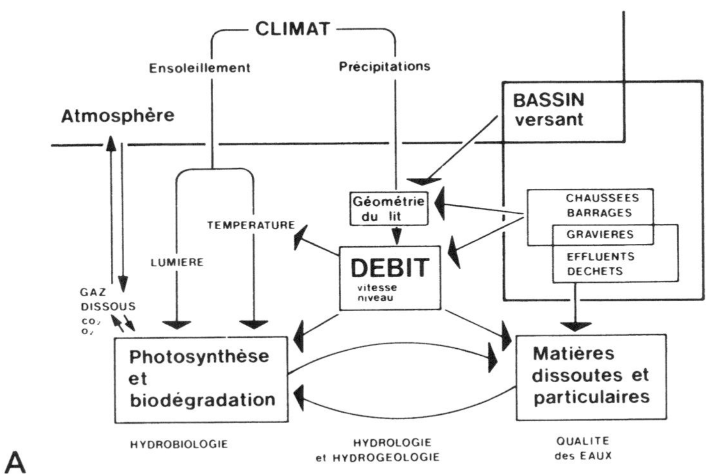

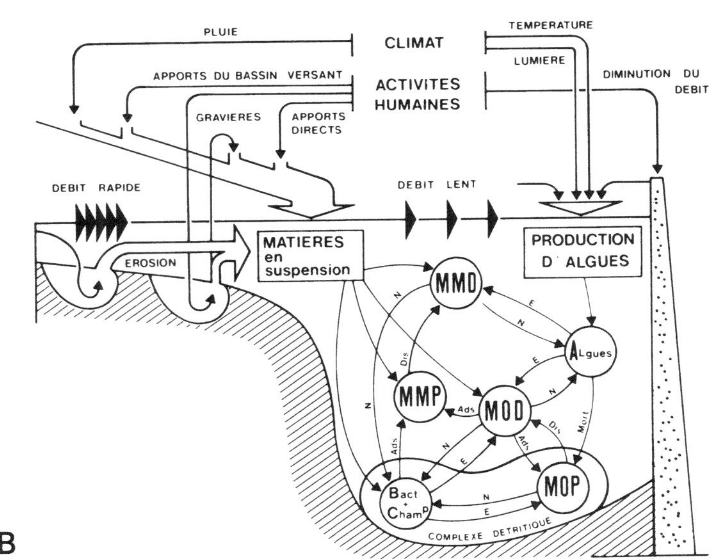

Figure 96 Interactions entre les phénomènes influant, par l'intermédiaire du débit, sur l'hydrobiologie et la qualité des eaux du Lot (d'après Décamps *et al.*, 1981).

A) Schéma général ;

B) Détails de la dynamique des matières en suspension dans un bief du Lot (MMD, MM : matières minérales dissoutes et particulaires ; MOD, MOP : matières organiques dissoutes et particulaires ; Ads : adsorption ; Dis : dissolution ; N : nutriments ; E : excreta).

tèmes « rivière ». Le débit commande, en effet, en grande partie, la qualité des eaux, soit directement par le dépôt ou la remise en suspension des sédiments, soit indirectement par action sur les processus hydrobiologiques et la température de l'eau. Le schéma de la figure 96 précise la nature des interactions qui interviennent d'une part dans la dynamique des matières en suspension dans un bief du Lot, d'autre part dans la production phytoplanctonique. À noter aussi le rôle de l'homme, qui est un facteur de l'environnement de tout écosystème.

Si l'existence de contraintes créés par l'environnement physicochimique paraît plus évidente dans le cas des écosystèmes aquatiques, elle est tout aussi réelle dans les écosystèmes terrestres, dont les organismes sont étroitement dépendants du climat et du substrat : le sol. La productivité primaire, support de toute vie animale, dépend de l'abondance des précipitations et de la richesse du sol en éléments nutritifs assimilables (N, K, P, etc.). On reviendra sur ces aspects essentiels du fonctionnement des écosystèmes. Retenons que le sol, qui résulte de l'altération de la roche-mère sous les effets conjugués de facteurs climatiques, physico-chimiques et biotiques, est une composante-clé de la biosphère, aux confins de la lithosphère d'une part et de l'atmosphère d'autre part.

Afin de souligner, dans l'esprit de ce chapitre, l'influence des conditions de milieu sur la composition, la structure et la dynamique des écosystèmes terrestres je dirai quelques mots des humus. Ce sont des complexes de substances polymérisées de nature colloïdale qui confèrent aux sols des propriétés conditionnant leur fertilité. Lentement biodégradables, ces humus ont une stabilité très variable, leur temps de résidence pouvant aller de quelques dizaines d'années à plusieurs siècles. On résumera brièvement ici la classification des principaux types d'humus dans le tableau ci-après.

Au-delà de cette classification simplifiée qui met en relief le rôle des conditions physico-chimiques du milieu, il apparaît que l'humus intègre en fait l'ensemble des constituants du milieu : climat, végétation, roche-mère et que la nature et l'importance de l'activité biologique qui se développe dans le sol jouent un rôle essentiel dans sa dynamique (voir Toutain, 1981 ; tableau 7).

STRUCTURE SPATIALE

Les écosystèmes ne s'étalent pas, uniformes et homogènes, dans l'espace : ils possèdent une certaine structure, définissable horizontalement et verticalement.

Au-delà de cette évidence, il faut bien mesurer les difficultés théoriques liées à la définition de ces types de structure spatiale : l'hétérogénéité structurale d'un écosystème ne peut être utilement appréhendée sans référence à la question posée. C'est le problème de taille ou d'échelle d'observation, qui a déjà été évoqué au début de l'ouvrage et que beaucoup d'auteurs ont justement souligné.

Pour s'en tenir à des considérations très générales, il est commode de distinguer les cas où la structure spatiale de l'écosystème est définie à partir des seuls facteurs abiotiques, de ceux où les composantes biotiques sont prises en compte. Ainsi peut-on caractériser la structure spatiale d'un écosystème aquatique, lac, rivière, zone

TABLEAU 7 REPRÉSENTATION SCHÉMATIQUE DES PRINCIPAUX TYPES D'HUMUS.

Conditions de milieu	Types d'humus	Caractéristiques et conséquences
Milieu aéré Substrat calcaire ou peu acide Climat tempéré à tendance continentale Végétation à litière riche en azote et en éléments nutritifs (forêt de feuillus mélangés)	MULL (humus doux)	— litière mince (décomposition rapide de la matière organique) — rapport C/N bas (10-15) — brunification — complexes argilo-humiques stables (pH 5,5 à 8) — pédofaune active (surtout lombricienne) et minéralisation rapide
Milieu aéré Substrat siliceux acide Climat tempéré à tendance océanique Végétation à litière pauvre en azote et en éléments nutritifs (forêts de feuillus pures)	MODER (humus acide)	— couche mince de matière organique pure en surface — rapport C/N moyen (15-20) — matière organique non liée à la matière minérale (pH = 4,5) — pédofaune peu active (surtout enchytraeides et microarthropodes) et minéralisation lente — tendance à la podzolisation
Milieu aéré Substrat siliceux très acide Climats humides et froids Végétation à litière très pauvre en azote et en éléments nutritifs (landes, forêts de résineux)	MOR (humus brut)	— horizon organique épais incomplètement humifié (humification lente) — rapport C/N élevé (> 20) — matière organique juxtaposée à la matière minérale (ph < 4,5) — pédofaune très peu active (enchytraeides et microarthropodes) et minéralisation lente — podzolisation
Milieu saturé en eau Substrats calcaires ou siliceux	TOURBE	— accumulation de matière organique sur plusieurs mètres — activité biologique très faible

océanique, à l'aide des seules variables physico-chimiques du milieu (fig. 97). Il est clair que la distribution des organismes et le fonctionnement des écosystèmes dépendent étroitement de ces structures spatiales et de leurs variations temporelles ; de même, à l'inverse, celles-là peuvent dépendre de l'activité biologique qui se développe dans l'écosystème. Dans le cas des écosystèmes terrestres, il est également possible de définir des structures spatiales sur la base de critères physiques ou chimiques (température, humidité, pH, concentration du sol en tel ou tel élément, etc.). Cependant, l'importance de la végétation pour tout le fonctionnement de l'écosystème, sa visibilité immédiate, son immobilité, ses relations étroites avec les facteurs physico-chimiques du milieu en font un système de choix pour une définition « intégrée » des milieux et de leurs structures. Pour les écologistes terrestres, la structure de la végétation est devenue la structure par excellence des écosystèmes. Ceci n'exclut pas qu'à propos de certains problèmes particuliers il convienne de changer d'échelle pour considérer d'autres facteurs, dans le cas de la faune endogée par exemple, la structure du sol.

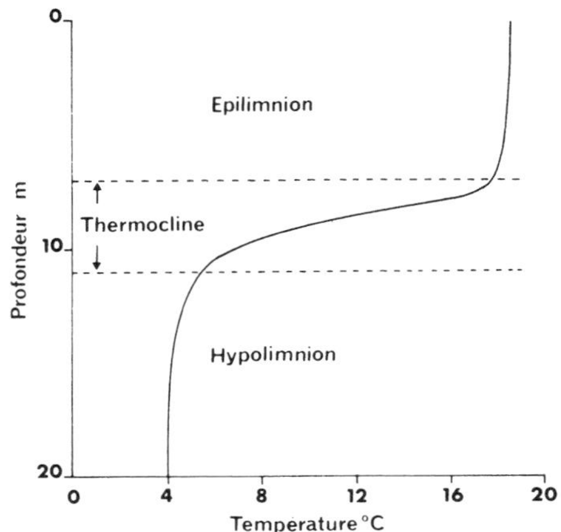

Figure 97 Stratification « thermique » d'un lac tempéré en été.

Les eaux de surface, chauffées par le soleil, constituent l'epilimnion. Les eaux profondes, qui restent froides, constituent l'hypolimnion, séparé de l'epilimnion, par une strate intermédiaire de quelques mètres d'épaisseur, la thermocline. Cette structure thermique, qui change au cours des saisons, influence toute l'organisation de l'écosystème lacustre.

Les phytosociologues ont développé des méthodes fines d'analyse de la structure de la végétation, davantage, il est vrai, dans le cadre d'une problématique « peuplement » que dans le but de caractériser la structure de l'écosystème.

Les variations temporelles de la composition et de la structure spatiale des écosystèmes peuvent s'inscrire dans une rythmicité, journalière ou saisonnière, ou bien résulter d'altérations épisodiques susceptibles d'engendrer une transformation progressive de l'écosystème et de ses structures (phénomène de *succession*). Dans le premier cas on peut parler de structure temporelle de l'écosystème. Dans le second on aborde des problèmes de dynamique qui seront évoqués au chapitre 15.

STRUCTURE TROPHIQUE

Les écosystèmes sont alimentés en énergie par le soleil. Le premier compartiment trophique de tout écosystème est celui qui réunit les organismes autotrophes, algues et végétaux chlorophylliens capables de fixer l'énergie solaire et de synthétiser leurs tissus à partir d'éléments minéraux. Ce sont des producteurs *primaires*. Tout écosystème repose sur la production primaire. La matière organique vivante ainsi produite est source de matière et d'énergie pour des herbivores, ou phytophages — insectes, mollusques, vertébrés, mais aussi certains végétaux parasites. Ces organismes sont les premiers consommateurs de matière organique vivante si l'on suit le flux d'énergie dans l'écosystème : ce sont des *consommateurs primaires*. Naturellement, ces organismes synthétisent aussi leurs propres tissus pour croître et se multiplier :

ce sont donc aussi des producteurs — producteurs secondaires. Les herbivores sont la proie de nombreux *consommateurs secondaires,* prédateurs et parasites qui sont eux-mêmes source de nourriture pour des *consommateurs tertiaires,* victimes à leur tour d'éventuels *consommateurs quaternaires.*

Cette chaîne trophique n'est pas illimitée. A chaque étape, à chaque transfert d'énergie, il y a des pertes importantes, de sorte qu'à partir des consommateurs de troisième ordre, la quantité de matière exploitable devient rare, dispersée et difficilement utilisable, sauf pour quelques superprédateurs et surtout parasites. Cela apparaît bien dans la représentation « classique » des pyramides trophiques (chap. 14).

Nous venons d'examiner la chaîne trophique alimentée directement par les végétaux. C'est cependant un système incomplet : y manque un processus essentiel, le *recyclage* de la matière, sans lequel les végétaux seraient privés d'éléments minéraux (la source pédogénétique étant largement insuffisante). Ce recyclage de la matière organique (décomposition, minéralisation) est assuré par des organismes saprophages, micro-organismes principalement (bactéries, champignons) mais aussi invertébrés. Ce sont des *décomposeurs.* Au système « herbivore » est donc toujours associé un système « décomposeur » dont la figure 98 donne une bonne représentation. Les tissus morts, feuilles, cadavres, fèces et *excreta* divers constituent un stock de matière organique morte qui alimente les décomposeurs. Ceux-ci sont à leur tour source de nourriture pour des consommateurs secondaires (protozoaires, arthropodes, petits vertébrés), eux-mêmes proies de consommateurs tertiaires, etc. Chaque compartiment peut naturellement être subdivisé : les consommateurs secondaires se nourrissant de décomposeurs, en « microbivores » et insectivores, par exemple.

Les deux chaînes ainsi schématisées ne sont pas indépendantes : dès le niveau des consommateurs secondaires chaque compartiment renferme des espèces communes aux deux chaînes. De même, beaucoup d'espèces peuvent appartenir à plusieurs compartiments différents, soit successivement (larves phytophages, adultes, carnivores) soit simultanément (espèces omnivores). Basé sur des relations « mangeur-mangé » ce schéma n'envisage pas le cas des associations symbiotiques pourtant nécessaires à la réalisation de nombre d'opérations essentielles au fonctionnement de l'ensemble. Ainsi beaucoup d'herbivores dépendent-ils de micro-organismes associés pour digérer leur propre nourriture.

Quoi qu'il en soit, le schéma ci-dessus résume assez bien ce qui fait l'essentiel de la trame fonctionnelle des écosystèmes. Les chapitres suivants en apporteront quelques exemples.

PRODUCTIVITÉ, DIVERSITÉ, STABILITÉ, RÉSILIENCE

L'une des caractéristiques fondamentales des écosystèmes, en relation avec leur fonctionnement, est la productivité. Toute l'organisation des écosystèmes dépend, en définitive, de la quantité d'énergie captée par les producteurs primaires. Aussi a-t-on tenté de caractériser les divers types d'écosystèmes par leur production annuelle brute ou nette.

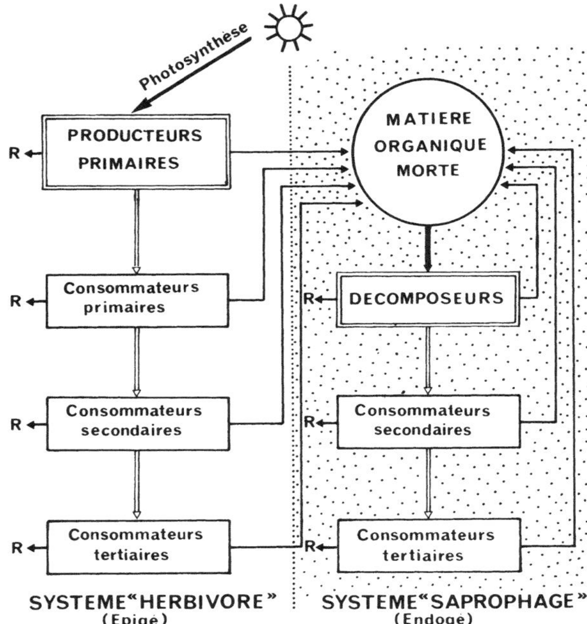

Figure 98 Représentation schématique de la structure trophique d'un écosystème.

On distingue deux sous-systèmes principaux, l'un, principalement épigé, reposant sur les producteurs primaires, l'autre principalement endogé, reposant sur les décomposeurs.

La capacité de production des écosystèmes, liée au type de formation végétale qui s'y est développée, dépend comme celle-ci, dans une large mesure, des deux grandes variables climatiques que sont la température et les précipitations (fig. 99). L'importance de la productivité primaire a incité beaucoup d'auteurs à élaborer ces modèles permettant de la calculer à partir des variables climatiques (Lieth, 1975) :

- le modèle de Miami prédit la production primaire nette (PPN) en g de matière sèche par m^2 et par an à partir de la température en °C ou à partir des précipitations en mm (P) :

$$PPP = \frac{3\,000}{1 + C^{-1.315\,-0.119P}}$$

$$\mathrm{PPP} = 3\,000\,(1 - \mathrm{e}^{-0{,}000664\,\mathrm{P}})$$

- le modèle de Montréal prédit la PPN à partir de l'évapotranspiration réelle E :

$$\mathrm{PPP} = 3\,000\,(1 - \mathrm{e}^{-0{,}0009635\,(\mathrm{E}-20)})$$

- le modèle dérivant la PPN de la longueur de la période d'activité de la végétation (nombre de jours de photosynthèse T) :

$$\mathrm{PPN} = -\,157 + 5.17\,\mathrm{T}$$

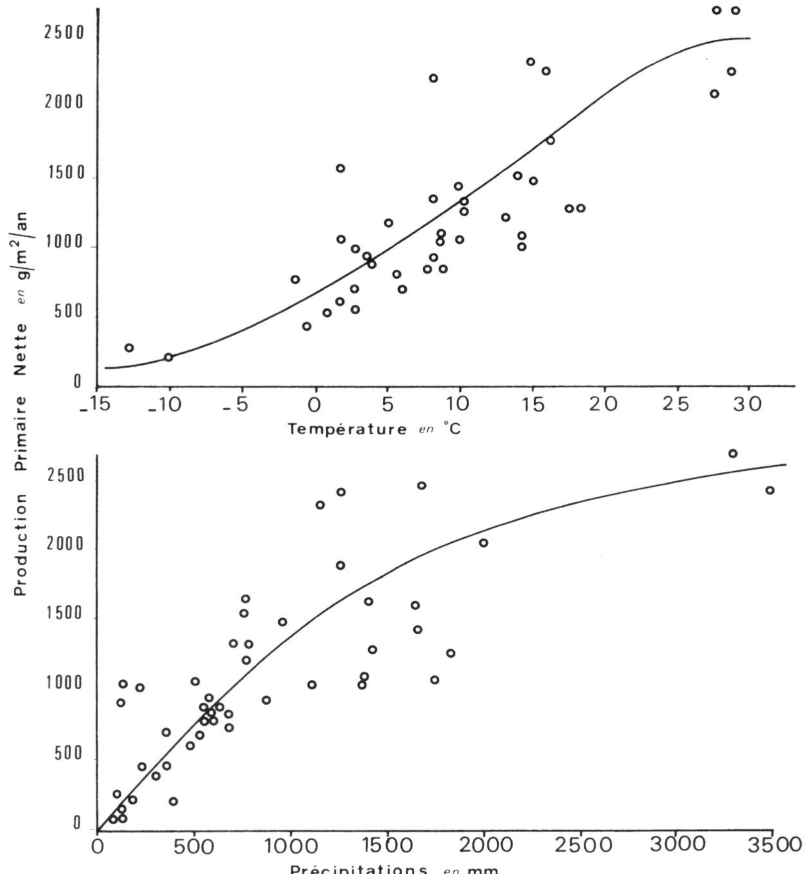

Figure 99 Relations entre, d'une part, la production primaire nette (en g de matière sèche par m^2 et par an), d'autre part, la température annuelle moyenne (en haut), et les précipitations annuelles (en bas), (données *in* Lieth, 1975).

Lorsqu'on parle de la *diversité* d'un écosystème on désigne généralement sous ce vocable sa *richesse spécifique* — c'est-à-dire le nombre plus ou moins élevé d'espèces qu'il comprend. Ces notions de richesse et de diversité spécifiques seront reprises au chapitre 15, à propos des peuplements pour lesquels leur contenu et leur détermination ont davantage de sens.

La littérature écologique abonde en considérations sur la *stabilité* des écosystèmes. Un des postulats, actuellement très controversé, est que les écosystèmes sont d'autant plus stables qu'ils sont diversifiés (à diversité spécifique élevée). Si l'on constate en effet que les écosystèmes naturels deviennent avec le temps, après une perturbation, à la fois plus riches et plus stables, on reste ébranlé par le fait que tout accroissement de diversité introduit dans différents modèles mathématiques d'écosystèmes tend à réduire et non à accroître leur stabilité (May, 1973).

En fait, le concept de stabilité demande à être clairement défini. Pour simplifier, on distinguera deux composantes essentielles dans la stabilité *sensu lato* : la première, statique, que l'on peut appeler *stabilité* au sens strict, désigne les propriétés de constance ou de persistance des écosystèmes, éventuellement liées à la permanence des conditions environnementales ; la seconde, dynamique, que l'on peut appeler *résilience* ou *homéostasie*, correspond à l'aptitude des écosystèmes à revenir à l'état d'équilibre après une perturbation.

Ces propriétés de stabilité ou de résilience sont évidemment des caractéristiques-clés des systèmes écologiques, naturels ou exploités. L'exploration des mécanismes qu'elles mettent en œuvre et l'évaluation de leur efficacité (résistance aux perturbations, vitesse de retour à l'équilibre, seuil de dégradation irréversible) sont en vérité un des objectifs majeurs de l'écologie. L'avenir de la biosphère et le bien-être futur de l'humanité dépendent dans une certaine mesure des connaissances qui seront apportées dans ce domaine.

Chapitre 14

Flux d'énergie et cycle des nutriments dans les écosystèmes

ÉLÉMENTS DE BIO-ÉNERGÉTIQUE

La vie est apparue et perpétue ses structures dans un flux d'énergie dont la source première est le Soleil.

Mécanismes de la photosynthèse

La photosynthèse est un processus qui s'engage avec la fixation de lumière et qui permet simultanément la conversion d'énergie solaire en énergie chimique et l'élaboration de molécules organiques à partir de précurseurs inorganiques.

La première phase du processus se déroule à la lumière et comporte quatre événements fondamentaux :

1) les pigments des chloroplastes absorbent une partie de la lumière incidente, ce qui provoque le saut d'électrons vers des orbites supérieures ;
2) l'énergie fixée passe, sous forme d'électrons excités, des molécules du pigment à d'autres molécules ;
3) en même temps, une partie de cette énergie est utilisée pour produire de l'adénine triphosphate (ATP) à partir d'adénine diphosphate (ADP) et de phosphore inorganique (P_i) :
   $ADP + P_i + e \rightarrow ATP$
   et d'autres molécules organiques, stables, à pouvoir réducteur ;

4) il y a enfin clivage de molécules d'eau, avec d'une part production d'oxygène, d'autre part libération d'électrons qui vont remplacer ceux perdus par les pigments.

La deuxième phase du processus correspond principalement à la fixation puis à la conversion du CO_2 en composés organiques complexes. La lumière n'intervient pas directement dans ces opérations mais celles-ci utilisent l'énergie piégée dans la première phase.

On connaît actuellement trois voies de fixation du CO_2 et de synthèse des glucides. La principale, décrite par Calvin, est celle de la plupart des végétaux. L'accepteur de CO_2 est le ribulose diphosphate (Ru DP) et le premier composé synthétisé est un acide organique à trois atomes de carbone, l'acide phosphoglycérique (PGA). Les plantes qui présentent ce cycle sont appelées plantes « en C_3 ».

Chez certaines plantes tropicales ou subtropicales, telles que le maïs, le sorgho et la canne à sucre, l'accepteur de CO_2 est le phosphoénol-pyruvate dont la carboxylation aboutit à la formation d'acides oxaloacétiques, à quatre atomes de carbone. Cette voie « en C_4 » a été découverte par Hatch et Slack (on parle de cycle de Hatch et Slack).

À la différence des plantes en C_3, qui existent depuis plusieurs centaines de millions d'années, les C_4 sont apparues il y a seulement trente ou quarante millions d'années, en réponse à la baisse de la teneur en gaz carbonique de l'air (Saugier, 1996).

Les plantes en C_4 ont l'avantage de pouvoir utiliser les faibles concentration en dioxyde de carbone de l'air avec plus d'efficacité que les plantes en C_3, mais cela à un coût : la fixation supplémentaire de dioxyde de carbone par la PEP-carboxylase (enzyme absente chez les plantes en C_3) nécessite un surplus d'énergie, fourni par la photosynthèse — ce qui limite les plantes en C_4 aux régions à fort ensoleillement.

La figure 100 montre comment varie la photosynthèse de ces deux types de plantes en fonction de l'éclairement et de la teneur en CO_2 de l'air.

Certains végétaux autotrophes, bactéries photosynthétiques et algues bleues, peuvent utiliser l'énergie fixée pour réduire, grâce à une nitrogénase, l'azote atmosphérique en NH_3. L'ammoniac est ensuite oxydé en nitrite puis en nitrate.

La notion de flux d'énergie

L'énergie solaire captée par les chloroplastes des végétaux verts est partiellement stockée sous forme d'énergie chimique. C'est la production primaire nette. L'énergie ainsi accumulée par les plantes chrorophyliennes (producteurs primaires) est utilisable par les animaux phytophages (consommateurs primaires). Une fraction de l'énergie assimilée par les consommateurs primaires, retenue sous forme chimique (production secondaire), devient accessible à une nouvelle catégorie d'organismes, les consommateurs secondaires, et ainsi de suite (fig. 101). Du soleil au consommateur de quatrième ou cinquième ordre, l'énergie s'écoule ainsi de niveau trophique en niveau trophique, diminuant à chaque transfert d'un chaînon à l'autre. On parle de flux d'énergie, notion indissociable de celle de chaîne alimentaire (fig. 101).

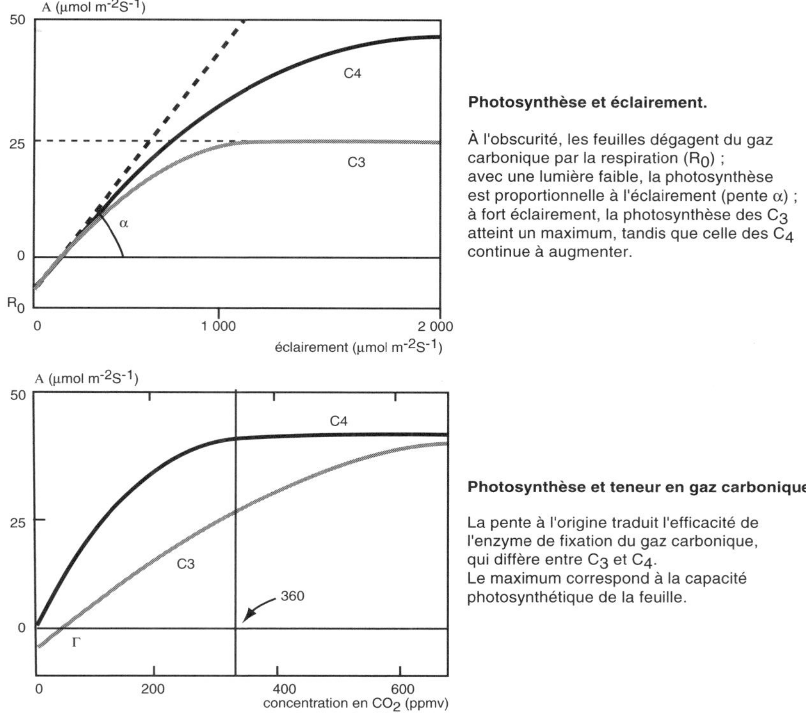

Figure 100 Variation de la photosynthèse en fonction de l'éclairement (en haut) et de la teneur en gaz carbonique de l'air (en bas) chez les plantes en C_3 et les plantes en C_4 (d'après Saugier, 1996).

Ce flux dépend d'abord du rayonnement solaire incident (voir chap. 2) mais aussi de l'efficience avec laquelle les organismes qui se succèdent dans la chaîne alimentaire exploitent leurs ressources trophiques et les convertissent en biomasse.

Les notions de bilan et de rendements énergétiques

Du point de vue énergétique les systèmes biologiques — cellules, organismes, populations, écosystèmes, biosphère — obéissent strictement aux lois générales de la thermodynamique. Ainsi, conformément au *Principe de conservation*, l'énergie totale de ces systèmes et de leur environnement est maintenue constante. L'énergie qui traverse un organisme, une population ou un écosystème peut être convertie d'une forme en une autre (d'énergie lumineuse en énergie chimique, d'énergie chimique en travail, etc.), mais elle n'est jamais ni créée ni détruite. Il est donc possible d'établir le bilan énergétique des systèmes écologiques en quantifiant l'énergie qui y entre, celle qui en sort et celle qu'ils contiennent.

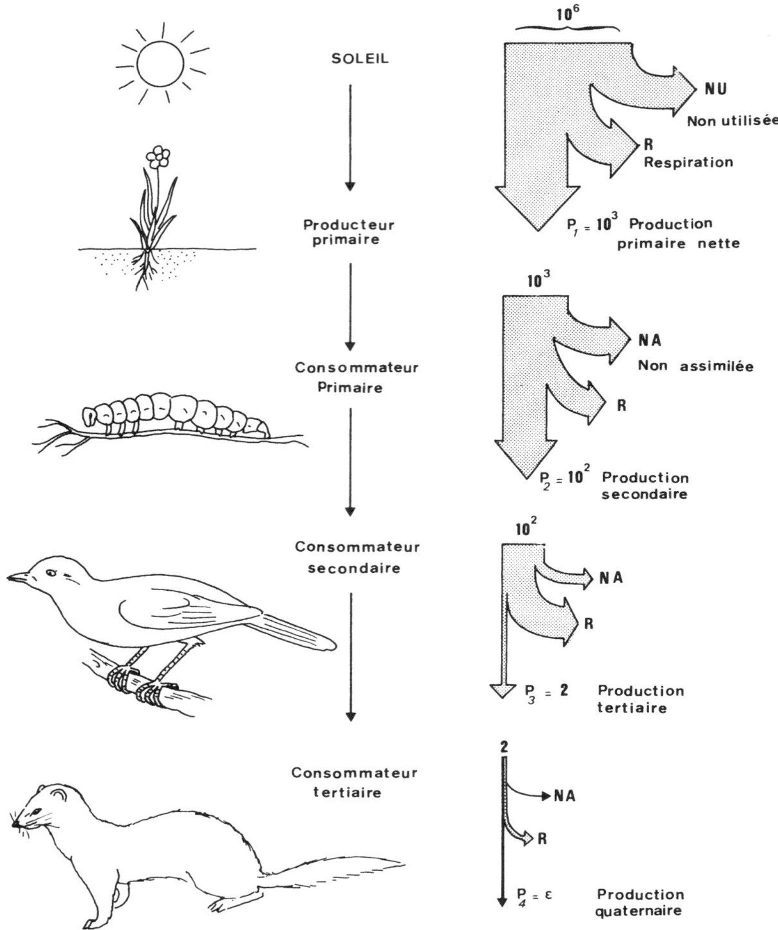

Figure 101 Exemple schématique de chaîne alimentaire montrant le flux d'énergie de niveau trophique en niveau trophique.

Les chiffres, qui expriment la quantité d'énergie entrante et sortante à chaque niveau, sont des approximations théoriques conformes aux données disponibles. Pour simplifier il a été admis que l'énergie investie par chaque population dans la production (P_1, P_2...) est ingérée totalement par l'espèce de niveau suivant. La largeur des flux est représentée selon une échelle logarithmique.

Remarquer l'ampleur des pertes d'énergie entraînées par chaque transfert d'un niveau au suivant.

Les biologistes évaluent habituellement le contenu énergétique des composés organiques par la quantité de chaleur dégagée par leur combustion (tableau 8).

TABLEAU 8 CONTENU ÉNERGÉTIQUE DE DIVERS SUBSTRATS BIOLOGIQUES EN kJg^{-1} (D'APRÈS BRAFIELD ET LLEWELLYN, 1982).

Glucides	Protéines	Lipides
Glucose 15,7	Glycine 13,0	Acide palmitique 39,1
Glycogène 17,5	Alamine 18,2	Acide oléique 39,7
Amidon 17,7	Tyrosine 24,8	Acide stéarique 39,9
Moyenne 17,2	Moyenne 23,6	Moyenne 39,5

Les plantes ont généralement un contenu énergétique moindre que les animaux[1] : de 17,8 à 21,7 kJg^{-1} de poids sec sans les cendres (moyenne 19,75) contre 21,4 à 26,2 kJg^{-1} (moyenne 23,77).

Toute l'énergie absorbée par une plante ou un animal n'est pas utilisée. Eétablir le bilan énergétique d'un organisme c'est quantifier le flux d'énergie qui le traverse pendant une période déterminée (fig. 102).

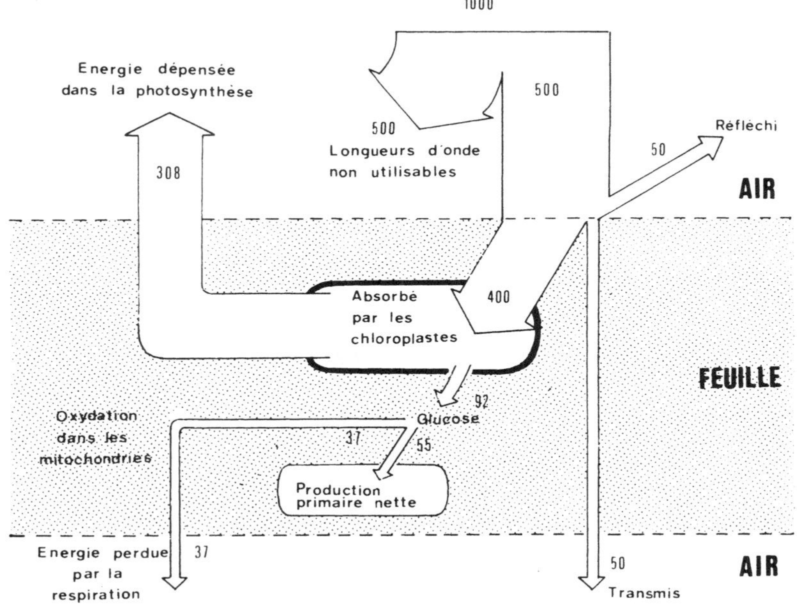

Figure 102 Bilan énergétique d'une plante verte cultivée (d'après Hall, 1979).

1. L'usage fut longtemps d'exprimer la valeur énergétique des aliments et des substrats organiques en calories. Une convention internationale fait aujourd'hui du joule l'unité de référence la plus utilisée (1 cal = 4,185 J).

La figure donne, à titre d'exemple, le bilan d'énergie d'une plante cultivée. On voit que 40 % de l'énergie incidente est absorbée par les chloroplastes des feuilles mais que 23 % seulement de cette énergie « ingérée » est fixée sous forme chimique (production primaire brute) — le reste étant dépensé dans l'opération de photosynthèse. Près de 60 % de cette énergie chimique est investie dans la synthèse de nouveaux tissus (production primaire nette). Ainsi, la production primaire nette représente, dans les conditions de monoculture, 5,5 % de l'énergie incidente. En conditions naturelles on observe des rendements bien plus faibles encore.

Dans le cas des animaux (fig. 103), partant de l'énergie consommée, C (contenue dans les aliments), on distingue ensuite l'énergie assimilée, A — telle que $A = C - F$, F étant l'énergie contenue dans les fèces —, l'énergie métabolisable ($A - U$, U représentant l'équivalent énergétique des déchets azotés), et l'énergie effectivement investie dans la croissance et la production de gamètes *(P)*. Les différents bilans peuvent se résumer comme suit :

$$C = A + F$$
$$A = P + R + U$$

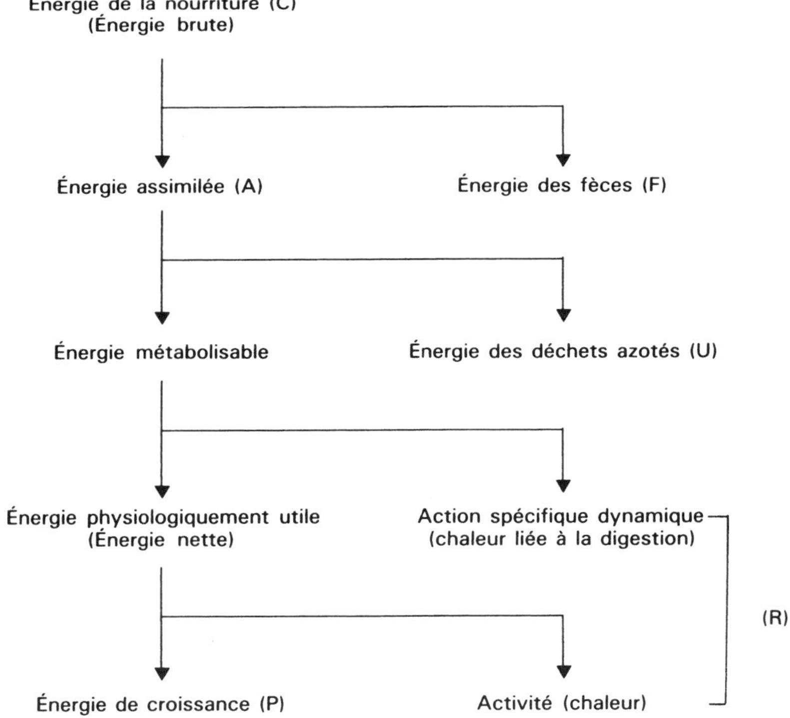

Figure 103 Flux et partage de l'énergie chez l'animal.

À chaque étape du flux, de l'organisme mangé à l'organisme mangeur et à l'intérieur de chacun d'eux, de l'énergie est perdue. On peut donc caractériser les divers types d'organismes, du point de vue bioénergétique, par leur aptitude à réaliser les divers transferts d'énergie de niveau trophique en niveau trophique. On appelle *rendement écologique* le rapport de la production de la population de rang *n* à la production de la population de rang *n-1*. Ce rendement dépend (fig. 104) :

1) *de l'efficience (ou rendement) d'exploitation*, rapport de l'énergie ingérée à l'énergie disponible (production nette de la proie) ;
2) *de l'efficience (ou rendement) d'assimilation*, rapport de l'énergie assimilée *(A)* à l'énergie ingérée *(C)* ;
3) *de l'efficience (ou rendement) de production nette*, rapport de la production *(P)* à l'assimilation *(A)*.

Ainsi, les systèmes écologiques obéissent-ils également à la deuxième loi de la thermodynamique ou *Principe de dégradation de l'énergie*. Cette loi pose que l'Univers va vers un « désordre » croissant : parce que les transformations d'énergie impliquent à chaque étape une dégradation en chaleur (énergie cinétique liée aux déplacements au hasard, désordonnés, des molécules) les systèmes biologiques connaissent un désordre croissant. Ce « désordre » est connu sous le terme d'*entropie*. Après participation au métabolisme des êtres vivants l'énergie est dissipée sous forme de chaleur : la biosphère dans son ensemble se conforme donc à la seconde loi de la thermodynamique puisqu'elle crée du désordre à partir d'ordre.

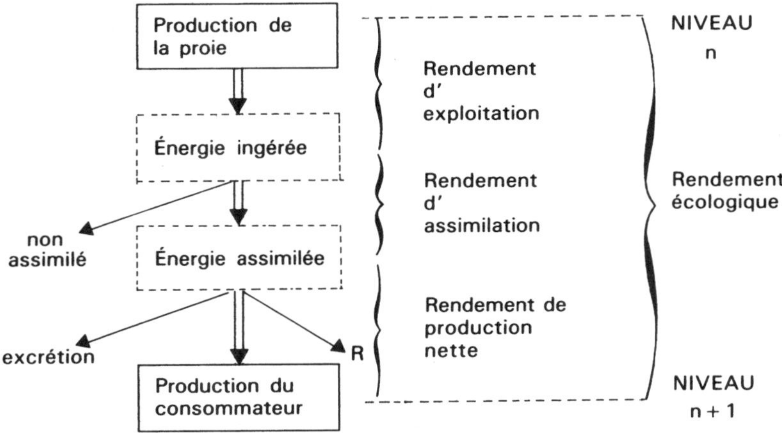

Figure 104 Définition des principaux types de rendements ou d'efficience énergétique utilisés en écologie (d'après Ricklefs, 1980).

BILANS ÉNERGÉTIQUES

Bilans d'énergie des populations naturelles

La figure 105 rassemble quelques exemples de bilans d'énergie établis pour des populations naturelles. Au-delà de différences dans les flux entrants, non représentés sur les diagrammes, on relève d'importantes différences dans la répartition de l'énergie. On remarque notamment :

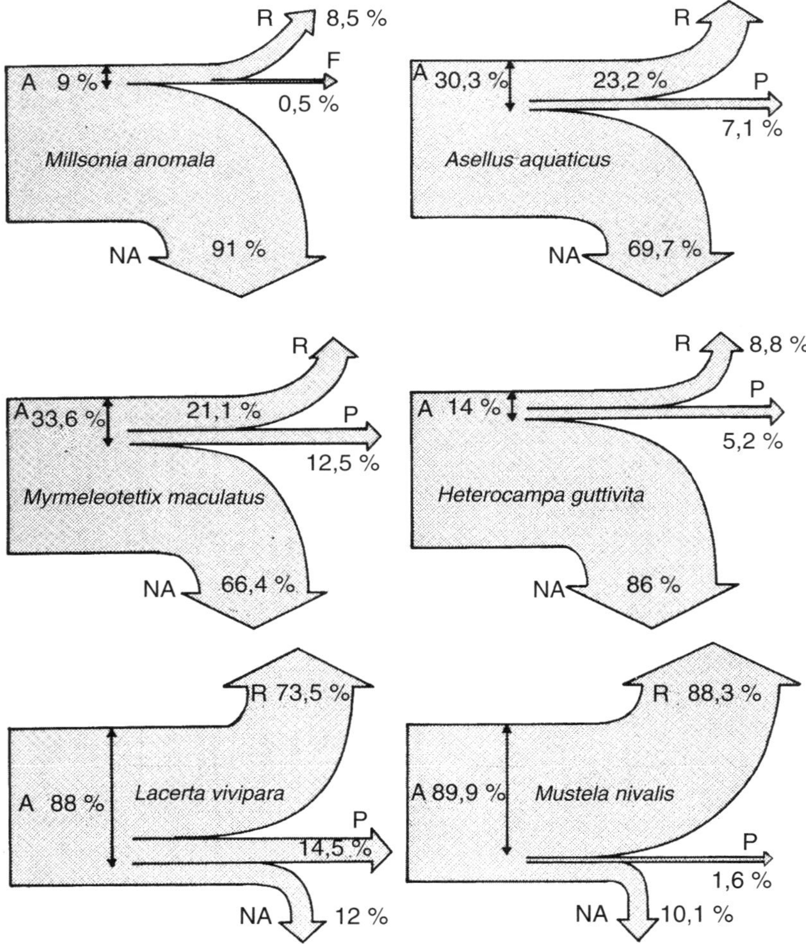

Figure 105 Quelques bilans énergétiques de populations naturelles.

Exemples de décomposeurs en haut (un ver de terre tropical et un aselle), d'herbivores au milieu (un criquet et une chenille) et de carnivores en bas (le lézard vivipare et la belette).

1) que les rendements d'assimilation *(A/C)* sont plus faibles chez les espèces détritivores (le ver géophage Millsonia anomala et l'aselle *Asellus aquaticus*) et herbivores (le criquet *Myrmeleotettix maculatus* et la chenille *Heterocampa guttivita*) que chez les espèces carnivores (le lézard *Lacerta* vivipara et la belette *Mustela nivalis*) ;
2) que le rendement de production nette *(P/A)* est nettement plus faible chez la belette, vertébré homéotherme que chez les autres espèces, poïkilothermes.

Peut-on dégager des lois générales permettant de caractériser les budgets d'énergie des divers types d'organismes ?

L'efficience d'assimilation

L'efficience ou rendement d'assimilation dépend dans une large mesure de la qualité des aliments consommés. D'une manière générale les nourritures animales sont mieux assimilées que les substances végétales, riches en cellulose et lignine indigestes (tableau 9). Le rendement d'assimilation des prédateurs varie de 60 à 90 %, et les valeurs les plus faibles s'observent chez les insectivores. Ainsi, relève-t-on un rapport *A/C* de 90 % chez *Mustela nivalis*, qui se nourrit de petits rongeurs.

Tableau 9 Rendements moyens d'assimilation dans divers populations naturelles (d'après Brafield et Llewellyn, 1982).
(le nombre de populations considérées figure entre parenthèses)

	Hétérothermes			**Homéothermes**	
Groupe	Herbivores	Carnivores	Détritivores	Herbivores	Carnivores
A/C	39 % (9)	77 % (2)	38 % (4)	65 % (10)	88 % (4)

L'efficience d'assimilation des herbivores est en moyenne de 39 % chez les invertébrés étudiés et paraît généralement plus élevée chez les vertébrés homéothermes, variant autour d'une moyenne de 65 %. Il existe toutefois de grandes différences selon le type de végétal ou d'organe de la plante consommé, les valeurs maximales étant observées chez les granivores (*A/C* = 80 %).

Rendement de production nette P/A

Dans le cas des végétaux photosynthétiques on exprime plutôt les résultats par rapport à l'énergie absorbée. Bien que dans des conditions optimales de laboratoire la photosynthèse puisse avoir une efficience maximale de 34 % elle ne dépasse pas habituellement, dans de bonnes conditions, le seuil de 1 à 2 %.

Chez les animaux, Humphreys (1979) a effectué une revue détaillée de 235 bilans énergétiques de populations naturelles afin de dégager les relations entre *P* et *R*. Les résultats de son analyse sont résumés dans le tableau ci-dessous. L'auteur distingue trois groupes parmi les poïkilothermes et quatre parmi les homéothermes. Deux différences majeures se dégagent, l'une entre poïkilothermes et homéothermes (*P/A* de 29 % dans le premier cas, de 2,6 % dans le second), l'autre entre les insectes sociaux et les poissons d'une part et les autres poïkilothermes étudiés d'autre part, les premiers ayant un rendement de production nettement plus faible (9,8 %). En fait les différences relevées au niveau du rapport *P/A* sont principalement liées à l'existence ou l'absence de thermorégulation ainsi qu'à l'importance plus ou moins grande des dépenses d'activité. Dans le cas des invertébrés, Humphreys a pu distinguer des différences significatives selon le régime alimentaire des espèces, les herbivores présentant les plus faibles rendements.

Tableau 10 Rendement de production de populations naturelles (d'après Humphreys, 1979).

Principaux groupes	n	P/A en %
Poïkilothermes	156	29,0
1. Insectes non sociaux	61	40,7
2. Invertébrés (insectes exclus)	73	25,0
3. Insectes sociaux	13	9,2
4. Poissons	9	10,7
Homéothermes	79	2,6
1. Insectivores	6	0,9
2. Oiseaux	9	1,3
3. Peuplements de petits Mammifères	8	1,5
4. Autres Mammifères (Insectivores non compris)	56	3,1

Performances énergétiques et biomasse

L'établissement du bilan énergétique de populations naturelles pose un certain nombre de difficultés. Aussi, divers auteurs se sont-ils efforcés de dégager des relations générales entre les variables du bilan énergétique, difficiles à obtenir mais essentielles (*P, A*) et des variables plus accessibles telles que le poids moyen des individus (*W*) ou la biomasse moyenne par hectare (*B*) de la population considérée.

En comparant les performances métaboliques de nombreuses espèces de tailles variées il a été montré qu'il existait, dans chaque groupe zoologique étudié, une bonne relation générale entre le taux métabolique basal, *M* (énergie temps $^{-1}$) et le poids des individus, *W*, de forme :

$$M = a\ W^{0,75}$$

La constante *a* revêt des valeurs distinctes selon les groupes considérés, en fonction des caractéristiques métaboliques propres de ceux-ci.

Il était raisonnable de penser que les principales composantes du bilan énergétique des organismes (*P, R, A*) étaient, elles aussi, une fonction de *W*. Ceci est confirmé à l'échelle d'une large comparaison interspécifique, qui permet de dégager une fonction puissance $y = xW^z$, avec *z* compris, selon les groupes taxonomiques, entre 0,69 et 0,82 – c'est-à-dire proche de 0,75 (Lavigne, 1982). Dans ces conditions[2] le taux de production, rapport de la production à la biomasse moyenne *(P/B)*, devrait être proportionnel à $W^{-0,25}$. Cette relation est vérifiée empiriquement par Farlow (*in* Lavigne, 1982) qui dégage l'équation $P/B = 5{,}78\ W^{-0{,}266}$ chez une vaste gamme d'espèces animales.

À partir d'une centaine de bilans énergétiques suffisamment complets pour autoriser cette recherche, Humphreys (1981) a pu dégager (tableau 11) des relations significatives entre la production et l'assimilation d'une part et l'index simple d'autre part :

$$Im = \frac{\text{Biomasse annuelle moyenne (cal } m^{-2})}{(\text{Poids vif maximum en mg})^{0,75}}$$

Ces relations générales, à valeur prédictive, sont intéressantes. Elles devront toutefois être précisées lorsqu'un nombre nettement plus important de bilans énergétiques auront été établis, et cela pour le maximum de groupes zoologiques.

Flux d'énergie dans les écosystèmes

Le flux d'énergie qui traverse les écosystèmes dépend de la quantité d'énergie fixée sous forme chimique par les végétaux autotrophes. Cette production primaire est limitée en amont par la quantité de rayonnement solaire capté par les chloroplastes (production primaire brute) et par le rendement de production nette (PPN/PPB), variable selon les plantes et formations végétales considérées (de 30 à 85 %, tableau 12).

Tableau 11 Relations entre l'assimilation (log A cal m^{-2}) d'une part, la production d'autre part (log P cal m^{-2} an^{-1}) et l'index métabolique (log Im) dans divers groupes de populations animales (d'après Humphreys, 1981).

Groupes	Équation des droites de régression pour *A*			Équation des droites de régression pour *P*		
		n	r		n	r
Oiseaux	*A* = 0,993 *Im* + 2,346	7	0,92	*P* = 1,214 *Im* + 0,821	7	0,88
Musaraignes	*A* = 1,201 *Im* + 2,803	5	0,91	*P* = 0,989 *Im* + 0,169	5	0,95
Autres mammifères						
	A = 0,903 *Im* + 2,293	42	0,84	*P(*)* = 1,061 *Im* + 0,952	31	0,92
Poissons				*P(**)* = 0,746 *Im* + 0,833	11	0,73
Fourmis	*A* = 0,698 *Im* + 1,635	8	0,93	*P* = 0,614 *Im* + 0,573	8	0,90
Autres insectes	*A* = 1,016 *Im* – 1,653	4	1	*P* = 1,035 *Im* – 2,669	4	1
Autres invertébrés	*A* = 0,628 *Im* – 0,295	9	0,92	*P* = 0,677 *Im* – 0,758	34	0,64
	A = 0,669 *Im* – 0,059	25	0,67			

(*) Souris et campagnols
(**) Autres mammifères

2. Si la production individuelle P_i = a' $W^{0,75}$ et $B = NW$ étant la densité de la population, on a en effet : $\frac{P}{B} = \frac{N(a'W^{0,75})}{NW} = a'W^{-0,25}$

TABLEAU 12 EFFICIENCE DE PRODUCTION NETTE DE DIVERSES PLANTES ET COMMUNAUTÉS VÉGÉTALES (D'APRÈS RICKLEFS, 1980).

Communautés végétales	Localités	%	Auteurs
TERRESTRES			
Herbacées pérennes	Michigan	85	Golley, 1960
Céréales	Ohio	77	Transeau, 1926
Alfalfa		62	Odum, 1959
Forêts de pins et chênes	New York	45	Whittaker et Woodwell, 1969
Savanes tropicales		55	Golley et Misra, 1972
Forêt tropicale humide		30	Golley et Misra, 1972
AQUATIQUES			
Lentilles d'eau	Minnesota	85	Lindeman, 1942
Algues	Minnesota	79	Lindeman, 1942
Phytoplancton	Wisconsin	75	Juday, 1940
Mer des Sargasses	Atlantique tropical	47	Odum, 1959
Silver Springs	Floride	42	Odum, 1959

Les gammes de biomasse par hectare et de productivité primaire des principaux types d'écosystèmes terrestres et aquatiques sont donnés, avec les valeurs moyennes correspondantes, dans le tableau 13. Les productions les plus élevées sont observées dans les forêts ombrophiles tropicales, les marécages, les récifs coralliens et les herbiers d'algues (PPN moyenne égale ou supérieure à 2 000 g/m^2/an).

L'énergie emmagasinée sous forme chimique par les végétaux chlorophylliens est devenue utilisable pour les organismes hétérotrophes. Cependant une grande partie de celle-ci sera perdue sous forme de chaleur à chaque transfert de niveau trophique en niveau trophique ainsi que l'illustre l'exemple simple de la chaîne alimentaire chênes-chenilles-oiseaux étudiée dans la forêt de Niepolomice en Pologne (fig. 106). L'efficience d'exploitation, rapport de l'énergie ingérée à l'énergie disponible (production nette de la population-proie), est de 10 % pour les chenilles et de 24 % pour les oiseaux. Le rendement écologique du système, rapport de la production du niveau trophique $n + 1$ à la production du niveau n est de 3,5 % entre les feuilles de chênes les chenilles (1,3 % si l'on considère la production totale des chênes) et de 0,9 % entre les chenilles et les oiseaux (fig. 106).

L'ensemble des données disponibles montre que ces résultats ont une valeur assez générale. L'efficience d'exploitation des consommateurs primaires est presque toujours comprise entre 1 et 10 % dans les écosystèmes terrestres (tableau 14), à l'exception des milieux pâturés par des troupeaux d'herbivores domestiques où elle peut atteindre 65 %. Des valeurs aussi élevées peuvent être trouvées en milieu océanique (tableau 14).

Les carnivores ont en moyenne une efficience d'exploitation supérieure à celle des herbivores terrestres, avec des valeurs comprises entre 10 et 100 %.

Afin d'illustrer ces considérations générales par des exemples précis voici, brièvement résumées, quelques études de cas.

TABLEAU 13 BIOMASSE VÉGÉTALE ET PRODUCTION PRIMAIRE NETTE DANS DIVERS TYPES D'ÉCOSYSTÈMES (D'APRÈS WHITTAKER ET LIKENS IN RAMADE, 1981).

Type d'écosystème	Biomasse en t/ha		Production en g/m²/an	
	Gamme	Moyenne	Gamme	Moyenne
Forêts ombrophiles tropicales	60- 800	450	1 000-3 500	2 200
Forêts tropicales caducifoliées	60- 600	350	1 000-2 500	1 600
Forêts tempérées de conifères	60-2 000	350	600-2 500	1 300
Forêts tempérées caducifoliées	60- 600	300	600-2 500	1 200
Forêts boréales (Taïga)	60- 400	200	400-2 000	800
Savanes	2- 150	40	200-2 000	900
Steppes tempérées	2- 50	16	200-1 500	600
Toundra	1- 30	6	10- 400	140
Déserts buissonnants	1- 40	7	10- 250	90
Déserts extrêmes, zones polaires	0- 2	0,2	0- 10	3
Agroécosystèmes	4- 120	10	100-3 500	650
Marécages	30- 500	150	800-3 500	2 000
Lacs et fleuves	0- 1	0,2	100-1 500	250
Océan (au large)		0,03		125
Zones d'Upwelling	0,05- 1	0,2	400-1 000	500
Plateau océanique continental	0,01- 0,4	0,1	200- 600	360
Récifs coralliens et herbiers d'algues	0,4-40	20	500-4 000	2 500
Estuaires	0,1-60	10	200-3 500	1 500

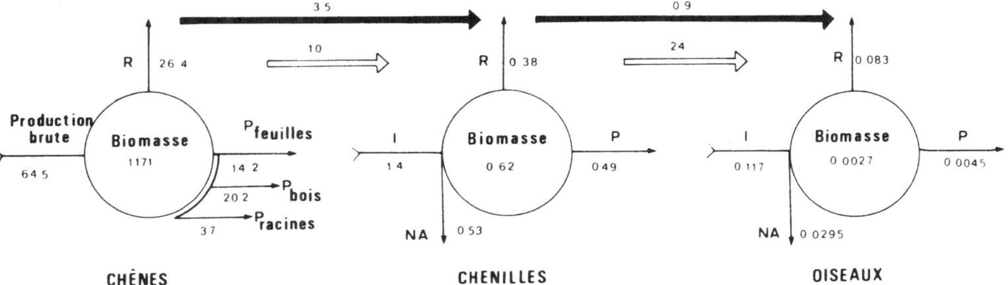

Figure 106 Flux d'énergie le long d'une chaîne trophique simple dans la forêt de Niepolomice, Pologne (d'après Medwecka-Kornàs *et al.,* 1974).

Les chiffres sont en kcal. 10^6.hab^{-1}.an^{-1}. Les flèches blanches indiquent l'efficience d'exploitation en % (rapport de l'énergie ingérée à l'énergie disponible, production nette de la population-proie). Les flèches pleines donnent le rendement écologique, en % (rapport de la production au niveau n + 1 à la production au niveau n).

Tableau 14 Exploitation par les consommateurs primaires de la production primaire nette (production épigée dans le cas des milieux terrestres) (d'après Wiegert et Owen, 1971 et Ricou*, 1978).

Ecosystème	Caractéristiques	Exploitation en %
Forêts décidues	Arbres Lent renouvellement	1,5 à 2,5
Champ de 30 ans au Michigan	Herbes pérennes Renouvellement moyen	1,1
Marais de Géorgie	Herbacées pérennes Renouvellement moyen	8
Champ de 7 ans en Caroline du Sud	Herbes annuelles Renouvellement moyen	12
Savane africaine	Herbes pérennes Renouvellement rapide	28 à 60 (mammifères)
Ranch	Herbes pérennes Renouvellement rapide	30 à 45 (bovins)
Prairie pâturée de Normandie*	Herbes pérennes Renouvellement rapide	65 (bovins) 6 (invertébrés)
Océans	Phytoplancton Renouvellement très rapide	60 à 99

Bilan énergétique d'un écosystème forestier

Le bilan d'énergie de la forêt de Hubbard Brook, au New Hamsphire, a été réalisé par Gosz *et al.* (1978).

Le rayonnement solaire reçu par ce recru forestier d'érables, de hêtres et de bouleaux est de 1 254 000 kcal/m^2/an. De cette énergie incidente, 0,8 % seulement sont fixés par photosynthèse (10 400 kcal/m^2). Plus de la moitié est utilisé pour les besoins métaboliques des plantes dont la production nette est de 4 684 kcal/m^2. Cela correspond à un rendement de 0,4 %. Toutefois, si l'on considère que la période de croissance de la végétation n'est que de 4 mois et si l'on ne prend pas en compte l'énergie solaire véhiculée par des longueurs d'onde non absorbables par les chloroplastes, le rendement réel de production nette atteint 2 %.

Si la part de rayonnement solaire effectivement converti en matière organique est faible cela ne signifie pas pour autant que le reste soit biologiquement inutile ou perdu. La chaîne produite par une grande partie du rayonnement solaire est nécessaire au déroulement normal des métabolismes et de la photosynthèse elle-même. En outre, une importante quantité de chaleur (288 990 kcal/m^2/an, c'est-à-dire 23 % environ de l'énergie solaire rayonnée annuellement) est consommée pour l'évapotranspiration de la végétation — évapotranspiration liée au flux d'eau indispensable à la vie et à la croissance de celle-ci.

Sur une production primaire totale de 4 680 kcal/m^2/an, la majeure partie (3 481 kcal) entre dans les chaînes des herbivores et des détritivores, le reste étant emmagasiné dans la biomasse végétale (952 kcal/m^2/an au-dessus du sol, 247 kcal/m^2/an dans l'appareil racinaire).

En 1970, la biomasse végétale de l'écosystème représentait 71 420 kcal/m^2 (dont 59 696 au-dessus du sol). Il faut souligner que la matière organique de la litière forestière et du sol est nettement plus importante, correspondant respectivement à 34 322 et 88 120 kcal/m^2. Ces chiffres soulignent l'importance des détritus dans l'organisation de cette forêt, comme vraisemblablement de la plupart des forêts tempérées.

Les animaux phyllophages consomment entre moins de 1 % la plupart des années et jusqu'à 44 % certaines années (pullulation de la chenille *Heterocampa guttivita*) de la production nette de feuilles de la forêt de Hubbard Brook. En moyenne, c'est 75 % de la PPN qui s'accumule chaque année sur le sol (3 505 kcal/m^2) et entre dans le système détritivore : une partie de cette matière organique est utilisée par les bactéries, les champignons et divers invertébrés tandis qu'une autre vient enrichir les réserves du sol (fig. 107).

Bilan d'énergie d'une prairie pâturée

Les flux d'énergie, de matière et de nutriments minéraux dans une prairie normande ont été étudiés par Ricou et son équipe (1978).

Le rayonnement solaire reçu par la prairie est de 996 000 kcal/m^2/an. La production primaire nette, égale à 7 323 kcal/m^2/an[3] équivaut à 0,7 % de l'énergie solaire. Le troupeau de bovins (3,2 vaches par ha) consomme 3 323 kcal/m^2/an, soit 65,3 % de la production épigée (5 083 kcal/m^2/an). Une faible fraction de cette production est consommée par les invertébrés phytophages (303 kcal/m^2/an, soit 5,9 % de la PPN épigée) tandis que le reste va constituer la litière et retourner au sol.

La production secondaire est de 518,6 kcal/m^2/an, pour les bovins, de 27,6 pour les invertébrés phytophages. Ces valeurs représentent un rendement écologique global, pour les consommateurs primaires, de 10,7 % (par rapport à la seule production épigée). Entre les invertébrés phytophages et les consommateurs secondaires qui s'en nourrissent, le rendement écologique atteint près de 27 % (PS_2/PS_1 = 7,4 kcal/27,6 kcal).

Les lombrics, dont la densité est en moyenne de 180 individus par m^2, jouent un rôle important dans le recyclage de la matière organique : ils ingèrent près de 55 % de la production de litière. Le travail de décomposition de la matière organique du sol est finalement réalisé par les bactéries et les champignons qui assurent l'équilibre de la quantité d'humus.

Le cas d'écosystèmes aquatiques

Du point de vue bioénergétique le fonctionnement des écosystèmes aquatiques n'est pas différent de celui des écosystèmes terrestres. On résumera ici dans le tableau 15 les principaux éléments du flux énergétique dans un lac du Minnesota, et dans un petit écosystème aquatique de Floride. On remarque la productivité primaire plus

3. Soit 17,5 tonnes de matière sèche par ha et par an, avec un apport d'engrais de 160 kg de N, 35 kg de P et 33 kg de K par ha et par an.

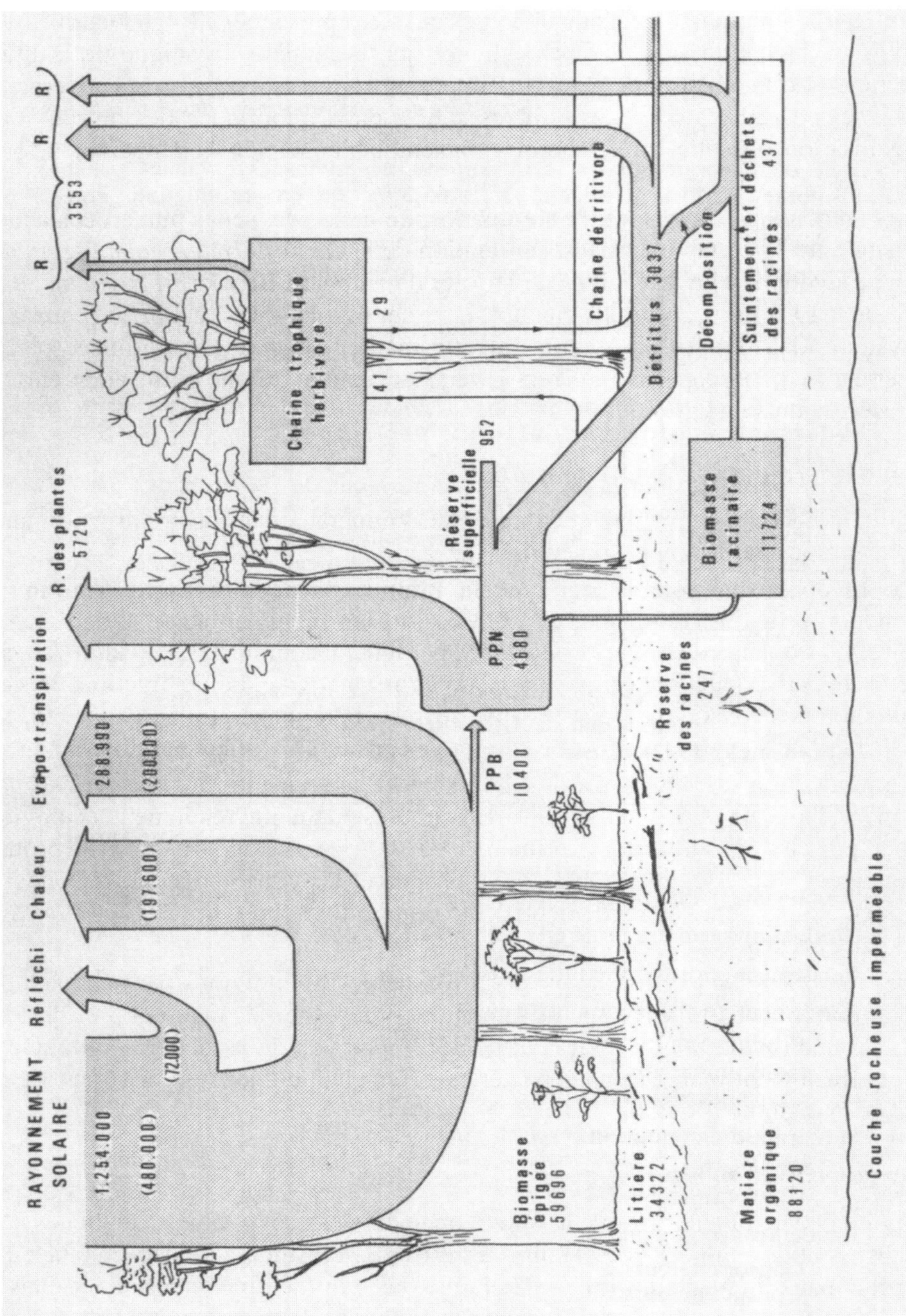

Figure 107 Bilan d'énergie d'une forêt de feuillus de New Hampshire (la forêt de Hubbard Brook). Les chiffres représentent les apports et les dépenses d'énergie en kcal/m²/an, sauf les valeurs données entre parenthèses qui se rapportent aux 4 mois correspondant à la période de croissance de la végétation. (D'après Gosz *et al.*, 1978, simplifié.)

forte et les rendements de production nette plus faibles en Floride, en relation sans doute avec la localisation plus méridionale de cet écosystème et ses eaux plus chaudes.

TABLEAU 15 COMPARAISON DES FLUX ÉNERGÉTIQUES POUR LE LAC DE CEDAR BORG, AU MINNESOTA (LINDEMAN, 1942) ET POUR SILVER SPRINGS, EN FLORIDE (ODUM, 1957).

	Cedar Bog Lake	Silver Springs
Rayonnement solaire en kcal/m²/an	1 188 720	1 700 000
Production primaire brute en kcal/m²/an	1 113	20 810
Rendement photosynthétique en %	0,10	1,20
Rendement de production nette en %		
Producteurs I	79,0	42,4
Consommateurs I	70,3	43,9
Consommateurs II	41,9	18,6
Efficience d'exploitation (*) en %		
Consommateurs I	16,8	38,1
Consommateurs II	29,8	27,3
Rendement écologique en %		
Consommateurs I	11,8	16,7
Consommateurs II	12,5	4,9

(*) Calculée d'après l'énergie assimilée et non d'après l'énergie ingérée. Si lon admet que les taux d'assimilation sont > 80 % ces valeurs ne sont pas trop sous-estimées.

CYCLES DES NUTRIMENTS MINÉRAUX

Transferts des éléments chimiques nutritifs au sein des écosystèmes

Les transferts d'éléments chimiques au sein des écosystèmes se font suivant des cycles que l'on peut décrire et quantifier, à l'échelle de l'année par exemple. On distingue le cycle biologique proprement dit, avec la phase d'*absorption* des éléments du sol par les racines, la phase de *restitution* au sol d'une partie de ces éléments (chute de feuilles, bois mort, cadavres et excréments) et la *rétention* (accumulation dans les organes pérennes : rétention = absorption – restitution), et le flux qui le relie au monde extérieur (fig. 108). Ce flux, partie d'un cycle géochimique plus large, comprend des phénomènes d'*import*, ou d'entrée dans le système, et des phénomènes d'*export*, ou de sortie du système.

L'import, d'une manière générale, provient soit de l'atmosphère — transports par le vent ou par la pluie —, soit de la lithosphère — par décomposition de la roche-mère. S'y ajoutent éventuellement des apports d'origine humaine (engrais, ordures). Enfin, il convient de rappeler ici le rôle essentiel que jouent dans le cycle de l'azote certains micro-organismes capables de fixer le N_2 de l'air et donc de le faire entrer dans l'écosystème (voir chap. 3).

L'export comprend les pertes par les eaux de drainage et les pertes par exploitation humaine. Ces dernières peuvent évidemment être très importantes comme c'est le cas dans les agrosystèmes. Le tableau suivant qui donne un aperçu des réserves moyennes en éléments minéraux des sols cultivés en France et des quantités exportées chaque année par les récoltes, montre que ces sols pourraient être épuisés totalement dans un laps de temps de 15 à 150 ans. La restitution sous forme d'engrais des éléments perdus est donc une nécessité.

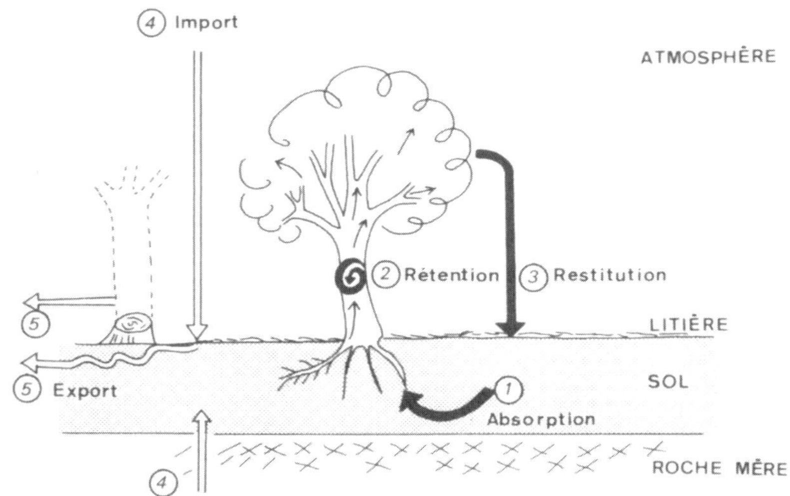

Figure 108 Représentation schématique des principales composantes du cycle des éléments minéraux dans les écosystèmes.

En noir, composantes biologiques du cycle annuel. En blanc, éléments du flux reliant ce cycle au monde extérieur.

La figure 109 qui présente les stocks et flux annuels de N, K, Ca dans la hêtraie de Fontainebleau et la figure 110 qui rassemble les données relatives aux cycles des nutriments dans un agrosystème de Belgique (champ de maïs) illustrent ces considérations générales par deux cas concrets.

Tableau 16 Réserves moyennes en éléments minéraux de sols cultivés français et quantités exportées chaque année par les récoltes (d'après Guerrin in Duvigneaud, 1980).

Élément	Stock en kg/ha	Exportation en kg/ha
N	3 000	50 – 300
P	654	4 – 35
S	325	3 – 37
K	1 245	25 – 249
Mg	904	6 – 60

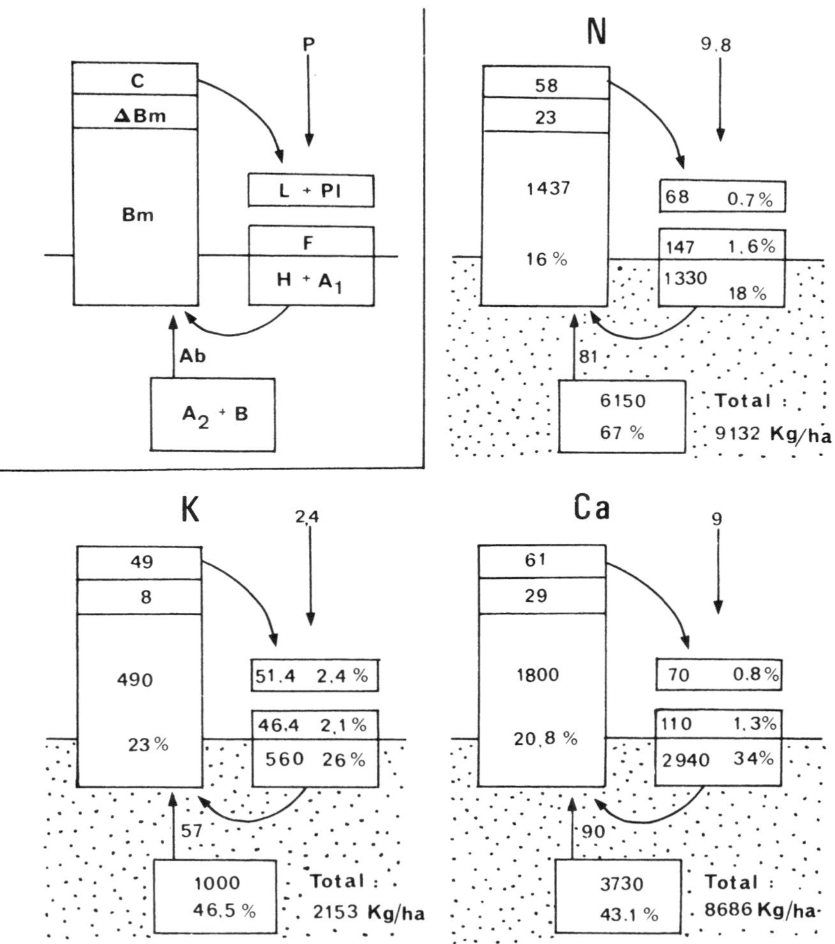

Figure 109 Stocks et flux annuels de quelques macro-éléments dans la futaie de hêtres à Fontainebleau (d'après Lemée, 1978).

Bm : biomasse ligneuse ; ΔBm : production ligneuse ; C : organes caducs + branches ; L + Pl : litière + pluviolessivages annuels ; F : litière des années antérieures ; H + A_1 : horizon humifère (mull) ; A_2 + B : horizons minéraux (N total, K et Ca éch.) ; Ab : absorption annuelle ; P : entrée par précipitations.

Rôle des décomposeurs dans le fonctionnement des écosystèmes

Si les études de bilans énergétiques tendaient évidemment à mettre en relief le rôle des producteurs, et notamment des producteurs primaires, dans le fonctionnement des écosystèmes, il est maintenant clair que les processus de *décomposition* sont, dans cette même perspective, tout aussi importants.

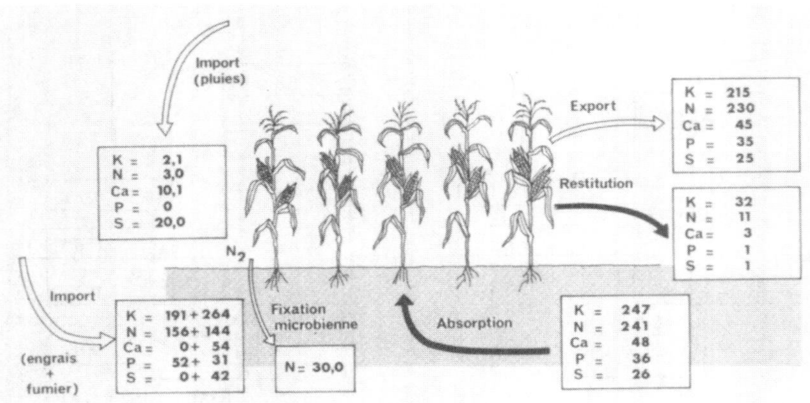

Figure 110 Cycles des principaux nutriments dans le fonctionnement d'un champ de maïs à Nivelle, Belgique (simplifié de Duvigneaud, 1980). Les quantités sont données en kg/ha/an.

Dans les écosystèmes terrestres la quantité de matière organique qui retourne au sol chaque année sous forme de feuilles, de racines ou de bois mort peut aller de quelques tonnes à quelques dizaines de tonnes par hectare (tableau 17). Par l'action d'une multitude d'organismes cette matière est plus ou moins rapidement recyclée, c'est-à-dire fractionnée, transformée, décomposée, minéralisée : elle redevient disponible pour les producteurs primaires et utilisable pour la synthèse de nouvelles molécules organiques.

TABLEAU 17 APPORTS AU SOL DE MATIÈRE ORGANIQUE PAR LES GRANDS TYPES D'ÉCOSYSTÈMES NATURELS DU GLOBE (D'APRÈS RODIN ET BAZILEVITCH, 1967 IN LEMÉE, 1977).

	Chute de litière de feuilles t/ha/an	Bois morts et racines mortes t/ha/an	Matière organique morte sur le sol t/ha
Toundra arctique	0,26	0,74	3,5
Forêt d'épicéas (taïga)	2,6	1,9	32,5
Forêt de chênes	4	2,5	15
Steppe subaride d'URSS	1,5	2,7	1,5
Semi-désert à armoises	0,1	1	–
Savane herbeuse (Inde)	2,9	4,4	–
Forêt tropicale caducifoliée	14	7	10
Forêt équatoriale sempervirente	16,5	8,5	2

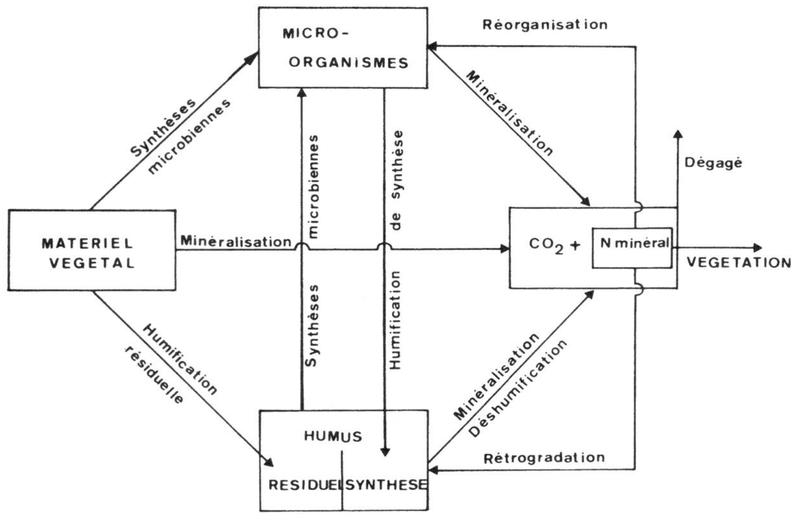

Figure 111 Voies de l'humification et compartiments de l'humus (d'après Bottner, 1982).

À l'automne, dans nos régions, les feuilles, partiellement consommées par divers insectes, sont envahies de myceliums dès avant leur chute. À terre, imprégnées d'eau, elles se trouvent recouvertes par un véritable feutrage de bactéries, de protozoaires, de rotifères, d'algues et de myceliums de champignons. Cette matière en cours de digestion est déchiquetée, morcelée par une riche faune de collemboles, d'acariens oribates, de diplopodes et de lombrics. Les débris végétaux de cellulose et de lignine que libèrent leurs excréments sont décomposés par la microflore de la litière : les ciments pectiques qui maintiennent les cellules sont hydrolysées par des bactéries et champignons pectinolytiques, facilitant ainsi le travail des agents cellulolytiques.

Cette première phase de biodégradation, relativement rapide, est la *minéralisation primaire*. L'énergie qu'elle libère est utilisée pour les synthèses de la biomasse microbienne. Certains composés végétaux, tels que la lignite, restent incomplètement dégradés et constituent *l'humus résiduel*. Une autre fraction d'humus provient de la partie non minéralisée des cadavres microbiens : c'est *l'humus de synthèse microbienne*. Les composés humiques forment avec certains constituants minéraux du sol, notamment avec les argiles, des complexes relativement stables, c'est-à-dire protégés des actions enzymatiques. Leur dégradation, généralement lente, définit la *déshumification* ou *minéralisation secondaire*. La vitesse de biodégradation et les voies de l'humification (fig. 111) sont étroitement liées à la composition du matériel végétal, aux conditions climatiques et à la nature du sol.

Chapitre 15

Structure et dynamique des peuplements

L'étude du fonctionnement des écosystèmes, tel qu'il a été appréhendé jusqu'ici en termes de flux d'énergie et de cycles de nutriments, a conduit à représenter sa structure sous la forme de pyramides trophiques ou d'ensembles fonctionnels de compartiments interconnectés.

Il est tout aussi essentiel, pour une pleine compréhension de la structure et de la dynamique des écosystèmes, de reconnaître les règles d'organisation et de fonctionnement qui opèrent à l'intérieur de chacun de ses ensembles plurispécifiques, c'est-à-dire à l'intérieur de chacun de ces peuplements, et de prendre en considération les types de relations qui se développent entre les espèces des divers niveaux trophiques (prédation, parasitisme, mutualisme).

LA NOTION DE PEUPLEMENT

On a reconnu jusqu'ici deux entités biologiques fondamentales, la population (monospécifique) et la biocénose (ensemble des populations occupant un même milieu). Il est rare de pouvoir étudier une biocénose complète, population par population. Généralement, l'écologiste qui s'intéresse à l'organisation et aux aspects démographiques ou « populationnels » des écosystèmes délimite des ensembles plurispécifiques plus restreints qu'il appelle peuplements ou communautés.

La signification de tels ensembles dépend de la problématique en fonction de laquelle ils ont été définis. Un taxonomiste ou un biogéographe peuvent s'intéresser à des collections d'espèces, indépendamment de toute préoccupation de fonctionnement. Ils n'étudient pas à proprement parler des peuplements mais des ensembles d'espèces dont le seul lien supposé est d'ordre phylétique ou de simple juxtaposition. Un écologiste, en revanche, s'intéresse plutôt à des systèmes plurispécifiques conçus comme entités pourvues d'une structure et d'un fonctionnement. Il ne s'agit donc plus de simples collections d'espèces mais de systèmes de populations interconnectées ou *susceptibles de l'être*. D'un point de vue général, c'est-à-dire dans le cadre d'une théorie exhaustive sur les structures des peuplements, et compte tenu du caractère dynamique de tels systèmes, il est en effet souhaitable de reconnaître aussi comme peuplements des collections d'espèces non effectivement interconnectées mais qui *ont pu l'être dans le passé ou qui pourraient le devenir*. L'exemple donné dans la figure 112 éclaire cette observation.

Comment définir ou désigner de tels ensembles fonctionnels ? En français le terme de *peuplement* convient parfaitement. Il suffit de préciser les « limites » du peuplement étudié : peuplement des oiseaux de telle forêt, peuplement des seuls oiseaux insectivores, etc. Dans la littérature écologique de langue anglaise est apparu le terme de *guild* qui connut rapidement un grand succès. Une guilde est un ensemble d'espèces taxonomiquement apparentées qui exploite localement un même type de ressources. Etant donnée l'imprécision de cette définition, relativement à la notion d'apparentement taxonomique comme à celle de communauté de ressources, le terme de guilde peut paraître superflu en français ; il est aussi simple de parler d'un *peuplement* de fauvettes insectivores que d'une *guilde* de fauvettes insectivores. On voit bien que ce n'est pas le premier terme qui véhicule l'information mais les derniers : « fauvettes insectivores ». Il reste que le terme de guilde est beaucoup plus restrictif que le terme de peuplement. Il peut donc être commode de l'utiliser pour désigner des groupements d'espèces taxonomiquement proches et appartenant à un même niveau trophique, réservant celui de peuplement pour des ensembles plus vastes, réunissant plusieurs guildes.

CARACTÉRISTIQUES DES PEUPLEMENTS

Comme les populations, les peuplements peuvent être globalement définis par leur densité et leur biomasse. De telles approches sont généralement développées lors d'études d'écosystèmes du type de celles que j'ai évoquées dans les chapitres précédents.

Dans la perspective adoptée ici les peuplements sont généralement caractérisés, après description de leur composition taxonomique, par leur richesse et leur diversité spécifiques.

La richesse spécifique d'un peuplement *(S)* est simplement le nombre d'espèces qui le constituent. Cette mesure est jugée insuffisante puisqu'elle ne permet pas de différencier des peuplements qui comporteraient un même nombre d'espèces mais avec des fréquences relatives très différentes. On conçoit qu'un peuplement de 10 espèces toutes très communes ne puisse être assimilé à un autre, riche de 10 espèces également mais dont 9 seraient très rares. Le premier paraît plus diver-

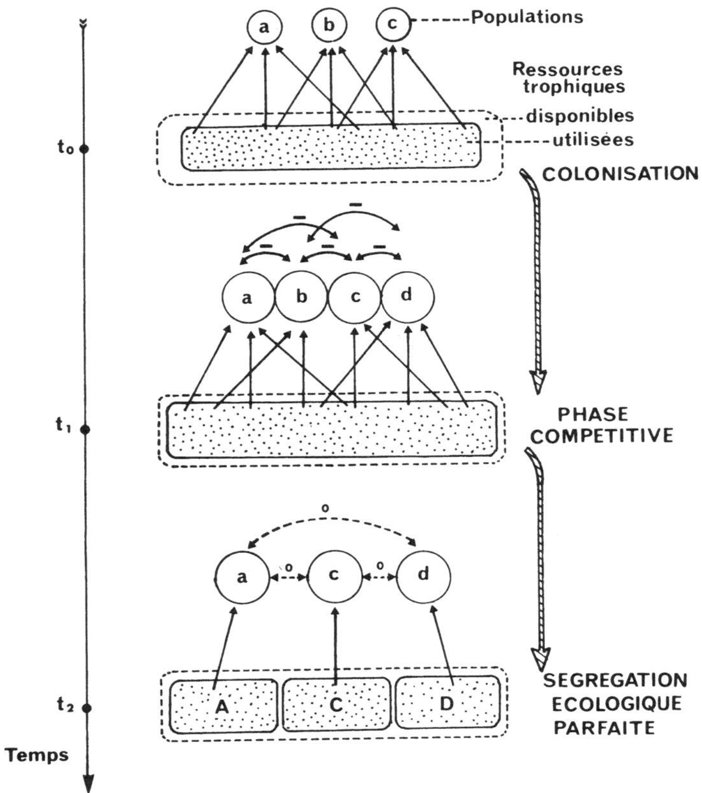

Figure 112 Exemple théorique d'évolution d'un peuplement saisi à trois moments caractéristiques.

A t_0, phase de création par colonisation, les ressources trophiques sont surabondantes, la densité des populations a, b, c... constituant le peuplement sont faibles et il n'y pas d'interaction effective entre celles-ci.

A t_1, le peuplement composé de populations denses est saturant et de fortes interactions négatives s'exercent entre les espèces en concurrence pour les mêmes ressources devenues limitantes.

A t_2, le peuplement est constitué d'espèces spécialisées devenues non interactives. C'est le stade de la ségrégation écologique parfaite.

sifié que le second : il a une diversité spécifique plus élevée. Cette diversité est mesurée par différents indices dont le plus utilisé est celui de Shannon :

$$H' = \sum p_i \log_2 p_i$$

où p_i est la fréquence relative de l'espèce i dans le peuplement ($= \frac{n_i}{\sum n_i}$). Cet indice de *diversité spécifique* varie à la fois en fonction du nombre d'espèces présentes et en fonction de l'abondance relative des diverses espèces. Afin de distinguer la part de cette dernière composante, on calcule un indice d'équitabilité :

$$E = \frac{H'}{H_{max}}$$

dans lequel H_{max} est la diversité maximale d'un peuplement de même richesse spécifique, diversité atteinte lorsque toutes les espèces ont même abondance ($H_{max} = log_2 S$).

Richesse spécifique, diversité, équitabilité sont devenues dans la pratique des écologistes des indices descriptifs utilisés pour comparer différents peuplements ou différents états (variations dans le temps) d'un même peuplement. Leur signification fonctionnelle est loin d'être évidente et la plupart des ouvrages qui traitent concrètement du problème de la diversité spécifique considèrent indistinctement richesse et diversité *sensu stricto*.

Les naturalistes ont relevé depuis longtemps l'existence de gradients latitudinaux et altitudinaux de richesse spécifique, avec notamment, pour simplifier, des peuplements plus riches en zone tropicale que dans les régions tempérées. Diverses hypothèses ont été avancées pour expliquer la plus grande richesse spécifique des peuplements tropicaux, chacune mettant l'accent sur un facteur particulier : histoire, stabilité climatique, productivité du milieu, prédation, compétition, hétérogénéité spatiale. Pianka a proposé une interprétation synthétique qui rassemble et relie entre elles ces diverses hypothèses (fig. 113).

Au-delà de ces considérations sur la richesse spécifique des peuplements se pose la question de leur organisation : les peuplements sont-ils des collections d'espèces, réunies par les hasards de leurs histoires respectives, ou bien représentent-ils véritablement des ensembles organisés, structurés selon des lois ou des règles de fonctionnement ?

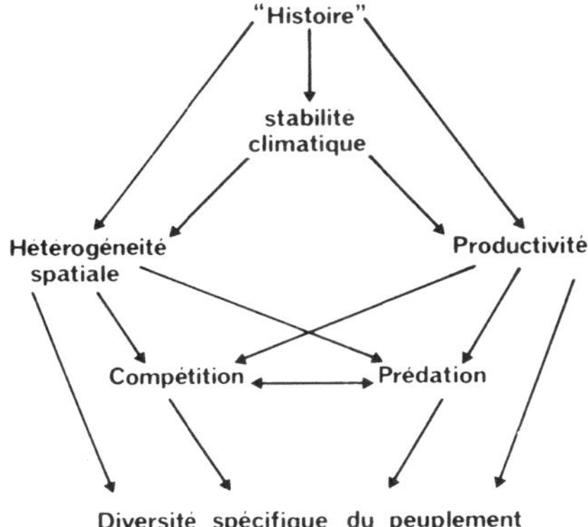

Figure 113 Principaux facteurs susceptibles d'intervenir dans le déterminisme de la diversité spécifique des peuplements (Pianka, 1974).

Il convient d'y ajouter les interactions de coopération, non figurées sur ce schéma.

ORGANISATION DES PEUPLEMENTS

Considérer, d'un point de vue non plus descriptif mais fonctionnel, les peuplements comme des systèmes organisés, c'est admettre qu'ils présentent des *structures* interprétables en termes de *relations* : relations entre les espèces constitutives, mais aussi relations entre celles-ci et les autres facteurs de l'environnement considéré. D'une manière générale, on peut dire que les facteurs susceptibles d'intervenir dans l'organisation des peuplements sont les mêmes que ceux évoqués à propos de la détermination de leur diversité spécifique (fig. 113).

Dans le cas de peuplements réunissant des espèces de même niveau trophique leur structure peut être appréhendée soit directement, par la comparaison des niches écologiques des espèces en présence (fig. 114), soit indirectement par l'analyse de la distribution par taille desdites espèces (structure par tailles : voir fig. 115).

Réseaux d'espèces en interaction, les peuplements sont d'une analyse complexe dès lors que l'on souhaite, au-delà de la simple description, saisir le déterminisme de leur structure et de leur dynamique. Il n'est pas possible de l'aborder ici sauf à

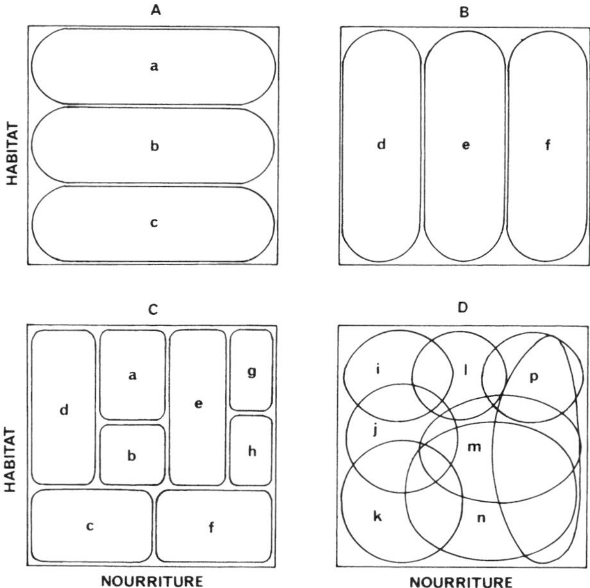

Figure 114 Représentation schématique de la structure de peuplements appréhendés par l'analyse des relations de niches entre les espèces.

Dans un environnement donné, caractérisé par une quantité et un spectre de ressources déterminés, on peut avoir plusieurs types de peuplements : avec peu (A, B) ou beaucoup d'espèces (C, D) ; avec des espèces séparées spatialement (A) ou trophiquement (B) ; avec beaucoup d'espèces spécialisées (C) ou beaucoup d'espèces à niches largement chevauchantes (D). D'après Barbault, 1981.

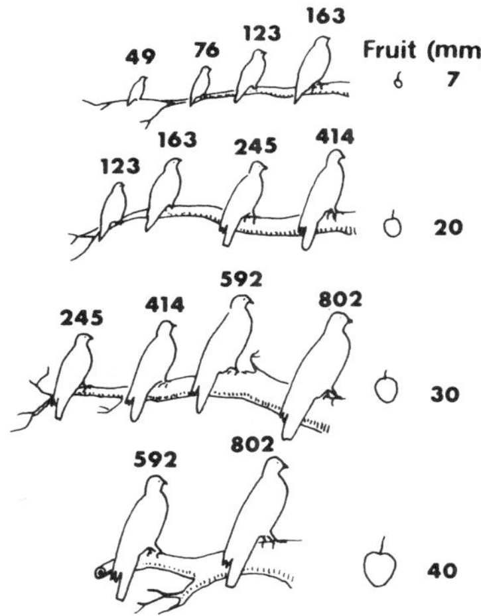

Figure 115 « Structure par tailles » d'un peuplement de pigeons frugivores (genres *Ptilinopus* et *Ducula* des forêts de plaine de Nouvelle-Guinée (d'après Diamond, 1973). Le poids de chaque espèce (qui figure au-dessus de chaque pigeon, en g) est approximativement égal à 1,5 fois celui de l'espèce suivante de droite à gauche. Chaque catégorie de fruit et de branche est « exploitée » par 4 espèces se succédant par ordre de poids (l'espèce troisième sur chaque branche est la première sur la branche suivante par ordre de grosseur).

donner quelques exemples destinés à mettre en relief le rôle des principaux facteurs écologiques susceptibles d'intervenir dans l'organisation des peuplements.

Pour une étude approfondie et qui intègre les renouvellements récents observés dans ce domaine on se reportera à Barbault (1992).

Rôle de la compétition interspécifique

Si les peuplements de type guilde constituent bien des systèmes organisés, on doit s'attendre à trouver d'étroites relations entre la quantité et la diversité des ressources disponibles (en termes d'habitat et de nourriture) d'une part, et le nombre et la densité des espèces d'autre part. La compétition interspécifique fixe une limite aux chevauchements des niches écologiques des espèces en présence, donc au nombre d'espèces susceptibles de se maintenir. Leur coexistence est assurée, conformément à la théorie de la compétition interspécifique et au principe d'exclusion compétitive, par une ségrégation écologique effectuée le long des principaux gradients de la niche — habitats, types de nourriture, temps.

De nombreux travaux illustrent cette hypothèse, soit directement par l'étude des relations de niche (fig. 116), soit indirectement par l'analyse des espacements de taille (fig. 115).

En fait, les constats que permettent ces types de résultats ne fournissent pas véritablement de preuves quant au rôle de la compétition interspécifique. Ainsi, la séparation spatiale remarquable observée dans un désert mexicain entre trois espèces écologiquement proches des lézards, *Cophosaurus texanus, Holbrookia maculata* et *Uma exsul* ne semble pas résulter du jeu de la compétition interspécifique mais traduirait une étroite dépendance de chacune de ces espèces vis-à-vis d'un type de substrat bien spécifique — respectivement, sol pierreux, sol argileux, sable vif. La valeur sélective dans ces trois populations de lézards dépendrait dans une large

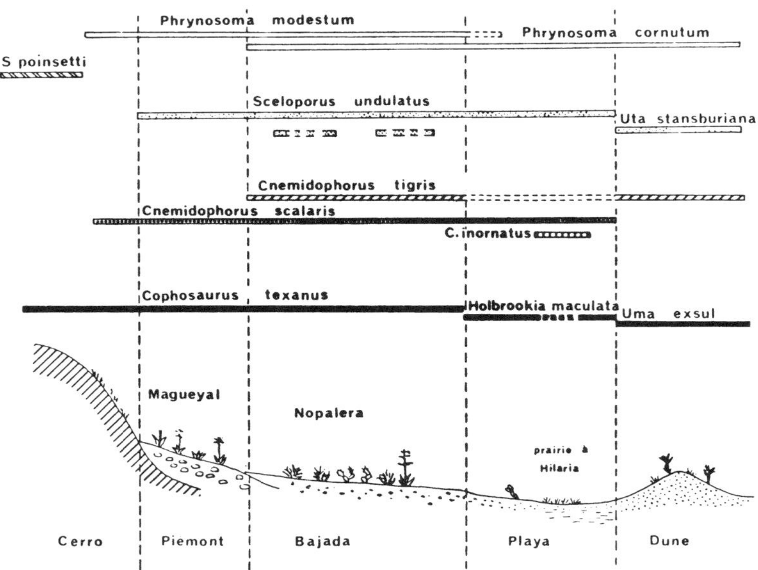

Figure 116 Organisation spatiale du peuplement de lézards dans un matorral mexicain (d'après Barbault et Maury, 1981).

Les espèces peuvent être séparées en types écologiques distincts :

1. En noir, espèces chassant à l'affût sur sol découvert ;
2. En hachure, espèces très mobiles se nourrissant au pied des touffes de végétation ;
3. En pointillé, espèces semi-arboricoles ;
4. En blanc, espèces myrmécophages ;
5. Sceloporus poinsetti, inféodé aux blocs granitiques du cerro, n'appartient à aucun de ces groupes.

mesure d'une parfaite homochromie avec le sol où les animaux restent longtemps à découvert (protection efficace vis-à-vis de nombreux prédateurs). La ségrégation spatiale observée peut donc être expliquée aussi bien par l'existence d'une forte pression de prédation que par l'hypothèse classique de l'exclusion compétitive.

Rôle de la prédation

Parmi les théories développées pour expliquer les variations de richesse et de diversité spécifiques entre peuplements, l'hypothèse « de la prédation » (Paine, 1966) suggère que les prédateurs, en limitant l'abondance de leurs proies, préviennent l'exclusion compétitive et permettent de ce fait la coexistence d'un plus grand nombre d'espèces que ne laisse prévoir la théorie de la « ressemblance limite » de MacArthur et Levins (1967) : des espèces à niches fortement chevauchantes peuvent coexister. Gause l'avait déjà montré, quelque 30 années avant, en introduisant un paramètre prédation dans les équations du modèle classique de la compétition interspécifique.

La communauté aquatique étudiée par Paine sur la côte pacifique des U.S.A. comprenait 15 espèces coiffées par un superprédateur, l'étoile de mer *Pisaster ochraceus*. La suppression expérimentale de ce prédateur entraîna la simplification du système, par suite notamment de l'expansion de la moule, *Mytilus californianus* sur tout le banc rocheux : le nombre d'espèces composant le peuplement tomba de 15 à 8. Cette expérience montre que la coexistence de plusieurs espèces en concurrence avec la moule pour l'occupation du substrat était maintenue grâce à la pression de prédation qui empêchait cette dernière de proliférer.

Le rôle de la prédation dans la structure et la dynamique du zooplancton a fait l'objet d'études particulièrement nombreuses et démonstratives. Je n'en dégagerai ici qu'un aspect, celui de l'impact des poissons planctophages sur la structure par tailles du zooplancton (fig. 117). Introduites dans un lac américain les aloses éliminèrent les grandes espèces de zooplancton, herbivores ou prédatrices de taille supérieure au mm. La disparition de ces espèces favorisa le développement de petites espèces herbivores, débarrassées de leurs propres prédateurs. La taille moyenne du zooplancton passa de 785 μm avant l'introduction des aloses à 285 μm après leur installation. Des effets inverses furent observés dans un autre lac à la suite d'un « effondrement » de la population d'aloses, sorte de contre-épreuve confirmant le bien-fondé de l'interprétation ci-dessus.

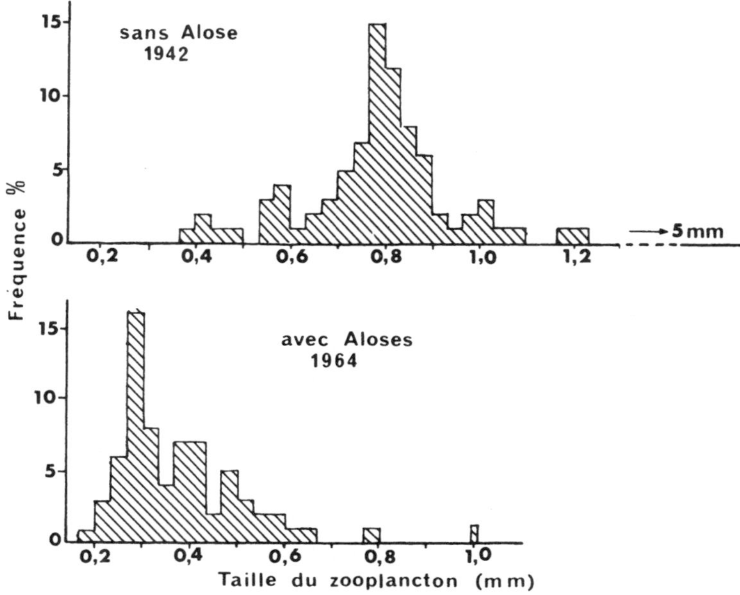

Figure 117 Modification de la structure de zooplancton d'un lac sous l'effet de la prédation par les poissons introduits en 1955 (d'après Brooks et Dodson, 1965).

Effets de la variabilité imprévisible du milieu

Les effets des perturbations (ruptures imprévisibles dans les conditions moyennes habituelles du milieu) sur la richesse spécifique des peuplements ont été particulièrement analysés, d'un point de vue général, par Connell (1978) et Huston (1979). La richesse maximale serait observée en conditions moyennes ; lorsque les perturbations sont très fréquentes et/ou importantes, la richesse spécifique reste basse parce que le temps de colonisation est bref et que seules les espèces à cycle court peuvent se maintenir avec succès ; lorsque l'environnement reste stable très longtemps la compétition interspécifique fixe une limite au nombre d'espèces capables de coexister (fig. 118).

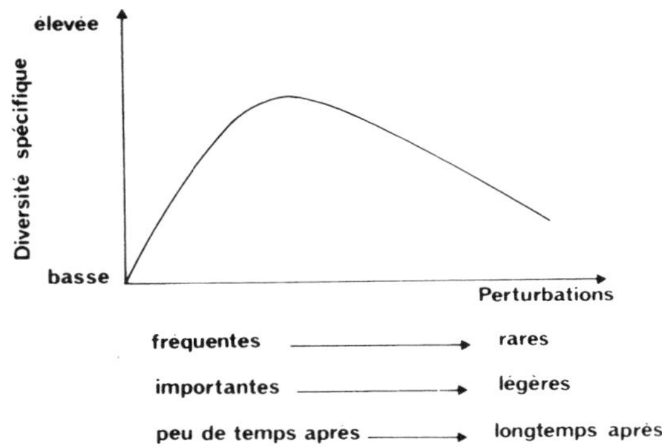

Figure 118 Variations de la richesse spécifique des peuplements en fonction du régime de perturbation (d'après Connell, 1978).

Menge et Sutherland (1976) ont étudié en Nouvelle-Angleterre l'organisation de communautés intertidales (de la zone de balancement des marées) sur substrat rocheux en fonction de l'intensité des perturbations liées à l'action des vagues. Dans les sites exposés aux vagues la communauté ne comprenait que trois espèces principales contre sept dans les sites protégés (fig. 119). Dans cette dernière situation la prédation exercée par le gastéropode *Thais lapillus* joue un rôle important dans l'accroissement de richesse spécifique en empêchant la moule, *Mytilus edulis*, compétitivement supérieure en site protégé, de monopoliser tout l'espace disponible.

Ce survol sommaire de quelques aspects de l'organisation des peuplements montre combien les divers facteurs en cause peuvent être liés. Les processus engendrés, orientés ou modulés par les divers facteurs responsables de l'organisation des peuplements sont multiples. Pour simplifier on distinguera des processus :

1) d'ordre physiologique (variations de croissance, de métabolisme, de fécondité...) ;
2) d'ordre éthologique (variations dans l'occupation de l'espace, dans l'utilisation des ressources trophiques, dans les rythmes d'activité, dans l'organisation sociale des populations) ;

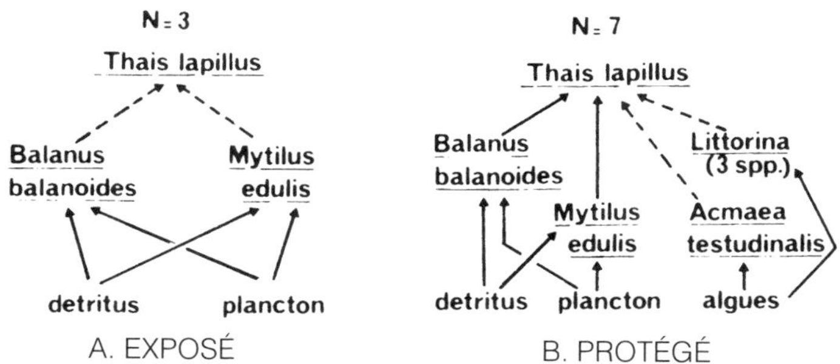

Figure 119 Communautés intertidales sur substrat rocheux dans un site exposé aux vagues (A) et dans un site protégé (B) en Nouvelle-Angleterre (d'après Menge et Sutherland, 1976).

Le site exposé a un peuplement plus pauvre et la prédation y est négligeable (flèches en tireté).

3) d'ordre démographique (variations des taux de mortalité et de fécondité âge-spécifiques) ;

4) d'ordre génétique.

Il est clair, à ce niveau, qu'une pleine compréhension de l'organisation des peuplements passe par une bonne connaissance de la dynamique des populations en présence.

LA THÉORIE DE L'ÉQUILIBRE DYNAMIQUE

Due à MacArthur et Wilson (1963, 1967), cette théorie fut à la base d'un renouveau de la biogéographie et de l'écologie des peuplements insulaires (voir Blondel, 1995). D'une manière plus générale elle concerne le problème de la dynamique et de l'organisation des communautés animales et végétales.

L'hypothèse de base est que la richesse spécifique des peuplements insulaires dépend de l'équilibre entre le taux d'immigration et le taux d'extinction (taux mesurés en nombre d'espèces par unité de temps). Le taux d'immigration de nouvelles espèces décroît à mesure qu'augmente le nombre d'espèces déjà établies sur l'île ; le taux d'extinction entre les deux courbes qui décrivent ces fonctions donne la richesse spécifique d'équilibre, S (fig. 115). Parce que certaines espèces sont meilleures colonisatrices et atteignent l'île plus rapidement que d'autres, le taux d'immigration décroît plus vite que si toutes les espèces avaient la même aptitude colonisatrice : la fonction I se traduit graphiquement par une courbe de pente décroissante. Parce que les interactions compétitives sur l'île accélèrent probablement l'extinction, la fonction E serait, elle aussi, de forme curvilinéaire (fig. 120).

Ces fonctions varient avec la distance au continent et avec la taille de l'île de sorte que la richesse spécifique à l'équilibre est d'autant plus élevée et proche de la valeur limite P — richesse spécifique sur le continent (pool potentiellement colonisateur) — que l'île est grande et peu éloignée du continent.

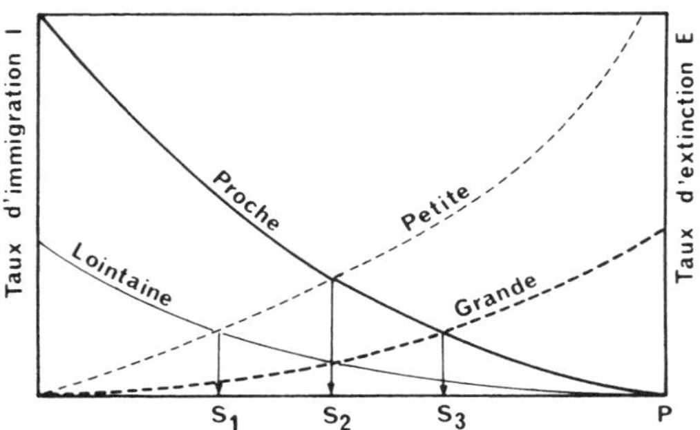

Figure 120 Modèle de l'équilibre spécifique dynamique sur les îles (d'après MacArthur et Wilson, 1967).

P représente le pool de colonisateurs potentiels — nombre d'espèces présentes sur le continent.

Parce que les taux d'immigration et les taux d'extinction dépendent, respectivement, de la distance au continent et de la superficie de l'île, on a représenté les fonctions I et E pour le cas d'îles petite ou grande, proche ou lointaine. La richesse spécifique d'équilibre S est donnée par l'intersection des courbes I et E.

La richesse spécifique moindre des peuplements insulaires, par rapport aux peuplements homologues du continent, et l'allègement de la pression de compétition interspécifique qui en résulte, auraient deux effets principaux sur leur organisation :

1) les populations insulaires atteindraient des densités plus élevées ;
2) elles occuperaient généralement des habitats plus variés que sur le continent (*expansion de niche*).

De nombreux travaux, consacrés principalement à des peuplements de lézards et d'oiseaux, confirment ces hypothèses.

LA NOTION DE SUCCESSION

Après l'abandon d'une culture, un incendie, une coupe, le paysage se transforme. Sauf intervention humaine, il se produit, de stade en stade, une *succession* de formations végétales aboutissant à la reconstitution de l'écosystème caractéristique de la zone climatique concernée. Il s'agit donc d'une évolution ordonnée et prévisible, véritable *développement* de l'écosystème terminal — au sens où l'on parle du développement d'un organisme. La formation terminale, de structure et de composition floristique stables dans les conditions définies par le climat régional, est le *climax* (fig. 121).

Dès le début du siècle, sous l'impulsion de Clements, le paradigme « succession-climax » joua un rôle important de généralisation structurante en écologie végétale mais suscita bien des controverses. On en retiendra l'idée majeure qui est, plus que celle de changement, celle d'une évolution directionnelle des écosystèmes vers un stade autorégulé d'équilibre sol/végétation/climat.

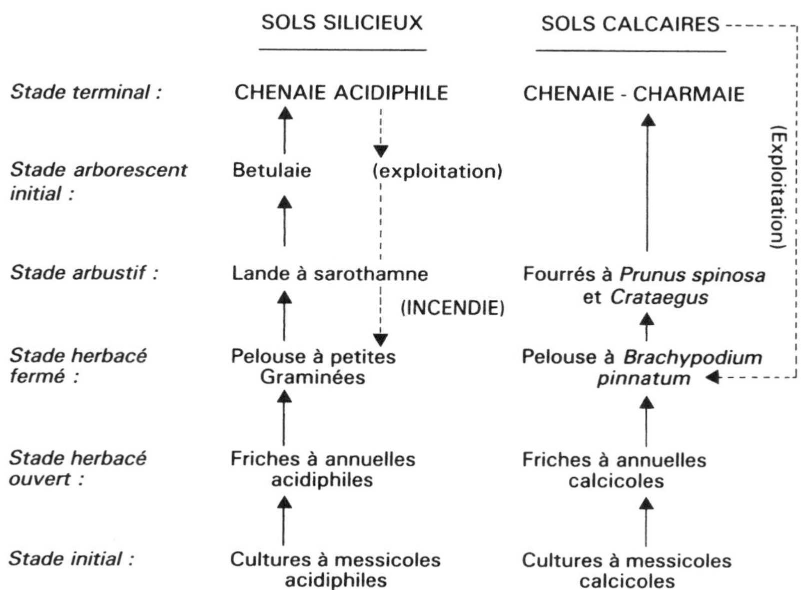

Figure 121 Successions des groupements végétaux, dans les plaines du Bassin parisien et de l'Est de la France, après abandon de cultures, sur deux substrats différents (d'après Lemée, 1978).

Odum (1969) a énuméré les principaux caractères de successions, notamment :

- l'augmentation de l'hétérogénéité spatiale et de la stratification de la végétation ;
- l'augmentation de la diversité spécifique de la biomasse et de la densité des organismes ;
- la complexification croissante de l'organisation des communautés, avec prépondérance des interactions biotiques ;
- le développement de mécanismes de stabilisation dans les populations et les peuplements.

En France, à quelques exceptions près, le stade climax des successions serait partout, en plaine et moyenne altitude, une forêt. Naturellement, les pratiques culturales ou pastorales maintiennent les écosystèmes en équilibre à des stades intermédiaires, au prix d'interventions constantes.

Les transformations évoquées ci-dessus touchent évidemment l'ensemble des peuplements : la végétation, les communautés d'invertébrés, les vertébrés, la microflore du sol — bref, la biocénose tout entière.

Les mécanismes qui interviennent dans la dynamique des successions sont les mêmes que ceux qui jouent un rôle dans l'organisation des peuplements : colonisation ; compétition/prédation/mutualisme ; extinction — sans oublier la transformation du milieu lui-même.

Chapitre **16**

Espèces et écosystèmes

LIER ESPÈCES ET ÉCOSYSTÈMES

L'écologie, telle qu'elle a été présentée en introduction puis développée dans le cours de cet ouvrage, apparaît double — divisée fait-on parfois remarquer. Avec d'un côté l'écologie populationnelle, qui va jusqu'aux communautés plurispécifiques et aux réseaux trophiques, mais où l'on s'intéresse surtout aux espèces et à leurs interactions ; et puis de l'autre, l'écologie des écosystèmes, qui privilégie les flux d'énergie, les cycles biogéochimiques — et considère, au mieux, des compartiments fonctionnels où des multitudes d'espèces sont appréhendées de façon très simplificatrice.

Aujourd'hui, tous les écologues s'accordent pour souligner la nécessité de relier espèces et écosystèmes (Jones et Lawton, 1995).

Les espèces diffèrent entre elles par l'ampleur et les modalités d'utilisation des ressources, par leurs effets sur l'environnement physique et par leurs interactions avec les autres espèces. Ainsi, des changements dans la composition spécifique des faunes et des flores peuvent affecter les processus écosystémiques tels que la fixation d'azote ou le recyclage de la matière organique, avec une altération en retour des processus biocénotiques tels que la compétition, l'herbivorie, etc. Ces changements écosystémiques induits par des modifications d'espèces peuvent aussi altérer des processus régionaux tels que l'émission de méthane par les zones humides ou les transferts de nutriments vers les écosystèmes aquatiques, élargissant ainsi leur impact au-delà de la zone où s'est produit le changement d'espèces. Enfin, il peut en résulter une dégradation des *services écologiques* apportés aux hommes tels que la purification de l'eau, la régulation du climat ou la productivité des forêts (fig. 122).

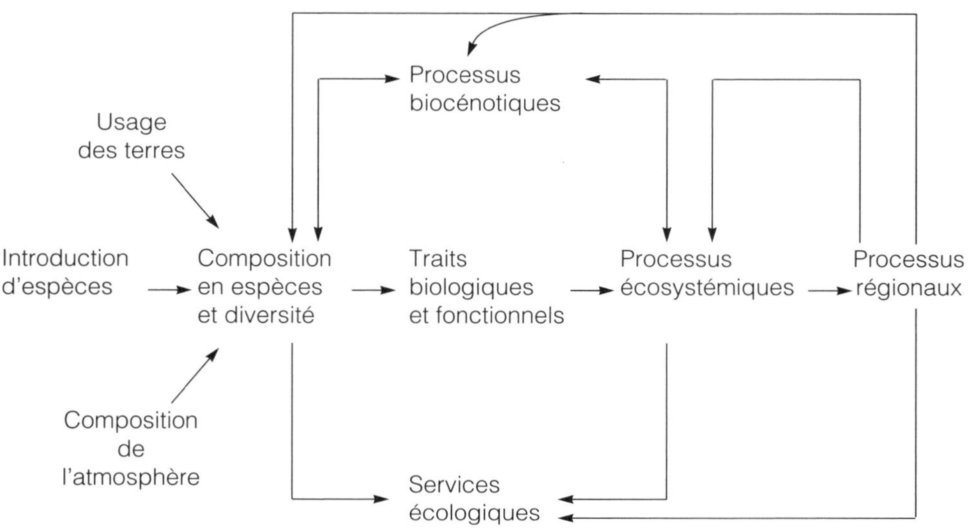

Figure 122 Relations entre la diversité et la composition spécifique des communautés ou biocénoses d'une part et les processus écosystémiques d'autre part.

À gauche de la figure, sont mis en relief les facteurs de changement liés aux activités humaines (D'après Chapin *et al.,* 1997).

La nécessité de comprendre le rôle de la biodiversité dans le fonctionnement des écosystèmes et de la biosphère impose aujourd'hui une réunification théorique de l'écologie (Loreau, 1996). De nombreux phénomènes écologiques sont sensibles à l'hétérogénéité spatiale et aux flux (de matière, d'espèces, d'individus, de gènes) qui lient les éléments de la mosaïque. Comment les patterns spatiaux contrôlent-ils les processus écologiques ? Comment ces derniers façonnent-ils, à l'échelle du temps, ces patterns spatiaux ? Telles sont les questions qu'explore aujourd'hui l'écologie du paysage (voir Burel et Baudry, 1999).

D'importantes avancées théoriques, basées sur la modélisation des systèmes dynamiques, ont été récemment faites et continuent à se faire, dans cette direction. Ainsi, une série de travaux sur le rôle des cycles des éléments (carbone, azote...) dans l'organisation des écosystèmes cherchent à explorer et expliquer des aspects touchant à la dynamique des populations et des peuplements, tels que la stabilité des réseaux trophiques et l'émergence, par le biais du recyclage des nutriments, d'interactions indirectes entre organismes (par exemple, un mutualisme indirect entre plantes... et herbivores !). Parallèlement, le développement des approches « mécanistes » de la théorie de la compétition amène l'écologie des peuplements à prendre en compte de plus en plus explicitement la dynamique du renouvellement des ressources inorganiques — une propriété écosystémique (Loreau, 1996).

Un lien croissant tend ainsi à s'établir entre l'organisme, la population, le peuplement et l'écosystème.

Les implications de ce renouveau pour le domaine de l'environnement sont importantes, par exemple, en ce qui concerne l'évolution du climat, la conservation de la biodiversité ou encore la mise en œuvre d'un développement durable.

L'un des obstacles majeurs à la réunification de l'écologie réside dans l'ampleur de la richesse spécifique du monde vivant : plus d'un million et demi d'espèces identifiées (espèces fossiles non comprises), plusieurs dizaines de millions probablement encore à découvrir — et à peine quelques centaines dont on connaisse véritablement la biologie, le rôle dans le fonctionnement des écosystèmes.

Pour contourner cette difficulté, l'écologue a recours à deux types de stratégies : la première, préconisée par les « populationnistes », consiste à privilégier un nombre réduit d'espèces, reconnues pour leur importance particulière dans le fonctionnement des systèmes écologiques (espèces dominantes, espèces clé de voûte, espèces « ingénieurs de l'écosystèmes », etc.) ; la seconde, utilisée autant par les écologues des populations que par les « écosystémiciens », aboutit à focaliser sur la fonction des espèces et à regrouper ces dernières sur la base de leurs similitudes fonctionnelles (du concept de groupe fonctionnel à celui de compartiment trophique).

J'aborderai tour à tour ces deux types d'approche avant de développer, autour d'exemples concrets, deux champs de recherche au cœur du débat : la question du lien entre biodiversité et fonctionnement des écosystèmes et celle des relations entre coactions interspécifiques et dynamique des écosystèmes.

ESPÈCES ET FONCTIONS : QUELQUES TENTATIVES DE TYPOLOGIE

L'idée de groupes fonctionnels est apparue à plusieurs reprises dans l'histoire de la biologie puis de l'écologie. Elle s'est imposée aux écologues intéressés par la dynamique des communautés et la compréhension de ses déterminismes à la suite des renouvellements théoriques apportés par MacArthur et Wilson à la fin des années 60 : ils parlent alors de *guildes,* assemblages d'espèces apparentées exploitant localement un même type de ressources (voir ch. 15). Elle a émergé également, sous une autre forme, dans les travaux de théoriciens intéressés par la structure et la complexité des réseaux trophiques : les espèces occupant à première vue la même position dans le réseau (c'est-à-dire mangeant les mêmes proies et étant victimes des mêmes prédateurs) sont regroupées sous le vocable d'« espèces trophiques » (Briand et Cohen, 1987). Cependant, indépendamment de tout cela et bien antérieurement, d'autres biologistes, naturalistes ou physiologistes, avaient développé le concept de *type fonctionnel* et défini, par exemple, des types fonctionnels chez les plantes. De fait, depuis les travaux de Raunkiaer (1934), le concept de forme de vie s'est avéré très utile pour analyser l'action du climat sur la composition et la dynamique de la végétation. Parce qu'elle repose sur des critères morphologiques facilement accessibles, cette approche a été très appréciée. Cependant, comme d'importants aspects de la végétation ne sont pas détectables par référence à la seule morphologie des plantes, il est vite apparu nécessaire d'y adjoindre d'autres caractères, reliés de manière prévisible à l'habitat et l'écologie des espèces (voir Grime, 1979).

Toutes ces approches sont intéressantes et devraient être développées et approfondies dans les années qui viennent. L'un de leurs apports majeurs est certainement, pour ce qui nous concerne ici, le concept de *redondance fonctionnelle* : quelles espèces sont fonctionnellement équivalentes ? Dans quelle mesure et comment la structure et le fonctionnement d'un écosystème sont-ils affectés par la disparition de tel ou tel espèce ou type d'espèce ?

Deux concepts particuliers, qui s'inscrivent dans cette perspective, méritent quelques développements : le concept d'espèce clé de voûte et celui d'organisme ingénieur.

Les espèces clé de voûte

Le concept d'espèce clé de voûte est attribué à Paine (1966, 1969). Pour cet auteur, ce sont des espèces dont l'activité et l'abondance déterminent « l'intégrité de la communauté et sa persistance inaltérée au cours du temps, c'est-à-dire sa stabilité ». Le retrait expérimental d'une espèce clé de voûte, comme celui de l'étoile de mer *Pisaster ochraceus,* effectué par Robert Paine dans une communauté intertidale de la côte Pacifique des USA, doit se traduire par la disparition d'autres espèces (7 sur 15 dans l'exemple cité) et leur remplacement éventuel par quelques autres (ici, l'extension de la moule de Californie). Parce qu'il postule que certaines espèces sont plus importantes que d'autres, jouant un rôle pivot ou carrefour dans les réseaux trophiques, ce concept laisse penser que l'on pourrait ainsi orienter l'attention et les efforts sur un petit nombre *d'espèces structurantes,* négligeant toutes les autres qui en dépendent directement ou indirectement.

Le tableau 18 propose une classification schématique des divers types d'espèces clé de voûte évoqués dans la littérature.

D'abord claire avec la démonstration expérimentale qu'en a donné Robert Paine à propos de réseaux trophiques marins, la cohérence du concept d'espèce-clé s'efface peu à peu à mesure que l'on tente de le généraliser.

La mise en évidence du rôle structurant de prédateurs de sommet, qu'il s'agisse d'étoiles de mer comme dans le cas précédent ou des rats kangourous granivores mis en vedette dans les travaux expérimentaux rapportés par Brown et Heske (1990), a marqué un tournant dans l'écologie des communautés, un peu écrasée par le conformisme dominant des interprétations fondées sur des arguments de type « compétition », « partage des ressources » : on redécouvrait les prédateurs (Barbault, 1992).

Ainsi, les prédateurs peuvent exercer un rôle clé dans la structuration de communautés naturelles, notamment en limitant la prolifération de certaines espèces compétitivement dominantes et en favorisant la coexistence d'espèces potentiellement compétitives. Ce constat, indépendamment de toute théorisation autour du concept « d'espèce-clé », est d'importance pour la biologie de la conservation ou l'écologie de la restauration : la gestion des faunes et flores privées de leurs prédateurs « habituels » demande *une intervention humaine.*

TABLEAU 18 LES PRINCIPAUX TYPES D'ESPÈCES CLÉ DE VOÛTE ET LEURS MODES D'ACTION.

Type	Mode d'action	Exemples
Prédateurs (carnivores ou herbivores)	Favorisent la coexistence d'espèces potentiellement compétitives	Étoiles de mer (Paine, 66, 80) Loutre de mer et oursins (Estes *et al.*, 78) Rongeurs granivores (Brown et Heskes, 90)
Proies	Permettent le développement de prédateurs ou d'herbivores et la survie d'autres espèces que, du fait de leur présence, ceux-ci ne surconsomment pas	Nombreuses plantes (Terborgh, 86)
Mutualistes	Favorisent le maintien des espèces auxquelles ils sont associés — et de toutes celles qui en dépendent	Pollinisateurs et disperseurs de graines (Gilbert, 80 ; Terborgh, 86)
Modificateurs du milieu	Créent des structures ou des paysages qui permettent l'installation et le maintien d'autres espèces	Gros herbivores (Owen - Smith, 87)

Après les prédateurs comme espèces clés, il était logique de rechercher de telles espèces parmi les étages trophiques inférieurs, et spécialement parmi les plantes, producteurs primaires et ressources de base pour les chaînes trophiques. C'est ce qu'a fait Terborgh (1986) avec succès, même si les tentatives de généralisation *pratique* du concept de *ressources-clé* peuvent être contestées. Terborgh a fait des figuiers des ressources-clés pour de nombreux vertébrés frugivores des forêts tropicales : parce que certaines espèces de figuiers fructifient toute l'année, elles permettent à ces dernières de passer la saison sèche. Gautier-Hion et Michaloud (1983) ont contesté la valeur générale de cette affirmation : ressources-clés à Panama, les figuiers ne le sont nullement dans les grandes forêts tropicales d'Afrique de l'ouest.

Dans le même esprit, dès lors qu'il est bien démontré que certaines de ces ressources-clé dépendent pour leur renouvellement ou leur expansion d'autres espèces associées — pollinisateurs, disperseurs de graines —, c'est-à-dire du *mutualisme,* on va découvrir des espèces clés de voûte à travers cette fonction (Gilbert, 1980 ; Terborgh, 1986). En fait, le mutualisme impliquant une association, une interdépendance, on peut se demander si, dans ce cas, le concept ne devrait pas s'appliquer à l'association elle-même plutôt qu'à l'une ou l'autre espèce prise séparément, espèce-ressource ou mutualiste.

Enfin, au-delà des rôles de mangeurs ou de mangés, certaines espèces ont une fonction structurante, donc d'importants effets sur beaucoup d'autres espèces, parce qu'elles affectent ou déterminent la structure du milieu. C'est le cas des arbres, des éléphants, des castors. On parle alors de « modificateurs du milieu ». De fait, les éléphants constituent pour les savanes africaines aussi bien des herbivores-clé que des « ingénieurs » ou plutôt des « agenceurs écosystémiques » (« ecosystem engineers » de Jones *et al.*, 1994) : il n'est pas aussi facile que cela de dissocier la fonction trophique de la fonction mécanique.

Cette dernière fonction peut être très importante. Ainsi, pour Owen-Smith (1987), l'extinction de près de la moitié des genres de mammifères d'une masse corporelle comprise entre 5 et 1 000 kg, à la fin du pléistocène, aurait résulté de l'élimination des grands herbivores (plus de 1 000 kg). Ceux-ci, en effet, contribuaient à maintenir des paysages de savane herbeuse ouverts. Leur disparition aurait favorisé la reforestation de vastes espaces, devenus ainsi hostiles à beaucoup d'espèces mammaliennes.

Pour Mills, Soulé et Doak (1993) le terme d'espèce clé de voûte est appliqué de façon beaucoup trop large, trop vague pour être de quelque utilité en biologie de la conservation ou en écologie de la restauration. Il recouvre en effet des choses assez différentes selon les auteurs qui l'utilisent, d'où la confusion.

Ainsi, dans la définition de Robert Paine, les choses sont bien claires : il s'agit de prédateurs qui coiffent un réseau trophique et favorisent la coexistence d'espèces potentiellement compétitives *parce qu'ils exercent une prédation préférentielle sur une espèce compétitivement dominante.* Donc le retrait de tels prédateurs entraîne généralement une chute de diversité, du fait de l'exclusion compétitive de plusieurs espèces.

Avec la loutre de mer, les choses sont un peu différentes. En absence de loutres, les oursins prolifèrent et, par leur action de broutage, changent le paysage végétal sous-marin et la faune associée. Le relais de l'action sur le peuplement benthique est un surpâturage contrôlé ou non.

Avec les fourmis de feu *Solenopsis germinata,* on s'écarte encore du sens originel : il s'agit d'un prédateur non spécialisé qui s'en prend à des herbivores faiblement compétitifs. Son absence entraîne non pas une régression de certaines populations et la disparition d'espèces mais, au contraire, l'accroissement des effectifs et de la richesse spécifique au sein du peuplement d'arthropodes défavorables aux cultures.

Et puis, on l'a vu, les espèces-clés ne se limitent pas aux seuls prédateurs. Ainsi, on a pu en découvrir chez des proies — on parle de « ressources-clé » (Terborgh, 1986 ; Gilbert, 1980), chez des mutualistes et même chez des espèces qui agissent, non pas *directement* par le jeu de leurs relations trophiques, mais *indirectement* en affectant le milieu lui-même, les « agenceurs écologiques » de Jones *et al.* (1994).

Peut-on d'ailleurs raisonnablement imaginer des changements sensibles dans la dynamique d'un système écologique — tels que la disparition ou le rétablissement d'une espèce-clé — qui n'impliquent pas presque nécessairement des effets indirects sur le milieu ?

Considérons par exemple les expériences rapportées par Brown et Heske (1990), à propos de la guilde-clé constituée par trois espèces de *Dipodomys* ou rat-kangourou. Nous sommes dans le désert de Chihuahua, au sud-est de l'Arizona : le paysage est caractérisé par une végétation arbustive. Dans les parcelles expérimentales d'où l'on a exclu les rats-kangourou on observe un changement profond de la végétation, avec la mise en place progressive et durable d'une formation herbeuse. Celle-ci est dominée par une espèce pérenne, *Eragrostris lehmannia,* dont l'abondance a été multipliée par vingt, et une annuelle, *Aristida adscensionis,* qui a triplé. Ces parcelles expérimentales sont colonisées par des rongeurs granivores, du genre *Reithrodontomys,* caractéristiques des milieux herbacés. L'analyse des déterminismes en cause dans les changements survenus après l'élimination des rats-kangourou fait ressortir deux types de processus, l'un d'ordre biotique — la prédation exercée sur les graines — et l'autre d'ordre physique — l'impact sur la structure du sol. C'est ce dernier type d'action qui jouerait le rôle majeur à long terme (dizaine d'années).

L'effet biotique immédiat s'explique par la sélection qu'effectuent les rats-kangourou vis-à-vis des graines de grande taille. La suppression des premiers favorise les plantes annuelles à grandes graines, qui croissent en nombre et entraînent par compétition la régression des espèces annuelles à petites graines. Celles-ci profitaient en effet de la prédation sélective exercée par les rats-kangourou sur des espèces compétitivement dominantes. La disponibilité accrue des grandes graines, comme l'effacement de la compétition émanant des rats-kangourou, permettent de rendre compte, au moins en partie, du succès des *Reithrodontomys.*

Mais ce sont les effets physiques qui, à l'échelle de la dizaine d'années, paraissent jouer le rôle majeur dans la transformation du paysage végétal. Les rats-kangourou déplacent en effet une quantité importante de terre au cours de leurs activités de creusement de terriers et d'enfouissement des graines. Ces remaniements doivent faciliter la décomposition de la litière et l'établissement de nombreuses plantes annuelles. À l'inverse, la disparition ou la réduction de ces effets entraînées par l'élimination des rats-kangourou ont favorisé le développement de hautes herbes puis la colonisation par des espèces de rongeurs caractéristiques de milieux herbacés.

Ainsi, effets biotiques (prédation/compétition) et effets physiques (altération du sol puis de la couverture végétale) ne sont pas aisément dissociables.

En fait, on glisse progressivement du concept originel d'espèce clé de voûte, qui s'applique à des espèces dont les effets sont plus importants que ne laissait prévoir leur biomasse, à celui d'espèce « dominante », qu'il s'agisse ou non d'« ingénieurs écologiques ».

Les organismes ingénieurs

S'il est classique dans les manuels d'écologie d'insister sur l'importance des interactions entre organismes, le rôle joué par certains de ces organismes dans la création, la transformation ou le maintien d'habitats — avec toutes les conséquences que cela peut avoir pour l'existence même de beaucoup d'espèces, est généralement laissé dans l'ombre.

Ce type d'organisme a été appelé *ingénieur de l'écosystème* par Jones *et al.* (1994). Il s'agit d'espèces qui, directement ou indirectement, modulent la disponibilité des ressources pour d'autres espèces, en modifiant les conditions biotiques ou abiotiques de leur environnement. Ce faisant, ils modifient, maintiennent ou créent des habitats. On peut distinguer les ingénieurs autogéniques, qui modifient le milieu du fait de leurs propres structures physiques — tissus vivants ou morts (par exemple les coraux) — et les ingénieurs allogéniques qui changent l'environnement en transformant des matériaux vivants ou morts d'un état physique à un autre par des moyens mécaniques ou autres (par exemple les castors ou les vers de terre).

Le plus bel exemple d'ingénieur de l'écosystème est l'espèce humaine. On y reviendra dans les deux dernières partie de cet ouvrage. En attendant, attachons-nous plus en détail à un exemple de portée très générale, celui des organismes bioturbateurs et de la bioturbation.

Les invertébrés marins qui fouissent et creusent des galeries dans les sédiments digèrent et assimilent la matière organique vivante ou non qui s'y trouve. Ce faisant, ils affectent la nature même du sédiment, changeant leurs conditions de vie et celles d'autres espèces, micro-organismes et invertébrés benthiques. Ces dépositivores sont des ingénieurs de l'écosystème au sens de Lawton et Jones.

Darwin, déjà, s'était penché sur les conséquences des activités des vers de terre, lesquels retournent une quantité importante de sol, au profit des plantes. Les dépositivores marins consomment aussi une proportion importante de sédiments et entraînent en profondeur la matière organique. Leur importance dans la dynamique des sédiments meubles des fonds marins, à la fois en tant que façonneurs du milieu et « agenceurs biologiques », moins bien connue, mérite d'être soulignée.

Les dépositivores avalent les grains qui constituent le sédiment ou bien broutent les organismes microbiens ou la matière organique déposée en surface. Dans les deux cas, ils manipulent de grandes quantités de sédiment, plusieurs, fois leur poids corporel par jour. Ces activités d'ingestion et fouissage élèvent généralement le contenu en eau des sédiments, tandis que la production de pelotes fécales abondantes accroît la taille des grains sédimentaires et favorise l'oxygénation du système. L'établissement d'un réseau de galeries et terriers sous l'interface eau-sédiment contribue à structurer sur trois dimensions l'écosystème sédimentaire., L'agitation du sédiment, ou bioturbation, accroît la pénétration d'oxygène. Il en résulte habituellement une interface à peu près horizontale appelée la *discontinuité du potentiel redox* (DPR), frontière entre les réactions oxydatives au-dessus et les réactions réductrices au-dessous (fig. 123). Les bivalves fouisseurs et les polychètes creuseurs de tubes peuvent évidemment entraîner la DPR en profondeur et lui donner une forme irrégulière. Les réactions oxydatives et réductrices à travers cette interface sont facilitées par une grande diversité de bactéries qui puisent leur énergie de l'oxydation ou de la réduction des composés sulfurés. Les métaux impliqués dans ces réactions (fer ou cadmium par exemple) sont également échangés à travers cette interface. Ainsi, les organismes bioturbateurs affectent fortement la chimie des eaux sédimentaires. Sous la DPR, le sédiment est anoxyque, ce qui permet à l'hydrogène sulfuré de persister. En creusant des galeries dans les sédiments, les dépositivores oxygènent l'eau qui s'y trouve et accroissent la proportion d'habitats hospitaliers pour les organismes fouisseurs qui ne peuvent capter directement l'oxygène dissous à la surface du sédiment par le biais d'un siphon ou d'une structure tubulaire irriguée.

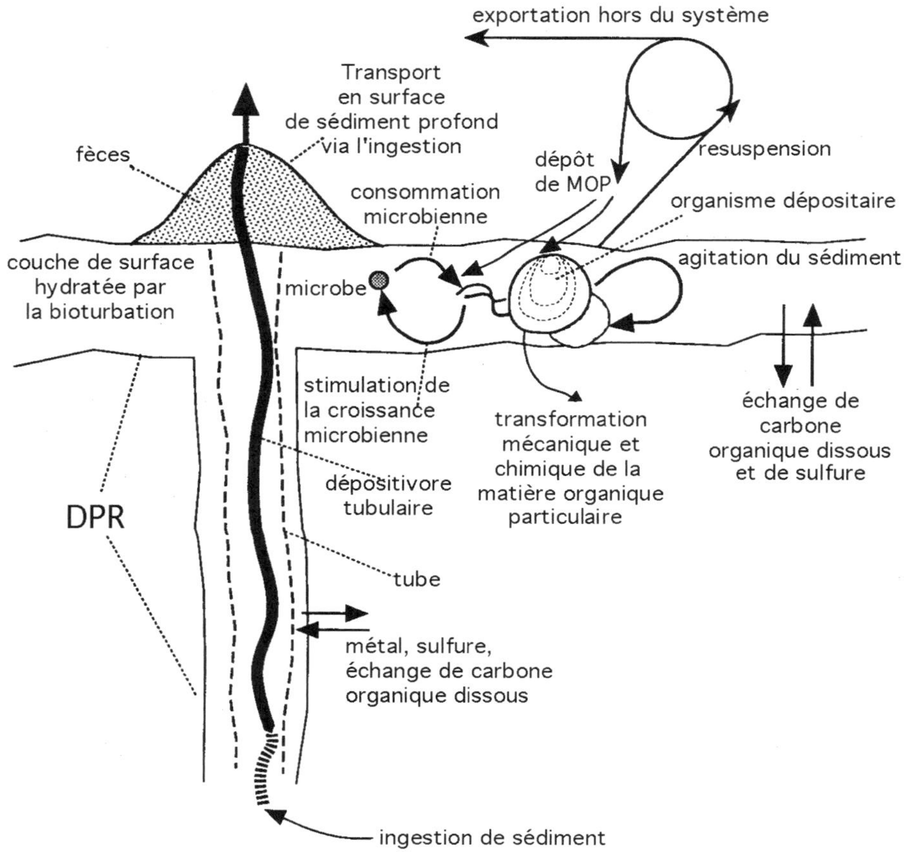

Figure 123 Schéma de la couche sédimentaire montrant l'action des bioturbateurs (organismes dépositivores) sur la vie et la dynamique des sédiments marins.

DPR = discontinuité du potentiel redox ; MOP = matière organique particulaire (d'après Levinton, 1995).

D'autres changements physiques du sédiment engendrés par les dépositivores affectent profondément le benthos. Ainsi, les suspensivores peuvent être exclus des sédiments boueux dominés par les dépositivores.

Enfin, les proliférations bactériennes associées à la bioturbation proprement dite comme aux activités biologiques créées par ces organismes et ceux qui vivent dans leur voisinage amplifient tous ces phénomènes.

Il est clair que l'agitation verticale et horizontale du sédiment par les bioturbateurs est la principale force qui contrôle le transport de matière organique et les réactions chimiques dans les sédiments. Ses effets impliquent généralement des micro-organismes comme médiateurs. Tout cela a également d'importants effets sur les espèces qui occupent le même espace, de sorte que les bioturbateurs, parfois une seule espèce, peuvent réguler la composition spécifique des peuplements sédimentaires, que ce soit en modifiant la chimie et la structure physique des sédiments ou bien en déplaçant d'autres espèces. Les bioturbateurs marins sont des agents de contrôle majeurs des écosystèmes sédimentaires (voir Levinton, 1995).

COACTIONS INTERSPÉCIFIQUES ET DYNAMIQUE DES ÉCOSYSTÈMES

Le chapitre précédent a mis en relief le rôle possible de divers types d'interactions écologiques dans l'organisation des peuplements. Cependant la réalité est beaucoup plus complexe dès lors que l'on s'intéresse à la dynamique d'ensemble des écosystèmes. Afin d'en donner ici un aperçu je m'attacherai à souligner quelques aspects de cette dynamique sur un exemple détaillé, le cas des savanes du Serengeti qui s'étendent du Kenya à la Tanzanie en Afrique de l'Est. Une étude approfondie en a été faite par de nombreux auteurs et je m'appuierai particulièrement sur la synthèse de Sinclair et Northon-Griffiths (1979). L'intérêt de cet exemple est triple :

1) il met en relief l'intérêt et l'efficacité d'une approche de type expérimental, qui consiste à exploiter des perturbations naturelles pour déceler et analyser la nature et l'intensité des interactions qui interviennent dans la dynamique des systèmes naturels étudiés ;
2) il rappelle l'omniprésence de l'homme ou de ses effets dans le fonctionnement des écosystèmes, fussent-ils naturels et sauvages ;
3) il souligne enfin la subtilité des interdépendances et la complexité de dynamiques qui mettent en jeu des délais de réaction à pas de temps différents.

Le système carnivores/herbivores/arbres-herbes

Dès que l'on songe à l'Afrique de l'Est, au Serengeti, s'impose le cliché des hordes de gnous, l'image des troupeaux d'antilopes et de girafes côtoyant des troupes de lions sur une immensité de savanes parsemées d'arbres. De fait, la diversité et l'abondance des grands mammifères sont un des traits dominants de cet écosystème. Les premières recherches écologiques y ont souligné les liens entre l'équilibre herbes/arbres qui caractérise les savanes, et les grands mammifères. Fortement interactifs, ces écosystèmes ne peuvent être compris sans la prise en compte approfondie du rôle des grands mammifères, tandis qu'inversement l'organisation et la dynamique des communautés de ceux-ci ne peuvent être comprises en dehors du contexte écosystémique. Évidemment, la dynamique de l'écosystème Serengeti ne se limite pas à cette apparence, aussi spectaculaire soit-elle, mais notre objectif n'est pas ici d'en entreprendre une analyse exhaustive. Mettant l'accent sur un système simplifié :

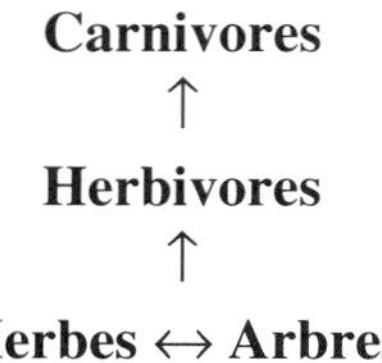

l'objectif sera de préciser la nature et l'intensité des interactions qui président à son équilibre et à sa dynamique.

De la peste bovine de 1890 à son effacement

Introduite par l'invasion italienne de l'Éthiopie, la peste bovine fut signalée en Afrique de l'Est dès 1890. Outre les ravages qu'elle provoqua dans le bétail, hôte naturel du virus, et par contrecoup ses effets sur les populations de pasteurs, elle entraîna un effondrement des populations de buffles et de gnous (95 % périrent en 2 ans !) mais aussi de girafes. Il s'ensuivit la disparition immédiate des mouches tsé-tsé, l'apparition de lions mangeurs d'hommes et le dépeuplement humain s'accéléra encore. Avec l'effondrement des grands herbivores, et le départ des hommes, le paysage végétal se transforma en une savane boisée très dense.

Puis une immunité se développa dans les populations d'ongulés et le virus disparaît en 1962 chez le gnou et en 1963 chez le buffle. Le résultat fut rapide : grâce à un doublement de la survie des yearlings, qui passe de 25 à 50 %, la population de gnous passe de 250 000 têtes en 1961 à 500 000 en 1967. La population de buffles s'est accrue dans les mêmes proportions.

Considérant maintenant la disparition de la peste bovine comme une manipulation quasi expérimentale du système, on va, à travers ses effets, dégager les principales relations qui en constituent la trame (fig. 124).

Les effets de l'accroissement de la population de gnous sur la végétation dépassent les seules ressources alimentaires de cette espèce. En effet, par suite d'une modification de l'équilibre compétitif entre les espèces végétales, les dicotylédones et les arbres sont indirectement affectés. Les changements du tapis végétal qui en résultent affectent à leur tour les autres herbivores. Ainsi le buffle subit les effets d'une compétition caractérisée de la part du gnou ; celui-ci consomme une partie de ses ressources alimentaires de saison sèche et en piétine plus encore ; de ce fait, après une phase d'accroissement consécutive à la disparition de la peste bovine, la population de buffles connut une phase stationnaire tandis que les gnous continuaient de croître en nombre (fig. 124).

Par ailleurs, en transformant l'épais feutrage herbacé en pelouse, les gnous rendent accessibles aux gazelles les pousses de dicotylédones à distribution dispersée dont elles se nourrissent. C'est un effet de facilitation.

Quant aux principaux carnivores, lions et hyènes, on s'attendait à assister à leur multiplication avec le triplement des effectifs de gnous qui survint dans les années 60. Or les populations de lions et de hyènes sont restées stables dans cette période. La raison de ce manque de réponse numérique à l'accroissement des gnous s'expliquerait par le comportement migratoire du gnou, qui ne constituerait qu'une nourriture d'appoint pour des hyènes et des lions inféodés à des territoires.

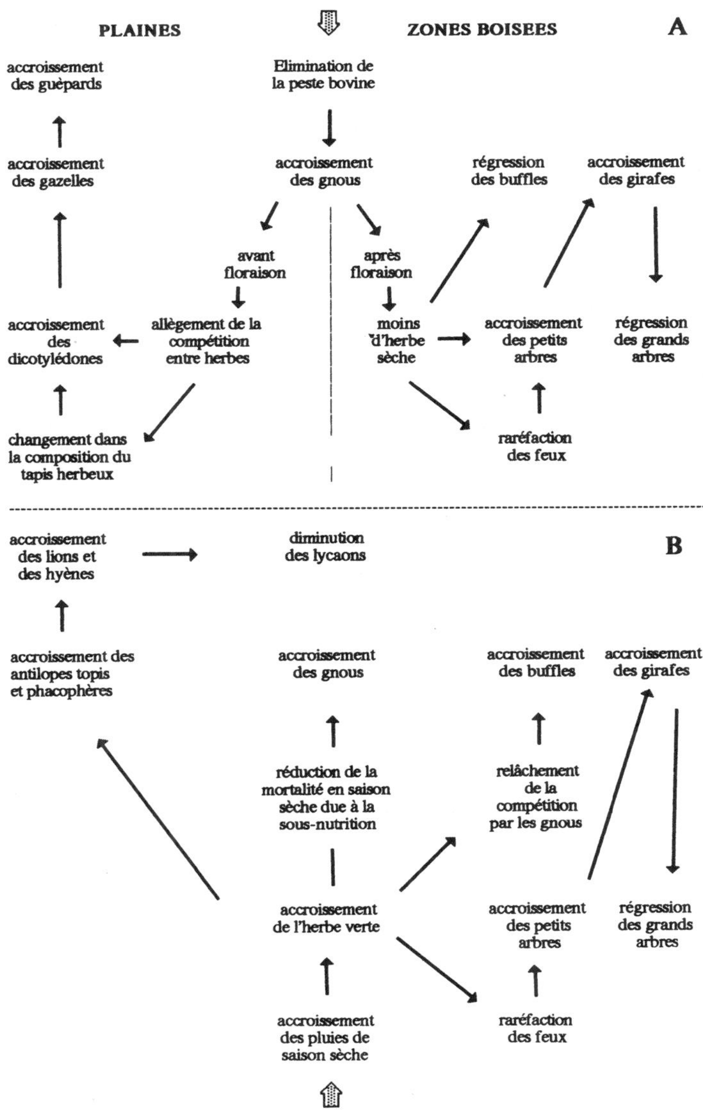

Figure 124 L'analyse des réponses des principales espèces de mammifères de l'écosystème Serengeti à deux « perturbations » (la disparition de la peste bovine en A et l'accroissement des précipitations de saison sèche en B) met en relief la nature des connexions qui les relient entre elles (adapté de Sinclair, 1979).

D'une manière générale, l'accroissement de la population de gnous a fait apparaître :

1) des interactions de compétition entre herbivores écologiquement similaires ;
2) des phénomènes de facilitation entre herbivores non concurrents, qui se succèdent dans l'utilisation du tapis végétal après sa transformation par les espèces dominantes ;
3) la faiblesse des interactions entre le gnou et les prédateurs ;
4) l'ampleur de l'impact des herbivores sur la dynamique du paysage végétal.

Une confirmation et un approfondissement de cette analyse ont été apportés par l'utilisation d'une autre perturbation naturelle, l'augmentation des pluies de saison sèche naturelle de 1971 à 1976.

Effets des pluies de saison sèche

Le premier effet de l'augmentation des pluies de saison sèche a été de tripler la biomasse d'herbe fraîche disponible en saison sèche.

Ce surcroît de production végétale à une saison critique eut de multiples répercussions, directes et indirectes, sur le peuplement de mammifères du Serengeti (fig. 124) :

- diminution de la mortalité par malnutrition de saison sèche chez le gnou et augmentation de ses effectifs ;
- relâchement de la compétion subie par le buffle dont la population s'accroît, après un délai de réaction de 2 ans ;
- réduction des risques d'incendie, d'où accroissement de la strate arbustive, d'où augmentation des mangeurs de feuilles comme les girafes ;
- augmentation des effectifs des herbivores de plaine tels que les antilopes topis, les bubales, les phacochères ;
- accroissement de leurs prédateurs, lions et hyènes (doublement des premiers entre 69 et 76 et accroissement de 50 % des seconds) ;
- régression des lycaons, par suite de la prédation accrue des hyènes sur leurs jeunes et de la compétition exercée par les lions et les hyènes qui les écartent des proies qu'ils viennent de tuer.

Ainsi, cette étude montre que les grands mammifères ont un rôle majeur dans la dynamique des formations végétales qui constituent les savanes du Serengeti et que, réciproquement, l'hétérogénéité spatio-temporelle du paysage végétal a d'importants effets sur l'organisation des communautés de mammifères. Elle a également mis en relief le rôle respectif des phénomènes de compétition, de prédation mais aussi de facilitation. En d'autres termes, par l'exploitation astucieuse, à la manière d'une véritable expérimentation, de deux perturbations naturelles majeures imposées au fonctionnement de l'écosystème Serengeti, il a été possible d'identifier les liens entre les divers compartiments et de détecter les processus impliqués dans ses équilibres et sa dynamique.

Cet exemple fait bien apparaître la complexité des interdépendances qui président à la dynamique des écosystèmes, avec des effets différés dont les impacts sont difficiles à prévoir sans une connaissance détaillée de la dynamique des populations en présence. Il est clair que notre connaissance du fonctionnement des écosystèmes gagnera beaucoup au développement des recherches sur les réseaux trophiques (voir Schoener, 1989) et à l'utilisation accrue d'une nouvelle génération de modèles capables de simuler des fonctionnements ou des structures perçues à l'échelle écosystémique à partir des interactions appréhendées à l'échelle des populations et des individus au sein des populations (voir Huston *et al.*, 1988).

Enfin, d'une manière plus générale, cet exemple montre que l'étude fonctionnelle des systèmes écologiques peut imposer la prise en compte de cadres géographiques très larges. En bref, la toile de fond où s'inscrivent les interactions biotiques est toujours un espace hétérogène et changeant, espace qui atteint souvent les dimensions d'un paysage complexe où l'homme et ses sociétés peuvent jouer un rôle majeur. On trouve là les raisons d'être d'une nouvelle approche des problèmes abordés dans cet ouvrage : l'écologie du paysage.

DIVERSITÉ SPÉCIFIQUE ET FONCTIONNEMENT DES ÉCOSYSTÈMES

Diversité des plantes et productivité de systèmes prairiaux

L'hypothèse selon laquelle la diversité biologique influencerait la productivité, c'est-à-dire la vitesse de production de biomasse et la stabilité des écosystèmes est revenue à la une des préoccupations des chercheurs, Convention sur la diversité biologique aidant. Mais elle reste débattue : comment la diversité spécifique peut-elle influencer le fonctionnement des écosystèmes ? Par l'intermédiaire de quels processus ?

L'intérêt pour ces questions a gagné en pertinence alors que se généralise la prise de conscience de la responsabilité humaine dans la crise d'extinction en masse qui frappe la biodiversité à l'échelle de la planète.

Un travail européen récent (Hector *et al.*, 1999), qui constitue l'une des études écologiques les plus extensives au monde, montre expérimentalement qu'une diminution de la diversité végétale entraîne une réduction de la productivité, c'est-à-dire de la quantité d'énergie disponible pour le reste de la chaîne alimentaire, menaçant ainsi la santé de l'ensemble de l'écosystème. Cette étude expérimentale, menée dans le cadre d'un programme réunissant des chercheurs de huit pays européens et coordonné par John Lawton, de l'Imperial College de Londres, démontre que la préservation et la restauration de la richesse spécifique sont bénéfiques au maintien de la productivité des prairies. Un tel résultat devrait être pris en compte par les responsables de la politique européenne : la moitié des terres agricoles en Europe, soit 60 millions d'hectares, est constituée de prairies.

Les résultats publiés montrent clairement que la productivité des communautés végétales diminue quand le nombre des espèces qui les composent est réduit : la réduction de moitié du nombre d'espèces de plantes entraîne une baisse de productivité d'environ 80 g par m^2 en moyenne. Les rendements des récoltes sont en outre supérieurs lorsque les communautés sont constituées de plantes pourvues de caractéristiques fonctionnelles différentes (trois groupes fonctionnels ont été distingués : graminées, légumineuses fixatrices d'azote et autres dicotylédones herbacées). La suppression d'un seul groupe fonctionnel engendre une diminution de productivité d'environ 100 g par m^2 en moyenne. Ces résultats proviennent d'une gamme variée de prairies européennes, de l'Irlande à la Grèce en passant par l'Angleterre, la Suède, la Suisse, l'Allemagne et le Portugal — ce qui leur donne une grande généralité à l'échelle du continent.

Deux mécanismes se dégagent comme explications possibles des effets de la diversité sur la productivité. Le premier, l'effet d'échantillonnage, repose sur le fait que la probabilité d'avoir telle ou telle espèce présente augmente avec la richesse spécifique. Ainsi, si des espèces naturellement plus productives sont aussi de meilleures compétitrices, alors les parcelles les plus riches seront aussi les plus productrices — simplement du fait de la probabilité accrue d'héberger de telles espèces. Un autre mécanisme explicatif est basé sur l'hypothèse de complémentarité de niches : des différences de besoin en ressources ou conditions environnementales entre espèces devraient rendre certaines combinaisons spécifiques plus aptes à utiliser au mieux les ressources disponibles et donc à produire davantage que n'importe quelle monoculture.

L'expérience trans-Européenne de Hector *et al.* étaye largement cette deuxième hypothèse : la complémentarité de niches et des interactions spécifiques positives apparaissent comme jouant un rôle majeur dans l'établissement de la relation diversité-productivité observée entre les parcelles et sites, en plus de l'effet d'échantillonnage.

Les vertus de la diversité

Dès les années 50, Charles Elton et G. Evelyn Hutchinson développent l'hypothèse que la diversité pourrait affecter le fonctionnement des écosystèmes selon trois voies :

1) une diversité plus grande devrait accroître la résistance aux invasions par d'autres espèces (hypothèse de la relation diversité-invasibilité) ;
2) elle devrait réduire la sévérité des attaques des plantes par des pathogènes (hypothèse de la relation diversité-santé) ;
3) enfin, elle devrait se traduire par une richesse accrue des niveaux trophiques supérieurs (hypothèse de la relation diversité-structure trophique).

On sait en effet que l'invasibilité d'un milieu donné dépend de la disponibilité des ressources qui limitent la croissance des espèces invasives. Dans la mesure où les niveaux de ressources limitantes, pour un même type de milieu, sont généralement inférieurs dans les écosystèmes les plus riches en espèces, une fraction plus réduite des envahisseurs potentiels sera en mesure de s'y établir avec succès. Plusieurs travaux ont confirmé la validité de l'hypothèse de la diversité-invasibilité tandis que d'autres non.

Quant à la deuxième hypothèse, elle s'appuie sur un principe de base de l'épidémiologie selon lequel les taux de transmission sont proportionnels à l'abondance de l'hôte. Si la richesse spécifique accrue des peuplements végétaux conduit à une abondance moindre de la plupart des espèces, on conçoit que la sévérité des maladies puisse diminuer avec l'accroissement de richesse spécifique et plusieurs travaux agronomiques confirment cette analyse.

La troisième hypothèse repose sur l'argumentation suivante : puisque la plupart des insectes phytophages sont spécialisés sur une ou très peu d'espèces de plantes, l'accroissement de la richesse spécifique de plantes devrait favoriser une diversité accrue d'insectes phytophages et, de proche en proche, d'insectes prédateurs et parasites. De nombreuses études confirment l'existence d'une corrélation positive entre la richesse spécifique des plantes et celle des insectes.

Face à la précarité, voire au caractère contradictoire des faits portés au crédit de ces hypothèses, une approche expérimentale *in natura* de grande ampleur a été récemment mise en œuvre par le groupe de David Tilman à l'Université du Minnesota. Je m'appuierai sur cet exemple (Knops *et al.*, 1999) pour illustrer cette discussion.

Le travail a été réalisé à deux échelles, sur deux séries d'expériences « au champ » où la richesse et la composition spécifiques des plantes étaient contrôlées (de 1 à 24 espèces prairiales). La première comprenait 147 parcelles de 3 m × 3 m ; la seconde 342 parcelles de 13 m × 13 m. L'expérimentation sur parcelles de surface réduite devait permettre un contrôle efficace de la richesse et de la composition spécifiques grâce au désherbage manuel, son objectif étant de déterminer les effets de la diversité sur la productivité primaire et la dynamique du carbone et de l'azote du sol (Tilman *et al.*, 1996). Les premières observations ayant montré que la diversité paraissait influer également sur la colonisation et la croissance des plantes non semées sur les parcelles expérimentales, l'abondance des espèces « introduites » fut ensuite répertoriée. Quant à l'expérimentation de grande ampleur, qui couvrait 5,8 hectares et ne pouvait bénéficier d'un désherbage ni aussi fréquent ni aussi soigneux, elle devait permettre le suivi de la dynamique des maladies des principales espèces de plantes et celles des arthropodes et donc l'évaluation de l'impact de la diversité végétale sur ces paramètres.

La figure 125 montre que la pénétration des espèces invasives diminue à mesure que croît la richesse spécifique de la parcelle : plus la parcelle est diversifiée, moins fréquentes (1A) sont les espèces étrangères et plus faible est leur développement pondéral (1B) et leur biomasse totale (1C).

La figure 126 illustre la seconde hypothèse énoncée au début, à savoir que les plantes appartenant à des peuplements diversifiés sont moins vulnérables aux champignons phytopathogènes que les plantes en peuplement monospécifique ou spécifiquement appauvris.

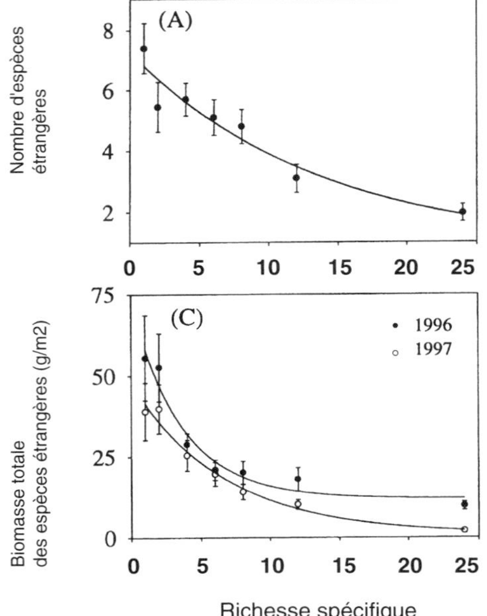

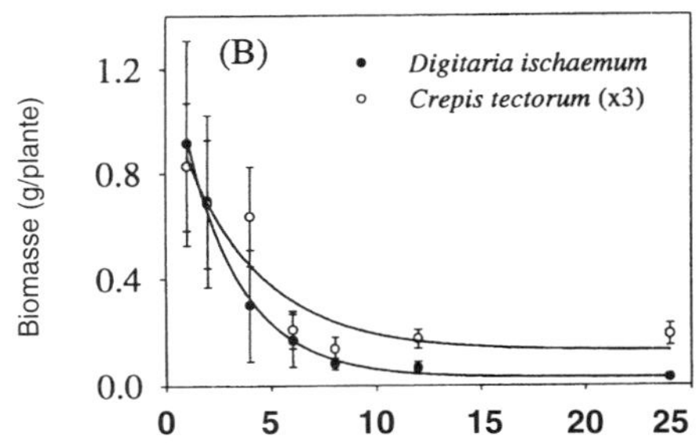

Figure 125 Invasion des parcelles par des espèces étrangères au site : (A) nombre d'espèces étrangères ; (B) croissance pondérale aérienne des deux espèces tests en fonction de la richesse du peuplement ; (C) biomasse totale (au-dessus du sol) des espèces envahissantes (d'après Knops *et al*, 1999).

Enfin, la richesse spécifique des peuplements d'insectes phytophages et d'insectes prédateurs et parasites étaient positivement corrélés à la richesse spécifique végétale, avec cependant une grande variabilité (relation lâche mais statistiquement significative).

Structure des peuplements benthiques et processus biogéochimiques

Dans les sédiments marins, on observe généralement une étroite corrélation entre la composition du peuplement animal et la dynamique de processus tels que la fixation de carbone, la décomposition, le recyclage de l'azote et du soufre — par exemple (Giblin *et al.*, 1995). Mais ce simple constat n'élucide pas vraiment les mécanismes sous-jacents qui relient les processus biogéochimiques à la structure des peuplements marins. Dans quelle mesure celle-ci est-elle la conséquence des processus biogéochimiques ? Dans quelle mesure ces derniers sont-ils façonnés ou contrôlés par la composition des peuplements ?

Il reste encore beaucoup à faire pour répondre précisément à ces questions et permettre d'ébaucher des scénarios prédictifs quant aux effets des changements externes sur les écosystèmes aquatiques.

On sait cependant que la décomposition de la matière organique et les cycles des nutriments peuvent être affectés par les animaux benthiques à la fois de façon directe et indirecte (fig. 127). Ainsi, ces animaux peuvent-ils réduire la production primaire en surpâturant et réduisant les stocks de producteurs, mais aussi stimuler

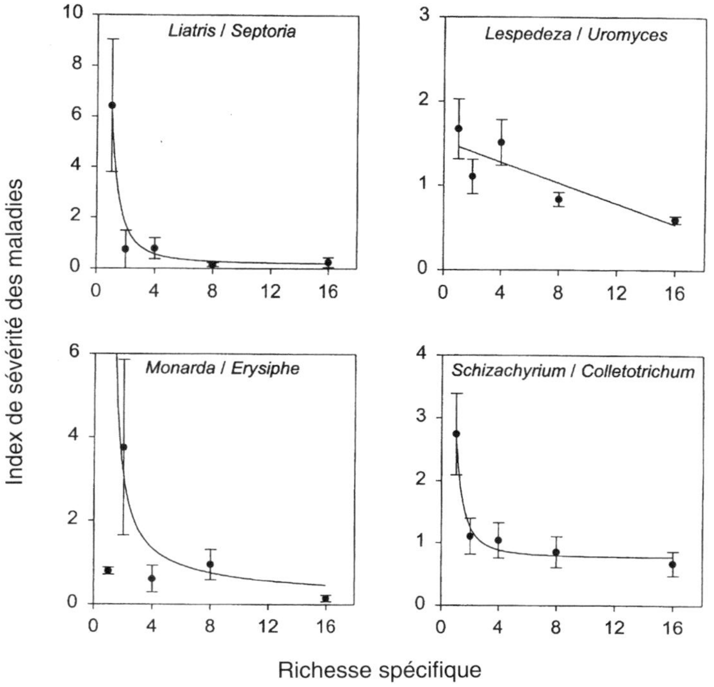

Figure 126 Sévérité des atteintes par des phytopathogènes en fonction de la richesse spécifique des parcelles.

La première espèce citée est la plante considérée *(Liatris aspersa, Lespedeza capitata, Monarda fistulosa* et *Schizachyrium scoparium)* et la seconde est l'agent de la maladie cryptogamique *(Septorias liatridis, Uromyces lespedezae, Erysiphe cichoracearum et Colletotrichum* sp.) (d'après Knops *et al*, 1999).

indirectement la production en accélérant les processus de recyclage. Ils peuvent altérer directement la décomposition en assimilant et morcelant la matière organique des sédiments. Certaines espèces capturent la matière en suspension dans la colonne d'eau accroissant de ce fait le dépôt de matière organique et le métabolisme sédimentaire, etc. (fig. 127).

À l'inverse, les processus biogéochimiques peuvent affecter la structure des peuplements benthiques. Ainsi, la composition spécifique de cette communauté est-elle profondément altérée dans les sédiments quand la vitesse de décomposition est stimulée par une charge élevée en matières organiques. Il s'en suit une pénétration réduite de l'oxygène dans les sédiments et l'accumulation de produits métaboliques toxiques tels que des sulfures. Seul un petit nombre d'espèces de surface opportunistes peuvent coloniser de tels sédiments riches en matière organique. À l'inverse, les sédiments pauvres en apports organiques hébergent habituellement des peuplements diversifiés d'espèces fouisseuses à longue durée de vie.

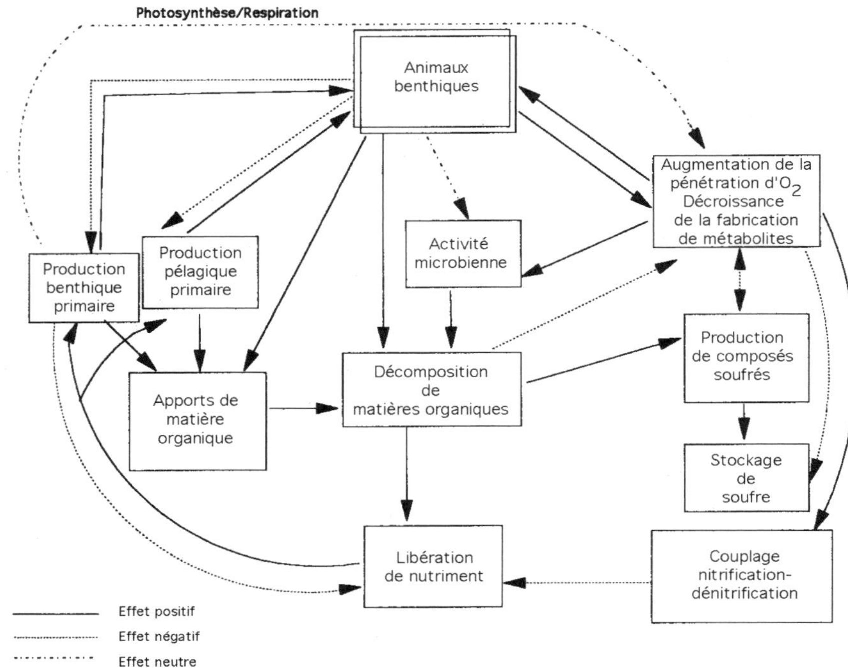

Figure 127 Exemples d'interactions possibles entre animaux benthiques et processus biogéochimiques dans les sédiments (positives en trait plein, négatives en pointillés et neutres en tiretés-points) (d'après Giblin *et al.*, 1995).

Au total, la plupart des activités animales qui affectent les processus biogéochimiques dans les sédiments tels que la bioturbation et la circulation d'eau dans les porosités sédimentaires, sont assurées par une grande diversité d'espèces, appartenant à de nombreux phylums distincts. Le degré de redondance fonctionnelle dans le benthos est certainement élevé, de sorte que l'on peut progresser dans la compréhension du fonctionnement des sédiments marins en définissant des guildes d'espèces fonctionnellement équivalentes, même s'il ne faut pas négliger l'intérêt d'une meilleure connaissance de la biologie de chaque espèce en particulier.

PARTIE 5

L'HOMME DANS LA BIOSPHÈRE

Introduction

L'homme dans la biosphère, vaste sujet, à la mesure du déploiement des activités d'une espèce dont la biosphère tout entière est appelée à porter de plus en plus la marque : le devenir de la biosphère et celui des sociétés humaines sont aujourd'hui indissolublement liés.

C'est dans le but de maîtriser cette situation, devant la montée des inquiétudes qu'inspirent la dégradation de l'environnement, la perspective d'un épuisement prochain de certaines ressources naturelles, la pauvreté absolue qui frappe des centaines de millions d'hommes, que le Programme MAB (Man and Biosphere) a été lancé en novembre 1970 par la Conférence Générale de l'Unesco. Ses objectifs sont « *de préciser les bases nécessaires à l'utilisation rationnelle et à la conservation des ressources de la biosphère et à l'amélioration des relations entre l'homme et l'environnement ; de prévoir les répercussions des actions présentes sur le monde de demain et, par là, de mettre l'homme à même de mieux gérer efficacement les ressources naturelles de la biosphère* ».

Mon propos n'est pas, dans le cadre du présent ouvrage, de couvrir un tel champ, qui touche nécessairement à des domaines étrangers à l'écologie : au sociologique, à l'économique, au politique.

Même en s'en tenant aux aspects biologiques et écologiques, ceux-ci sont trop nombreux pour être traités dans l'espace imparti. L'homme agit en effet sur la biosphère :

1) en transformant le milieu (sol, climat, végétation) ;
2) en altérant la distribution des espèces animales et végétales (destruction, raréfaction, propagation, extension) ;
3) en modifiant les espèces elles-mêmes, indirectement par les effets précédents, directement par sélection, création de nouvelles souches et génie génétique.

Ses interventions, qui sont trop souvent des destructions ou des perturbations, peuvent aussi, et devraient être de plus en plus, coordonnées, stabilisatrices, qu'il s'agisse de conserver ou d'aménager.

Pour s'en tenir à l'essentiel, du point de vue écologique, la biosphère est pour l'homme, à la fois, cadre de vie, source de nourriture, réservoir d'agents pathogènes, banque de matières premières et d'énergie.

Nous ne traiterons ici que les deux premiers points.

Chapitre 17

La biosphère, environnement de l'homme

Du fait de son succès écologique, l'espèce humaine a étendu son environnement à la biosphère tout entière. Il lui a fallu plusieurs millions d'années pour cela, et trois révolutions majeures au cours des trois derniers millénaires : (1) l'émergence des grands courants de pensées, des religions, des civilisations ; (2) la découverte de l'agriculture et (3) la création de la machine à vapeur et la naissance de la révolution industrielle.

On assiste à une véritable accélération du changement : la population humaine a doublé depuis le milieu de ce siècle et le volume de son économie a presque quadruplé ! Sa demande en ressources naturelles a augmenté à un rythme sans précédent. Les besoins en céréales des sociétés humaines ont triplé depuis 1950. Leur consommation des produits de la mer a plus que quadruplé. L'utilisation de l'eau, la consommation de viande de bœuf et de mouton, la demande de bois de chauffage et celle de bois de construction ont triplé. L'emploi de combustibles fossiles est quatre fois plus important qu'en 1950 et les émissions de carbone ont augmenté en proportion (Brown, 1996).

Cette amplification accélérée de la demande humaine en ressources naturelles se traduit par une pression accrue sur les systèmes naturels, c'est-à-dire sur l'infrastructure écologique de la biosphère : accroissement du CO_2 atmosphérique, altération des milieux, modification du cycle biogéochimique de l'azote pour permettre à l'agriculture de répondre à des exigences sans cesse accrues, érosion de la biodiversité — voilà les grandes crises écologiques qui vont marquer le XXIe siècle (fig. 128), avec des problèmes socio-économiques et politiques de partage des ressources en eau, de conflits du type « guerre de la morue » comme on en a vu entre

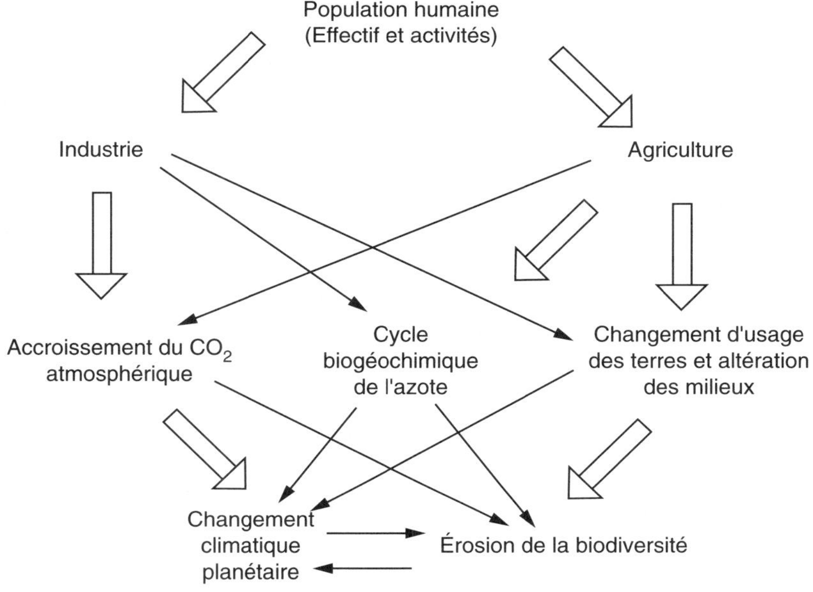

Figure 128 Principaux changements environnementaux d'ampleur planétaire provoqués par les activités humaines.

la Norvège et l'Islande, ou « guerre du turbot » entre le Canada et l'Espagne, de résurgence des grandes épidémies et de développement durable.

C'est aujourd'hui un fait majeur dont l'homme ne prend que lentement conscience au cours de ces dernières décennies du XXe siècle.

LA POLLUTION DE LA BIOSPHÈRE

Le terme de pollution peut être défini comme « *une modification défavorable du milieu naturel qui résulte en totalité ou en partie de l'action humaine, au travers d'effets directs ou indirects altérant les critères de répartition des flux d'énergie, des niveaux de radiation, de la constitution physico-chimique du milieu naturel et de l'abondance des espèces vivantes* ».

Les principaux types de pollution peuvent être répartis en trois grandes catégories :

- pollutions physiques (rayonnements dus aux radionucléides, pollution thermique, bruits et infrasons) ;
- pollutions chimiques (produits naturels, minéraux ou organiques et substances de synthèse inexistantes auparavant dans la nature) ;
- pollutions biologiques (contaminations microbiologiques ; introduction intempestive d'espèces ou de variétés animales et végétales).

Il faut insister sur le fait que, même à faible dose, la présence de substances toxiques dans l'environnement peut représenter un danger pour les êtres vivants. En effet, certaines d'entre elles, difficilement ou non biodégradables, peuvent persister longtemps dans les sols ou dans les eaux, et donc s'y accumuler. En outre, ingérées par des êtres vivants, elles peuvent être stockées par eux à des concentrations très élevées. On appelle *facteur de concentration* le rapport de la teneur d'un organisme et un élément donné à celle de l'environnement. Des facteurs de concentration très élevés ont été signalés pour divers toxiques, comme le DDT ou le mercure, notamment pour des organismes situés en bout de chaîne trophique (fig. 129).

L'effet de pollution n'est pas nécessairement lié à la libération dans l'environnement de substances toxiques : la production excessive de composés naturels impliqués dans les cycles biogéochimiques est aussi une grave source de déséquilibre.

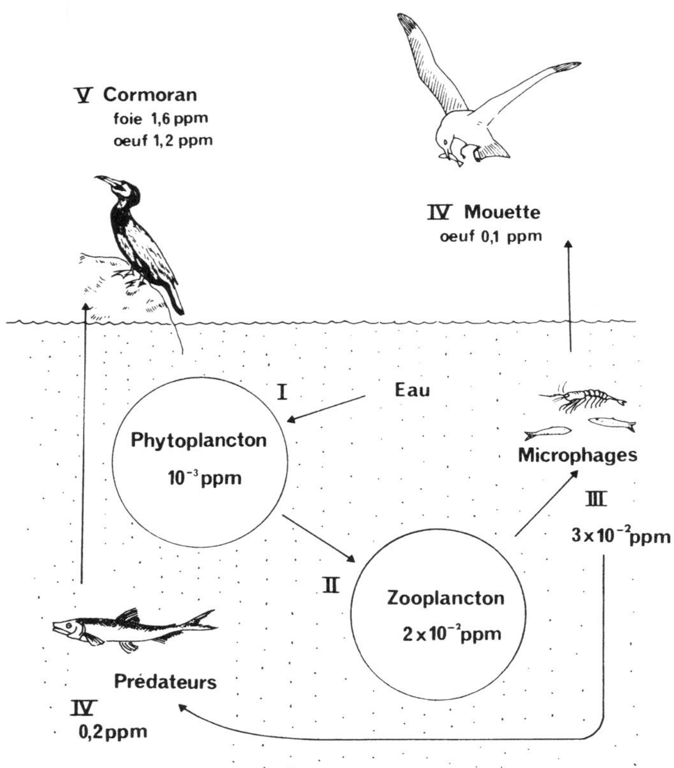

Figure 129 Mécanismes de concentration progressive d'une substance chimique (un insecticide, la Dieldrine) par le jeu des chaînes alimentaires en milieu marin (d'après Ramade, 1974).

Indosable dans l'eau de mer, la concentration de la Dieldrine s'accroît à mesure que l'on remonte dans les niveaux trophiques (chiffres romains). Ainsi, sa teneur passe de 1 ppb (1 partie par milliard) dans le phytoplancton à une partie par million chez les cormorans.

Ainsi, les quantités de polluants rejetées dans l'atmosphère peuvent être si élevées par rapport aux sources naturelles dans le cas des dérivés gazeux du carbone et de ceux du soufre, par exemple, que la circulation des éléments correspondants dans la biosphère en est fortement modifiée.

On peut en dire autant des engrais.

Pollution par les engrais

De 1950 à 1989, l'agriculture mondiale a fait passer sa consommation d'engrais de 14 à 146 millions de tonnes. Le processus s'infléchit à partir de 1990 et l'on assiste alors à une baisse régulière de l'utilisation d'engrais (fig. 130).

Les engrais chimiques — nitrate d'ammonium, nitrate de calcium, sulfate d'ammonium, superphosphates... —, nécessaires à la production croissante d'aliments, sont devenus une source importante de pollution des sols et des eaux.

Délivrés en excès et de manière répétée au long des années ils polluent en effet :

1) par les impuretés qu'ils renferment ;
2) par le déséquilibre de certains cycles biogéochimiques et la dégradation des sols ;
3) par la contamination des nappes phréatiques.

Pour des raisons de prix de revient les engrais industriels ne sont pas purifiés. Ils contiennent à l'état de trace de nombreux métaux et métalloïdes toxiques — arsenic, cadmium, chrome, cuivre, plomb, nickel, vanadium, zinc, etc. — qui, peu mobiles, s'accumulent dans les horizons superficiels des sols. Il y a là, un risque sérieux de contamination des terres cultivées et des aliments.

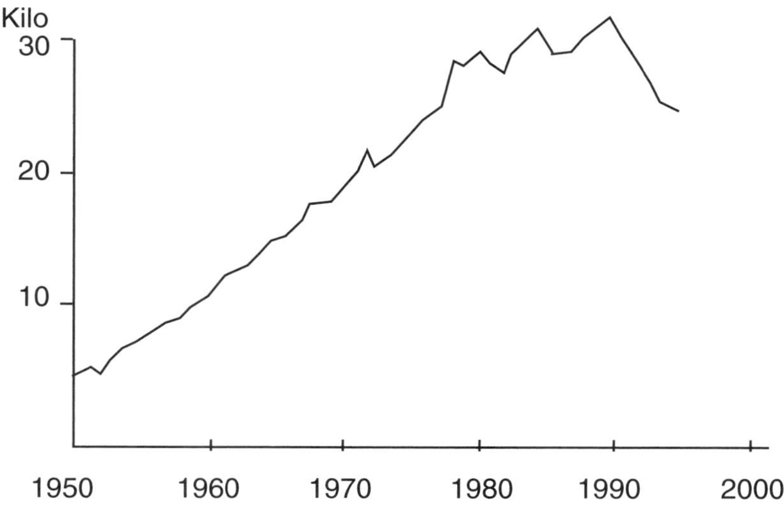

Figure 130 Évolution de l'emploi d'engrais dans le monde, en kilogramme par habitant, de 1950 à 1994.

Le cycle de l'azote est profondément altéré par l'abus d'engrais chimiques, source importante d'azote nitrique. Un tel accroissement artificiel du flux d'azote est d'autant plus préoccupant qu'une fraction importante des nitrates ainsi introduits n'est ni récupérée par les plantes, ni dénitrifiée. Le déséquilibre ainsi instauré entre nitrification et dénitrification se traduit par un excès de nitrates de l'ordre d'une dizaine de millions de tonnes par an qui s'accumule dans l'hydrosphère, entraîné par le ruissellement et le lessivage des sols, dégradés par la surfertilisation.

L'accumulation de nitrates qui se produit chez certaines plantes, dans les épinards par exemple, peut être dangereuse pour la santé de leurs consommateurs, notamment par les risques de méthémoglobinémie (provoquée par la combinaison de l'ion NO^-_2 à l'hémoglobine). En outre, les nitrites formés au niveau des intestins peuvent se transformer en nitrosamines qui sont de puissants agents carcinogènes.

Le cycle du phosphore est également perturbé par l'apport d'engrais phosphatés. En outre, l'excès de phosphore entraîné chaque année dans les eaux continentales joue un rôle déterminant dans l'induction des phénomènes d'eutrophisation.

Pollution par les pesticides

Les pesticides modernes sont, pour la plupart, des substances organiques de synthèse.

Les insecticides appartiennent à trois familles chimiques principales :

1) *Les organochlorés*, obtenus par chloration d'hydrocarbures hétérocycliques, tels que le DDT, le lindane ou l'aldrine.
2) *Les organophosphorés*, esters de l'acide orthophosphorique ou de l'acide thiophosphorique, tels que le parathion, le malathion ou le trichlorfon.
3) *Les carbamates*, esters de l'acide N-méthyl-carbamique, tels que le carbaryl.

Les principaux herbicides sont des dérivés de l'acide phénoxyacétique comme le 2,4-D et le 2,4,5-T, des triazines comme la simazine ou l'aminotriazole, ou des urées substituées comme le monuron et le diuron.

En raison d'un spectre de toxicité étendu, qui n'épargne pas les vertébrés supérieurs, et, pour certains d'entre eux, d'une longue persistance dans les sols ou dans les eaux, la plupart des pesticides n'agissent pas seulement sur la cible qui justifie leur emploi (ravageur ou mauvaise herbe), mais directement ou indirectement, sur l'ensemble de l'écosystème. De surcroît, ces produits sont fréquemment délivrés en excès et sur de vastes étendues. Il convient de souligner que les organochlorés, à spectre large et grande stabilité, sont particulièrement dangereux. Les organophosphorés, assez sélectifs et rapidement biodégradés dans les sols comme dans l'eau, leur sont actuellement préférés.

L'utilité des pesticides du point de vue épidémiologique aussi bien que du point de vue agronomique, a largement été démontrée dans le passé. S'il ne paraît donc pas possible de renoncer totalement à l'emploi des pesticides il convient toutefois de ne rien négliger :

1) pour développer d'autres méthodes de lutte contre les ravageurs (voir chap. 18) ;

2) pour réduire les quantités de pesticides employées en perfectionnant les stratégies d'utilisation (voir chap. 18) ;
3) pour sélectionner des produits aussi peu dommageables que possible pour les écosystèmes et la santé humaine.

De nombreuses recherches sont actuellement poursuivies dans ce sens. Le chapitre 18 donnera divers exemples qui illustreront les points *1* et *2* ci-dessus. Quant au point *3*, je me bornerai à souligner qu'il suffit souvent de légères modifications de la composition chimique d'un produit pour le rendre aisément biodégradable s'il ne l'était pas, et inversement. Ainsi, la substitution d'un atome de chlore à la place d'un atome d'hydrogène suffit à transformer le 2,4-D (acide dichlorophénoxyacétique), aisément biodégradable pour diverses bactéries du sol qui l'utilisent comme source de carbone, en 2,4,5-T (acide trichlorophénoxyacétique), molécule particulièrement récalcitrante : le premier reste quelques semaines seulement dans les sols tandis que le second subsiste durant de nombreux mois.

Il reste que la pollution des sols par les pesticides est un phénomène quasi universel et que les cas d'intoxication chronique d'espèces animales sont communs.

La pollution nucléaire

La croûte terrestre émet divers types de rayonnements, en particulier des rayons γ, auxquels s'ajoutent ceux d'origine cosmique : les êtres vivants sont soumis, dans les conditions naturelles, à diverses sources d'irradiation externe. Ceux-ci peuvent même incorporer des radionucléides naturels tels que le potassium ^{40}K et le carbone ^{14}C, que l'on rencontre dans le sol ou l'eau, et se trouver ainsi exposés à une irradiation interne.

Généralement faibles, ces radiations ionisantes constituent un risque potentiel de lésions somatiques et génétiques que le développement de l'énergie nucléaire, à des fins militaires ou industrielles, accroît aujourd'hui considérablement. Elles sont de trois types :

1) les rayons γ, constitués par des ondes électromagnétiques de très hautes fréquence, très pénétrants ;
2) les rayons β, composés d'électrons dont la vitesse est proche de celle de la lumière, qui peuvent traverser les tissus vivants sur plusieurs cm ;
3) les rayons α, noyaux d'hélium, très peu pénétrants puisque les couches superficielles de la peau suffisent à les arrêter.

Les radio-isotopes peuvent devenir un facteur de contamination de la biosphère, notamment parce que, comme les éléments non radioactifs, certains d'entre eux peuvent s'accumuler chez divers organismes et atteindre ainsi, au long des chaînes trophiques, des concentrations très élevées, dangereuses pour l'organisme lui-même, sa descendance... ou son consommateur, lequel peut être un homme. Relatant les résultats d'expériences réalisés sur deux chaînes trophiques aquatiques par des chercheurs américains utilisant le phosphore ^{32}P, Duvigneaud (1980) fait état de facteurs de concentration parfois considérables (tableau 19).

TABLEAU 19 FACTEURS DE CONCENTRATION LE LONG DE CHAÎNES TROPHIQUES AQUATIQUES APRÈS CONTAMINATION PAR DU ^{32}P (D'APRÈS DUVIGNEAUD, 1980).

Expérience I		Expérience II	
Eau	1	Eau	1
Végétation	0,1	Phytoplancton	1 000
Insectes et crustacés	0,1	Insectes	500
Oies et canards	7 500	Perches	10
Œufs de ces oiseaux	200 000		

Les radio-éléments les plus dangereux sont ceux dont la *période*[1] est longue et qui produisent un rayonnement intense et pénétrant (tableau 20). Du point de vue écologique, sont particulièrement nocifs les dérivés radioactifs de corps simples qui sont des constituants fondamentaux de la matière vivante : ^{14}C, ^{32}P, ^{45}Ca, ^{35}S, ^{131}I. Ils peuvent en effet être incorporés à l'organisme et constituer localement une source d'irradiation interne dangereuse. Il en est de même de corps à propriétés chimiques analogues à celles de composés naturels des organismes vivants : c'est le cas du strontium, ^{90}Sr, homologue du calcium et du césium, ^{137}Ce, homologue du potassium, qui sont parmi les plus redoutables radio-isotopes libérés dans l'environnement à la suite de rejets de déchets ou de retombées consécutives à des explosions nucléaires.

Le développement de l'énergie nucléaire soulève donc de sérieux problèmes de sécurité : « *Les principaux problèmes de contamination de l'environnement propres à l'atome pacifique se situent au niveau des usines de retraitement de combustibles irradiés. En effet, c'est dans ces installations que se retrouvent tous les déchets du cycle du combustible. Les besoins cumulés de l'électronucléaire conduisent à retraiter des masses considérables : 5 100 tonnes par an pour le seul programme français à la fin du siècle, ce qui conduira à la production d'une quantité de déchets radio-actifs équivalente à celle engendrée par plusieurs dizaines de milliers de bombes de type Hiroshima* » (Ramade, 1981).

Pollution des eaux et eutrophisation

Les eaux douces et océaniques sont le réceptacle de pollutions multiples — chimiques, organiques, radio-actives, microbiologiques — d'origines variées — urbaine, industrielle, agricole. Les conséquences de ces pollutions, sur la qualité de l'eau d'abord, sur l'équilibre des écosystèmes ensuite, et sur la santé de l'homme enfin, ne peuvent toutes être examinées ici. Je n'évoquerai que les effets de la pollution organique des eaux, en choisissant pour exemple le cas des eaux lentiques (lacs, eaux non courantes).

1. La période ou durée de demi-vie d'un radio-isotope est l'intervalle de temps nécessaire pour que sa masse soit réduite de moitié.

Tableau 20 Principaux radio-isotopes d'importance écologique (d'après Ramade, 1974).

Radio-isotope	Période (*) (an, jour ou heure)		Radiations émises (**)	
I. Radio-isotopes de constituants fondamentaux de la matière vivante				
Carbone C^{14}	5 568	a	+	
Tritium H^{3}	12,4	a	+	
Phosphore P^{32}	14,5	j	+++	
Soufre S^{35}	87,1	j	+	
Calcium Ca^{45}	160	j	++	
Sodium Na^{24}	15	h	+++	+++
Potassium K^{40}	13×10^{8}	a	++	++
Potassium K^{42}	12,4	h	+++	++
Fer Fe^{59}	45	j	++	+++
Manganèse Mn^{54}	300	j	++	++
Iode I^{131}	8	j	++	++
II. Éléments contenus dans les produits de fission libérés dans l'environnement avec les retombées radioactives ou les rejets de résidus radioactifs.				
Strontium Sr^{90}	27,7	a	++	
Césium Cs^{137}	23	a	++	+
Césium Ce^{144}	285	j	++	+
Ruthenium Ru^{106}	1	a	+	
Yttrium Yt^{91}	61	j	+++	++
Plutonium Pu^{239}	24 000	a	+++	++
III. Gaz rares produits par les réacteurs de puissance				
Argon A^{41}	2	h	++	
Krypton Kr^{85}	10	a	+	
Xenon Xe^{133}	5	j	+++	

(*) On appelle période d'un radio-isotope le temps au bout duquel sa masse aura diminué de moitié.
(**) + énergie 0,2 MeV
++ énergie comprise entre 0,2 et 1 MeV
+++ énergie supérieure à 3 MeV

La pollution organique des eaux est causée par les rejets des égoûts et de nombreux effluents industriels (d'abattoirs, de laiteries, de fromageries, de papeteries...). On évalue localement la charge d'une eau en matières organiques par la *demande biologique d'oxygène en 5 jours*, la DBO 5. Celle-ci correspond à la quantité d'oxygène nécessaire aux micro-organismes pour minéraliser la totalité de la matière organique contenue dans un litre de l'eau polluée. La pollution organique des eaux provoque ou accélère un phénomène naturel que l'on appelle l'*eutrophisation*.

L'eutrophisation est le processus d'enrichissement des eaux en sels minéraux. Dans les conditions naturelles, il se développe très lentement, sur une échelle de temps géologique, et correspond à l'évolution normale des lacs et autres masses d'eau dormante : ceux-ci se comblent, peu à peu mais inexorablement, du fait de l'apport incessant de matériaux entraînés par l'érosion du bassin versant et de la multiplication des organismes vivants.

Le déversement par l'homme dans les lacs et bassins fermés, de quantités importantes de matières organiques fermentescibles et d'effluents riches en phosphates (engrais, détersifs) et en nitrates, accélère considérablement ce processus d'eutrophisation. Pour distinguer cette évolution pathologique du phénomène normal d'eutrophisation on parle aussi de *dystrophisation*. Des accidents dystrophiques se produisent également en milieu lotique (eaux courantes) où, toutefois, le brassage permanent des eaux en limite l'ampleur.

Les principales étapes de l'eutrophisation peuvent être schématisées comme suit (fig. 131).

1) Au stade I, le lac soumis à une pollution croissante accumule dans ses eaux d'importantes quantités de sels minéraux nutritifs.

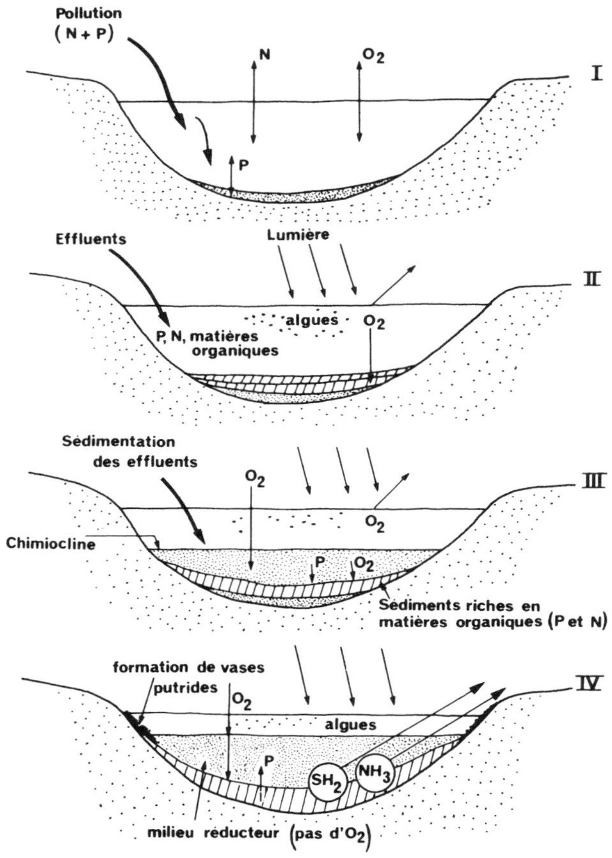

Figure 131 Schéma des principales phases de l'eutrophisation des eaux en faciès lentique (d'après Ramade, 1981).

I. Pollution croissante.

II. Prolifération des algues.

III. Décomposition anaérobie.

IV. Auto-accélération de l'eutrophisation par mobilisation des phosphates (voir texte).

2) Au stade II, cet enrichissement en éléments nutritifs déclenche une prolifération d'algues dans l'épilimmion ; la surcharge en biomasse végétale entraîne une diminution de la transparence des eaux ; l'activité photosynthétique se trouve ainsi concentrée dans les eaux eutrophes, au niveau des premiers mètres au-dessous de la surface (au lieu de s'étendre sur plusieurs dizaines de mètres comme dans les lacs oligotrophes). Tous ces phénomènes contribuent à accroître le taux d'oxygène dissous dans les eaux superficielles du lac.
3) Au stade III, la mort et la décomposition d'une masse considérable d'algues entraîne la consommation rapide de l'oxygène encore contenu dans les couches profondes du lac, celles-ci se trouvant alors nettement séparées, par une chimiocline horizontale, des eaux superficielles riches en oxygène ; la vitesse du dépôt des limons benthiques s'accélère ; avec l'appauvrissement en oxygène de l'hypolimmion disparaissent les salmonidés, supplantés par les cyprinidés qui profitent de la surcharge des couches superficielles en matières végétales.
4) Au stade IV, enfin, la déplétion totale de l'oxygène dans les couches profondes entraîne l'apparition de fermentations anaérobies ; le dégagement d'hydrogène sulfuré et d'ammoniac en est le symptôme caractéristique. La phase ultime d'une telle évolution est un état septique, entièrement azoïque.

LA PERSPECTIVE D'UNE CRISE CLIMATIQUE

Perturbation du cycle du carbone

On admet aujourd'hui que la teneur en CO_2 de l'atmosphère est restée constante, en dehors des variations saisonnières, pendant toute la durée du Quaternaire jusqu'au milieu du XIXe siècle, date à partir de laquelle la civilisation industrielle a commencé à brûler des combustibles fossiles. Depuis, elle ne cesse de croître : égale à 275 ppm en 1860, elle était de 360 ppm en 1996, soit 5,5 gigatonnes de carbone par an (Gt_c/an = milliard de tonnes).

Un tel accroissement est d'abord la conséquence des masses considérables de gaz carbonique rejetées dans l'atmosphère par la combustion des diverses formes de carbone fossile. S'y ajoute le CO_2 libéré par la déforestation, soit 1,6 Gt_c/an. Or l'accroissement annuel du CO_2 atmosphérique ne représente qu'une rétention de 3,2 Gt_c/an. Il existe donc des processus naturels de régulation qui absorbent environ 55 % du gaz carbonique introduit par l'homme dans l'atmosphère. En dissolvant une partie du CO_2 d'origine anthropique (2Gt_c/an) l'océan joue ici un rôle tampon essentiel à égalité avec la biosphère continentale (1,9 Gt_c/an).

Avant l'ère industrielle, l'atmosphère contenait environ 550 milliards de tonnes de carbone sous forme de CO_2, soit 0,028 % de l'air (280 ppm, parties par million). Cette teneur est restée à peu près inchangée au cours des derniers millénaires, en dépit d'énormes flux de carbone échangés entre l'air, l'océan et la biomasse continentale. Avec l'utilisation croissante des carburants fossiles qui a marqué l'ère industrielle, les rejets de CO_2 ont augmenté de manière exponentielle depuis 1850 et l'atmosphère contient aujourd'hui plus de 750 gigatonnes de carbone (soit 360 ppm en 1996 ; voir fig. 132).

Si les effets directs sur la biosphère de cet accroissement de CO_2 atmosphérique paraissent anodins, les effets indirects en revanche risquent de ne plus l'être dans les décennies qui viennent et doivent maintenant être pris en considération et étudiés. Ils correspondent à ce que l'on appelle *l'effet de serre*[2] et se traduisent par des changements climatiques : augmentation de la température, modification du régime des précipitations.

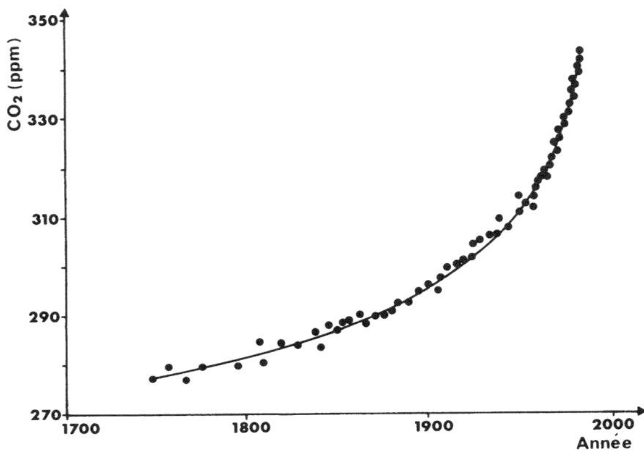

Figure 132 Évolution séculaire de la concentration atmosphérique du gaz carbonique.

Effets de serre et climat

Les climatologistes ont décrit l'effet de serre créé notamment par le gaz carbonique atmosphérique : par suite de l'absorption de radiations infrarouges les molécules de CO_2, comme les molécules d'H_2O, favorisent l'échauffement des couches basses de l'atmosphère (fig. 133). La consommation accrue d'énergie fossile et l'augmentation incessante de la concentration en CO_2 de l'atmosphère suscitent, par leur répercussion sur le climat (température, mais aussi distribution des précipitations) et, donc, sur l'économie mondiale, de sérieuses inquiétudes : « Si le monde continue d'accroître au même rythme ses besoins énergétiques, en particulier de combustibles fossiles, la concentration en gaz carbonique de l'atmosphère doublera vers l'an 2025. Beaucoup de climatologistes considèrent qu'un tel changement, par intensifi-

2. D'autres gaz, dont la concentration atmosphérique croît également de manière préoccupante, contribuent de plus en plus notablement à l'effet de serre. Il s'agit de l'oxyde nitreux, NO_2, produit naturel du cycle de l'azote qui augmente avec l'emploi accru d'engrais azotés ; du méthane, CH_4, dont les émissions sont étroitement liées au développement des activités agricoles ; et des composés chlorofluorocarbonés ou CFC.

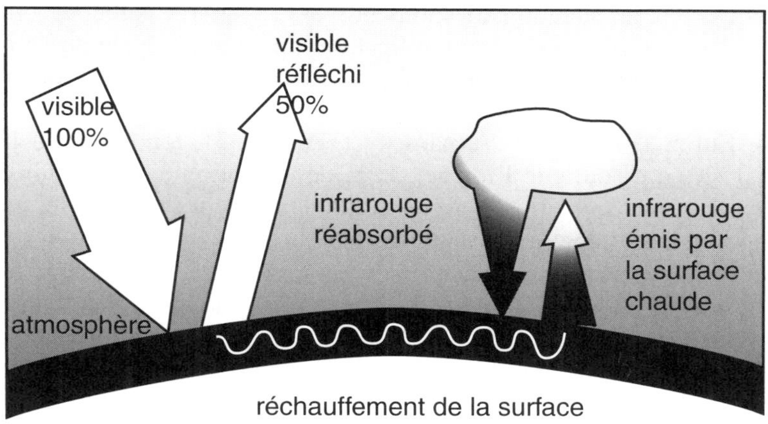

Figure 133 L'effet de serre.

Le dioxyde de carbone, la vapeur d'eau et quelques gaz rares laissent passer la lumière visible qui constitue la majeure partie de l'énergie solaire, mais absorbent le rayonnement infrarouge émis par la terre. L'accumulation de CO_2 dans l'atmosphère entraîne un échauffement de la surface terrestre (d'après Jupin, 1996).

cation de l'effet de serre, augmentera la température moyenne à la surface du globe de 2 à 3 °C. L'accroissement devrait être supérieur aux hautes latitudes, associé à des altérations des régimes des pluies. Il est impossible de prévoir exactement les changements climatiques, mais plusieurs analyses des différences entre années chaudes et froides du passé récent suggèrent que les terres céréalières des USA, d'Europe et de Russie devraient devenir plus chaudes et plus sèches, tandis que dans certaines parties du Tiers Monde les changements pourraient être favorables à l'agriculture » (Duplessy et Morel, 1990). Certains spécialistes interprètent les perturbations climatiques observées durant la décennie écoulée comme la première réponse de la « machinerie climatique » terrestre à l'effet de serre induit par l'accroissement du CO_2 atmosphérique.

Sans doute subsiste-t-il encore beaucoup d'incertitudes quant à la dynamique actuelle et future du cycle du carbone et ses répercussions sur l'équilibre de la biosphère et le climat du globe. Toutefois, l'importance des conséquences économiques et humaines que ne manquerait pas d'avoir tout changement de l'équilibre climatique mondial est telle que le problème doit être pris très au sérieux.

La théorie de l'effet de serre remonte au début du XIXe siècle. L'analogie entre le vitrage d'une serre et l'enveloppe atmosphérique du globe est due à Saussure (1740-1799). Mais ce sont Carnot (1796-1832) et Fourier (1786-1830), pionniers de la thermodynamique, qui avancent les premières explications sur les mécanismes de régulation de la température à la surface de la terre. Ils évoquaient déjà le rôle possible des océans, celui de l'atmosphère dans la limitation des pertes de chaleur par rayonnement… et même les effets possibles de l'industrie naissante (Grinevald, 1992).

Cependant, c'est au suédois Arrhénius (1859-1927), prix Nobel de chimie, que l'on doit de lancer le débat sur la modification humaine du cycle du carbone et le renforcement anthropogénique de l'effet de serre, au tout début du XXe siècle. Arrhénius met clairement en relation ce phénomène avec les grands cycles biogéochimiques. Enfin, il faut citer Vernardsky (1863-1945), fondateur de la biogéochimie en 1920, qui souligne l'impact de la déforestation sur l'évolution du CO_2 atmosphérique et fait de la biosphère un véritable concept scientifique, malheureusement trop longtemps négligé (Grinevald, 1992).

L'évolution de la concentration en CO_2 atmosphérique est un fait bien établi (fig. 132). Il est plus délicat en revanche d'évaluer de façon précise l'augmentation future et, plus encore, de prévoir son effet réel sur la température et le climat en général. De fait, les changements climatiques font intervenir toutes sortes de processus, dont les temps d'ajustement ou de réponse peuvent être très différents.

Aussi, « même si on doit s'attendre au doublement de la teneur en gaz carbonique à échéance d'une cinquantaine d'années, il est tout à fait faux de penser que le réchauffement moyen de la terre atteindra alors 4 à 5°C, comme on pourrait l'imaginer en appliquant brutalement les résultats publiés sur la sensibilité de la composante atmosphérique seule. Le changement chimique sera en réalité freiné par l'inertie thermique de la composante lente, l'océan et les glaces polaires » (Duplessy et Morel, 1990 et fig. 134).

Quoi qu'il en soit, on mesure l'ampleur des problèmes et l'importance des enjeux : pouvoirs politiques et communautés scientifiques se sont peu à peu mobilisés pour y faire face.

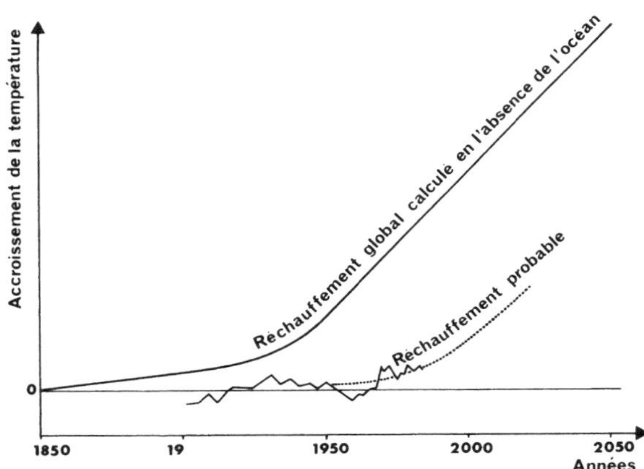

Figure 134 Réchauffement moyen de l'atmosphère calculé en tenant compte de l'effet de serre pour l'atmosphère seulement (trait plein) et estimé en tenant compte de l'inertie thermique des océans (trait pointillé) (D'après Duplessy et Morel, 1990).

SUREXPLOITATION ET DÉGRADATION DE LA BIOSPHÈRE

Histoire d'une catastrophe écologique

Des pressions soutenues sur les milieux naturels, à travers l'accumulation de pollutions, la dégradation des écosystèmes, l'érosion des sols et le détournement des ressources en eau, peuvent conduire à de véritables catastrophes écologiques, lourdes de conséquences sur le plan humain.

C'est à redouter particulièrement dans les régions du monde exposées à des climats extrêmes et où la construction de grands barrages et canaux de dérivation peut entraîner l'effondrement des écosystèmes et de leurs capacités de régulation. Les conséquences les plus spectaculaires de l'assèchement des fleuves se manifestent quand ils alimentent des lacs ou des mers intérieures.

L'histoire de la mer d'Aral et de sa région, au sud de la Russie, nous en donne une triste démonstration. Ce qui était autrefois le quatrième plus grand lac du globe a perdu aujourd'hui la moitié de sa surface et les trois quart de son volume. La construction d'un grand nombre de canaux, prélevant inconsidérément l'eau de l'Amou Daria et du Syr Daria pour l'irrigation de l'Ouzbékistan et du Turkménistan et la production intensive de la monoculture du coton dans le désert, a provoqué non seulement l'assèchement de la mer d'Aral, avec toutes les conséquences directes et catastrophiques sur la pêche, qui faisait vivre toute une région, mais également un accroissement de la pollution[3], à un niveau tel qu'elle affecte l'écosystème et les populations humaines de la région. Avant 1960, l'Amou Daria et le Syr Daria apportaient ensemble 55 milliards de m^3 d'eau à la mer d'Aral. Entre 1981 et 1990, cet apport est tombé à 7 milliards de m^3 en moyenne et ces fleuves sont maintenant le plus souvent virtuellement asséchés dans leur cours inférieur.

Les importantes dérivations ont fortement dégradé les deltas des deux fleuves et les forêts de saules et de tamaris qui formaient un milieu favorable à la vie animale. La superficie des marécages s'est réduite de 85 % et cela a contribué, avec la forte pollution chimique d'origine agricole, à faire disparaître la plus grande part des populations d'oiseaux aquatiques : dans le delta du Syr Daria, le nombre d'espèces nicheuses est tombé de 173 à 38.

On assiste là à une évolution infernale qui fait du cas de la mer d'Aral une des plus grandes tragédies écologiques de la planète. Vingt des vingt-quatre espèces de poissons qui y vivaient ont disparu et la pêche, qui s'élevait à 44 000 tonnes par an dans les années cinquante et fournissait quelque 60 000 emplois, a totalement cessé. Des villages de pêcheurs, complètement abandonnés, parsèment un littoral autrefois animé. Chaque année, les vents emportent entre 40 et 150 millions de tonnes d'un mélange toxique de poussière et de sel provenant du fond desséché de la mer et les déposent sur les terres cultivées alentour, causant des dégâts dans les récoltes et parfois leur anéantissement.

3. Du fait d'une utilisation abusive de fertilisants, d'herbicides et d'insecticides.

La réduction du débit des deux fleuves a entraîné une concentration de l'eau en sels et produits chimiques toxiques, qui la rend impropre à la consommation humaine et cause de nombreuses maladies.

Catastrophe écologique, mais aussi drame économique et humain, qui touche deux millions de personnes. Un bilan de santé des plus alarmants en a été dressé (Conférence de Noukous en 1995) :

- le taux de mortalité infantile serait le plus élevé du monde ;
- 9 % des nouveau-nés seraient atteint de débilité ;
- dans certaines zones, 70 à 80 % de la population serait atteint d'un cancer de l'estomac ;
- la population d'enfants atteints de leucémie est deux fois plus importante qu'ailleurs ;
- la taille moyenne des enfants a diminué de plusieurs centimètres.

Divers prêts de la Banque Mondiale ont été dégagés pour remédier à cette catastrophe et une action multilatérale coordonnée a été mise en place. Mais la restauration écologique à entreprendre est d'une telle ampleur que l'issue paraît éloignée.

La crise d'extinction actuelle

La mort des espèces, comme celle des individus, est un phénomène naturel — leur destinée inexorable. À partir de l'analyse des restes fossiles les paléontologues estiment que la durée moyenne de vie des espèces est comprise entre un et deux millions d'années pour les mammifères, et autour de dix millions d'années pour les invertébrés terrestres et marins (voir tableau 1, p. 42). En outre, ils ont mis en relief cinq grandes crises d'extinction au cours des temps géologiques, qui éliminèrent entre 65 et 85 % des espèces marines et jusqu'à 95 % au Permien, il y a 250 millions d'années. La plus connue de ces extinctions en masse, celle de la limite crétacé-tertiaire (– 65 millions d'années), fut marquée par l'extinction des dinosaures. À l'origine de ces catastrophes, qui s'étalèrent toutefois sur plusieurs milliers voire millions d'années, on a mis en évidence des cataclysmes géologiques, telles qu'éruptions volcaniques, chutes de météores, etc.

La crise d'extinction actuelle diffère des précédentes en ce qu'elle est le fait de l'homme et qu'elle s'inscrit, non plus sur des millions d'années, mais seulement des siècles, voire des décennies (tableau 21).

Elle résulte de quatre phénomènes : (1) la dégradation des milieux (pollutions, fragmentation de l'habitat, déforestation...) ; (2) la surexploitation des espèces (chasse, pêche, récolte) ; (3) l'introduction d'espèces exotiques (destructeurs de l'habitat comme chèvres et moutons, prédateurs ou compétiteurs efficaces comme chats et chiens, et vecteurs de maladies comme rats et moustiques) ; (4) les extinctions en cascade (qui résultent, par exemple, de l'extinction d'une espèce-clé).

TABLEAU 21 ESPÈCES ÉTEINTES DEPUIS 1600 OU MENACÉES D'EXTINCTION.

	Espèces éteintes	Espèces menacées*	Espèces connues (milliers)	% éteintes	% menacées
Animaux					
Mollusques	191	354	100	0,2	0,4
Crustacés	4	126	40	0,01	0,3
Insectes	61	873	1000	0,006	0,09
Vertébrés	229	2212	47	0,5	5
Poissons	29	452	24	0,1	2
Batraciens	2	59	3	0,1	2
Reptiles	23	167	6	0,4	3
Oiseaux	116	1029	9,5	1	11
Mammifères	58	505	4,5	1,3	11
Total	485	3565	1400	0,04	0,3
Plantes					
Gymnospermes	2	242	0,8	0,3	30
Dicotylédones	120	17474	190	0,06	9
Monocotylédones	462	4421	52	0,9	9
Palmiers	4	925	2,8	0,1	33
Total	588	22137	240	0,2	9

* On inclut ici les catégories « vulnérables » « en danger » et « probablement éteinte » de l'UICN

On sait que c'est la réduction des effectifs et de la diversité génétique des populations qui les précipitent vers l'extinction ; qu'il y a un lien étroit entre la superficie du milieu habitable, l'effectif des populations considérées et la richesse spécifique locale. Cela permet de souligner que le point clé pour une conservation durable de la biodiversité est la sauvegarde ou la restauration de milieux naturels diversifiés de superficie importante : mais notre espèce aussi a besoin d'espace ! Là est le problème. De fait, au-delà des *facteurs immédiats* qui conduisent des espèces à l'extinction il faut considérer les *causes premières*, toutes liées à ce que l'on peut appeler le succès écologique de l'espèce *Homo sapiens* : la croissance de la population humaine et de ses besoins en ressources naturelles ; on estime qu'elle consomme, détourne ou détient 39 % de la productivité végétale terrestre (Vitousek, 1994) ; le poids croissant d'un système économique qui ne sait pas prendre en compte l'environnement, le renouvellement des ressources naturelles et l'intérêt des générations futures ; la mondialisation de l'économie et la réduction de la gamme des produits provenant de l'agriculture, de la foresterie ou de la pêche ; la prédominance de systèmes législatifs et institutionnels favorisant l'exploitation non durable des ressources ; l'insuffisance des connaissances et de leur application.

Chapitre 18

La biosphère, source de nourriture

PRÉSERVER LES RESSOURCES AGRICOLES

Production primaire et alimentation humaine

La production primaire nette du globe est, en poids sec, de l'ordre de deux cent milliards de tonnes par an, dont 132 pour les milieux continentaux.

Comparée à la production annuelle de céréales, qui plafonne à 1,7 milliard de tonnes, cette estimation donne l'impression que les potentialités de la biosphère ne fixent pas de limites à l'accroissement de la production alimentaire. Les perspectives ne sont pas aussi brillantes que cette considération quantitative globale le laisse supposer : 1) de larges fractions de la production de la biosphère ne sont pas consommables par l'homme dont les besoins alimentaires ne s'expriment pas seulement en quantité d'énergie mais aussi en qualité (besoins en protéines, en tel ou tel acide aminé, etc.) ; 2) si l'extension de la surface cultivée est encore possible, sous réserve de disposer des capitaux nécessaires à la mise en valeur et à l'irrigation de nouvelles terres arables, celle-ci n'est pas illimitée et se trouve en conflit avec d'autres usages.

Selon les normes de la FAO et de l'OMS, qui fixent l'apport énergétique minimal que doit assurer la ration alimentaire journalière à 2 200 kcal pour la femme et 2 800 kcal pour l'homme, près de la moitié de l'humanité souffre de pénurie alimentaire. La situation n'est pas meilleure si l'on considère l'aspect qualitatif du problème. Les normes FAO-OMS sont de 37 g de protéines par jour pour l'homme adulte et de 29 g pour la femme (38 g chez la femme enceinte ; 46 chez la femme allaitante), normes particulièrement basses par rapport à celles préconisées par les responsables de la santé publique des États-Unis et du Canada (qui sont de plus de 50 % supérieures ; Ramade, 1981). Des rations en protéines égales ou supérieures à ces normes peuvent d'ailleurs être insuffisantes si elles ne renferment pas en proportion convenable certains acides aminés que l'organisme humain n'est pas capable de synthétiser : lysine, tryptophane, méthionine, leucine, valine, phenylalanine, thréonine, isoleucine et cystine. La qualité majeure de la nourriture animale est précisément, non seulement de fournir des protéines, mais encore des protéines renfermant en proportion satisfaisante ces acides aminés. Il faut souligner toutefois que, parmi les végétaux, les légumineuses se distinguent par leur richesse en protéines et le large spectre d'acides aminés qu'elles apportent.

En dépit des progrès réalisés par l'agriculture des pays du Tiers Monde au cours des deux dernières décennies, l'accroissement démographique a largement absorbé, dans beaucoup de ceux-ci, l'augmentation de production : si les disponibilités alimentaires *per capita* ont faiblement augmenté en Amérique latine et en Asie, elles ont nettement régressé en Afrique (fig. 135). La situation est donc préoccupante pour les deux prochaines décennies, marquées par la poursuite de la croissance démographique et le ralentissement de la production agricole. Je ne traiterai pas ici les aspects économique, sociologique et politique du problème, bien qu'ils soient probablement essentiels.

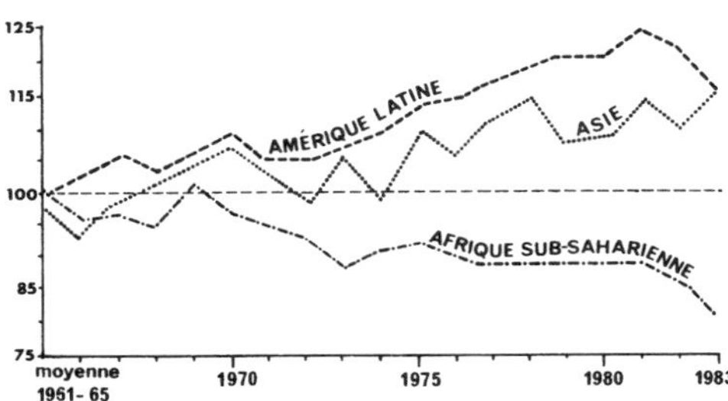

Figure 135 Variations de la production alimentaire per capita dans le Tiers Monde par rapport à la moyenne des années 1961-1965. (D'après Banque mondiale, *in* Ramade, 1987).

À propos des régions tropicales, qui souffrent actuellement de malnutrition et dont la situation future est inquiétante, l'écologiste se doit de rappeler que les transferts d'énergie de niveau trophique en niveau trophique se font au prix de pertes énergétiques importantes (chap. 13). C'est dire qu'un hectare de terre produit environ 15 fois moins de calories sous forme de vache que sous forme végétale. On estime qu'il faut 80 kg d'herbe verte pour obtenir 1 kg de bœuf. Cela ne signifie pas que la production animale doive être abandonnée dans les pays confrontés à de graves problèmes alimentaires : elle doit être développée de façon écologiquement et économiquement cohérente, profitable au pays concerné et non au pays exportateur de sa technologie et de ses produits. Ainsi que le dénonce Labeyrie (1981), il est écologiquement insensé de nourrir des vaches avec du maïs, ou des volailles avec des tourteaux de soja importés, tandis qu'il est en revanche très sage d'alimenter volailles et porcs avec des produits non utilisables par l'homme et cultivés sur des terres non exploitables autrement. Le recours aux légumineuses, qui présentent un grand intérêt agronomique par leurs bactéries symbiotiques fixatrices d'azote est également une solution économiquement avantageuse. Dans beaucoup de régions tropicales, de nombreuses espèces étaient traditionnellement cultivées, grâce à des pratiques agricoles élaborées, pour couvrir les besoins en protéines des populations humaines. Il est regrettable que ces cultures tendent aujourd'hui à disparaître, au profit de cultures d'exportation et d'intérêts économiques qui ne sont pas ceux des populations concernées.

Il faut souligner que :

1) un hectare de légumineuses fourragères peut fournir 3 tonnes de protéines à l'animal ;
2) la production de graines de légumineuses (utilisables par l'homme ou l'animal) atteint aisément 1 tonne de protéines par ha ;
3) les légumineuses enrichissent les sols en azote (35 à 70 kg/ha pour le soja, 70 à 80 kg/ha pour la luzerne).

La production agricole : bilan et perspectives

Depuis la seconde moitié de ce siècle, l'agriculture n'a cessé de progresser : les rendements des principales céréales, base de l'alimentation humaine, ont augmenté régulièrement et la production a crû plus vite que la population. Ces mérites peuvent être attribués aux progrès scientifiques et techniques, en matière de semences, d'engrais, de pesticides et de travaux d'irrigation.

Mais une ombre entâche ces succès, « payés » pour une part, par l'exploitation excessive des ressources naturelles aujourd'hui insuffisantes ou trop dégradées pour permettre de faire face à des besoins croissants. Chaque année, en effet, de par le monde, l'agriculture érode des masses considérables de terres arables et fait disparaître une précieuse variabilité génétique végétale. Bref, l'agriculture moderne a su répondre aux besoins d'une population humaine en pleine crise de croissance, mais au prix d'un endettement « écologique » aujourd'hui préoccupant :

1) parce que cinq décennies de surexploitation des ressources ont, dans de nombreuses régions du monde, épuisé le capital naturel et réduit les possibilités de développement pour l'avenir immédiat ;
2) parce que la production alimentaire, après une forte expansion entre 1950 et 1984, piétine alors que la demande continue d'augmenter fortement.

Ainsi, au cours des années 90, les rendements en riz ont à peine augmenté et les rendements en blé sont restés inchangés. À l'échelle de la planète, la production de céréales par habitant est en chute, ce qui est certes à mettre en parallèle avec la diminution progressive depuis la fin des années 50, de la surface cultivée en céréales par personne (fig. 136). Les stocks de céréales en fin de saison, indicateurs de la sécurité alimentaire mondiale, diminuent régulièrement depuis 1993 et se situent pour 1996 à leur plus bas niveau depuis que cette statistique existe (1961), avec 245 millions de tonnes (49 jours de consommation).

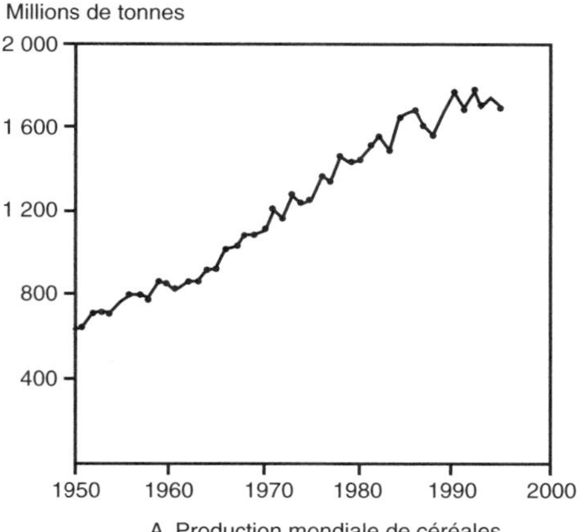

A. Production mondiale de céréales

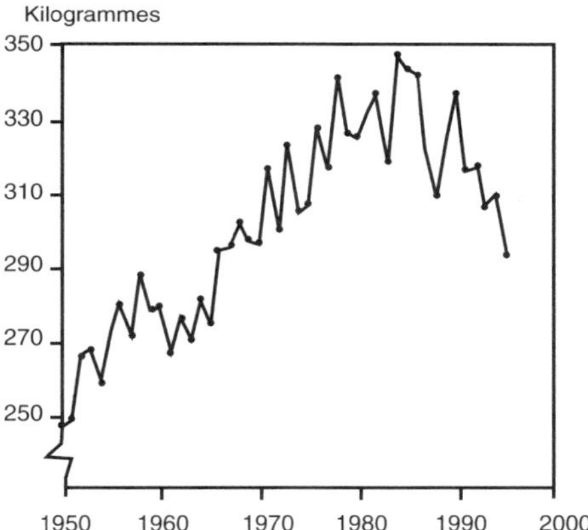

B. Production mondiale de céréales par habitant

Figure 136 La production de céréales dans le monde de 1950 à 1995 (Source : USDA, *in* Brown, 1996).

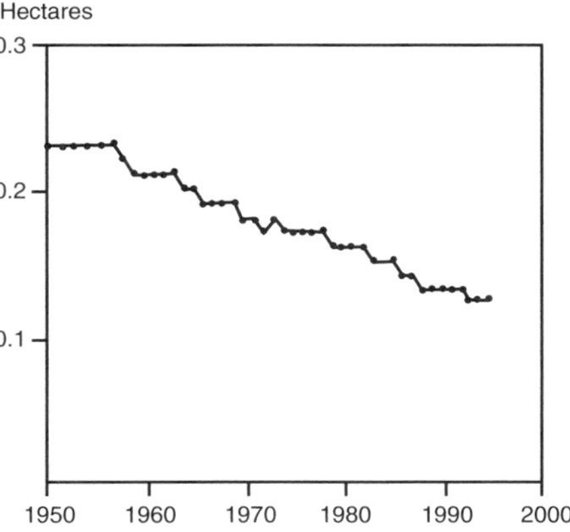

C. Surface cultivée en céréales dans le monde (en hectares par habitant)

En même temps que se ralentit la croissance de la récolte céréalière (fig. 126A), le volume des prises de poissons a cessé d'augmenter et les océans ne paraissent pas capable d'assurer durablement des prises plus fortes. La pression qui s'exerce sur l'offre de céréales, utilisées également en pisciculture et pour l'élevage, devrait s'accroître.

Trois facteurs expliquent la stagnation de la production céréalière : la diminution progressive depuis 1981 des superficies cultivées ; l'augmentation faible ou nulle depuis 1990 des disponibilités en eau pour l'irrigation ; et la baisse de l'utilisation d'engrais depuis 1989.

Après avoir atteint un maximum sans précédent de 732 millions d'hectares en 1981, la superficie cultivée en céréales dans le monde est tombée à 669 millions d'hectares en 1995. L'abandon de terres fortement érodées dans l'ex-Union Soviétique, la perte de terres arables au profit de l'industrie ou de l'urbanisation en Asie, et la conversion en pâturages de terres soumises à une forte érosion aux États-Unis, expliquent l'essentiel de cette diminution (Brown, 1996).

L'agriculture moderne est une grande consommatrice d'eau. L'extension des surfaces irriguées, spectaculaire dans les décennies 60 et 70, a largement contribué à la croissance de la production alimentaire. Les années 90 ont marqué un net recul, avec une stagnation du volume d'eau consacré à l'irrigation. La diminution des nappes phréatiques, l'assèchement des cours d'eau, l'envasement des barrages dû au déboisement et à l'érosion des sols qui l'accompagnent, la perte des terres irriguées causée par l'engorgement des sols et leur salinisation, et enfin le détournement de l'eau vers des usages urbains, tout cela ne laisse guère d'espoir d'amélioration sur ce plan. On peut même affirmer que la gestion des ressources en eau est devenue l'une des priorités politiques majeures dans nombre de pays de la planète.

Écologie et agriculture

L'agriculture est la forme la plus ancienne et la plus remarquable d'écologie appliquée, même si, au cours de son développement, la science écologique ignorait largement les agrosystèmes tandis que l'agronomie, de son côté, poursuivait son évolution propre.

Les agrosystèmes sont évidemment des écosystèmes particuliers. Particuliers parce qu'ils sont intensément exploités et donc régulés artificiellement ; particuliers parce qu'ils ont subi une longue domestication — domestication des plantes et des animaux exploités certes, mais aussi domestication du sol. Les agrosystèmes diffèrent donc des écosystèmes naturels par nombre de traits : grande homogénéité spatiale, appauvrissement considérable de la richesse spécifique, réduction de la diversité génétique des espèces exploitées (par suite d'une sélection artificielle), dépendance totale de l'homme. Cela leur confère des propriétés, au plan du fonctionnement et de l'équilibre, que la théorie écologique permet de prévoir. On examinera ici, comme exemples d'applications de connaissances biologiques et écologiques de base à la gestion rationnelle d'agrosystèmes (cultures, plantations, forêts et autres systèmes exploités), la lutte contre les ravageurs et les perspectives ouvertes par le développement de ce que l'on appelle aujourd'hui les biotechnologies.

LUTTE CONTRE LES RAVAGEURS

Considérations générales

La mise en place d'une culture implique toujours la suppression de la végétation naturelle. Aussi le problème de sa protection se joue-t-il dès le départ.

Protection, en premier lieu, vis-à-vis d'autres plantes, concurrentes de la variété cultivée pour l'utilisation des ressources (eau, nutriments, lumière). Le sol héberge en effet de nombreuses graines en attente, notamment d'espèces propres aux premiers stades de la série végétale caractéristique de la localité, qui, profitant du défrichement accompli, germent et croissent rapidement.

Protection vis-à-vis de ravageurs divers, en second lieu. Ceux-ci proviennent d'abord des écosystèmes environnants — espèces exploitant habituellement d'autres plantes mais capables de profiter de la nouvelle source de nourriture offerte en quantité. Puis, tôt ou tard, apparaissent des espèces spécialisées, qui peuvent provoquer des dégâts considérables. Elles proviennent d'autres parcelles cultivées ou ont été introduites accidentellement, en même temps que les plants ou les semences. Elles sont particulièrement redoutables lorsque, d'origine exotique, elles se développent en absence de leurs ennemis et maladies habituels.

Les ravageurs (fléaux des cultures, plantations ou élevages, toutes catégories taxinomiques confondues) sont un facteur important de limitation des ressources alimentaires de l'homme. Les pertes alimentaires mondiales imputées aux ravageurs sont estimées à 48 % (35 % avant récolte et 20 % des stocks après récoltes) et à 40 % pour les États-Unis où tous les moyens de lutte sont pourtant largement utilisés. Ainsi, en dépit d'un effort important et croissant consacré à la protection des cultures, les ravageurs continuent de peser lourdement sur la production alimentaire de l'humanité (Tableau 22).

Tableau 22 Pertes totales et pertes dues aux insectes pour les cinq principales cultures mondiales en % (d'après Riba et Silvy, 1989).

	Pertes totales	Pertes dues aux insectes
Riz	47,1	27,5
Maïs	35,6	13
Blé	24,4	5,1
Canne à sucre	54,0	19,5
Coton	33,9	13

En 1987, le marché mondial des produits de protection des cultures (herbicides, insecticides, fongicides...) était estimé à plus de 140 milliards de francs dont 44 % pour les herbicides, 31 % pour les insecticides et 19 % pour les fongicides.

Selon une estimation de Pimentel *et al.* pour les États-Unis (*in* Dent, 1995), l'ensemble des coûts sociaux et environnementaux associés à l'utilisation des pesticides s'élève à 995 millions de dollars (Tableau 23).

TABLEAU 23 COÛTS SOCIAUX ET ENVIRONNEMENTAUX ASSOCIÉS À L'UTILISATION DES PESTICIDES AUX ÉTATS-UNIS (D'APRÈS PIMENTEL *ET AL.*, 1991 ; *IN* DENT, 1995).

Cause	Coût en millions de $
— Empoisonnement d'êtres humains par les pesticides	250
— Empoisonnement d'animaux et contamination de produits issus du bétail	15
— Élimination d'ennemis naturels des ravageurs	120
— Résistance des ravageurs aux pesticides	150
— Empoisonnement d'abeilles et réduction de la pollinisation	150
— Pertes des récoltes	75
— Pertes de poissons et faune sauvage	15
— Lois gouvernementales contre la pollution par les pesticides	150
Total	955

Ces quelques chiffres montrent l'importance du problème posé et justifient du même coup l'intérêt porté à une approche écologique de la protection des cultures — approche d'autant plus fondée que beaucoup de spécialistes voient, dans les conditions écologiques mêmes imposées par l'agriculture moderne, une cause importante de l'accroissement des pertes infligées par les ravageurs. Les nouvelles variétés à haut rendement introduites par la « *révolution verte* » sont plus vulnérables aux déprédateurs et aux aléas climatiques que ne l'étaient les anciennes. Auparavant les agriculteurs utilisaient comme semences les graines produites par les plantes qui se développaient et survivaient le mieux dans les conditions locales de culture. Ces plantes possédaient les allèles de résistance aux insectes et pathogènes et/ou ceux conférant une bonne aptitude compétitive vis-à-vis des mauvaises herbes. « *Vouloir standardiser chaque production agricole entraîne inéluctablement un effort soutenu d'isogénisation, dont le double effet est de perdre irrémédiablement une précieuse information génétique et de compromettre la survie de l'espèce* » écrit Labeyrie (1981). Les principaux problèmes de phytopathologie trouvent leur origine dans la recherche de la rentabilité maximale à court terme, objectif qui engendre très souvent une monotonie préjudiciable : monotonie génétique du matériel végétal, monotonie des techniques culturales, monotonie des matières actives.

Bases écologiques de la protection des agrosystèmes

Le principe essentiel d'une protection des cultures écologiquement fondée est de rendre les conditions du milieu défavorables au développement de la population de l'espèce-fléau — et non la recherche de l'éradication (fig. 137).

Parce que la dynamique des populations dépend de multiples facteurs, parce que les populations naturelles peuvent évoluer lorsque change leur environnement, il ne saurait y avoir *une* recette miracle, *une* arme décisive : la stratégie optimale de contrôle des populations de ravageurs impliquera toujours le recours à plusieurs types d'intervention, avec une certaine variabilité dans leur mise en œuvre.

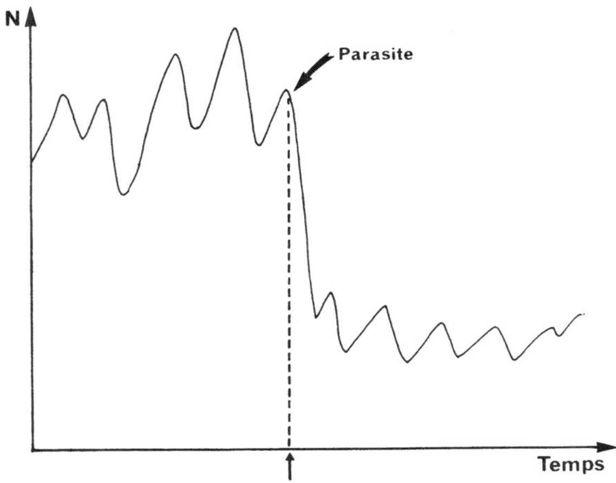

Figure 137 Exemple de régulation d'une population de ravageur par introduction d'un parasite.

Le ravageur n'est pas éradiqué mais ses effectifs fluctuent à un niveau de densité où il devient inoffensif ou économiquement tolérable.

Les moyens de lutte dont on dispose sont de trois types : écologiques, génétiques, et, bien sûr, chimiques. Ensemble, ils constituent ce que l'on appelle la *lutte intégrée*.

Moyens écologiques

Une bonne gestion des populations de ravageurs repose d'abord sur une connaissance solide de l'écologie de l'espèce en cause, aussi bien dans les conditions locales de la culture à protéger que, éventuellement, dans ses conditions d'origine. L'objectif de cette gestion est de maintenir la densité de la population au-dessous d'un seuil critique déterminé par son impact économique.

Parmi les principaux facteurs écologiques qui interviennent dans la dynamique et la stabilisation des populations de ravageurs potentiels, on considérera particulièrement la densité spécifique de la communauté, la présence de prédateurs et parasites efficaces (espèces spécialisées notamment), la prévisibilité des ressources, l'état physiologique des plantes ou animaux à protéger, leur espacement.

Dès le début du siècle l'existence de pullulations catastrophiques pour l'agriculture fut attribuée à la pratique des monocultures, qui rompt avec l'hétérogénéité des écosystèmes naturels et réduit la diversité spécifique de la faune associée. Pimentel (1961) a montré, dans le cas de peuplements d'insectes associés à *Brassica oleracea*, que les phénomènes de pullulation se produisaient en monoculture, tandis qu'en culture mixte (champ de 15 ans) la diversité et la complexité des relations trophiques, ajustées par une intégration génétique, stabilisaient les populations en présence.

S'il est difficile, dans l'agriculture moderne, d'intervenir sur l'espacement des plantes-cibles, qui joue néanmoins un grand rôle sur le niveau de densité que peuvent atteindre les populations de phytophages spécialisés, il est possible en revanche d'agir sur la distribution dans le temps et la prévisibilité des ressources du ravageur-potentiel en pratiquant l'alternance culturale, qui brise efficacement les pullulations de fléaux.

Prédateurs, parasites ou agents pathogènes sont employés avec un certain succès, depuis de longues années, pour lutter contre insectes ravageurs ou mauvaises herbes. Ainsi, dès la fin du XIXe siècle, l'introduction en Californie de la coccinelle *Novius cardinalis*, en provenance d'Australie, mettait un terme à la prolifération de la cochenille *Icera purchasi*, parasite des agrumes d'origine australienne comme son prédateur. Depuis, de nombreuses introductions d'entomophages furent réalisées dans diverses régions du monde, souvent avec succès : une régulation satisfaisante est obtenue, définitive dans un nombre non négligeable de cas (c'est-à-dire ne nécessitant plus d'intervention humaine ultérieure). Les insectes entomophages, notamment les hyménoptères et diptères parasites, constituent d'excellents auxiliaires de l'agriculture grâce :

1) à l'extrême diversité des espèces, capables de s'adapter à toutes les situations écologiques (caractéristiques climatiques, types de proies) ;
2) au régime spécialisé de beaucoup d'entre eux (une famille, un genre, une espèce) ;
3) à leur capacité d'ajuster spontanément l'intensité de leur destruction à la densité de la proie.

De nombreux fléaux des agrosystèmes ou des forêts sont des espèces introduites : privées de leurs ennemis naturels, approvisionnées surabondamment en nourriture, elles connaissent une croissance exponentielle de leurs effectifs et provoquent rapidement des dégâts considérables. Les cas du doryphore ou du phylloxera sont bien connus et je rapporterai plutôt « l'aventure » française récente d'*Aleurothriscus floccosus*, aleurode des citrus.

Cette aleurode est signalée en France pour la première fois en 1966, près de l'aéroport de Nice. En moins d'un an elle pullule dans toute la zone agrumicole entre Cannes et Nice. Les populations atteignent dans les plantations des densités de plusieurs centaines d'individus par cm^2 de feuilles, grâce à un taux de multiplication élevé (5 à 6 générations par an !) et l'absence d'ennemis ou de maladies. Après des essais en laboratoire, *Cales noacki*, hyménoptère originaire du Chili (de régions à climat méditerranéen) et connu pour pondre dans les larves d'*A. floccosus*, est introduit dans les plantations dès l'été de 1971, à raison de quelques centaines d'individus. À l'automne l'espèce est répandue sur l'ensemble du littoral azuréen et, au point du lâcher, la population de ravageurs ne représente plus que quelques centièmes des densités précédentes. Un nouvel équilibre est obtenu, non plus réglé par la compétition intraspécifique mais par l'action permanente de *Cales noacki*. À la suite de ce succès, la souche de *Cales noacki* obtenue par l'INRA a été fournie à d'autres pays méditerranéens, victimes de l'aleurode et les résultats y furent aussi spectaculaires.

Les insectes ne sont pas les seuls auxiliaires biologiques efficaces — acariens, bactéries, champignons et virus le sont aussi — de même que l'interaction prédateur-proie ou parasite-hôte n'est pas la seule exploitable ; quelques exemples le montreront.

La bactérie *Bacillus thuringiensis,* responsable d'épidémies dévastatrices chez de nombreuses espèces de chenilles, a permis de mettre un terme à certaines pullulations, notamment du carpocapse — ver du fruit, fléau des pommiers et des poiriers — et de diverses chenilles défoliatrices en forêt.

Les relations de compétition peuvent être également exploitées pour améliorer la production de certaines cultures.

Dans le midi de la France, en pleine zone de culture du melon où le risque de fusariose vasculaire (maladie provoquée par un champignon du genre *Fusarium*) est élevé, les cultures sur sol alluvionnaire de Château-Renard (Bouches-du-Rhône) restaient saines. La résistance à la maladie était due à la présence dans le sol de champignons proches de l'agent pathogène et qui l'excluaient compétitivement. Ce pouvoir protecteur a pu être transmis, en conditions expérimentales de laboratoire, à d'autres sols qui ne le possédaient pas. Cet exemple met en relief le caractère délicat et parfois décisif de l'équilibre microbiologique des sols, équilibre que des interventions inconsidérées (d'ordre chimique par exemple) peuvent compromettre.

La régression spontanée du chancre du châtaignier qui, en Italie, ravageait des châtaigneraies entières, est la conséquence de l'apparition fortuite de souches hypovirulentes du champignon, dont la présence entravait le développement des souches virulentes.

Moyens génétiques

Les moyens génétiques de lutte contre les ravageurs doivent évidemment être considérés dans le cadre des conditions écologiques propres au système en cause. La mesure de protection la plus évidente, à caractère préventif, est l'utilisation de plantes résistantes. Parmi les conditions de cette résistance, il y a le respect d'une bonne adéquation de la variété (ou de l'essence dans le cas de forêts) avec les conditions écologiques (sol, climat) — beaucoup d'arbres en effet ne cèdent aux ravageurs que physiologiquement affaiblis — et le maintien d'une diversité génétique élevée.

Les recherches s'orientent actuellement vers la sélection et l'utilisation de variétés résistantes vis-à-vis d'une large gamme de parasites. Cette résistance doit être obtenue sans entraîner de faiblesses sur d'autres plans — fragilité aux intempéries, baisse de productivité, réduction de la qualité alimentaire ou commerciale. Les généticiens ont déjà enregistré de nombreux succès dans ce domaine. Ainsi le blé Roazon, créé par des chercheurs de l'INRA par hybridation avec une espèce sauvage, résiste bien à la plupart des parasites dangereux *actuels* sans perte de productivité.

La résistance des plantes vis-à-vis des insectes et micro-organismes risque d'autant moins d'être surmontée par eux qu'elle dépend de plusieurs facteurs génétiques différents. Lorsque la résistance dépend d'un seul caractère il y a risque élevé de voir apparaître une nouvelle souche de parasite capable de contourner le mécanisme génétique en cause, particulièrement si de vastes territoires sont couverts par la même variété.

Plusieurs variétés de pommiers proposées aux arboriculteurs français résistent à la tavelure, maladie cryptogamique répandue, grâce au même mécanisme génétique. Les chercheurs visent à créer maintenant des hybrides associant d'autres facteurs de résistance, notamment des résistances à contrôle polygénique connus chez certaines variétés anciennes comme la « *Rouchetaude* » du Massif Central.

Des interventions génétiques efficaces sont également possibles sur la population-fléau elle-même. Le procédé le plus utilisé est le lâcher de mâles stérilisés par irradiation. Ceux-ci, responsables d'accouplements stériles, peuvent réduire considérablement le taux de multiplication de la population touchée. D'excellents résultats ont ainsi été obtenus aux U.S.A. sur la mouche tordeuse *Cochliomyia hominivorax*. La méthode présente toutefois des limites : il faut pouvoir libérer un nombre suffisant de mâles pour que ceux-ci l'emportent sur les mâles sauvages en dépit de leur aptitude compétitive généralement inférieure ; l'évolution de races évitant les mâles stériles risque toujours de se produire.

Moyens chimiques

Les moyens chimiques mis en œuvre dans la protection des cultures sont soit des substances toxiques de synthèse (pesticides) soit des substances « *biologiques* » — composés qui interviennent dans la biologie du ravageur visé (ou proches de ceux-ci).

L'efficacité des insecticides est bien connue et ils représentent encore le plus important moyen utilisé dans le monde contre les insectes. Leur inconvénient majeur est leur toxicité (voir chap. 17). Rarement très « *spécialisés* » ils provoquent la destruction de nombreuses autres espèces et exercent un effet sélectif puissant qui entraîne l'apparition de races résistantes (fig. 138). Un cercle vicieux est ainsi ouvert : le ravageur, débarrassé de ses ennemis et de plus en plus résistant, se multiplie davantage ; on accroît l'importance ou la fréquence des traitements, etc. Dans certains cas il en résulte une pollution de l'environnement éventuellement dangereuse pour l'homme. On admet que 40 à 50 % des pesticides libérés par épandage aérien aboutissent hors de leur cible et contaminent l'environnement. En Amérique Centrale l'emploi massif et croissant d'insecticides requis pour la protection des plantations de coton entraîne actuellement chaque année quelque 3 000 cas d'empoisonnements humains, dont 10 % mortels. Parallèlement, la résistance qui se développe chez le moustique *Anopheles albimanus*, principal vecteur de *Plasmodium falciparum*, favorise l'accroissement de la malaria.

Sans revenir sur les problèmes de pollution dus aux pesticides (voir chap. 17), et à considérer seulement l'objectif « *protection des cultures* », la quantité de produits libérés dans la nature peut être sérieusement réduite sans perte d'efficacité dès lors

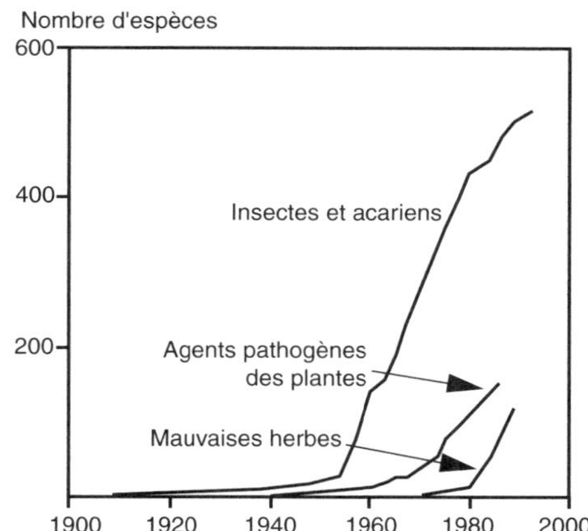

Figure 138 Nombre d'espèces résistant aux pesticides depuis 1908.

que les conditions d'application (période, fréquence), sont déterminées après un diagnostic et un suivi écologiques. Les pesticides ne constituent pas l'arme absolue contre les ravageurs mais peuvent intervenir, comme mesure d'accompagnement, à l'intérieur d'une stratégie globale de gestion écologique de la population-fléau ou, mieux, du système « *ravageur-plante-environnement* ».

L'utilisation d'armes chimiques d'origine biologique, qui donne déjà d'excellents résultats, ouvre aujourd'hui d'intéressantes perspectives. On sait que le comportement, la reproduction et le développement des insectes sont gouvernés par divers signaux chimiques libérés par les insectes eux-mêmes ou par leur plante-hôte. Il est possible d'employer ces substances — phéromones d'attraction sexuelle, hormones juvéniles ou ecdysones (hormones de mue) — pour capturer et éliminer une quantité considérable d'insectes ou pour empêcher leur développement ou leur reproduction.

La mouche des fruits, *Ceratitis capitata*, a été éradiquée de Floride par distribution d'une substance attractive, sous forme d'appâts renfermant du malathion (insecticide). Grâce à la grande sélectivité de celle-ci, une très faible quantité d'insecticide a pu ainsi exercer une action radicale sur l'espèce-cible et sur elle seule.

Des « *attracteurs sexuels* » peuvent également être associés à des stérilisants chimiques ou à des pièges adhésifs : le contrôle de la population de la teigne *Argyrotaenia velutinana*, fléau des pommiers dans la région de New York, a été obtenu de cette façon.

Comme pour d'autres méthodes, la limitation majeure de ces techniques réside dans l'évolution possible de races résistantes ou insensibles aux molécules utilisées.

Moyens écologiques, chimiques, génétiques, il n'y a pas de panacée. La protection d'une culture ou d'une forêt implique une analyse d'ensemble du système écologique en cause et touche, en définitive, à sa gestion même. Les interactions y sont nombreuses et complexes, particulièrement dans le cas des écosystèmes forestiers, sinon des cultures. Leur intégration, en vue d'une décision, nécessite le recours aux techniques de modélisation et de simulation. Cette démarche est effectivement suivie, depuis une décennie, par divers pays soucieux de perfectionner sérieusement leur système de production phytosanitaire. Dans certains cas, pour divers ravageurs forestiers, il est apparu ainsi que la stratégie la plus avantageuse écologiquement et économiquement en face de pullulations, était... la non-intervention ! Par exemple, au Nouveau-Brunswick, pour la tordeuse de l'épicéa *Choristoneura fumiferana*, il a été montré que les opérations semi-permanentes d'épandage d'insecticides effectuées depuis 1949 avaient conduit à un état de pullulation chronique, au lieu de gradations d'une durée de 8 ans enregistrées tous les 36 ans environ.

Enfin, on ne sous-estimera pas les possibilité offertes par l'aménagement des techniques culturales. Dans bien des cas « le paysan est parvenu à juguler ou à prévenir les pullulations d'un certain nombre de ravageurs par l'adoption de techniques agricoles appropriées portant aussi bien sur le choix de la date et la densité des semis que sur le respect des rotations judicieuses, l'installation de cultures intercalaires, la modification des conditions de récolte, la destruction des résidus végétaux après récolte, l'aménagement des conditions de stockage des denrées... » (Riba et Silvy, 1989).

De la lutte chimique aveugle à la production agricole intégrée

Depuis la fin des années cinquante s'est développée, dans le prolongement de ce qui vient d'être souligné, la notion de *protection intégrée*. L'idée majeure qui en constitue le fondement est d'associer, sur un agro-écosystème donné, le maximum de procédés alternatifs — qu'ils touchent à la plante cultivée, à ses ennemis ou aux auxiliaires biologiques et à l'environnement en général. Intégrer ne veut pas dire juxtaposer : la protection intégrée est une stratégie qui doit permettre de prendre des décisions de nature politique et non de s'engager dans un bricolage au coup par coup (Riba et Silvy, 1989).

Les bases d'une telle stratégie de protection des végétaux pour les années à venir ont été jetées dans une communication présentée par un groupe de cinq chercheurs européens et intitulée *La protection intégrée, une technique d'appoint conduisant à la production intégrée.* Les recommandations qu'ils proposent visent à satisfaire simultanément trois séries d'exigences, souvent perçues comme contradiction : économiques, écologiques et toxicologiques. Le tableau 24 issu de cette approche retranscrit bien l'évolution des méthodes de protection des cultures, depuis la lutte chimique aveugle, aujourd'hui à peu près disparue (au moins dans les pays développés), jusqu'à la production agricole intégrée. Il résume de manière synthétique les principaux éléments et lignes directrices des diverses approches et notamment de la lutte dirigée et de la protection intégrée.

Tableau 24 Schéma d'évolution des méthodes de protection des cultures (d'après OILB *in* Riba et Silvy, 1989, légèrement modifié).

	Réponse aux exigences économiques	Réponse aux exigences écologiques	Réponse aux exigences toxicologiques
Lutte chimique aveugle — Utilisation sans discrimination des pesticides les plus efficaces d'après un schéma préétabli Agriculteur ← Représentant de l'industrie	+		++
Lutte chimique conseillée — Utilisation réfléchie de pesticides à large spectre d'action en relation avec un service d'avertissement Agriculteur ← Système d'avertissement	++	++	++
Lutte dirigée — Introduction de la notion de "seuil de tolérance" — Pesticides à faible répercussion écologique — Sauvegarde des organismes auxiliaires existants Agriculteur formé ⇄ Conseiller technique	+++	++	++
Protection intégrée — *(comme lutte dirigée)* — Intégration de moyen de lutte biologique ou biotechnique et de moyens culturaux — Limitation maximale de la lutte chimique Agriculteur formé ⇄ Conseiller technique ↕ Conseiller phytosanitaire ↕	++++	+++	+++
Protection agricole intégrée — *(comme lutte intégrée)* — Souci d'un développement physiologique équilibré de la plante (application de "Techniques intégrées") — Respect, intégration et valorisation de tous les facteurs positifs de l'agro-écosystème Technicien agricole ⇄ Agriculteur formé responsable des décision ⇄ Ingénieur agronome ↕ Phytopathologiste - Entomologiste Physiologiste - Écologiste Chimiste - Généticien Toxicologue - Météorologue	++++	++++	++++

PERSPECTIVES OUVERTES PAR DE NOUVELLES TECHNIQUES BIOLOGIQUES

Nous venons de voir comment des méthodes de lutte, anciennes et empiriques, s'étaient transformées au cours de ces dernières années en techniques subtiles, conçues et mises en œuvre à la lumière d'une connaissance écologique précise de la dynamique du système à contrôler. Se constitue ainsi peu à peu ce que l'on pourrait appeler un *génie écologique*.

Naturellement, sans abandonner pour autant la perspective écologique dès lors qu'il s'agira d'application à l'agriculture, il est possible aussi d'intervenir directement sur les mécanismes biologiques fondamentaux (photosynthèse, fixation d'azote, production de telle ou telle enzyme, etc.) des organismes et sur leur contrôle génétique. C'est le domaine ouvert par le *génie génétique* et qui constitue sans doute la grande révolution biologique de la deuxième moitié du XXe siècle.

Dans les limites fixées par le thème de ce chapitre, et seulement pour faire percevoir les perspectives offertes, je dirai quelques mots de l'apport possible de ces techniques nouvelles à l'agriculture, notamment en microbiologie et dans la lutte contre les ravageurs.

Génie génétique et agronomie

À côté des recherches destinées à accroître l'efficacité de la photosynthèse ou améliorer la physiologie de plantes cultivées en conditions défavorables, une attention particulière est portée sur la fixation de l'azote.

Par des transformations génétiques effectuées sur des plantes ou les micro-organismes qui leur sont associés, il s'agit, soit d'améliorer la fixation de l'azote atmosphérique déjà réalisée par certaines bactéries, soit même — objectif plus lointain — de conférer cette aptitude à des plantes hybrides. Vu le « *poids* » des engrais azotés dans le bilan énergétique et financier de l'agriculture moderne on imagine l'importance économique de telles recherches.

Trois grandes applications à l'agriculture de la microbiologie et de ses techniques sont d'ores et déjà envisageables :

1) multiplication en fermenteurs de micro-organismes utiles aux végétaux, pour l'ensemencement des sols ;
2) fabrication de souches végétales hybrides, à partir de cultures de cellules en solutions nutritives et production industrielle de substances auparavant extraites des végétaux (digitaline et pirèthre, par exemple, excellents pesticides naturels) ;
3) introduction de matériel génétique étranger dans des cellules végétales ou, inversement, ce qui devrait aboutir plus rapidement à des résultats tangibles, introduction de gènes végétaux dans des bactéries qui synthétiseraient alors des protéines végétales.

De nombreuses recherches portent sur les bactéries du genre *Rhizobium* qui, associées à des légumineuses, fixent l'azote atmosphérique : comment améliorer cette capacité fixatrice ?

À côté de techniques classiques qui consistent à provoquer des mutations au hasard pour sélectionner de nouvelles souches plus performantes, on s'oriente aujourd'hui vers l'étude de la génétique et de la biochimie de l'infection et de la fixation par le *Rhizobium*, de manière à modifier directement les bactéries grâce aux techniques du génie génétique.

Les réactions biochimiques qui réalisent la fixation de l'azote dépendent d'une enzyme, la nitrogénase, qui catalyse la transformation de l'azote moléculaire en ammoniac (fig. 139). Dans la plupart des souches cette opération est couplée à une réaction secondaire qui consomme une quantité importante d'énergie et aboutit à la libération d'hydrogène gazeux. Quelques souches de *Rhizobium* synthétisent une hydrogénase, codée par un gène unique *hup* localisé dans un plasmide (boucle d'ADN séparée du chromosome bactérien), qui retransforme l'hydrogène moléculaire en protons et électrons réutilisés ensuite par la nitrogénase. Le rendement énergétique de ces bactéries est très amélioré et les plantes qui les hébergent ont une productivité accrue. Le gène responsable de cette amélioration étant identifié et localisé il devient possible d'envisager son transfert à d'autres souches de *Rhizobium* qui n'ont pas d'hydrogénase mais qui possèdent d'autres caractéristiques qui en font de bons fixateurs d'azote.

D'autres recherches prometteuses portent sur des bactéries fixatrices d'azote libres. Brill et Ela, par exemple, se sont intéressés à *Azotobacter vinelandii*, dans l'espoir de l'implanter dans des racines de maïs pour en assurer la fertilisation. Ils ont obtenu des mutants dont le système de rétro-inhibition de la production d'ammoniac était interrompu : insensibles à l'accumulation de ce produit ils peuvent ainsi synthétiser de l'ammoniac en excès par rapport à leurs propres besoins. Reste à réunir l'association de cette bactérie à des variétés de maïs capables de l'entretenir. Des résultats encourageants ont été obtenus.

On peut déplorer le manque de connaissances sur l'écologie et la physiologie fine des systèmes fixateurs non symbiotiques. Assimiler ces associations plantes-bactéries à la symbiose légumineuse — *Rhizobium*, dont on connaît mieux l'écologie et la physiologie, est trompeur comme le montre l'échec des tentatives d'inoculation de céréales par des bactéries fixatrices d'azote. Le secteur le plus prometteur dans ce domaine est celui de la fixation d'azote dans la rhizosphère du riz, où la recherche est le plus avancé.

Introduire à volonté des gènes fixateurs d'azote (gènes *nif*) dans les céréales est un objectif encore lointain, dont les retombées économiques seraient évidemment considérables. Plusieurs équipes de chercheurs sont parvenues à construire un plasmide bactérien contenant les 17 gènes *nif* connus de la bactérie fixatrice d'azote *Klebsiella pneumoniae*. Transféré à *Escherichia coli*, ce plasmide confère à la bactérie non fixatrice l'aptitude à fixer l'azote. Malheureusement, il n'est pas encore possible d'obtenir ce résultat avec des plantes supérieures, ni même avec des eucaryotes plus simples comme les levures. Introduits chez des levures, les gènes *nif* ne s'expriment pas et celles-ci restent incapables de fixer l'azote. En fait les difficultés que rencontre l'extension de cette technique microbiologique à des organismes supérieurs sont nombreuses. L'ADN transféré doit être transcrit en ARN messager

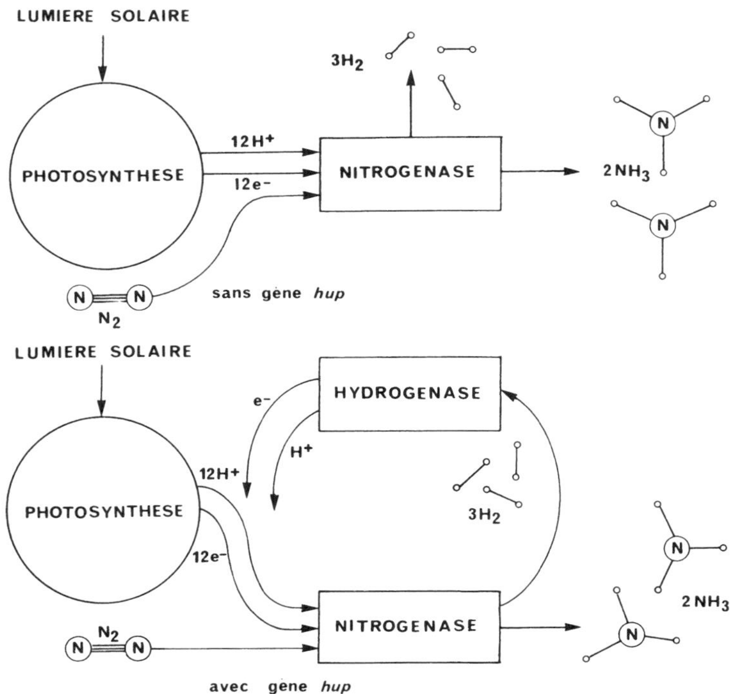

Figure 139 Réactions biochimiques accompagnant la fixation de l'azote par le Rhizobium dans une souche banale, en haut, et dans une souche porteuse du gène hup qui code pour la synthèse d'une hydrogénase, en bas.

par l'organisme-hôte ; l'ARN doit être transporté hors du noyau, puis reconnu par les ribosomes comme étant de l'ARN messager ; enfin, les 17 protéines contrôlées par les gènes *nif* doivent être synthétisées et devenir opérationnelles dans le cytoplasme du receveur. Les hôtes les plus prometteurs pour les gènes *nif* sont probablement les endomycorrhizes, bien qu'elles s'avèrent actuellement incapables de les exprimer. Les recherches s'orientent maintenant sur les mécanismes de l'expression des gènes *nif*.

Sans revenir sur les difficultés que peut poser le passage du laboratoire au champ, secondaires par rapport à celles qui doivent encore être surmontées pour faire des perspectives évoquées ci-dessus une pleine réalité, il faut rappeler que le contexte écologique dans lequel sont ou seront utilisées les créations du génie génétique, est ou doit être pris en considération : telle bactérie, « *surdouée* » au laboratoire, peut en effet se révéler médiocre dans la jungle microbiologique que sont les sols !

La création de plantes transgéniques, une nouvelle stratégie de lutte contre les ravageurs ?

La sélection de variétés résistantes aux ravageurs de cultures, notamment aux micro-organismes pathogènes, est une pratique déjà ancienne de l'agronomie moderne (voir Riba et Silvy, 1989). Cependant le récent succès obtenu par l'entreprise belge PGS (Plant Genetic System), qui est parvenue à conférer à une variété de tabac des capacités de résistance aux insectes grâce à l'introduction artificielle dans la plante d'un gène étranger à effet insecticide, fait miroiter de séduisantes perspectives en matière de lutte contre les ravageurs.

Il convenait d'en dire ici quelques mots. Je m'appuierai pour cela sur l'excellente présentation et discussion critique faite par Riba et Silvy (1989).

J'ai déjà évoqué l'utilisation en lutte biologique de *Bacillus thuringiensis*, bactérie qui produit des spores renfermant une protéine insecticide. L'innovation technique apportée par PGS a consisté :

1) à *isoler* le gène responsable de la toxicité ;
2) à l'*associer à un gène marqueur* porté par un plasmide d'*Escherichia coli* permettant le repérage des cellules où s'exprime le gène de toxicité ;
3) à *introduire* cet ADN chimère dans une autre bactérie, *Agrobacterium tumefasciens*, qui provoque chez les Dicotylédones la galle du collet (« crown gall) ;
4) à *intégrer dans le génome* de la plante hôte (ici, le tabac) le *plasmide Ti* d'*Agrobacterium tumefasciens*, porteur du gène de la toxine de *B. thuringiensis*, après délétion des gènes responsables de la tumeur (fig. 140).

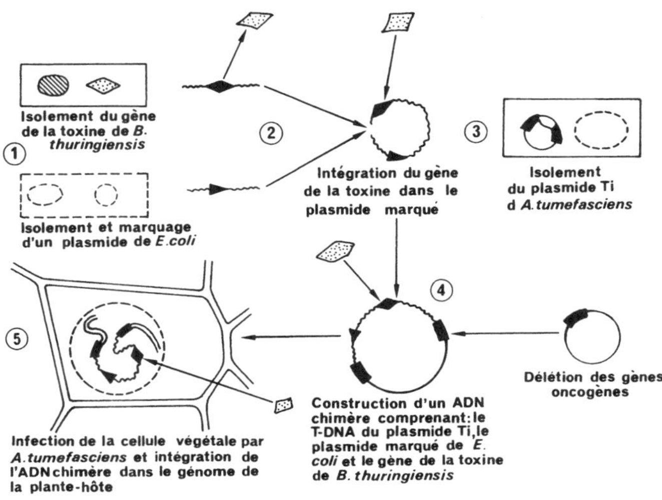

Figure 140 Transformation d'une cellule végétale par *Agrobacterium* tumefasciens pour y intégrer le gène de la toxine de *Bacillus thuringiensis* (d'après Riba et Silvy, 1989)

Au terme de ces manipulations, le tabac « infecté » est devenu capable de répliquer le plasmide Ti et de synthétiser la toxine insecticide.

La maîtrise de la transgénose ouvre d'intéressantes perspectives pour la protection des cultures vis-à-vis des ravageurs et agents pathogènes divers, même si « la création de plantes transgéniques est pour l'instant, limitée aux plantes dicotylédones dont on sait obtenir des protoplastes qui, après régénération, vont engendrer une plante entière » (Riba et Silvy, 1989).

Il ne faut cependant pas sous-estimer les contraintes qui limitent le recours à de telles techniques, ainsi que le soulignent Riba et Silvy. De fait, très coûteuse en raison de sa haute technicité, la transgénose n'est envisageable que dans certaines conditions :

- que le système ravageur-plante considéré ait une grande importance économique ;
- qu'une molécule néfaste aux ravageurs puisse être repérée dans un organisme vivant ;
- que cette molécule soit inoffensive pour l'homme et les animaux qui consommeront la plante manipulée ;
- que le gène de la toxine soit isolée ;
- que l'on dispose d'un système de transformation capable de l'intégrer au génome de la plante ;
- que le gène, enfin, ait une expression suffisante dans les organes de la plante attaqués par le ravageur.

Cela dit il faut rappeler la fragilité des systèmes de défense monogéniques face à la capacité d'évolution de nombreux ravageurs et agents pathogènes. Ainsi les plantes transgéniques, fruits du *génie génétique*, ne dispenseront pas de recourir au *génie écologique* ou *agronomique*, par exemple en adoptant une stratégie de rotation des cultures pour minimiser les risques de pullulation d'un autre ravageur ou de sélection d'une souche devenue résistante à la toxine utilisée (Riba et Silvy, 1989).

Partie 6

GÉRER LA BIOSPHÈRE

Introduction

Au terme de cet ouvrage et dans le cadre des problèmes relatifs aux relations homme/biosphère, il convenait d'élargir la réflexion au-delà des acquis et limitations de la science pour aborder les enjeux auxquels les sociétés humaines se trouvent confrontées dans ce domaine à la veille du XXIe siècle.

De fait, l'homme a pris avec la révolution industrielle une telle place dans la biosphère, que la régulation de ses équilibres est devenue une de ses responsabilités majeures par rapport aux générations futures. Il s'agit là, pour l'humanité, d'un des plus grands défis qui lui ait été posé, qu'elle se soit imposé : un défi scientifique certes, mais aussi politique, socio-économique et culturel. Embarquée sur le navire de la biosphère, l'humanité est au gouvernail : elle y joue, ici et maintenant, son avenir — et nous sommes tous concernés.

Le problème est de grande ampleur et je ne ferai qu'en esquisser ici quelques composantes, à partir de quatre fils conducteurs, trois menaces et un impératif :

1) l'explosion démographique et le déséquilibre nord/sud ;
2) la perspective d'une crise climatique ;
3) l'érosion de la diversité biologique et la surexploitation des ressources ;
4) l'impératif de définir les conditions d'un développement durable.

En conclusion je soulignerai l'importance décisive, face à ces menaces, d'une bonne maîtrise du fonctionnement des écosystèmes et donc, le rôle clé de l'écologie, science majeure du XXIe siècle.

Chapitre **19**

L'explosion démographique et le déséquilibre Nord-Sud

La pression que subit aujourd'hui la biosphère est, directement ou indirectement, le fait de l'homme : transformation des paysages (déforestation, désertification, mise en culture, etc.) ; propagation et extinction d'espèces ; émission de substances qui modifient les équilibres écologiques dans les eaux et dans les sols ; libération dans l'atmosphère, en concentration croissante, de gaz à longue durée de vie (CO_2, CH_4, NO_2, CFC) qui, par leur spectre d'absorption, agissent sur le bilan radiatif de la Terre et affectent à terme le climat de la planète, etc.

Il est donc clair que l'équilibre de la biosphère dépend d'abord de la croissance *et* de la population mondiale *et* du niveau de développement de ses divers ensembles — puisque ce sont là, actuellement et pour quelques décennies, les facteurs multiplicateurs majeurs de l'impact de l'homme sur la planète et ses ressources.

LA CROISSANCE DÉMOGRAPHIQUE

Dans les années soixante certains écologistes brandissaient le spectre de la « bombe P » pour attirer l'attention sur le caractère-clé de l'explosion démographique et les menaces qu'elle représentait pour l'équilibre et le futur de la planète. De fait, « la majorité des problèmes d'environnement, et presque chaque difficulté d'ordre social et pratique, est exacerbée, voire même découle de la croissance anarchique des populations humaines » (Ramade, 1987).

On commence à relever, certes, un ralentissement des taux de natalité, mais il reste que la vitesse d'accroissement des effectifs humains est actuellement à son maximum. Il a fallu plus de deux millions d'années pour que la population humaine atteigne un milliard d'individus (début du XIXe). En 1930 était atteint le seuil de 2 milliards, soit un doublement en 130 années environ. C'est en 1975 qu'est franchi le seuil des 4 milliards, soit un doublement en 45 ans. Le prochain doublement, c'est-à-dire le franchissement du seuil de 8 milliards d'habitants, pourrait être effectif dans les années 2025, selon l'hypothèse moyenne des Nations unies, soit un doublement en 50 ans. Les délais et niveaux de stabilisation des effectifs mondiaux varient selon que l'on adopte des hypothèses basse, moyenne ou haute quant à la croissance démographique dans les décennies qui viennent. Dans le cas le plus favorable, selon l'hypothèse basse des Nations unies, la stabilisation des effectifs ne se produirait pas avant la moitié du XXIe siècle, à un niveau de 7 milliards et demi.

LES DISPARITÉS RÉGIONALES

Mais au-delà de cette perspective globale, il est essentiel d'être attentif aux disparités régionales qu'elle dissimule : il y a là aussi, sinon matière à inquiétude, du moins matière à réflexion. De fait, les effectifs, le taux d'accroissement annuel et, donc, le temps de doublement en années, sont très différents selon les régions considérées (tableau 25).

TABLEAU 25 ÉTAT DE LA DÉMOGRAPHIE MONDIALE EN 1993 ET PERSPECTIVES À L'HORIZON 2025 (D'APRÈS C. KENT, M. YANAGISHITA, POPULATION REFERENCE BUREAU, WASHINGTON).

Régions	Populations en 10^6	Taux de croissance en % / an	Temps de doublement en années	Effectifs prévus en 2025
Afrique	677	2,9	24	1552
Asie	2079	2,1	34	3400
Chine	1178	1,2	60	1546
Europe	513	0,2	382	516
Ex URSS	285	0,6	123	320
Amérique du Nord	287	0,8	92	371
Amérique latine	460	1,9	36	682
Océanie	28	1,2	60	39
Total mondial	5506	1,6	42	8425

Au-delà du contraste général entre pays développés (type Europe et États-Unis) et pays en voie de développement (type Afrique), où les taux d'accroissement annuel sont actuellement de 0,6 et 2,9 %, respectivement, on relève d'importantes différences entre régions. Le taux de croissance moyen actuel de l'humanité, soit 1,6 %, recouvre des écarts considérables — entre la valeur de 0,2 % relevée en Europe et la valeur maximale de 2,9 % relevée en Afrique, (ce qui correspond à un temps de doublement des effectifs de 24 ans !). La surface cultivée par habitant est minimale — (0,10 à 0,12 ha/habitant) — dans des pays aussi divers écologiquement et économiquement que le Kenya, l'Indonésie, la Chine ou l'ex RFA (à comparer aux chiffres de 0,34 pour la france et 0,78 pour les États-Unis). Il reste toutefois que dans la quasi-totalité des pays développés, la population est stationnaire ou en passe de l'être, tandis qu'à l'opposé la plupart des pays en voie de développement restent exposés à une croissance démographique préoccupante. Cela résulte du fait que, si les taux de mortalité ont chuté spectaculairement dans les pays en voie de développement au point de rejoindre ceux observés en pays développés, les taux de natalité y conservent des valeurs très élevées.

Je ne m'engagerai pas dans une spéculation sur les taux de croissance que l'on connaîtra dans les années et décennies à venir et ne ferai donc nulle prévision sur les niveaux de populations qui seront réalisés. Mon propos était seulement de souligner ici l'importance de la dimension démographique dans les menaces qui pèsent sur la biosphère — que l'on se préoccupe de la conservation des ressources ou du devenir de l'homme.

LES GERMES D'UNE INCOMPRÉHENSION NORD-SUD

Si l'on se préoccupe de la gestion de la planète et de ses ressources, il convient de ne pas réduire la disparité Nord/Sud à sa dimension purement démographique. Sur cette seule base on en arriverait à préconiser, comme solution aux problèmes d'environnement à l'échelle planétaire, une croissance zéro *et* de la population *et* de la consommation des ressources — ce que peuvent se permettre les pays développés. Mais cela reviendrait à faire peser sur le seul Tiers Monde toute la responsabilité des déséquilibres qui menacent et tout le fardeau de la conservation de la biosphère. C'est non seulement inacceptable pour des pays qui doivent poursuivre leur développement, mais aussi incorrect sur le plan écologique et économique et, finalement, dangereux du point de vue géopolitique, compte tenu de l'esprit de solidarité planétaire qu'il conviendrait de promouvoir. Il faut rappeler en effet que les nations développées consomment une part bien plus importante des ressources *mondiales* que les nations en voie de développement. Prenons deux exemples, l'un à l'agriculture et l'autre au volet industriel des activités humaines.

L'expansion de l'économie de l'élevage est le changement le plus important survenu ces dernières décennies en agriculture, avec en corollaire le détournement d'une part croissante de la production céréalière au profit de l'alimentation animale (tableau 26) « Un écologiste d'une autre planète, observant la Terre, pourrait conclure que le bétail est l'animal dominant de notre biosphère » écrit David Hamilton Wright, de l'Université de Georgie (Atlanta). Cela permet à une couche croissante de riches consommateurs de manger régulièrement de la viande, mais à un coût écologique élevé, payé par la terre : on estime qu'il faut, aux États-Unis, 6,9 kg de céréales pour produire un kg de viande de porc ; les millions de tonnes de déchets de l'élevage peuvent polluer rivières et nappes phréatiques ; le volume d'eau utilisé pour fournir un américain moyen en viande, lait et œufs, chaque jour, est supérieur à l'utilisation quotidienne d'eau par personne (380 litres) ; enfin, les élevages industriels impliquent une forte demande d'énergie.

TABLEAU 26. CONSOMMATION DE CÉRÉALES PAR L'ÉLEVAGE DANS DIVERSES RÉGIONS DU MONDE EN 1990 (D'APRÈS LE DÉPARTEMENT AMÉRICAIN DE L'AGRICULTURE).

Régions	Céréales consommées en % de la consommation totale
États-Unis	70 %
CEE	57 %
Brésil	55 %
Japon	48 %
Chine	20 %
Inde	2 %
Afrique (Sud du Sahara)	2 %

Disparités aussi, entre pays du Nord et pays du Sud, en matière d'émissions de carbone provenant des combustibles fossiles, que l'on considère les émissions totales, les émissions par habitant ou le taux d'accroissement de celle-ci (tableau 27). Ainsi, s'il est vrai que les émissions de carbone provenant de l'emploi de combustibles fossiles augmentent davantage dans les pays en développement que dans les pays fortement industrialisés (fig. 141 et tableau 27), il faut souligner aussi, par exemple, que l'émission de carbone par habitant est, aux États-Unis, avec 5,26 tonnes par tête, sept fois supérieure à celle de la Chine (0,71 tonne) et treize fois à celle du Brésil (0,39 tonne).

En d'autres termes, l'impact sur la biosphère des pays développés est, depuis longtemps, bien plus considérable que celui des pays en voie de développement. Les pays du Nord doivent donc aujourd'hui assumer cette responsabilité et devront supporter, sous une forme ou sous une autre, la plus grosse part des coûts que comportera une véritable gestion de la planète, où pays du Nord et pays du Sud agiront de concert... Là n'est pas la moindre difficulté !

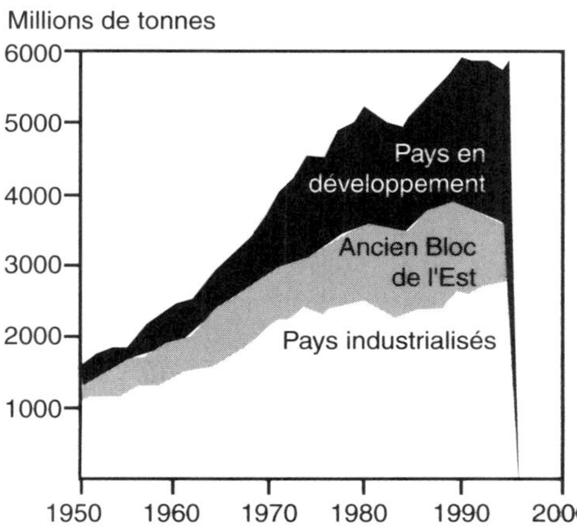

Figure 141 Émissions mondiales de carbone provenant de l'emploi de combustibles fossiles de 1950 à 1994 (d'après Brown, 1996).

TABLEAU 27 ÉMISSIONS DE CARBONE PROVENANT DE COMBUSTIBLES FOSSILES PAR LES PRINCIPAUX PAYS ÉMETTEURS EN 1994.

Pays	Émissions totales (en millions de tonnes)	Émissions par tête (en tonnes)	Augmentation des émissions entre 1990 et 1994 (en %)
États-Unis	1371	5,26	4,4
Chine	835	0,71	13,0
Russie	455	3,08	– 24,1
Japon	299	2,39	0,1
Allemagne	234	2,89	– 9,9
Inde	222	0,24	23,5
Royaume-Uni	153	2,62	– 0,3
Ukraine	125	2,43	– 43,5
Canada	116	3,97	5,3
Italie	104	1,81	0,8
France	90	1,56	– 3,2
Pologne	89	2,31	– 4,5
Corée du Sud	88	1,98	43,7
Mexique	88	0,96	7,1
Afrique du Sud	85	2,07	9,1
Australie	75	4,19	4,2
Brésil	60	0,39	15,8

VERS UN DÉVELOPPEMENT DURABLE

Une population humaine croissant en nombre et en exigence de développement, c'est une pression accrue sur les ressources. Économistes, hommes politiques, industriels, ont et auront à se pencher sur ce problème : comment maintenir un développement économique satisfaisant pour les populations humaines du Nord *et du Sud* sur le long terme ? Comment concilier les besoins croissants en pétrole, charbon, gaz, bois, surfaces cultivables, viande, eau etc. (et la production accrue de CO_2, CH_4, déchets et polluants divers) avec l'exigence d'une qualité de vie meilleure pour le plus grand nombre, c'est-à-dire avec une biosphère capable de satisfaire durablement ces besoins ?

Pour répondre aux questions précédentes il faut d'abord se débarrasser de vieux clichés qui opposent économie et écologie, réalisme et idéalisme utopique, civilisation et nature.

Pour l'humanité future, l'objectif est nécessairement double :

1) assurer ses besoins essentiels, qui sont de l'ordre de l'économie mais aussi de la qualité de la vie ;
2) maintenir un équilibre des systèmes écologiques de manière à assurer les conditions d'un renouvellement à long terme des ressources qui lui sont nécessaires.

C'est clairement là un problème de *civilisation*. Des choix sont à faire. Di Castri (1989) l'a posé très clairement et l'on se reportera à son analyse qui introduit à ce qui sera l'un des grands débats — social, scientifique, politique, philosophique — des prochaines décennies. Di Castri souligne qu'après une phase assez stérile d'opposition entre développement économique et préservation de l'environnement s'est imposé peu à peu le concept de *développement durable de la biosphère* : « Il prend en compte la complexité des interactions biologiques, économiques et politiques et, surtout, reconnaît les changements progressifs d'échelle vers la globalisation des problèmes » (Di Castri, 1989 ; voir fig. 142).

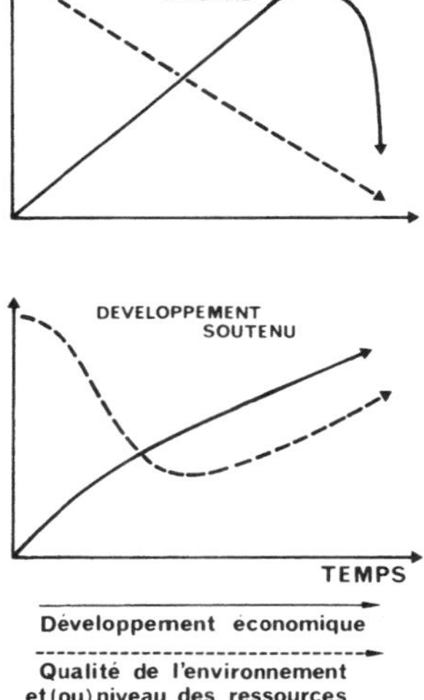

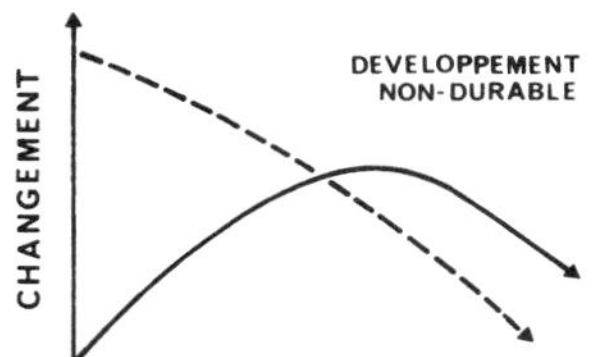

Figure 142 Types schématiques d'évolution du développement économique en relation avec la qualité de l'environnement et la disponibilité des ressources (d'après di Castri, 1989).

L'ENJEU DES RESSOURCES EN EAU

Si nourrir une population croissante apparaît bien comme le premier défi à relever par les hommes du XXIe siècle, l'élaboration d'une stratégie durable d'utilisation des ressources en eau devrait être le premier objectif à atteindre.

De fait, avec une consommation mondiale de 65 % de toute l'eau détournée pour l'activité humaine des fleuves, lacs et nappes phréatiques, l'agriculture est le premier consommateur d'eau, loin devant l'industrie (25 %) et la consommation des ménages et des villes (10 %). On estime en effet qu'il faut environ 1000 tonnes d'eau pour produire une tonne de céréales récoltée, y compris la part évapotranspirée par les plantes et le sol, mais non l'eau gaspillée par des pratiques d'irrigation inefficaces.

Or l'écart entre les besoins d'eau des hommes et les quantités d'eau disponibles ne cesse de croître dans de nombreuses régions du globe : les nappes phréatiques baissent, les fleuves s'assèchent... et la concurrence grandit à propos de réserves qui s'épuisent (voir Postel, *in* Brown, 1996).

À l'échelle mondiale, l'utilisation de l'eau a plus que triplé depuis 1950 et la réponse à cet accroissement a été la mise en œuvre de projets de barrages et de réseaux d'irrigation de plus en plus nombreux et de plus en plus préjudiciables à l'environnement aquatique de la planète. Le talent des ingénieurs a, certes, permis d'approvisionner en eau hommes et terres cultivées, mais au prix d'une dégradation parfois dramatique des fonctions écologiques fondamentales des fleuves et systèmes aquatiques. Les conséquences en apparaissent seulement aujourd'hui : les deltas sont dégradés, les lacs s'amenuisent et les zones humides régressent. De nombreuses espèces animales et végétales disparaissent ou sont menacées.

Sur les 47 espèces commerciales de poissons qui vivaient dans le Nil avant la construction du Haut Barrage d'Assouan (1960), il n'en subsistait plus que 17 dix ans après son achèvement. En Méditerranée orientale, le tonnage de sardines pêchées a baissé de 83 %, suite à la diminution des apports d'alluvions, riches en éléments nutritifs. Mais l'une des conséquences les plus inquiétantes du bouleversement de l'écosystème animé par le Nil est le lent enfoncement dans la mer du delta, si essentiel à l'économie égyptienne. Depuis l'achèvement du barrage d'Assouan, la quasi-totalité des sédiments du fleuve se dépose dans le lac Nasser et le delta recule. Avec la perspective d'un réchauffement climatique et d'une élévation consécutive du niveau de la mer on doit s'attendre à une augmentation des risques d'inondations.

De telles perturbations écologiques et économiques peuvent atteindre l'ampleur de véritables catastrophes pour les populations humaines concernées : l'exemple de la mer d'Aral en a donné la triste démonstration. Et lorsque le bassin fluvial affecté touche plusieurs pays, des conflits politiques et militaires peuvent en résulter.

Chapitre 20

Une mobilisation internationale

LE PROGRAMME INTERNATIONAL GÉOSPHÈRE-BIOSPHÈRE

En évoquant l'hypothèse Gaïa du Britannique James Lovelock, nous avons fait allusion au rôle régulateur de la biosphère sur la température terrestre et la composition de l'atmosphère.

Mais les activités humaines, en entraînant une élévation des concentrations de gaz à effet de serre, ont perturbé tout cela. Sans doute parce que l'on comprend mieux le cycle du carbone, qui implique directement le fonctionnement de la biosphère, et que les variations de la teneur atmosphérique en gaz carbonique sont bien établies, y compris pour des temps géologiques très reculés, l'accent est habituellement mis sur l'accroissement du taux de ce gaz, bien que les concentrations atmosphériques d'autres gaz, à effet de serre parfois plus marqué, croissent également de manière préoccupante. C'est le cas de l'oxyde nitreux, produit naturel du cycle de l'azote qui augmente avec l'emploi accru d'engrais azotés ; du méthane, dont les émissions sont étroitement liées au développement des activités agricoles (riziculture, bétail) et de nouvelles espèces chimiques produites par l'industrie humaine, telles que les chlorofluorocarbures, plus connus sous le nom de CFC.

Avant l'ère industrielle l'atmosphère contenait environ 550 milliards de tonnes de carbone sous forme de gaz carbonique, soit 0,028 % de l'air (280 ppm, parties par million). Cette teneur est restée à peu près inchangée au cours des derniers millénaires, en dépit d'énormes flux de carbone échangés entre l'air, l'océan et la biomasse continentale. Avec l'utilisation croissante des carburants fossiles qui a marqué l'ère industrielle les rejets de gaz carbonique ont augmenté de manière exponentielle depuis 1850 et l'atmosphère contient aujourd'hui 750 milliards de tonnes de carbone (soit 360 ppm). Si les effets directs sur la biosphère de cet accroissement paraissent anodins, les effets indirects en revanche risquent de ne plus l'être dans les décennies qui viennent et doivent maintenant être pris en considération et étudiés. Ils correspondent à une amplification de l'effet de serre et se traduiraient par des changements climatiques : augmentation de la température, modification du régime des précipitations.

L'évolution de la concentration en gaz carbonique atmosphérique est un fait bien établi. Il est plus délicat en revanche d'évaluer de façon précise l'augmentation future et, plus encore, de prévoir son effet réel sur la température et le climat en général. De fait, les changements climatiques font intervenir toutes sortes de processus, dont les temps d'ajustement ou de réponse peuvent être très différents. Aussi, « même si on doit s'attendre au doublement de la teneur en gaz carbonique à échéance d'une cinquantaine d'années, il est tout à fait faux de penser que le réchauffement moyen de la terre atteindra alors 4 à 5 °C, comme on pourrait l'imaginer en appliquant brutalement les résultats publiés sur la sensibilité de la composante atmosphérique seule. Le changement climatique sera en réalité freiné par l'inertie thermique de la composante lente, l'océan et les glaces polaires » (Duplessy et Morel, 1990). Quoi qu'il en soit, on mesure l'ampleur des problèmes et l'importance des enjeux : pouvoirs politiques et communautés scientifiques se sont peu à peu mobilisés pour y faire face.

En septembre 1986 l'assemblée générale du Comité International des Unions Scientifiques décidait de lancer un nouveau programme transdisciplinaire majeur, le Programme International Géosphère-Biosphère. C'était la réponse apportée par la communauté scientifique à la menace de changements climatiques planétaires.

L'objectif d'ensemble de ce programme était posé comme suit :

« Décrire et comprendre les processus interactifs physiques, chimiques et biologiques qui régulent le système terre global, l'environnement unique qu'il fournit à la vie, les changements qui sont en train de s'y produire et la façon dont ils sont influencés par les actions humaines. »

La priorité est placée sur les interactions clés et les changements significatifs, à l'échelle des décennies, qui affectent le plus la biosphère, qui sont le plus vulnérables aux perturbations humaines et qui ont le plus de chance de nous permettre de développer nos capacités prédictives. Un tel programme mobilise une large communauté scientifique à l'échelle du monde entier afin de promouvoir le développement des nécessaires collaborations entre physiciens, chimistes, climatologues, biologistes, écologues et océanographes. Cette mobilisation a fait progresser les connaissances d'ensemble sur les interactions océans-atmosphère, végétation-atmosphère et les modèles globaux de dynamique des climats ont été affinés. Mais il reste beaucoup à faire si l'on veut réellement prévoir et *prévenir* les changements qui vont se produire localement à la surface de la terre.

Quelles seront réellement les modifications climatiques régionales ? Comment affecteront-elles les êtres vivants ? Comment réagiront les populations humaines ? Notre ignorance est, sur tous ces points, considérable. On sait, par exemple, que la croissance du taux de gaz carbonique atmosphérique a pour effet de réduire le rapport azote/carbone des tissus végétaux, donc la qualité nutritive de ceux-ci pour leurs consommateurs. Comment cela va-t-il se répercuter sur les populations d'insectes phytophages ? Dans quelle mesure la réaction de ceux-ci se répercutera-t-elle sur les populations végétales, sauvages ou cultivées ? Quelles seront les conséquences sur la croissance et la distribution des populations animales, végétales et microbiennes de changements éventuels de précipitations et de température ? Cela pose un grave défi aux spécialistes de la conservation : telle réserve localisée dans telle aire géographique pour préserver une espèce ou un écosystème donné pourra devenir inopérante si un accroissement de température la rend impropre à l'espèce ou au système considéré. Dans beaucoup de cas cela se traduira par des déplacements d'aire géographique, qui pourront conduire à des processus d'extinction si le glissement progressif est arrêté par des barrières écologiques, c'est-à-dire des zones impropres à la survie des espèces (océans, chaînes de montagne, aires cultivées). Cela pourra induire aussi des phénomènes de pullulations, d'expansion de parasites ou de ravageurs, d'agents de maladies pour des plantes, des animaux, voire pour l'espèce humaine. Enfin, il est clair que tout cela pourra jouer sur la dynamique de la biodiversité, depuis la structure génétique des populations jusqu'à la composition des peuplements (Kareiva *et al.*, 1993).

Il est clair aussi que l'agronome ou l'éleveur, le phytopharmacologue ou le phytochimiste, auront besoin d'exploiter la variabilité génétique existante pour répondre à d'éventuels changements climatiques. Bref, un large champ de recherche s'ouvre à la biologie des populations et à l'écologie et le développement des possibilités offertes par le génie génétique pourra contribuer à accroître les capacités d'intervention de notre espèce, que ce soit à des fins de maintien de la production d'aliments, de conservation ou de régulation des systèmes écologiques naturels ou aménagés.

En d'autres termes, on voit bien que l'on touche à la dynamique d'ensemble des systèmes écologiques : il ne s'agit pas seulement de prédire d'éventuels changements de température consécutifs à l'accroissement de l'effet de serre. L'exemple « simple », schématisé dans la figure 143, centré sur le cas particulier d'une espèce de phytophage, montre toute la complexité des effets et rétroactions en chaîne.

Le groupe intergouvernemental sur la modification du climat (IPCC), qui s'est mis en place après les recommandation de Rio, suggère dans son rapport de fin 1995, que le réchauffement observé depuis 1975 (environ 0,3 °C) est d'origine anthropogénique — ce qui ne fait que confirmer les prévisions des chercheurs.

Quelles sont les conséquences de ces changements sur les écosystèmes ? Comment ceux-ci réagissent-ils en retour ? La biosphère continentale et océanique est-elle en mesure de tamponner ces changements ou bien va-t-elle au contraire les accentuer ? La réponse est loin d'être évidente dans l'état actuel des connaissances, même si les recherches sur les réponses des plantes et des sols à l'accroissement du CO_2 atmosphérique se sont multipliées ces dernières années (fig. 144). Les interdépendances entre cycle de carbone, cycle de l'azote sont encore à démêler.

Certains chercheurs pensent que si les températures continuent à s'élever, l'état sanitaire des forêts pourrait se dégrader, et du même coup leur capacité d'absobtion

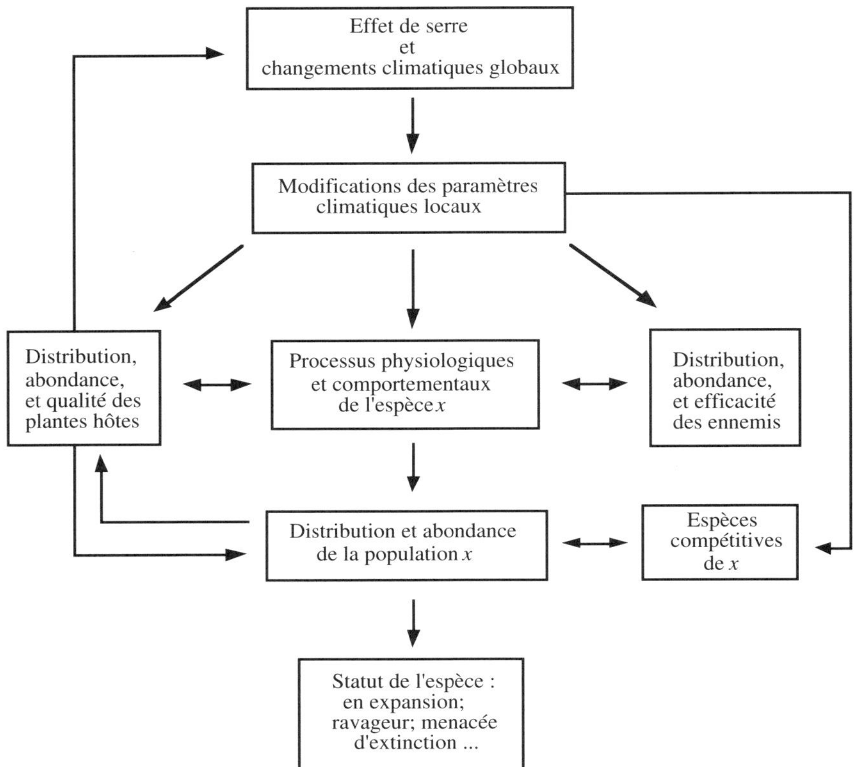

Figure 143 Relations complexes entre les changements climatiques induits par l'effet de serre et la dynamique d'une population d'insectes phytophages **X**.

du carbone. De là à pronostiquer la disparition de vastes étendues de forêts dans l'hémisphère nord et la libération dans l'atmosphère de dizaines de milliards supplémentaires de tonnes de carbone, ce qui accélérerait encore le rythme du réchauffement, il n'y a qu'un pas (Brown, 1996).

Mais la préoccupation principale des scientifiques, au-delà de la hausse relativement modérée de la température, est le dérèglement possible des systèmes atmosphérique et océanique qui contrôlent le temps qu'il fait. Des études récentes laissent à penser qu'avec le réchauffement du globe les « extrêmes » climatiques devraient devenir plus fréquents, imposant aux écosystèmes des tensions accrues. Selon le rapport de l'IPCC, « les inondations, les périodes de sécheresse, les incendies et les vagues de chaleur se multiplieront dans certaines régions » à mesure que s'élèveront les températures.

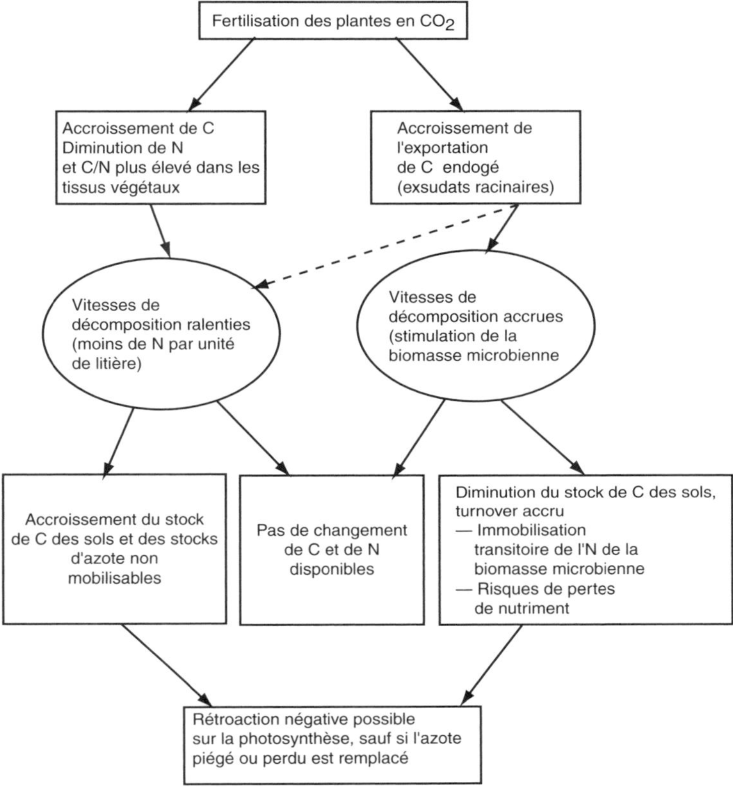

Figure 144 Effets possible du carbone dans les écosystèmes « fertilisés » en CO2 (d'après Körner, *in* Walker et Steffen, 1996).

DU SOMMET DE RIO AU CONCEPT DE BIODIVERSITÉ

L'émergence d'un concept

La diversité du vivant est un fait connu depuis longtemps : depuis des siècles systématiciens et paléontologues consacrent leurs efforts à inventorier et caractériser la richesse des faunes et des flores actuelles et passées tandis que les naturalistes, devenus écologues ou généticiens, se passionnaient, les premiers pour les patrons et les causes de la diversité des espèces et des écosystèmes, les seconds pour la variabilité génétique des populations naturelles et sa signification.

Alors qu'y-a-t-il de vraiment nouveau dans l'intérêt actuel pour la diversité biologique ? Le mot biodiversité n'est-il que le produit d'un effet de mode ? Le mot « biodiversity » a été forgé par Walter G. Rosen en 1985 et fut porté à l'attention d'un large public de chercheurs et de protecteurs de la nature en 1988, avec la parution des actes d'un forum, sous la direction du célèbre Edward O. Wilson. Mais il n'est pas exagéré de dire qu'il vint au monde, au sens propre du terme, en juin 1992, médiatisé par la Conférence des Nations Unies pour l'Environnement et le Développement de Rio de Janeiro.

Tout cela en fait plus qu'un mot nouveau : un véritable concept en émergence. Un concept qui s'adresse, certes, aux biologistes familiers de la diversité biologique, mais qui déborde le champ de la biologie pour impliquer l'homme — l'homme espèce biologique, l'homme dépendant de la biodiversité et cause de son érosion accélérée, l'homme responsable devant les générations futures de sa gestion des ressources de la planète.

La diversité biologique comprend trois composantes distinctes :

- la variabilité génétique,
- la diversité spécifique,
- la diversité écologique.

Ces trois facettes de la diversité du vivant étaient habituellement abordés de manière distincte, par des spécialistes différents qui tendaient à s'ignorer les uns les autres. Parler de *biodiversité* c'est attirer l'attention sur la nécessité d'appréhender simultanément ces trois dimensions de la diversité du vivant et d'en saisir les interactions (Fig. 145).

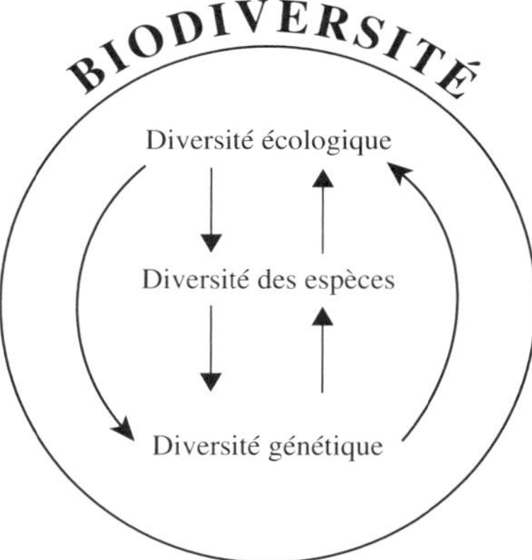

Figure 145 Le concept de biodiversité s'applique à l'ensemble constitué par la diversité génétique, la diversité des espèces et la diversité écologique ainsi qu'à ses interactions (d'après Di Castri et Younès, 1996).

Cette lecture de la diversité biologique impose un cadrage résolument écologique :

- l'accent est placé sur la signification fonctionnelle de la diversité, avec une prise en compte explicite des diverses dimensions de celle-ci et de leurs relations éventuelles ;
- l'éclairage se déplace de l'espèce au système (écosystèmes, paysages) ;
- la perspective « environnementale » des problèmes est mise en relief.

Elle impose aussi une ouverture sur les sciences de l'homme et de la société. De fait, ce nouvel intérêt pour la diversité biologique, particulièrement mis en relief par la Convention sur la Diversité Biologique — résulte des préoccupations croissantes pour sa préservation.

Ainsi, au-delà de constats sur la richesse spécifique des faunes et des flores ou sur le rôle de cette biodiversité dans le fonctionnement des écosystèmes, c'est bien à l'homme que renvoie le concept de biodiversité : l'homme qui la menace, l'homme qui la convoite, l'homme qui en dépend pour un développement durable de ses sociétés.

Avec une démarche écologique, on est en effet conduit à souligner :

1) la valeur de la biodiversité comme réservoir de molécules d'intérêt pharmaceutique, d'aliments, de produits industrialisables (bois, fibres, peaux....), c'est-à-dire son statut de *ressource biologique* ;
2) le fait que les écosystèmes assurent la fourniture de *services écologiques* : régulation du cycle de l'eau et des grands cycles biogéochimiques, recyclage de la matière organique, stabilisation des sols et des climats ;
3) l'importance probable de la biodiversité pour la *résilience des écosystèmes*, c'est-à-dire leur capacité de récupération après perturbation, de résistance aux espèces envahissantes, donc de persistance à long terme.

De proche en proche, l'analyse se déplace du monde de la nature au rôle des sociétés humaines dans la dynamique de la biodiversité, par l'utilisation qu'elles font des ressources biologiques, par l'altération qu'elles imposent aux écosystèmes, par leur action sur les paysages.

En d'autres termes, le concept de biodiversité suppose trois ruptures épistémologiques successives :

1) la première consiste à développer une approche intégrée de phénomènes appréhendés auparavant comme distincts ;
2) la seconde résulte du passage à des approches socio-économiques et implique un élargissement du concept classique d'écosystème pour le relier à celui de système économique ;
3) la troisième réside dans l'extrapolation du scientifique au philosophique et au politique.

Le premier point vient d'être évoqué ; il convient donc de souligner les deux autres — qui résultent de la prise en compte de l'homme et des sociétés humaines dans la dynamique de la biodiversité (Fig. 146). On peut alors poser clairement toutes les questions que l'on souhaite quant à la dynamique de la biodiversité. C'est bien d'un saut épistémologique qu'il s'agit, tant pour le biologiste que pour l'économiste.

On voit l'étendue du champ à traiter, puisqu'il concerne non seulement la diversité du vivant en tant que telle, son origine, ses mécanismes, ses fonctions, sa dynamique, mais aussi son utilisation et sa conservation — c'est-à-dire les défis que pose

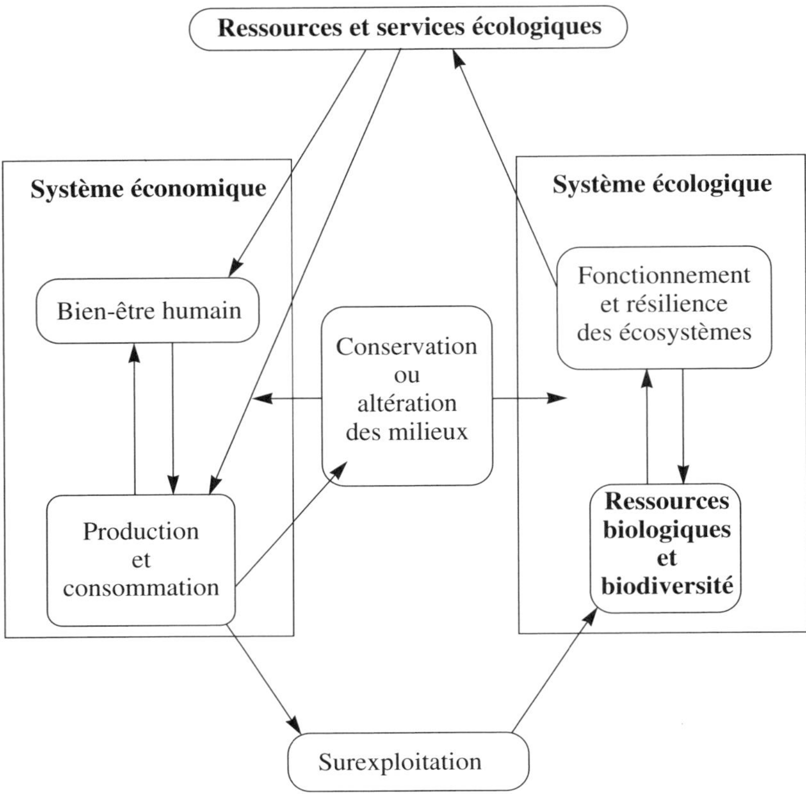

Figure 146 L'analyse de l'érosion de la biodiversité nécessite une approche intégrée prenant en compte simultanément leurs dimensions écologiques et économiques (Barbier *et al.*, 1994).

aux sociétés humaines la nécessité de concilier les besoins de développement avec la sauvegarde du patrimoine biologique, base de ce développement. Il y faudrait des livres entiers (voir Barbault, 1994).

Avec le point de vue d'un écologue, j'aborderai ici trois aspects du problème :

- pourquoi se préoccuper de la biodiversité ?
- comment poser les problèmes pour espérer les résoudre ?
- quelles leçons faut-il en tirer, quelles sont les perspectives ?

Pourquoi se préoccuper de la biodiversité

On peut répondre simplement à cette question : parce qu'elle est menacée ; parce que des espèces et des variétés disparaissent à un taux sans précédent (Lawton et May, 1995).

Mais cela ne saurait suffire. Aux intégristes de la conservation, pour qui toute espèce vivante est sacrée et doit être protégée, on peut rétorquer : « Des espèces disparaissent... et alors ? C'est le propre de la vie. Depuis toujours des espèces disparaissent. L'homme ne sait-il pas maintenir des écosystèmes à biodiversité réduite et néanmoins propres à assurer sa subsistance ? N'est-ce pas le cas de ces champs et plantations, où, avec un très petit nombre d'espèces, à variabilité génétique réduite qui plus est, on parvient néanmoins à nourrir une humanité croissante en nombre ? »

Parce que les mesures de conservation peuvent être coûteuses, parce que les espaces de terre qu'il faudrait mettre en protection peuvent avoir d'autres usages, susciter d'autres intérêts, il devient nécessaire de justifier les politiques de conservation ou de gestion des espèces et des espaces. On avance habituellement trois types de justification :

- des justifications d'ordre éthique ou culturel,
- des justifications biologiques ou écologiques,
- des justifications économiques.

Indépendamment de toute considération directement économique ou pragmatique, il y a en effet des raisons purement morales à préconiser une sagesse conservationniste : la première est naturellement celle qui nous conduit, d'une manière générale, à respecter les droits d'autrui. De fait, protéger et entretenir son propre environnement c'est d'abord respecter celui de son voisin. Conserver un patrimoine naturel qui ne nous appartient pas, c'est tout simplement respecter les droits d'autres hommes, ici et ailleurs. Ailleurs dans l'espace, bien sûr, mais aussi ailleurs dans le temps : conserver le patrimoine biologique c'est d'abord et fondamentalement sauvegarder la terre de nos enfants et petits-enfants.

L'approche écologique consiste à insister sur la signification biologique de la diversité du vivant. Parmi les arguments avancés, nous en résumerons trois :

1. La variabilité génétique des populations naturelles est la condition première de leur survie à long terme, puisque d'elle dépend leur capacité d'adaptation à des conditions changeantes.

On sait en effet que l'homogénéisation génétique des variétés de plantes produites et cultivées à une échelle industrielle les exposent particulièrement aux ravageurs à évolution rapide, virus, champignons ou insectes.

Ainsi, tandis que les pratiques de croisement avaient réduit 85 % du maïs cultivé aux États-Unis à une presque totale homogénéité génétique, la résistance à l'helminthosporiose (maladie cryptogamique) fut surmontée par le champignon en 1970 et l'épidémie provoqua des dégâts considérables. En 1980, pour les mêmes raisons, 90 % de la récolte cubaine de tabac fut détruite par le mildiou !

2. Si la variabilité génétique est, pour toute espèce, une assurance pour parer à l'imprévu, on peut dire que la diversité des espèces, et donc celle des écosystèmes, devraient être considérées dans les mêmes termes par l'homme, pour ses propres besoins connus ou à venir.

De fait, à l'heure où l'on parle beaucoup de changements climatiques ou planétaires, à l'heure où l'utilisation des sols et des milieux est profondément affectée par les besoins des hommes, on ne peut douter que changent les conditions de l'environnement dans les années et décennies à venir. Pour remédier à ces changements ou les contrôler, pour mieux gérer à notre convenance et d'une façon durable les systèmes biologiques dont nous dépendons, il faudra pouvoir disposer de toute la diversité des *compétences écologiques* qui existent dans la nature : gènes, complexes de gènes ; espèces, complexes d'espèces ; écosystèmes.

3. La diversité des écosystèmes et des paysages assure et régule les grands cycles biogéochimiques (eau, carbone, azote, phosphore...) essentiels au fonctionnement de la planète et à ses équilibres climatiques.

Cependant, il faut reconnaître que nos connaissances sur ce dernier point sont largement insuffisantes : la signification précise de la biodiversité pour le fonctionnement des écosystèmes et de la biosphère est encore largement inconnue — au-delà de la fonction particulière de certaines espèces dans des processus majeurs comme la production primaire, la nitrification, la fixation d'azote, etc. (voir Schulze et Mooney, 1993 et ch. 16).

Quant à l'approche économique elle appréhende la biodiversité comme « ressource naturelle » : la diversité biologique est bien un patrimoine précieux qu'il nous faut apprendre à conserver et à gérer. De fait, « *Si l'extraordinaire diversité du vivant est bien l'expression, à la fois du jeu de la sélection naturelle et des enjeux qu'elle représente pour les espèces et les systèmes écologiques qui l'exhibent, alors c'est certainement une mine prodigieuse de solutions à bien des problèmes que rencontre notre propre espèce. Comme n'importe quel organisme en effet, l'homme doit lutter contre de nombreux autres êtres vivants, bactéries, virus, champignons, parasites, qui menacent sa santé ou s'attaquent à ses propres ressources : pourquoi ne pas utiliser à notre profit ces armes biologiques que l'Évolution a créées tout au long de milliards d'années chez des millions d'espèces ?* » (Barbault, 1994).

C'est bien ce que nous faisons depuis longtemps avec l'agronomie, l'amélioration des plantes, la sélection animale, la lutte biologique et, plus récemment, le génie génétique.

Plantes, animaux et micro-organismes sont, à la fois, des sources de médicaments, d'aliments et de produits à usages variés : bois, fibres, essences végétales... (voir Chauvet et Olivier, 1993).

Cependant, l'évaluation en termes économiques de ces ressources est chose difficile, discutée, même si des progrès ont été faits dans ce domaine (tableau 28).

Ainsi, on reconnaît aujourd'hui quatre catégories de valeurs : valeurs d'usage ; valeur d'option ; valeur d'existence et valeur écologique. Le tableau ci-dessus en donne les définitions. « *Mais il subsiste bien des difficultés pour évaluer monétairement ces valeurs : quelle valeur a un paysage ? Le plaisir de découvrir, au détour d'un chemin forestier, un chevreuil, un renard, un sanglier ? Pourtant, pour une fraction au moins de la population, la nature et ses beautés constituent une source irremplaçable de détente, de sérénité, de plaisir et donc de santé.*

TABLEAU 28 TYPOLOGIE DES VALEURS DE LA BIODIVERSITÉ PROPOSÉE PAR LES ÉCONOMISTES.

Catégories de valeur	Définitions
Valeurs d'usage	
— Valeur de consommation directe	consommation des ressources sans transformation : chasse, cueillette
— Valeur productive	utilisation des ressources génétiques dans des cycles productifs (obtention variétale, exploitation forestière, pêche, médicaments à base de plantes)
— Valeur récréative	exploitation sans consommation (promenade, safari-photo)
Valeur écologique	liée à l'interdépendance entre organismes et au bon fonctionnement des systèmes naturels
Valeur d'option	liée à l'exploitation future des ressources génétiques
Valeur d'existence	liée à la satisfaction et au bien-être que procure l'existence de la biodiversité

Faut-il vraiment évaluer le coût de l'accroissement des tensions psychologiques, de la fréquence des maladies psychosomatiques ou psychiques, des dépressions qui résultent d'une bétonisation productiviste de l'espace urbain et d'une uniformisation monotone des campagnes pour justifier la conservation et la gestion de la diversité ? Est-il nécessaire d'évaluer les coûts économiques et humains des guerres pour tout mettre en œuvre afin de les empêcher ? » (Barbault, 1994).

Comment poser les problèmes ?

On l'aura compris, les problèmes qui se posent sont clairement de deux types différents, les uns relevant du référentiel écologique et biologique, les autres exigeant un référentiel social et économique. Dans le premier cas, on est concerné par ce que l'on peut appeler la dynamique de la biodiversité — origine, mécanismes de maintien, fonctions, érosion — tandis que dans le second on se préoccupe de sa conservation, de son utilisation — de sa gestion en un mot.

C'est l'existence de ce second volet qui justifie le succès politique et médiatique du terme de biodiversité et les débats qui entourent la Convention sur la diversité biologique.

Dans le cadre de cet ouvrage je me cantonnerai cependant à la perspective biologique et, à cet égard, l'écologie des populations et des peuplements me paraît constituer un excellent cadre pour analyser la *dynamique de la biodiversité* (Barbault, 1992).

Richesse spécifique, diversité génétique sont des concepts très classiques en écologie.

Avec ce nouvel intérêt pour la diversité biologique, compte tenu de l'éclairage particulier donné à Rio, il est clair que les problèmes relatifs à l'origine, au maintien, à l'érosion ou à la restauration de la biodiversité, doivent être posés dans une toile de fond systémique et écologique qui souligne les liens entre sociétés humaines, changements planétaires et systèmes écologiques (fig. 147). D'un point de vue écologique en effet, les sociétés humaines influent directement et indirectement sur les interactions géosphère-biosphère et le fonctionnement même de la biosphère par le jeu de la dynamique des écosystèmes et des paysages. Si l'un des aspects de cette dynamique d'ensemble repose sur les cycles biogéochimiques, l'autre relève de la dynamique des populations et des communautés.

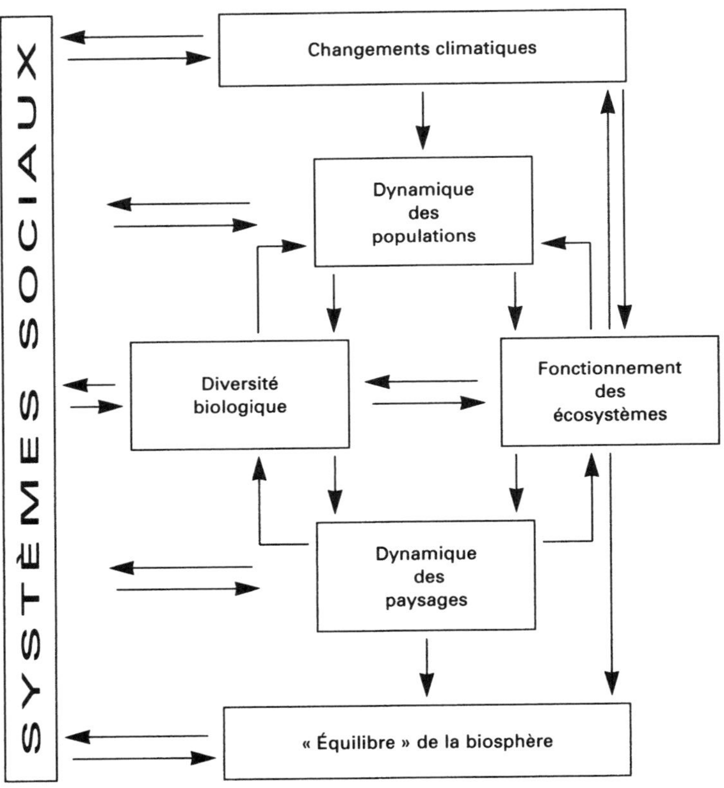

Figure 147 La gestion de la biosphère ou de la diversité biologique implique la prise en compte des actions et priorités des sociétés humaines. Mais cela suppose aussi, sur le plan scientifique, une analyse du fonctionnement des systèmes écologiques en cause : la dynamique des populations et des peuplements est au cœur de cette analyse (d'après Barbault, 1992).

Leçons et perspectives

La diversité biologique est, comme la variabilité qui l'a rendue possible, une caractéristique essentielle du vivant — son essence même pourrait-on dire. Mais c'est aussi l'expression d'enjeux : enjeux en terme de survie pour les espèces elles-mêmes, homme compris ; mais aussi enjeux pour les sociétés humaines, en termes de conflits d'intérêts, de compétition pour les ressources. Il y a de toute évidence nécessité de débats sur les objectifs. Parler de gestion — qu'il s'agisse de la gestion de la biodiversité ou de celle de la biosphère tout entière — c'est poser la double question : pour qui ? et pour quoi ? Vaste problème qui correspond au second volet de la problématique associée à la biodiversité et auquel doivent s'attaquer, à côté des sciences du vivant, celles de l'homme et de la société. Parce que l'essentiel des ressources biologiques se localise dans les pays du Sud tandis que les convoitises pour ces ressources prédominent au Nord ; parce que les niveaux de développement sont inégaux entre Nord et Sud et que la croissance démographique est surtout préoccupante au Sud, la problématique « biodiversité » ne saurait se réduire à une analyse de gestion biologique des ressources naturelles : elle est liée à la problématique du « *développement durable* » et impose la prise en compte d'une dimension sociale, économique et politique.

Enfin, dernière leçon : les problèmes abordés indirectement ici, comme tous les problèmes d'environnement, nécessitent une mobilisation de la plupart des disciplines scientifiques et... l'engagement des citoyens. En effet, les obstacles ne sont ni seulement ni même principalement d'ordre scientifique ou technique : « les problèmes posés mettent en jeu la diversité des cultures, la divergence des intérêts. Le défi à relever est très clairement un *défi de civilisation* » (Barbault, 1994).

Chapitre 21

Préserver la biosphère

LA PROTECTION DES ESPÈCES

Introduction

L'expression d'une volonté de protection de la nature est relativement récente dans l'histoire des sociétés humaines. Si l'on adopte comme critère principal la mise en place d'aires protégées, réserves ou parcs naturels, on en relève les premiers signes à la fin du siècle dernier, avec la création aux États-Unis, en 1872, du premier parc national du monde, celui du Yellowstone. Il faut cependant attendre la première moitié du XXe siècle pour voir ce mouvement s'affirmer : les premiers parcs naturels en Europe sont créés par la Suède en 1909 ; suivent la Suisse (1915) et la Grande-Bretagne (1949).

En France, la réaction est plus tardive encore, si l'on excepte l'initiative particulière de la Société nationale de protection de la nature, association privée à but scientifique et philanthropique, qui crée en 1928 la réserve zoologique et botanique de Camargue. Il fallut attendre 1960 pour que soit votée en France la loi sur les parcs nationaux, et 1963 pour la création du premier d'entre eux, celui de la Vanoise.

L'Union Internationale pour la Protection de la Nature (IUPN) est créée en 1948. Sa transformation huit ans plus tard en Union Internationale pour la Conservation de la Nature et des ressources Naturelles (UICN) entérine l'idée que la préservation de la nature devait s'inscrire dans une perspective plus large d'utilisation sage de celle-ci et de ses fruits pour le bénéfice de l'homme.

La publication par l'UICN, l'UNEP (Programme des Nations Unies pour l'Environnement) et le WWF (Fonds Mondial pour la Nature) de la *Stratégie Mondiale de la Conservation* en 1980 marque une nouvelle étape : elle souligne le besoin de sauvegarder le fonctionnement de processus écologiques et donc de maintenir des espaces protégés, mais en accordant une place importante aux exigences de développement.

En toile de fond, cette évolution est scandée par deux sommets planétaires :

– la Conférence des Nations Unies sur l'Environnement de Stockholm, qui, en 1972, fait des problèmes d'environnement une priorité pour les gouvernements de la planète ;
– la Conférence des Nations Unies pour l'Environnement et le Développement de Rio de Janeiro qui, en 1992, à partir d'un éclairage accordé à l'érosion de la biodiversité et aux menaces de changements climatiques, souligne l'interdépendance entre développement et protection de l'environnement.

Face à la situation de crise décrite à la fin du chapitre 15 les stratégies de protection des espèces mettent en œuvre trois types de mesures :

1) la création d'espaces protégés, parcs ou réserves ;
2) l'élaboration de réglementations et interdictions ;
3) la protection ex-situ et le recours aux techniques de réintroductions et renforcements de populations.

Les espaces protégés

Définitions

Une aire protégée est, selon l'UICN, « une zone de terre ou de mer particulièrement consacrée à la protection de la biodiversité et des ressources naturelles et culturelles qui lui sont associées, et gérée selon des lois ou d'autres moyens efficaces ».

Il y a, dans le monde entier, plus de 4 500 aires protégées représentant, avec une superficie totale de 4,5 millions de km², environ 3,5 % des terres émergées.

En France, départements d'outre-mer compris, on compte aujourd'hui 129 réserves naturelles (dont 7 dans les DOM) sur 131 418 ha en métropole et 188 149 ha dans les DOM, et 7 parcs nationaux (dont 1 en Guadeloupe) sur 353 865 ha en métropole et 17 381 ha en Guadeloupe.

En matière d'espace protégé il convient d'accorder une attention particulière à ce que l'on appelle les réserves de biosphère.

C'est en 1974 qu'un groupe de travail du programme sur « L'Homme et la Biosphère » de l'UNESCO lance l'idée de réserve de biosphère. L'originalité du concept, par rapport à la perception classique des réserves et à la philosophie qui prévalait à l'époque en matière de protection de la nature, est de prendre en compte simultanément les objectifs de conservation et de développement. Les réserves classiques sont définies par rapport à la nature ; les réserves de la biosphère partent d'interrogations et de réflexions sur les relations entre les sociétés humaines et leur environnement naturel. Elles ont été conçues pour répondre à l'une des questions les plus essentielles qui se posent aujourd'hui : comment concilier la conservation de la biodiversité et des ressources biologiques avec leur utilisation durable ?

Les réserves de la biosphère sont des aires protégées aménagées à titre individuel par les États qui les soumettent à l'approbation de l'UNESCO pour leur insertion dans le réseau mondial des réserves de la biosphère.

Chaque réserve de biosphère est destinée à remplir trois fonctions fondamentales qui sont complémentaires et interactives (fig. 148) :

- fonction de conservation, pour assurer la sauvegarde des paysages, des écosystèmes, des espèces et de la variabilité génétique ;
- fonction de développement, pour encourager une économie locale durable sur les plans écologique, sociologique et culturel au niveau local ;
- fonction logistique, pour la recherche, la surveillance continue, la formation et l'éducation en matière de conservation et de développement durable aux niveaux local, régional et planétaire.

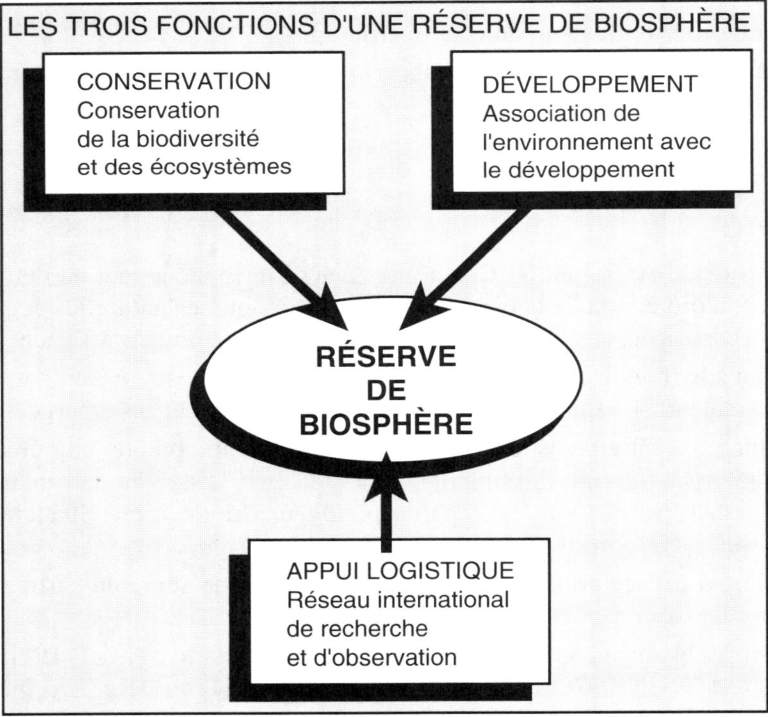

Figure 148 Chaque réserve de biosphère est censée remplir trois fonctions complémentaires : la conservation, le développement et l'appui logistique pour la recherche et l'éducation.

Ces aires comportent (fig. 149) : une zone centrale strictement protégée ; une zone tampon, où peuvent s'exercer des activités non destructrices soigneusement réglementées et une zone de transition permettant le développement d'activités économiques durables, compatibles avec l'environnement.

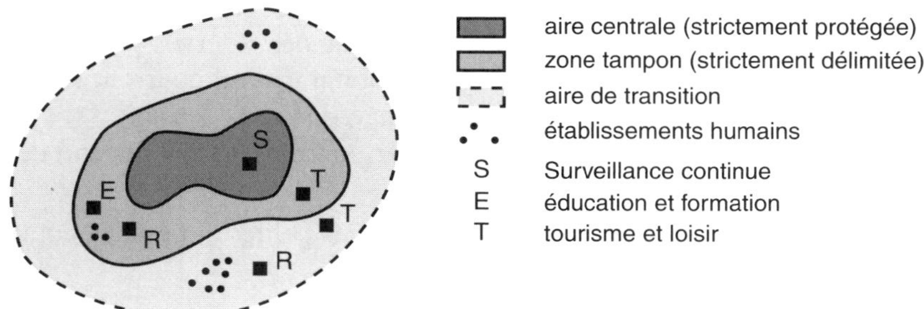

Figure 149 Schéma d'aménagement d'une réserve de biosphère montrant sa zonation caractéristique depuis l'aire de transition à la zone centrale intégralement protégée.

Elles associent donc résolument la conservation, qui est leur objectif ultime, et le développement durable dans les principaux écosystèmes de la planète. Elles constituent aussi un réseau mondial de recherche et de surveillance écologique et contribuent à sensibiliser, éduquer et former aux problèmes d'environnement.

L'Unesco a approuvé la création de 324 réserves de la biosphère, dont 127 en Europe. Cinq sont implantées en France : Camargue, Cévennes, Vallée du Fango (Corse), Iroise et Vosges du Nord.

Les attributs d'une bonne réserve

Les réserves doivent être conçues de manière à satisfaire les objectifs qui ont conduit à en décider la mise en place. Au-delà de spécificités écologiques propres aux espèces ou écosystèmes concernés la théorie de la biogéographie insulaire de MacArthur et Wilson et les modèles de populations minimums viables constituent une base théorique utile pour orienter les choix.

La taille est le premier critère à considérer, puisque la richesse spécifique des peuplements et les effectifs des populations dépendent d'abord de la superficie de l'aire protégée. Ainsi, si l'objectif est de sauvegarder une population durable d'ours grizzli, il faudra envisager la mise en réserve de quelque 13 à 14 000 km^2 d'habitat favorable à l'espèce pour abriter une population viable de 50 à 90 individus. On pourra se contenter en revanche de réserves de quelques hectares pour préserver certaines populations d'insectes.

Un vaste débat a divisé les théoriciens de la conservation, « popularisé »» sous l'acronyme de SLOSS, pour *Single Large Or Several Small.* En d'autres termes, maximise-t-on mieux la conservation par une seule réserve de grande superficie ou par plusieurs petites, représentant éventuellement au total une superficie équivalente ?

C'est Jared Diamond qui, frappé par le caractère insulaire des réserves, a, le premier prôné explicitement l'application de règles issues de la théorie de la biogéographie insulaire pour la conception des aires protégées. La superficie, la forme et le degré d'isolation par rapport à des types de milieux similaires sont des éléments essentiels à considérer (fig. 150). Ainsi, de grandes réserves d'un seul tenant devraient conserver plus efficacement davantage d'espèces que des plus petites couvrant au total une même superficie, de même que des réserves proches les unes des autres ou liées par des corridors protégés d'habitat naturel pourront sauvegarder plus d'espèces que des réserves isolées ou éloignées les unes des autres.

La réponse aux questions soulevées par l'interrogation SLOSS dépend de divers éléments tels que :

1) la différence entre les probabilités d'extinction des petites et grandes populations concernées ;
2) le nombre des populations en cause ;
3) l'importance des fluctuations interannuelles des conditions environnementales et spécialement leur degré de corrélation entre parcelles différentes ;
4) la probabilité de recolonisation après extinction locale.

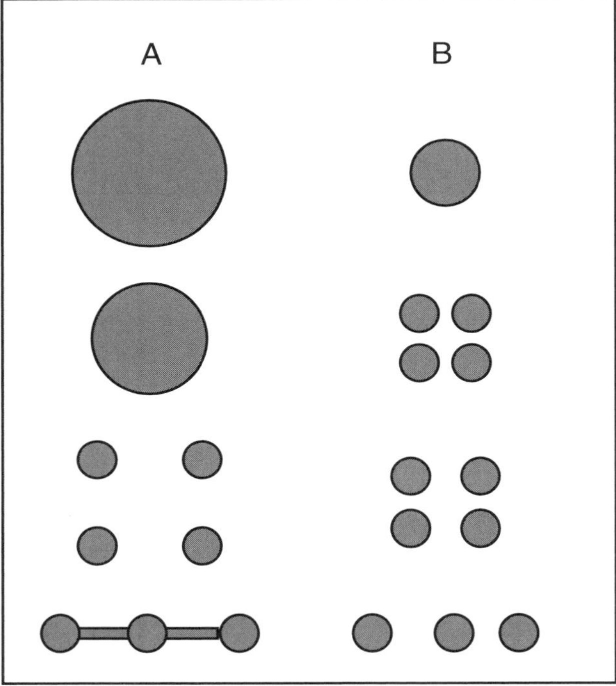

Figure 150 La théorie de la dynamique des peuplements insulaires et diverses considérations sur les probabilités de colonisation et d'extinction font que, dans chaque alternative A/B pour la délimitation des zones protégées, la solution A paraît préférable à la solution B, au moins à certaines conditions.

Ainsi, quatre petites réserves pourront conférer un temps de persistance supérieur à celui d'une seule grande réserve de même surface totale s'il n'y a pas de possibilités de recolonisation et si les fluctuations des conditions environnementales dans les petites réserves ne sont pas corrélées entre elles.

Les mesures légales

Les Listes Rouges

Actuellement, deux organisations internationales définissent le statut des espèces animales et végétales du globe : l'Union Internationale de Conservation de la Nature (UICN), concernée par toutes les espèces, et la Convention sur le commerce international des espèces en danger (CITES), principalement concernée par la protection des espèces qui font l'objet de commerce.

Le système actuel de classification des espèces en danger s'est développé à partir de l'usage des livres ou listes rouges de l'UICN. Au début des années 60 leur rôle était de fournir l'information sur la distribution géographique des espèces en attirant l'attention sur celles en danger. Avec le temps, les livres rouges commencèrent à dégager des priorités et classer les espèces par ordre croissant de besoins de conservation, en distinguant des espèces « en danger », « menacées » ou « vulnérables » selon le niveau de risque. Les résultats sont satisfaisants, au moins pour les oiseaux et les mammifères. En revanche, plantes et invertébrés furent moins bien couverts, et cette lacune entraîna certains biologistes à suggérer que l'on devrait plutôt concentrer nos efforts sur la conservation des peuplements et écosystèmes en danger. Ainsi, certains pays ciblent maintenant leurs lois sur la protection des milieux.

De nombreux pays ont utilisé le modèle des listes rouges pour définir leurs propres approches de la protection des espèces en danger. Utile en général, ce système a pu occasionnellement provoquer des bévues. En particulier, une espèce à vaste répartition et en pleine vitalité est parfois perçue comme rare, parce que traitée dans un pays situé en bordure de son aire géographique. L'avocette et le balbuzard pêcheur en sont d'excellents exemples. Au cours des cinquante dernières années ces deux espèces ont recolonisé la Grande-Bretagne, où des naturalistes avisés ont soigneusement gardé leurs nids et suivi leurs populations. Ainsi, ces deux espèces ont inspiré une attention conservationniste croissante, quoique aucune ne soit en danger à l'échelle planétaire.

Un autre problème est que les listes rouges donnent la plus grande importance aux espèces hautement menacées, certaines d'entre elles n'autorisant guère d'espoirs pour une protection efficace au moment de leur inscription. Peut-être serait-il préférable, par souci d'efficacité, de privilégier les espèces qui présentent une chance raisonnable d'échapper à l'extinction.

Environnementalistes, juristes et politiciens demandent des moyens scientifiquement et politiquement plus acceptables pour déterminer si une espèce est en danger. Les tentatives légales pour protéger des espèces en danger se heurtent souvent à l'ignorance dans laquelle on est. De fait, on connaît si peu sur la grande majorité des espèces, et moins encore sur leurs rôles dans le fonctionnement des écosystèmes, qu'on est confrontés au dilemme suivant : créer des lois pour sauver toutes les espèces possibles, ou bien privilégier quelques unes d'entre elles qui, exigeant de grandes étendues d'habitat, opèrent en tant qu'« espèces-parapluie ». Légiférer autour de telles espèces revient à en protéger du même coup une multitude d'autres relativement inconnues qui partagent le même milieu. La chouette tachetée du nord-ouest des États-Unis est un exemple de cette stratégie.

La chouette tachetée septentrionale, *Strix occidentalis caurina*, habite les forêts de pins Douglas du nord-ouest des États-Unis. Ces forêts sont qualifiées de « vieilles » (old growth) parce que beaucoup de leurs arbres sont multicentenaires, encroûtés de lichens et autres petites plantes épiphytes qui contribuent à former une canopée complexe. Pendant des décennies les amateurs d'oiseaux avaient repéré cette espèce comme un résident peu commun de ces forêts du nord-ouest des États-Unis, mais à peu près rien d'autre n'était connu jusqu'à la fin des années 60. En 1967, un étudiant de l'Université d'État de l'Oregon enregistra les chants de la chouette et put cartographier la distribution de l'espèce dans l'Oregon ; son travail révéla que la chouette tachetée vivait *exclusivement* dans les vieilles forêts de la côte nord-ouest du Pacifique. Il montra que chaque couple demande un domaine vital de 2 600 ha, dont 1 000 devant être constitués par de la vieille forêt. Jusqu'en 1990, l'exploitation continue de ces forêts pour le bois avait rapidement réduit le nombre des fragments d'habitat suffisamment vastes pour entretenir des chouettes tachetées. La cour fédérale suspendit alors l'exploitation de ces forêts jusqu'à ce qu'un plan de préservation puisse être mis en œuvre.

Les besoins de la chouette en matière d'habitat étaient en conflit direct avec les intérêts de l'industrie forestière, qui cherchait à remplacer les vieilles forêts, à croissance lente, par des lots à croissance rapide, exploitables tous les 60 à 80 ans. Depuis les années 1950 principalement, l'exploitation des forêts, les incendies et les éclaircies pour l'agriculture avaient réduit les vieilles forêts du nord-ouest des États-Unis à moins de 10 % de leur aire d'origine. Comme ces forêts hébergent toute une gamme d'espèces animales et végétales uniques, la chouette tachetée a servi d'espèce-parapluie dont la protection contribua à assurer aussi la survie durable de beaucoup d'autres, moins « charismatiques ».

La chouette tachetée septentrionale est l'une des trois sous-espèces de *Strix occidentalis*, ce qui a conduit l'industrie forestière à clamer que ladite chouette n'est pas aussi unique que cela et que sa protection, accomplie au prix d'un ralentissement de la production de bois, donc de pertes d'emplois, n'était pas justifiée. Cet argument ignore le fait que la majorité des emplois liés à l'exploitation du bois seront perdus une fois la forêt complètement exploitée. Aux taux d'exploitation élevés des années 80, la plus grande part de la vieille forêt aurait disparu vers 1995, et les emplois liés à cela avec elle.

Si les tentatives pour sauver la chouette tachetée ont coûté quelques emplois dans l'industrie du bois, elles en ont aussi créé d'autres, la plupart dans des secteurs différents, spécialement dans les domaines de l'environnement et de l'éducation liés aux oiseaux et à leur écologie. A travers ces études, les biologistes ont développé des modèles plus réalistes pour les espèces distribuées en métapopulations. Tout cela a contribué à éclairer les débats sur l'évaluation des risques d'extinction pour d'autres espèces en danger.

La loi sur les espèces en danger des États-Unis

Cette loi a été signée par Richard Nixon en 1973. La décision d'inscrire une espèce comme en danger est prononcée quand l'une des cinq conditions suivantes est remplie :

1) la destruction de son habitat est en progrès ou menace ;
2) l'espèce est surexploitée (les individus sont éliminés à un taux supérieur à leur remplacement) ;
3) elle souffre de pertes par maladies ou prédation ;
4) les lois existantes sont inadéquates pour protéger l'espèce ;
5) il y a d'autres facteurs, naturels ou anthropogéniques, qui affectent sa persistance.

Une fois inscrite sur la liste, l'espèce ou la population considérée ne peut être affectée, c'est-à-dire que les agences fédérales ne peuvent autoriser, financer ou conduire aucune action susceptible de menacer sa persistance.

Actuellement c'est un système à deux niveaux, sur le modèle des livres rouges de l'UICN, qui classe toutes les espèces inscrites soit comme « en danger », soit comme « menacée ». Une espèce « en danger » est « toute espèce menacée d'extinction sur tout ou partie de son aire » ; une espèce « menacée » est « toute espèce qui, selon toute vraisemblance, pourrait devenir en danger dans un futur prévisible ».

Les espèces actuellement inscrites comme « en danger » ou « menacées », à la fois dans le monde et aux États-Unis, sont inégalement distribuées entre les différents groupes. Il y a un biais évident en faveur des mammifères et des oiseaux ; les groupes les plus négligés sont les invertébrés et les plantes. Cela traduit, dans une certaine mesure, la fascination des hommes pour les mammifères et les oiseaux et la fréquence relative des spécialistes des divers groupes. D'autres part, le déséquilibre vient aussi probablement du fait que les spécialistes retiennent délibérément des espèces à exigences d'espace élevées, parce qu'elles jouent le rôle d'espèces-parapluie et contribuent à protéger des écosystèmes spécifiques.

Une fois enregistrée, l'Acte préconise qu'un plan de restauration soit mis en œuvre pour placer l'espèce hors de portée des risques d'extinction.

Des critiques se sont élevées contre cette loi, malgré son succès évident. Outre les biais taxonomiques décrits ci-dessus, deux problèmes supplémentaires ont été relevés : la lenteur avec laquelle les espèces sont inscrites, et l'effectif des populations quand elles le sont — problèmes d'ailleurs liés. Au moment où l'espèce est enregistrée, son effectif a sans doute encore beaucoup décru, à un stade où la réversibilité est peut-être compromise (habitat détruit par exemple).

La directive « Habitats »

Le 21 mai 1992, le Conseil des Ministres de la Communauté Européenne adoptait la directive 92/43, ou directive « Habitats-faune-flore ». Elle a pour objectifs, d'où son nom, de « contribuer à assurer la biodiversité par la conservation des habitats naturels ainsi que de la faune et de la flore sauvages sur le territoire européen ». Cela devra aboutir à la constitution d'un réseau européen de sites, le réseau Natura 2000. Tous les six ans, un rapport rendant compte de l'application de la directive doit être établi par chaque état membre.

La directive fixe par ailleurs les recherches et travaux scientifiques nécessaires ainsi que les procédures de réintroduction d'espèces indigènes et d'introduction éventuelle d'espèces non indigènes. Les mesure de protection s'appliquent actuellement à 293 espèces animales et 490 espèces végétales, dont respectivement 141 et 62 sont présentes en France. Citons, à titre d'exemples, la loutre d'Europe, la tortue d'Hermann, l'euprocte des Pyrénées, le papillon Apollon et l'orchidée spiranthe d'été.

L'un des objectifs majeurs de la directive est de maintenir ou restaurer les habitats naturels et les espèces d'intérêt européen dans des conditions favorables, en établissant des aires spéciales de conservation (ASC). Une attention particulière doit être accordée à plus de 200 types d'habitats et aux sites qui hébergent des espèces protégées.

Ce sont ces aires spéciales de conservation qui doivent former le réseau écologique de sites appelé Natura 2000, dont le but est d'assurer l'objectif de la directive.

La protection ex-situ

La gestion des ressources génétiques

Le concept de *ressources génétiques* a émergé dans le contexte de l'amélioration des plantes et des animaux domestiques. L'expression recouvre l'ensemble des espèces, races, variétés et génotypes qui peuvent être utilisés à cette fin pour une plante ou un animal donné.

À l'origine, les premiers sélectionneurs puisaient dans les *variétés locales*, appelées aussi *cultivars primitifs*. Progressivement se sont imposés des *cultivars modernes*, protégés eux par un droit d'obtention végétale. Ces *lignées de sélection* et l'ensemble du matériel sont le produit du travail des sélectionneurs. Obtenues en conditions contrôlées, leur caractéristiques génétiques sont bien connues. Cela explique leur importante valeur pour les entreprises, qui en ont la propriété : là est la base de leur compétitivité.

Enfin, on ne peut passer sous silence une dernière source ou composante des ressources génétiques qui prend de plus en plus d'importance dans le contexte actuel d'érosion de la biodiversité : les *formes sauvages et adventices*. Elles représentent un réservoir de diversité génétique qui, encore immergé dans, et en interaction avec, son environnement naturel, poursuit une évolution interdite aux formes cultivées modernes. Les sélectionneurs n'y puisent cependant qu'en dernier recours, car elles véhiculent aussi, évidemment, des caractères indissociables propres à leur caractère sauvage. « Avec les progrès de la biologie, non seulement les formes sauvages de la même espèce biologique (le pool génique primaire) peuvent être utilisées, mais aussi les espèces apparentées (pool secondaire), voire les espèces des genres voisins (pool tertiaire), sans qu'il y ait de limite théorique » (Chauvet et Olivier, 1993).

Comme dans d'autres domaines de la conservation, les acteurs sont variés, et variées aussi les modalités mises en œuvre, adaptées évidemment aux objectifs et motivations propres à chacun. Il s'agit :

1) des instituts de recherche et banques de gènes qu'ils gèrent et entretiennent ;
2) du secteur privé, constitué notamment par les firmes semencières qui entretiennent des collections de travail et des lignées de sélection très précieuses ;
3) des gestionnaires de patrimoine, tels les parcs naturels régionaux à l'origine de programmes de conservation élaborés et de la relance des produits du terroir.

Les *collections de ressources génétiques* sont couramment appelées banques de gènes. Elles sont conservées de différentes façons, selon les types biologiques considérés : en verger pour les arbres fruitiers ; en champ pour les plantes pérennes à multiplication végétative ; en chambres froides pour les plantes à graines. Le recours à des techniques de conservation plus élaborées, telle que le maintien dans l'azote liquide, est possible pour les cas difficiles ou pour réduire le coût de la conservation et accroître l'intervalle entre chaque régénération, évitant ainsi les risques de dérive génétique.

Chez la majorité des espèces de plantes les graines sont adaptées pour survivre dans le sol, parfois jusqu'à plusieurs dizaines d'années. De telles graines, que l'on appelle *semences orthodoxes*, se conservent aisément, après séchage, à 0 °C ou, mieux, à –20 °C. De fait, la longévité des graines est d'autant plus grande que l'on abaisse la température de conservation. Ainsi, dans les conditions optimales, les graines de céréales peuvent conserver leur capacité de germination jusqu'à une centaine d'années ; les graines de lotus atteignent plusieurs centaines d'années et le record est détenu par un lupin, avec plus de 10 000 ans.

On qualifie de *récalcitrantes* les graines qui ne se comportent pas de façon orthodoxe. Il s'agit en particulier de grosses graines comme les glands de chênes ou celles de nombreux arbres tropicaux. Ces graines sont détruites par le froid, ou bien elles n'ont aucune dormance et germent dès qu'elles sont tombées au sol. On a recours alors à d'autres techniques de conservation, au champ (verger ou arboretum) ou *in vitro*. La conservation *in vitro* consiste à prélever des fragments de plantes et à les garder en conditions contrôlées sur support de gélose en éprouvette.

Cette technique de culture *in vitro* est plutôt utilisée pour la production en masse de plantes horticoles. L'objectif de conservation suppose au contraire de ralentir la croissance. On a recours alors à la *cryogénie* : les fragments prélevés sont maintenus dans l'azote liquide (de –150 °C à –196 °C), qui permet une conservation à très long terme.

La gestion des banques de gènes est cependant assez lourde : elles nécessitent un entretien et un suivi régulier, qui tendent à se relâcher avec le temps. Elles présentent en outre le double inconvénient d'être soumises à des pressions de sélection spécifiques (propres aux conditions de conservation et d'entretien) et d'échapper aux pressions de sélection naturelles. « Certains généticiens des populations considèrent donc qu'un tel mode de conservation statique ne permettrait pas de fournir les caractères d'adaptation aux changements de l'environnement. L'idée a donc été émise de développer des modes de *conservation dynamique*, en cultivant au champ des populations très hétérogènes, qui pourraient évoluer librement et faire apparaître des combinaisons de caractères inédites » (Chauvet et Olivier, 1993).

Pour les races d'animaux domestiques l'entretien de troupeaux *in situ* reste la meilleure stratégie. Malgré son coût, diverses associations et institutions ont mis en place des programmes de conservation.

Les parcs zoologiques

Les parcs zoologiques représentent un système de conservation des espèces animales très ancien. Ils ont permis la sauvegarde de plusieurs espèces. En 1923 le bison d'Europe n'existait plus qu'en captivité. Il a pu être réintroduit avec succès dans les forêts polonaises. Il en est de même de l'oryx d'Arabie, anéanti dans les années 1960, et récemment réintroduit en Arabie Saoudite et en Oman. Un programme est en cours pour le cheval de Przewalski, avec un troupeau en semi captivité dans le parc national des Cévennes, avant l'étape décisive de sa réintroduction en Mongolie.

Pour les populations captives dans le monde, une série de livres généalogiques ou *stud-books* ont été mis sur pied. Cent quatre registres de ce type sont actuellement reconnus par la commission pour la survie des espèces de l'UICN. Quatre-vingt-cinq d'entre eux concernent les mammifères, un les amphibiens, quatre les reptiles et dix-neuf les oiseaux.

Dans la mesure où, comme on l'a vu, l'espérance de survie d'une population dépend de sa faculté d'adaptation aux variations de l'environnement, l'existence en son sein d'une diversité génétique suffisante est une condition fondamentale à prendre en compte.

Cela suppose donc une gestion particulière des populations captives, et en particulier de la conduite de la reproduction. On est encore loin d'atteindre les conditions satisfaisantes, qui consisteraient à traiter les échantillons captifs comme des éléments d'une population biologique à part entière. Ainsi, un recensement effectué au début des années 80 par l'*International Tiger Studbook*, montrait que sur 1 200 tigres de Sibérie captifs, 60 seulement étaient issus du milieu naturel, et parmi eux, six avaient contribué à l'apport de 60 % des gènes. Cela veut dire que la plus grande partie de la diversité originelle a été perdue et que le taux de consanguinité de la population captive est très élevé.

Les réintroductions et renforcements de populations

La réintroduction du vautour fauve dans les Cévennes

L'évolution des populations dépend d'une part des capacités naturelles des individus à survivre et à se reproduire, et d'autre part, des interactions des individus avec l'environnement (climat, ressources, autres populations). Les démographes élaborent des modèles mathématiques qui intègrent ces facteurs, afin de connaître le devenir des populations. La théorie est récente et complexe, et il faut en général avoir recours à l'informatique pour étudier ces modèles. Les chercheurs ont développé plusieurs logiciels qui leur permettent d'aborder de nombreuses questions théoriques et pratiques concernant la démographie d'espèces très différentes et spécialement les questions complexes posées par la gestion et la conservation des espèces menacées. L'un de ces logiciels a notamment été utilisé avec succès dans le cas de la réintroduction du vautour fauve dans les Cévennes.

Le vautour fauve a disparu du Massif Central en 1945. De 1981 à 1986, 61 animaux de cette espèce ont été réintroduits dans les Cévennes. Cette opération est un succès puisque la population compte actuellement presque 200 individus. Les gestionnaires du programme (Fonds d'Intervention pour les Rapaces et Parc National des Cévennes) ont choisi de relâcher des vautours adultes plutôt que des jeunes. L'intérêt du lâcher d'adultes est d'obtenir plus rapidement des animaux nés en nature. Par contre, vraisemblablement du fait de leur captivité avant confrontation à l'habitat naturel, les adultes ont des capacités de survie et de reproduction altérées, ce qui n'est pas le cas pour les jeunes. Ces deux stratégies de réintroduction ont été comparées à l'aide du logiciel ULM (Unified Life Models), après intégration des données mesurées sur le terrain.

La stratégie « adultes » apparaît effectivement préférable à la stratégie « jeunes » : la taille de la population naturelle obtenue est plus importante et le risque d'extinction est moindre. La probabilité d'extinction est calculée en simulant l'impact de fluctuations aléatoires de l'environnement et des effectifs sur le devenir de la population (fig. 151). Le modèle, qui est général et paramétrable, peut être appliqué à d'autres programmes de réintroduction où il faut décider de l'âge des individus à relâcher. Une telle approche de modélisation et simulation apparaît une technique indispensable pour asseoir la biologie de la restauration sur des bases scientifiques solides et guider les stratégies de réintroduction (Figure 151, schéma du haut).

Une théorie à construire

En dépit du nombre croissant de programmes de réintroduction, cette pratique essentielle de la biologie de la conservation souffre de l'absence relative d'un cadre théorique solide.

L'essentiel des recherches en matière de réintroduction porte sur le problème des croisements en captivité, lequel requiert des études sur les risques liés à la consanguinité, sur les perturbations comportementales entraînés par la captivité et sur les conséquences populationnelles de maladies épidémiques. De nombreux efforts sont consacrés au maintien d'une diversité génétique élevée dans les populations captives et réintroduites. Il reste cependant à évaluer dans la nature les conséquences tant de la dépression consanguine (inbreeding) que de la dépression hybride (outbreeding). Dans le cas des renforcements de population, l'impact des lâchers sur

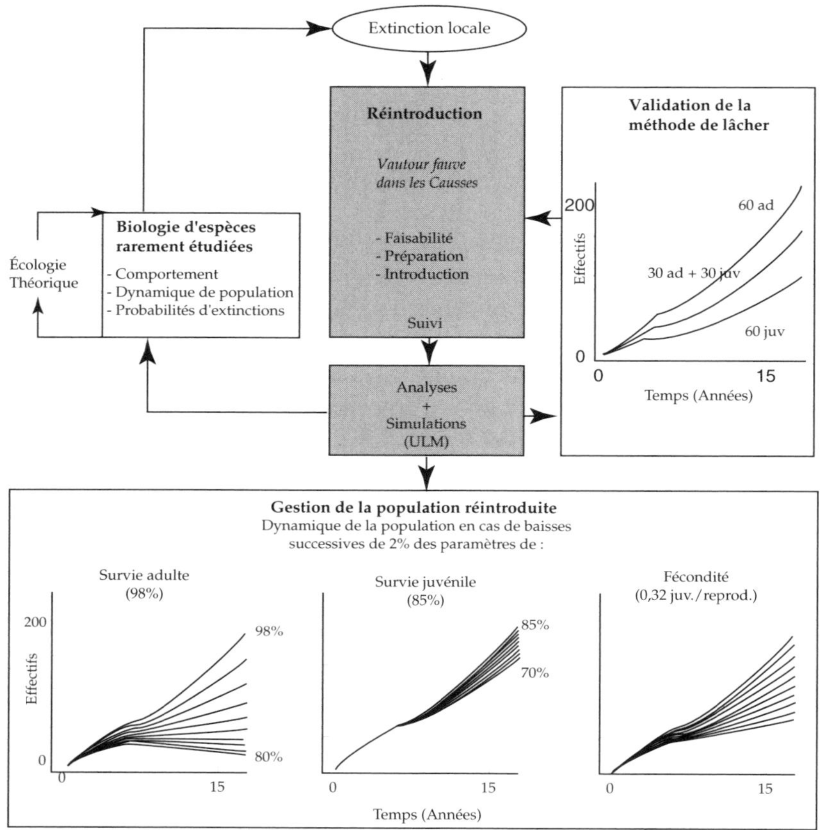

Figure 151 Les simulations sur ordinateur du devenir de la population de vautours montrent, dans l'encadré inférieur : (1) que la croissance maximale est obtenue dans le cas de l'introduction d'adultes, (en haut à droite) ; (2) que le paramètre démographique le plus sensible pour la croissance de la population est le taux de survie des adultes (en bas à gauche), le moins sensible étant la survie des juvéniles (en bas au milieu). D'après Legendre et Sarrazin (communication personnelle).

la population résiduelle demande les plus grandes précautions quant à l'origine des individus déplacés.

Le biais vers les aspects génétiques ne doit pas masquer le besoin d'une connaissance *a priori* de l'écologie des espèces réintroduites. De fait, les stochasticités démographique et environnementale sont supposées avoir un effet important possible sur les très petites populations, cas des espèces réintroduites. En outre, tous les facteurs capables d'affecter la viabilité des populations agissent sur les taux de survie et de fécondité, quelle qu'en soit l'origine, génétique, comportementale ou environnementale. Aussi, une bonne connaissance de la démographie des espèces candidates à la réintroduction — souvent mal connue du fait du statut menacé de ces espèces — est de première importance pour mieux cerner les possibles effets de tous les facteurs qui peuvent affecter le succès de réintroduction.

Après l'opération de réintroduction, le suivi des populations réintroduites est trop souvent négligé, bien qu'il puisse fournir une évaluation précieuse des méthodes adoptées — et du succès de l'opération. On manque cruellement de critères rigoureux pour cela. Il faudrait des estimations précises des paramètres démographiques, base d'une modélisation possible de divers scénarios de la dynamique de la population incluant des événements catastrophiques hypothétiques. La reproduction effective du premier individu sauvage né dans l'aire de lâcher peut être utilisé comme critère à court terme du succès de la réintroduction.

Il faut souligner d'autre part que les réintroductions, en tant qu'expériences à grande échelle, constituent un cadre précieux pour des études écologiques sur la dynamique de la biodiversité d'intérêt tout à fait fondamental.

Tout d'abord les réintroductions concernent des espèces rarement étudiées dans la nature du fait de leur statut d'espèce en danger. Le suivi de telles populations réintroduites ou renforcées constitue donc une excellente opportunité pour étendre nos connaissances sur une plus vaste gamme de modèles animaux et végétaux.

Deuxièmement, les populations réintroduites pourraient présenter des caractéristiques induites par la colonisation, phénomène rarement étudié dans la nature, quoique fortement mis en relief par les études récentes du fonctionnement des métapopulations. Le suivi démographique et génétique des populations réintroduites pourrait permettre une évaluation des effets de fondation et de goulets d'étranglement.

Enfin, les programmes de réintroduction pourrait faciliter les études du rôle des espèces-clés dans l'organisation des communautés.

LA BIOLOGIE DE LA CONSERVATION

Définition

L'émergence de la biologie de la conservation est une réponse de la communauté scientifique à la crise de la biodiversité ; réponse à un défi et à une nécessité impérieuse. De fait, les changements planétaires induits par l'homme précipitent le plus grand épisode d'extinction que la Vie ait connu depuis la disparition des dinosaures il y a 65 millions d'années. Si nous ne réagissons pas rapidement et de façon significative la génération suivante n'aura pas la même opportunité de redresser la situation à laquelle nous faisons face.

Ainsi, la biologie de la conservation est bien, dans tous les sens du mot, une discipline de crise (Soulé, 1985) : elle doit passer du statut de science qui *enregistre* des catastrophes à une science d'*action*, qui permette de les anticiper et d'élaborer des plans scientifiquement fondés pour les empêcher.

C'est une nouvelle discipline de synthèse (fig. 152) qui applique les principes de l'écologie, de la biogéographie, de la génétique des populations, de l'anthropologie,

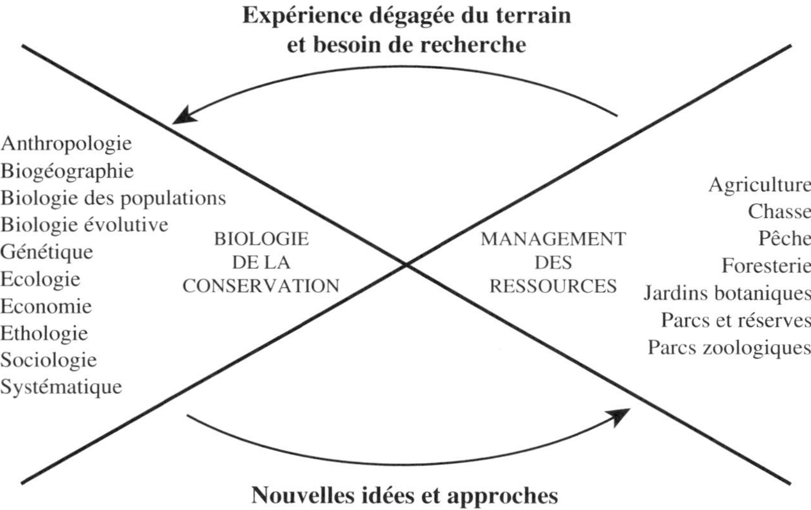

Figure 152 La biologie de la conservation, nouvelle synthèse de nombreuses sciences de base (à gauche) qui fournissent des principes et nouvelles approches au domaine appliqué du management des ressources. L'expérience dégagée sur le terrain influence en retour et oriente les disciplines de base qui structurent la biologie de la conservation (d'après Temple, 1991).

de l'économie, de la sociologie, etc., au maintien de la diversité biologique sur l'ensemble de la planète.

Produit des années 80, ses racines remontent cependant à quelques siècles. De fait, on fait de la conservation depuis des décennies, voire des siècles. Alors qu'y a-t-il de neuf ? La « nouvelle » biologie de la conservation a trois spécificités :

1) Elle s'appuie maintenant sur une base théorique et intègre des modèles écologiques et génétiques appliqués à des situations du monde réel.
2) La conservation traditionnelle s'enracine largement dans une philosophie économique de type « utilitaire », dont la motivation première est de maintenir des productions élevées : on s'intéresse à un petit nombre d'espèces – cerfs, truites, essences d'arbre... dont on cherche à maximiser la production — au détriment de la biodiversité. La nouvelle biologie de la conservation accorde de l'importance à l'ensemble de la biodiversité et lui attibue une valeur intrinsèque. Elle considère dans cette perspective, que le management doit être orienté vers la biodiversité et les écosystèmes planétaires plutôt que vers quelques espèces particulières. Des écosystèmes intacts et diversifiés, au fonctionnement durable, apparaissent comme essentiels, véritables « systèmes support de vie » (Odum, 1989) nécessaires pour notre propre développement en tant qu'espèce.
3) Enfin, la nouvelle biologie de la conservation – et il conviendrait pour cela de parler plutôt de *sciences* de la conservation, sinon d'écologie de la conservation

— embrasse les contributions d'autres disciplines. En particulier, elle reconnaît pleinement que l'apport des sciences sociales, de l'économie, de la science politique, peuvent avoir finalement plus d'impacts dans les avancées et la portée réelle de la conservation que les sciences biologiques.

Principes et caractéristiques de la biologie de la conservation

La biologie de la conservation moderne est dominée par trois idées majeures : la vie sur terre est marquée par le changement évolutif, une dynamique écologique et l'omniprésence de l'Homme.

Elle reconnaît sept principes pour la mise en oeuvre d'une conservation durable de la biodiversité.

Ces principes, énoncés dans une synthèse publiée en 1996 par Mangel et ses collaborateurs reposent sur trois constats :

1) l'ensemble des principes considérés antérieurement pour la conservation des ressources vivantes sauvages demandaient une remise à jour ;
2) ceux-ci ne furent pas aussi efficaces qu'ils auraient dû l'être, probablement parce qu'ils manquaient de mécanismes de mise en œuvre ;
3) tous les problèmes de conservation comportent à la fois des aspects scientifiques, économiques et sociaux et ceux-ci doivent être inclus dans les solutions proposées.

Principe n° 1 : *le maintien durable de populations saines pour l'ensemble des ressources biologiques sauvages n'est pas compatible avec une croissance illimitée des besoins et demandes des hommes pour ces ressources.*

On ne saurait concevoir la possibilité d'une croissance infinie dans un système fini. La population humaine ne peut croître indéfiniment sans porter atteinte aux ressources naturelles qui lui sont nécessaires. Aussi, l'élément de base le plus critique pour tout effort de conservation est la stabilisation puis l'infléchissement de la population humaine et de la pression qu'elle exerce sur la biosphère et ses ressources.

De fait, pour que les conditions d'un développement durable soient accomplies, il faut que les hommes exploitent leurs ressources de manière à permettre leur renouvellement naturel : qu'ils apprennent à vivre des intérêts sans affecter le capital.

Principe n° 2 : *le but de la conservation devrait être d'assurer toutes les options d'utilisation présentes et futures en maintenant la biodiversité dans toutes ses composantes, génétique, spécifique et écosystémique.*

Cet objectif suppose : de gérer la pression exercée sur les écosystèmes de manière à préserver leurs traits essentiels ; d'identifier et protéger les zones, espèces et processus qui sont particulièrement importants pour la sauvegarde des écosystèmes ; d'éviter autant que possible la fragmentation des aires naturelles.

Principe n° 3 : *l'évaluation des possibles effets écologiques et socio-économiques de l'utilisation des ressources naturelles devrait précéder toute mesure d'extension ou de restriction de celle-ci.*

Traditionnellement, l'utilisation des ressources naturelles est basée sur la conviction que les propriétaires des ressources ont le droit d'en faire ce qu'ils veulent ; si une ressource n'est la propriété de personne elle peut être utilisée par tout le monde ; et cette utilisation ne peut être restreinte sauf si quelque individu ou entité légalement habilité s'y oppose.

Or, la mise en œuvre du troisième principe pour une conservation durable de la biodiversité suppose des conditions sensiblement différentes. Il faut en particulier identifier les incertitudes et présupposés relatifs au cycle de vie, à l'état et au rôle dans l'écosystème de l'espèce-ressource considérée ainsi qu'à l'impact du contexte socio-économique.

Principe n° 4 : *la réglementation relative à l'utilisation des ressources vivantes doit reposer sur la connaissance de la structure et de la dynamique de l'écosystème concerné et prendre en compte les influences écologiques et socio-économiques qui affectent directement et indirectement l'utilisation de ces ressources.*

Principe n° 5 : *la gamme complète des compétences et connaissances apportées par les sciences de la nature et de la société doit être mobilisée pour traiter des problèmes de conservation.*

Il faut en particulier :

1) impliquer la totalité des disciplines nécessaires au stade le plus précoce possible ;
2) reconnaître que la science n'est qu'une part de la conservation des ressources vivantes, limitée à l'investigation et la description de certaines catégories de phénomènes et processus ; ainsi, la science peut être utilisée pour fixer les limites des activités compatibles avec les objectifs de la conservation, y compris les incertitudes sur ces limites, mais elle ne peut dicter à la société où celle-ci doit opérer dans le cadre de ces limites ;
3) demander de larges consultations, parce que, potentiellement, toutes les questions de conservation ont des implications biologiques, économiques et sociales et que l'ignorance de l'une ou de l'autre de ces composantes peut conduire à des conflits impropres à autoriser une conservation effective.

Principe n° 6 : *toute conservation efficace suppose la prise en compte et la compréhension des motivations, intérêts et valeurs de tous les utilisateurs et acteurs en cause.*

Cela suppose de donner la responsabilité de gestion aux groupes d'intérêts locaux, ce qui accroît les motivations à conserver, spécialement s'il existe un lien entre l'activité de conservation et les bénéfices apportés par cette activité.

Principe n° 7 : *une conservation efficace demande une communication interactive continue.*

Chapitre 22

L'écologie industrielle

Pour créer les conditions d'un développement durable, il ne suffit pas de se préoccuper de la nature : encore faut-il prendre en compte la « technosphère », partie intégrante de l'écosphère du XXIe siècle. C'est ce que préconise l'écologie industrielle.

L'ÉMERGENCE D'UNE NOUVELLE DISCIPLINE

L'hypothèse fondatrice de ce que l'on appelle l'écologie industrielle (voir Erkman, 1998) est qu'il est opérationnel d'envisager le système industriel comme un cas particulier d'écosystème : « Après tout, on peut décrire le système industriel comme une certaine configuration de flux et de stocks de matière, d'énergie et d'information, tout comme les écosystèmes biologiques. De plus, le système industriel tout entier repose sur les ressources et les services fournis par la Biosphère, dont il constitue en quelque sorte une excroissance. Il existe ainsi un large spectre d'écosystèmes industriels en interaction plus ou moins directe avec la biosphère, depuis certains écosystèmes agricoles, presque « naturels », jusqu'aux écosystèmes les plus artificiels, comme les vaisseaux spatiaux. »

C'est au début des années 90 que se constitue cette nouvelle discipline, à la confluence de l'écologie, de l'ingénierie et de la bioéconomie. Elle se dote d'une première revue scientifique spécialisée en 1997, le *Journal of Industrial Ecology (*MIT Press).

Trois idées fondent le concept d'écologie industrielle :

– la nécessité d'une vision d'ensemble, intégrée, de toutes les composantes du système industriel et de leur relation avec la Biosphère ;

– c'est le substrat biophysique du système industriel, avec la totalité des flux et stocks de matière et d'énergie liés aux activités humaines, qui constitue le champ d'étude de l'écologie industrielle ;
– une dynamique technologique intégrative constitue un facteur crucial pour favoriser la transition du système industriel actuel vers un système viable, inspiré par le fonctionnement de la biosphère.

En d'autres termes, il s'agit pour l'écologie industrielle, en s'inspirant des connaissances sur les écosystèmes et le fonctionnement de la biosphère, de déterminer les transformations susceptibles de rendre le système industriel compatible avec un fonctionnement « normal » des écosystèmes de la planète. L'étude du *métabolisme industriel* en constitue un préalable indispensable. C'est « l'étude de l'ensemble des composants biophysiques du système industriel. Cette démarche, essentiellement analytique et descriptive, vise à comprendre la dynamique des flux et des stocks de matière et d'énergie liés aux activités humaines, depuis l'extraction et la production des ressources jusqu'à leur retour inévitable, tôt ou tard, dans les processus biogéochimiques » (Erkman, 1998).

On comprend mieux l'originalité de cette approche en l'opposant à la vision traditionnelle qui sépare le monde de l'industrie de la biosphère et traite des impacts des activités humaines selon la « philosophie » du « end of pipe » des anglo-saxons : on traite les pollutions de façon cloisonnée et linéaire, en bout de chaîne, par des dispositifs techniques appropriés. Les idées de cycle, d'interdépendance sont négligées.

Afin de montrer le caractère opérationnel de cette nouvelle approche, de cette nouvelle discipline, nous ne pouvons que rependre ici l'exemple « historique » de la symbiose de Kalundborg.

LA SYMBIOSE DE KALUNDBORG

Kalundborg est une petite ville industrielle de vingt mille habitants, au bord de la mer du Nord au Danemark. Accessible même durant l'hiver, ce petit port a connu un développement industriel important à partir des années 50, avec tout d'abord l'implantation d'une centrale électrique et d'une raffinerie de pétrole.

Au fil du temps, les principales entreprises de Kalundborg se sont rapprochées et ont commencé à échanger leurs déchets respectifs : de la vapeur, de l'eau à différentes températures et différents degrés de pureté et divers sous-produits. À la fin des années 80, les responsables du développement local comprirent qu'ils venaient de créer un nouveau mode d'organisation industrielle qu'ils baptisèrent « symbiose industrielle ».

La symbiose de Kalundborg associe cinq partenaires reliés entre eux par un réseau de pipelines :

– Asnaesvaerket, la plus grande centrale électrique du Danemark, d'une capacité de 1500 MW et alimentée actuellement au charbon ;

– Statoil, la première raffinerie de pétrole du Danemark, avec une capacité supérieure à 3 millions de tonnes de pétrole par an ;
– Novo Nordisk, une grande société danoise de biotechnologies ;
– Gyproc, société suédoise dont l'usine de Kalundborg produit 14 millions de m^2 de panneaux de construction en gypse par an ;
– la municipalité de Kalundborg, qui utilise la vapeur vendue par la centrale électrique pour le chauffage à distance de toute la ville.

La figure 153 donne une idée des principaux échanges qui tissent le fonctionnement de la symbiose de Kalundborg. Le bilan estimatif des avantages environnementaux et économiques apportés par ce système complexe de recyclages emboîtés peut être résumé comme suit :

– réduction de la consommation de matières premières : 45 000 tonnes par an de pétrole, 15 000 tonnes de charbon et surtout 600 000 m^3 d'eau ;
– réduction des émissions de gaz à effet de serre et de polluants : 175 000 tonnes par an de CO_2, 10 200 tonnes de SO_2 ;
– réutilisation des déchets : 130 000 tonnes par an de cendres (pour la construction routière), 4 500 tonnes de soufre (pour la fabrication d'acide sulfurique), 80 000 tonnes par an de gypse, 1 440 tonnes par an d'azote et 600 tonnes de phosphore.

Il faut souligner que cette histoire résulte d'un processus spontané, qui s'est développé progressivement sur la base commerciale classique des intérêts bien compris, par le jeu de négociations séparées et confidentielles. Tous les échanges obéissent aux lois du marché — vente directe, troc ou échanges de bons procédés (par exemple, l'entreprise réceptrice construit à ses frais le pipeline et reçoit en échange le déchet à un très bon prix).

Son succès repose largement sur la confiance résidant entre les différents partenaires, ce que facilite la petite taille de la ville, où tout le monde se connaît.

Enfin, la symbiose de Kalundborg se caractérise par la proximité et la complémentarité des entreprises associées — conditions essentielles pour une telle réussite.

CARACTÉRISATION ET PRINCIPES DE L'ÉCOLOGIE INDUSTRIELLE

Cet exemple fondateur l'aura bien montré : l'écologie industrielle est une discipline intégrative, comme la biologie de la conservation. Elle privilégie les relations entre systèmes, comme le fait l'écologie des paysages — on pourrait dire que c'est l'écologie des paysages industriels !

Mais cette intégration multisystémique pousse à une forte interdisciplinarité que ne facilitent pas la culture scientifique moderne et l'organisation de nos structures académiques, éducatives, scientifiques et techniques. La figure 154 souligne bien les liens qui existent entre l'écologie industrielle d'une part et les systèmes naturels, les systèmes technologiques et les systèmes culturels d'autre part, ainsi que les rétroactions avec ce qui constitue la matrice du développement durable.

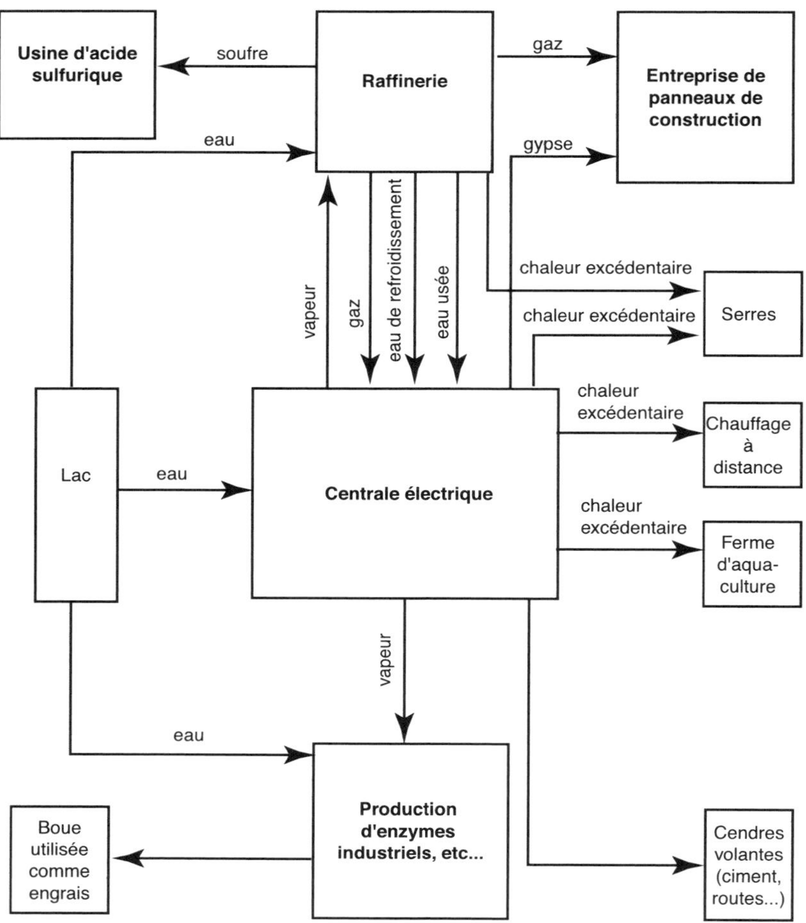

Figure 153 Schéma des principaux échanges de déchets entre les partenaires de la symbiose de Kalundborg (source : The symbiosis Institute, Kalundborg).

Pour clore cette brève introduction à un domaine en pleine émergence, nous énumérerons ici les onze principes qui en structurent le développement selon Allenby (1998).

Afin d'en faciliter la compréhension, ils sont formulés dans la perspective d'une application à un article manufacturé complexe. Il est clair qu'ils sont transposables à d'autres activités économiques telles que l'agriculture ou la foresterie.

1) Les produits, processus, services et opérations peuvent donner des résidus mais pas de déchets.

2) Chaque produit, processus ou infrastructure bâtie devrait être conçu de manière à permettre une adaptation aisée à la mise en œuvre ultérieure d'innovations envi-

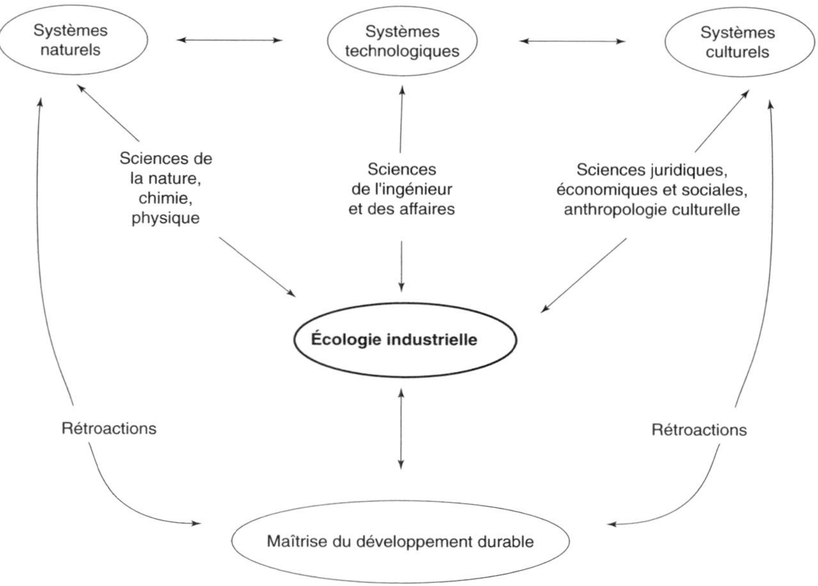

Figure 154 L'écologie industrielle en tant que champ intégratif multi-disciplinaire (d'après Allenby, 1998).

ronnementalement préférables et prévisibles (par exemple, ménager la possibilité d'apposer à un bâtiment un système photovoltaïque même si celui-ci n'est pas installé à la construction).

3) Chaque molécule qui entre dans un processus donné devrait en sortir sous la forme d'un produit commercialisable.
4) Chaque unité d'énergie utilisée devrait contribuer à la transformation matérielle voulue.
5) Les industries devraient faire l'usage minimum de matériaux et d'énergie dans les produits, les processus et services réalisés.
6) Les matériaux utilisés devraient être les moins toxiques possibles en fonction de l'objectif souhaité, toutes choses égales par ailleurs. Souvent, il y a un compromis à rechercher entre consommation d'énergie et toxicité.
7) Les industries devraient obtenir l'essentiel des matériaux nécessaires par la voie du recyclage plutôt que par le recours à l'extraction de matières premières.
8) Chaque processus ou produit devrait être conçu de manière à préserver les qualités intrinsèques des matières premières utilisées. Cela peut consister à rechercher des « designs » qui prolongent la durée du produit ou bien qui facilitent le recyclage de ses composants.
9) Chaque produit devrait être conçu de façon à rester utilisable pour créer d'autres produits utiles au terme de son « existence ».

10) Chaque infrastructure industrielle devrait être installée, construite ou modifiée en tenant compte des milieux naturels locaux et de la diversité spécifique qu'ils abritent, avec pour objectif de minimiser les impacts sur les ressources locales ou régionales.
11) Des interactions étroites devraient être développées avec les producteurs de matières premières, les utilisateurs et les représentants d'autres industries, avec pour objectif de mettre en place des stratégies coopératives de minimisation de l'emballage, du recyclage et de la réutilisation de ces matériaux.

Il est donc bien clair que l'idée-force sous-jacente à tous ces principes est que les préoccupations environnementales doivent faire partie intégrante de toutes les activités envisagées . Cela suppose une autre vision économique du monde, celle que préconise l'économie écologique — celle que suscite très logiquement l'écologie scientifique présentée dans cet ouvrage : le long terme est pris en compte plutôt que le court terme ; le cadre régional voire planétaire jouit d'une attention particulière ; l'objectif est de comprendre et respecter la résilience des systèmes naturels les plus vulnérables ; on privilégie les analyses de flux de masses et de cycles pour tirer parti des liens entre systèmes économiques et systèmes naturels ; enfin, les agents de production économique sont perçus comme des instruments essentiels pour atténuer les impacts sur l'environnement et non simplement comme les fauteurs de trouble à combattre.

Chapitre 23

L'écologie, science majeure pour une gestion maîtrisée de la biosphère

Les problèmes évoqués dans ces deux dernières parties de l'ouvrage — croissance démographique, perspective de changements climatiques, menaces sur la diversité biologique, nécessité d'un développement durable — sont en fait étroitement liés, ainsi que le schématise clairement la figure 147. Ils le sont pour deux raisons, de deux manières différentes :

1) par les processus écologiques qui, à travers cycles biogéochimiques et interactions biotiques, constituent la trame fonctionnelle de la biosphère ;
2) par l'influence centrale, dans la dynamique du système géosphère-biosphère, de l'espèce humaine et de ses activités.

LA SCIENCE ÉCOLOGIQUE INTERPELLÉE

L'écologie, qui traite du premier point et s'intéresse aux effets du second sur les équilibres écosystémiques — qu'il s'agisse de dynamique des populations ou de cycles de nutriments — se trouve donc au premier plan pour relever le défi énoncé en titre de ce chapitre. Elle dispose pour cela du bagage conceptuel nécessaire et devrait pleinement tirer profit du développement des techniques de modélisation et de télédétection spatiale pour mieux contribuer, en association avec d'autres disciplines, à la compréhension du fonctionnement de la biosphère.

Il faut rappeler que toutes les analyses consacrées à la structure des écosystèmes ont souligné leur hétérogénéité constitutive. Celle-ci s'exprime à différentes échelles d'espace et de temps, variables selon les processus étudiés. Un tel emboîtement d'hétérogénéités a de profondes conséquences sur le fonctionnement des systèmes écologiques et doit recevoir plus d'attention que par le passé. De fait, là réside l'une des difficultés majeures du programme géosphère-biosphère : comment, à partir de mesures et d'études fonctionnelles conduites à l'échelle locale (où opèrent les mécanismes analysés : fixation d'azote, photosynthèse, production de méthane, etc.), extrapoler à l'échelle régionale, continentale puis planétaire, pour connaître et prévoir les réponses de la biosphère aux changements globaux de l'environnement (CO_2, température, régime hydrique) ? Les bases théoriques pour le développement et l'application du concept de hiérarchie en écologie sont maintenant bien établies. Il reste cependant beaucoup à faire tant est complexe la dynamique du système Planète Terre. De fait, la complexité du biologique est telle que les modifications environnementales, sans cesse accélérées et nouvelles, sont susceptibles de produire des changements totalement imprévisibles dans la nature et l'intensité des processus affectés. Si les systèmes écologiques bénéficient de mécanismes d'ajustement continus, leur conférant une apparente stabilité ou un équilibre dynamique sur le court terme (évolution prévisible), leur évolution en réponse à des perturbations relève de processus de non-équilibre. Dans la plupart des cas, notamment lorsque les contraintes extérieures sont fortes, on ne peut espérer une évolution linéaire des systèmes écologiques. Établir un lien direct entre l'actuel et le futur requiert donc la plus grande prudence.

VERS UNE ÉCOLOGIE RENOUVELÉE

La science ainsi interpelée, il convient de le souligner, est une écologie profondément renouvelée. Interactions géosphère-biosphère, biogéochimie des sols et des eaux, échanges océans-atmosphère-sols-végétation, dynamique des bassins versants et des paysages, changements climatiques — le champ couvert est vaste, s'étendant bien au-delà des espaces familiers de l'écologie traditionnelle. De fait, que l'on parle de macroécologie ou d'écologie planétaire, la palette des disciplines mobilisées s'est considérablement étendue, couvrant l'ensemble des sciences de la nature. Paralèllement, il est de plus en plus fait appel à une gamme élargie de technologies nouvelles (Legay et Barbault, 1995).

C'est la première facette de la révolution actuelle de l'écologie. Elle ne fait, certes, que ressusciter des préoccupations plus anciennes, trop longtemps négligées (que l'on relise *La Biosphère* de Vernadsky, 1929, pour s'en convaincre), mais avec une ampleur nouvelle conférée par le progrès des sciences et des techniques.

Une seconde facette se profile, encore voilée il est vrai et elle aussi annoncée : en sous-titre de l'essai historique qu'il consacre à l'écologie, Deléage ne précise-t-il pas « une science *de l'homme* et de la nature » ?

Le moment est venu de méditer ce message. Mais du chemin reste à faire, tant est grande l'incompréhension entre sciences de la nature et sciences de l'homme et de la société. Pourtant, les problèmes évoqués, qui touchent à l'environnement des hommes et résultent de leurs activités, sont à la fois écologiques *et* économiques, biologiques *et* sociaux. Une véritable économie écologique est, certes, en train de se développer (Barbier *et al.*, 1994 ; van Dieren, 1995) mais cela n'est qu'un aspect du problème.

De fait, si l'émergence récente du concept de *service écologique* ouvre de nouveaux horizons à l'écologie, c'est d'abord parce qu'elle y introduit une rupture épistémologique à laquelle les écologues, culturellement des biologistes épris de la nature, ne sont pas préparés.

Les écologues n'ont pas de difficulté à étayer le concept dans sa dimension proprement écosystémique. Il leur est facile de montrer que les écosystèmes, à travers leurs réseaux trophiques complexes impliquant des milliers et des centaines de milliers d'espèces, micro-organismes compris, assument des fonctions écologiques essentielles au bien-être et au développement de l'homme et de ses sociétés : pollinisation des fleurs, purification de l'eau, régulation des climats, recyclage de la matière organique — sans parler des ressources marchandes que constituent les plantes alimentaires ou les espèces qui fournissent des médicaments.

La plupart de ces biens et services fournis par les écosystèmes de la planète n'entrent pas dans les circuits économiques classiques et n'ont donc pas de « valeur ». C'est leur disparition qui fait prendre conscience de leur importance, y compris en termes économiques. Ainsi, la ville de New York était traditionnellement réputée pour la qualité de son eau. Celle-ci, qui trouvait sa source dans les Catskills Moutains était mise en bouteilles et vendue dans tout le Nord-Est des États-Unis. Ces dernières années, le système de purification naturelle des montagnes s'est trouvé altéré par les changements d'usage des terres et les excès d'engrais, au point que l'eau cessa d'être potable. L'administration de la ville a fait évaluer le coût d'une centrale de traitement et purification de l'eau : 6 à 8 milliards de dollars de coût de construction, auquel il fallait ajouter 300 millions de dollars de coût annuel de fonctionnement — un prix élevé pour un service auparavant gratuit ! Il est intéressant de préciser ici que, devant l'ampleur de l'addition, les autorités de la ville incitèrent à approfondir les recherches en vue d'évaluer les coût d'une restauration de l'intégrité des services de purification naturelle assurés par le bassin versant des Catskills Moutains. Estimée à 1 milliard de dollars, cette restauration apparu donc comme la solution la moins coûteuse et fut adoptée par la ville.

Plus généralement, dans un article de la revue *Nature*, Costanza et son équipe (1997) ont tenté d'évaluer les services rendus à l'humanité par la totalité des écosystèmes de la planète. Ils identifient 16 types d'écosystèmes, de la haute mer au désert en passant par la ville, et 17 types de services parmi lesquels la régulation des gaz, du climat, de l'eau, la capacité de résilience, l'offre d'eau, le contrôle de l'érosion, la formation des sols, le recyclage des nutriments, etc... Il n'était pas concevable de donner un prix aux écosystèmes en tant que tels, puisque l'hypothèse écologique de base est qu'ils constituent le support indispensable à toute vie sur terre : leur valeur intrinsèque est donc illimitée. C'est donc la variation de bien-être correspondant à une variation de service rendu qui est évaluée, conformément aux fondements de la théorie économique. Les méthodes employées reposent, pour la plupart des services évalués, sur les consentements à payer d'échantillons de populations concernées. Cette méthode dite de l'évaluation contingente est certes discutée mais l'intérêt de l'exercice réside dans la prise de conscience à laquelle il conduit : les services écologiques fournis par la biosphère ont une valeur considérable ! Le calcul effectué par Costanza et son équipe donne un chiffre moyen de 33 000 milliards de dollars par an, à comparer à la somme des produits nationaux bruts (PNB) de la planète, mesure de la richesse marchande produite mondialement, de 18 000 milliards de dollars par an.

Qu'elles que soient les fragilités de cette estimation, elle a le double mérite :

- d'attirer l'attention sur l'importance économique des biens et services apportés par le système biosphère ;
- d'ouvrir un nouveau champ de recherche qui devrait contribuer à changer les relations de l'homme avec la nature pour créer les conditions d'un véritable développement durable où le mot d'ordre deviendrait « faisons équipe avec la vie », pour paraphraser le titre d'un récent rapport au Président des États-Unis[1].

On l'aura compris, le défi scientifique est considérable, à la hauteur des enjeux sociaux et économiques. Quels moyens y consacrera-t-on réellement, au-delà des grandes déclarations politiques ? Avec quelle profondeur conduirons-nous nos réflexions (Larrère et Larrère, 1997) ? C'est un choix de civilisation qui semble se jouer là et l'analyse philosophique et sociologique ne sera pas un luxe.

---

1. Information publiée dans un rapport du Conseil pour la science et la technologie du Président des États-Unis : *Teaming with life : investigating in science to understand and use America's living capital*, mars 1998.

Bibliographie

Allègre, C., 1992. *Introduction à une Histoire naturelle*. Éditions Fayard, Paris.

Anderson R.M. et May R.M., 1979. Population biology of infectious diseases : Part I. *Nature*, 280 : 361-367.

Ayala F.J., 1969. Experimental invalidation of the principle of competitive exclusion. *Nature*, 224 : 1076-1079.

Barbault R., 1988. Body size, ecological constraints and the evolution of life-history strategies. *Evol. Biol.*, 22 : 261-286.

Barbault R., 1992. *Écologie des peuplements. Structure, dynamique et évolution*. Masson, Paris.

Barbault R., 1994. *Des baleines, des bactéries et des hommes*. Odile Jacob, Paris.

Barbier, E. B., J. C. Burgess et Folke C., 1994. *Paradise lost? The ecological economics of biodiversity.* Earthscan. New York.

Bell G. et Koufopanou V., 1986. The cost of reproduction. *Oxford Surveys in Evolutionary Biology*, 3 : 83-131.

Blondel J., 1995. *Biogéographie. Approche écologique et évolutive*. Masson, Paris.

Bolin B., 1970. The carbon cycle. *Sci. Amer.*, 223 : 125-132.

Boyce M.S., 1984. Restitution of r- and K-selection as a model of density-dependent natural selection. *Ann. Rev. Ecol. Syst.*, 15 : 427-447.

Brafield A.E., et Lewellyn M.J., 1982, *Animal energetics*, Blackie and Son, Glasgow.

Brown, J.H., 1991. *Macroecology.* The University of Chicago Press, Chicago.

Brown L.R. (ed) 1996. *L'état de la planète*. Economica, Paris.

Brown J.H. et Davidson D.W., 1977. Competition between seed-eating rodents and ants in desert ecosystems. *Science*, 196 : 880-882.

Burel, F. et Baudry J., 1999. *Écologie du paysage. Concepts, méthodes et applications.* Éditions TEC & DOC, Paris.

Calow P., 1978. *Life cycles. An evolutionary approach to the physiology of reproduction, developpement and ageing*. Chapman and Hall, London.

Chauvet M. et Olivier L., 1993. *La biodiversité, enjeu planétaire*. Sang de la Terre, Paris.

Combes C., 1995. *Écologie des interactions durables.* Masson, Paris.

Combes, C. 1996. L'écologie des interactions durables ou le parasite revisité. *Médecine/ Sciences,* 12 : 158-162, Paris.

Connell J.H., 1978. Diversity in tropical rain forests and coral reefs. *Science*, 199 : 1302-1310.

Costanza, R., 1991. *Ecological Economics. The Science and Management of Sustainability*, Columbia University Press, New York.

Costanza, R. *et al.,* 1997. *The value of the world's ecosystem services and natural capital.* Nature 387 : 253-260.

Currie, C.R., Scott, J.A., Summerbell, R.C. et Malloch, D., 1999. Fungus-growing ants use antibiotic-producing bacteria to control garden parasites. *Nature* 398 : 701-704.

Dawkins, R., 1982. *The extended phenotype*. Oxford University Press, Oxford.

DELÉAGE J.P., 1991. *Histoire de l'écologie. Une science de l'homme et de la nature.* La Découverte, Paris.

DIAMOND J.M., 1973. Distributional ecology of New Guinea birds. *Science*, 179 : 759-769.

DIAMOND J. et CASE T.J., 1986. *Community ecology.* Harper and Row, New York.

DI CASTRI, F. et YOUNÈS, T., 1996. *Biodiversity, Science and Development : Towards a New Partnership.* CAB International, IUBS, Wallingford, UK.

DUPLESSY J.-C., et MOREL P., 1990. *Gros temps sur la planète.* Éditions Odile Jacob, Paris.

DUPLESSY, J.C., 1996. *Quand l'océan se fâche. Histoire naturelle du climat.* Éditions Odile Jacob, Paris.

EBERT, D. et HAMILTON, W.D. 1996. *Sex against virulence : the coevolution of parasite diseases.* TREE 11 : 79-82.

EHRLICH P.R. et RAVEN P.H., 1964. Butterflies and plants : a study in coevolution, *Evolution*, 18 : 586-608.

EWALD, P.W. 1994. *Evolution of infectious desease.* Oxford University press, Oxford.

FRANKEL O.H. et SOULE M.E., 1981.*Conservation and evolution*, Cambridge Univ. Press.

FRONTIER S. et PICHOT-VIALE D., 1995. *Écosystèmes. Structure, fonctionnement et évolution.* Masson, Paris.

GENERMONT J., 1979. *Les mécanismes de l'évolution.* Dunod Université, Paris.

GILBERT L.E. et RAVEN P.H., (eds), 1975. *Coevolution of animals and plants.* Univ. Texas Press, Austin.

GOSZ J.R., HOLMES R.T., LIKENS G.E. et BORMANN F.H., 1978. Le flux d'énergie dans un écosystème forestier. *Pour la Science*, 7 : 101-110.

GRIME J.P., 1977. Evidence for the existence of three primary strategies in plants and its relevance to ecological and evolutionary theory. *Am. Nat.*, 111 : 1169-1194.

GRINEVALD J., 1992. De Carnot à Gaïa : l'histoire de l'effet de serre. *La Recherche,* 243 : 532-538.

GUIOT J., PONS A., BEAULIEU J.-L. de et REILLE M., 1989. A 140 000 years continental climate reconstruction from two European pollen records. *Nature*, 338 : 309-313.

HAIRSTON N.G., SMITH F.E. et SLOBODKIN L.D., 1960. Community structure, population control and competition. *Amer. Nat.*, 54 : 412-425.

HASSEL M.P., 1978. *The dynamics of arthropod predator-prey systems.* Princeton Univ. Press.

HECTOR, A. *et al.*, 1999. *Plant diversity and productivity experiments in European grasslands.* Science 286 : 1123-27.

HOLLING C.S., 1973. Resilience and stability of ecological systems. *Annu. Rev. Ecol. Syst.*, 4 : 1-23.

HULOT, N., BARBAULT, R. BOURG, D., 1999. *Pour que la terre reste humaine*. Seuil, Paris.

JACQUES G., 1996. *Le cycle de l'eau.* Hachette, Paris.

JANZEN D.H., 1980. When is it coevolution? *Evolution*, 30 : 611-612.

JUPIN H., 1996. *Le cycle du carbone.* Hachette, Paris.

KAREIVA P.M., KINGSOLVER J.G. et HUEY R.B., 1993. *Biotic Interactions and Global Change.* Sinauer Associates Inc., Sunderland, Massachussets.

KNOPS, J.M.H. *et al.,* 1999. *Effects of plant species richness on invasion dynamics, disease outbreaks, insect abundances and diversity.* Ecology Letters 2 : 286-293.

KREBS J.R. et Davies N.B., 1987. *An introduction to behavioural ecology* Blackwell Sci. Publ., Oxford.

LABEYRIE J., 1985. *L'homme et le climat.* Denoël, Paris.

LACK D., 1954. *The natural regulation of animal number.* Oxford Univ. Press, Oxford.

LARRÈRE C. et R. LARRÈRE, 1997. *Du bon usage de la nature. Pour une philosophie de l'environnement.* Aubier, Paris.

LAWTON J.H. et MAY R.M. (eds), 1995. *Extinction Rates*, Oxford Univ. Press, Oxford.

LEGAY J.M. et BARBAULT R. (eds), 1995. *La révolution technologique de l'écologie.* Masson, Paris.

LÉVÊQUE C., 1996. *Écosystèmes aquatiques.* Hachette, Paris.

LOREAU M., 1996. *Biodiversité et fonctionnement des écosystèmes : vers une nouvelle synthèse écologique.* Médecine/Science 12 : 158-162.

LOVELOCK J., 1990. *Les âges de Gaïa.* Robert Laffont, Paris.

MACARTHUR R.H., 1972. *Goegraphical ecology : patterns in the distribution of species*, Harper and Row.

MACARTHUR R.H. et WILSON E.O., 1967. *The theory of island biogeography.* Princeton Univ. Press, N.J.

MAY R.M., 1973. *Stability and complexity in model ecosystems*, Princeton University Press, N.J.

MAY R.M. (ed.), 1981. *Theoretical ecology. Principles and applications*. Blackwell Sci. Publ., Oxford.

MAY R.M., 1992. L'inventaire des espèces vivantes. *Pour la science*, 182 : 30-35.

MAYNARD SMITH J., 1982. *Evolution and the theory of games*. Cambridge Univ. Press, London.

MAYR, E., 1942. *Systematics and the origin of species*. Columbia University Press, Columbia.

MITTER, C., FARRELL, B. et WIEGMANN, B., 1988. The phylogenetic study of adaptative zone – has phytophagy promoted insect diversification ? *Am. Nat.* 132 : 107-128.

NAEEM S., L.J. THOMPSON, S.P. LAWLER, J.H. LAWTON & R.M. WOODFIN, 1994. Declining biodiversity can alter the performance of ecosystems. *Science,* 368 : 734-737.

O'NEILL R.V., DEANGELIS D.L., WAIDE J.B. et ALLEN T.F.H., 1986. *A Hierarchical Concept of Ecosystems*. Princeton Univ. Press, Princeton.

OZENDA P., 1986. *La cartographie écologique et ses applications*, Masson, Paris.

PAINE R.T., 1966. Food web complexity and species diversity, *Am. nat.*, 100 : 65-75.

PETERS R.H., 1983. *The ecological implications of body size*. Cambridge University Press, Cambridge.

POULIN, R., 1998. *Evolutionary Ecology of Parasites. From individuals to communities*. Chapman & Hall, London.

PRICE P.W., 1975. *Insects ecology*, J. Wiley and Sons, New York.

PRICE P.W., 1980. *Evolutionary biology of parasites*. Princeton Univ. Press, Princeton, New Jersey.

PRICE P.W., SLOBODCHIKOFF C.N. et GAUD W.S. (eds), 1984. *A new ecology. Novel approaches to interactive systems*. John Wiley and Son, New York.

RAMADE F., 1995. *Éléments d'écologie appliquée*, MacGraw-Hill.

RIBA G. et SILVY C., 1989. *Combattre les ravageurs des cultures. Enjeux et perspectives*. INRA, Paris.

RICKLEFS R.E., 1980 (2e ed.). *Ecology*, Nelson and Sons, London.

ROQUEPLO P., 1993. *Climats sous surveillance. Limites et conditions de l'expertise scientifique*. Economica, Paris.

ROQUEPLO P., 1997. *Entre savoir et décisions, l'expertise scientifique*. INRA Éditions, Paris.

SAUGIER B., 1996. *Végétation et atmosphère*. Flammarion, Paris.

SCHOENER T.W., 1983. Field experiments on interspecific competition. *Am. Nat.*, 122 : 240-285.

SCHULTZ T., Ants, plants and antibiotics. *Nature* 398 : 747-748.

SCHULZE E.D. et MOONEY H.A. (eds), 1993. *Biodiversity and ecosystem function*. Springer-Verlag, Berlin.

SIMBERLOFF D., 1988. The contribution of population and community biology to conservation science. *Annu. Rev. Ecol. Syst.*, 19 : 473-511.

SLOBODKIN L.B., 1968. How to be a predator? *Amer. Zool.*, 8 : 43-51.

SOLIGNAC M., PERRIQUET G. ANXOLABEHERE D. et PETIT C. 1995. *Génétique et Évolution. Tomes I et II*. Hermann, Paris.

SOUTHWOOD T.R.E., 1988. Tactics, strategies and templets. *Oikos*, 52 : 3-18.

STEARNS S.C., 1992. *The evolution of life histories*. Oxford University press, Oxford.

STEPHENS D.W. et KREBS J.R., 1986. *Foraging theory*. Princeton Univ. Press, Princeton.

STRONG D.R., LAWTON J.H. et SOUTHWOOD Sir R., 1984. *Insects on plants. Community patterns and mechanisms*. Blackwell Sci. Publ., Oxford.

TILMAN D., 1982. *Resource competition and community structure*. Princeton Univ. Press, Princeton, New Jersey.

TILMAN D., 1988. *Plant strategies and the structure and dynamics of plant communities*. Princeton Univ. Press, Princeton, New Jersey.

TILMAN D., D. WEDIN & J. KNOPS, 1996. Productivity and sustainability influenced by biodiversity in grassland ecosystems. *Nature* 379 : 718-720.

VAN DIEREN W., 1995. *Taking Nature in account*. Springer-Verlag, New York.

VERNADSKY W., 1929 (réédition 1997). *La Biosphère*. Diderot Multimedia, Paris.

WALKER B. et STEFFEN W. 1996. *Global Change and terrestrial ecosystems*. Cambridge University Press, Cambridge.

WESTBROCK P., 1998. *Vive la Terre. Physiologie d'une planète*. Édition du Seuil, Paris.

WHITTAKER R.H., 1975. *Communities and ecosystems*. Macmillan, New York.

WILSON E.O., 1993. *La diversité de la vie*. Editions Odile Jacob, Paris.

Index

044687 - (I) - (2) - OSB 80° - NOC

Achevé d'imprimer sur les presses de la
SNEL S.A.
rue Saint-Vincent 12 – B-4020 Liège
tél. 32(0)4 344 65 60 - fax 32(0)4 343 77 50
17559 – août 2000

Dépôt légal : août 2000